霞暉淵映

南京圖書館藏過雲樓珍本圖録

南京圖書館 編

中華書局

圖書在版編目 (CIP) 數據

霞暉淵映：南京圖書館藏過雲樓珍本圖録 / 南京圖書館編 .
—北京：中華書局，2017.12
ISBN 978-7-101-12775-1

Ⅰ. 霞… Ⅱ. 南… Ⅲ. 古籍—善本—圖書目録—南京
Ⅳ. Z838

中國版本圖書館 CIP 數據核字 (2017) 第 202109 號

责任编辑：葛洪春
封面设计：劉　麗

中華書局　　古逸英華

霞暉淵映——南京圖書館藏過雲樓珍本圖録
南京圖書館 編
*
中 華 書 局 出 版 發 行
（北京市豐臺區太平橋西里 38 號　100073）
http://www.zhbc.com.cn
E-mail:zhbc@zhbc.com.cn
三河市百福春印刷有限公司印刷
*
889×1194 毫米 1/16・23½印張
2017 年 12 月北京第 1 版　2017 年 12 月三河第 1 次印刷
定價：800.00 元

ISBN 978-7-101-12775-1

編輯委員會

前　言

南京圖書館以千萬册藏書量而享譽中國，尤以百萬册以上的古籍收藏量而譽滿全球。我館古籍收藏主要來源於民國時期江蘇省立國學圖書館、國立中央圖書館和建國後的接收及采購，包括丁氏八千卷樓藏書、范氏木樨香館藏書、常熟翁氏藏書、陳群澤存書庫及顧氏過雲樓藏書等。這其中的“過雲樓藏書”已然成爲南圖之最爲重要和自豪的館藏珍品之一。一次特别的事件使“過雲樓藏書”的價值一時間引起社會的廣泛關注，同時也極大地提升了它的影響力。這就是發生在2012年的江蘇鳳凰集團以一億多元競拍匡時拍賣公司拍賣的“過雲樓”部分藏書事件。本次鳳凰集團共購買了179部“過雲樓藏書”，當時被渲染最厲害的是一部宋刻本的名叫《錦繡萬花谷》的書。此時我南京圖書館站出來了，向世人展示了我們館藏的“過雲樓藏書”。我們的方式極爲簡單，就是以幾組數字告訴世人：第一，南圖藏有“過雲樓藏書”541部3707册；第二，南圖所藏“過雲樓藏書”中有宋本7部，元本8部，其中孤本和稀見之本更是彌加珍貴。出于多種因緣，我們决定出版發行《霞暉淵映——南京圖書館藏過雲樓珍本圖録》，將南圖這一寶貝公佈於世，讓更多的人來分享這一文化大餐，讓“古籍裏的文字活起來”。

“過雲樓”是一座私家藏書樓，位於今天江蘇省蘇州市鐵瓶巷宅内，由清朝官員顧文彬建於清同治十二年（1873）。經過顧家幾代人的努力，過雲樓所藏的歷代書畫碑帖精品、古籍珍秘善本、佳槧名鈔等名重江南，聞名遐邇。顧文彬認爲“書畫之於人，子瞻氏目爲烟雲過眼者也”，此種見解實際上來源於北宋大文學家蘇東坡《寶繪堂記》中的“見可喜者，雖時復蓄之，然爲人取去，亦不復惜也。譬之烟雲之過眼，百鳥之感耳，豈不欣然接之，去而不復念也”之論。由此可見，“過雲”一詞乃是節取“烟雲之過眼”之句而得。然蘇軾之語，世人知之者甚少，而成語“過眼烟雲”，知之者甚衆也。它常喻身外之物，不必重視，後比喻很快就消失的事物。爲什麽書畫對於人來説，如同過眼烟雲呢？其中實具有深義。它是要告訴人們，書畫的價值和意義是需要通過人們的觀賞閲讀而體現的，换句話説，書畫的價值和意義只是對於那些喜愛者才是存在的。凡有心收藏此物者，亦當有博大之胸懷，爲他人提供欣賞，甚而被他人所取也無需太過憐惜，更不要念念不忘，而要將此視爲“烟雲之過眼”快然接受。當你有此意念後，自然就會爲你的不斷收藏以及被他人享用而倍感意義重大。

我們説，顧氏幾代人的做法，也正是踐履着這一理念的。具體説來，過雲樓的收藏歷經顧文彬、顧承、顧麟士及顧公雄、顧公碩等祖孫四代人的搜求、鑒别、保護、傳承，經歷了清代咸豐、同治、光緒、宣統四朝的内憂外患和民國的戰亂。新中國成立以來，顧公可、顧公雄、顧公柔、顧公碩四兄弟分藏的過雲樓藏品，或捐贈，或轉讓，陸續被不同公藏單位收藏。

1991年對於我們南京圖書館而言是一個值得被記住的日子，正是在這一年，南京圖書館整體購入“過雲樓藏書”541部3707册。内容涵蓋經、史、子、集、叢五大部類，版本涉及諸多類别，刻本、批校題跋本、四庫底本、稿本、抄本、拓本、鈐印本、活字印本、套印本，中國古代紙質書籍的所有類型盡在其列，此外還有少量日本刻本和朝鮮刻本。從數量上説，有宋本7部，元本8部，明本186部，稿秒本179部，諸本具批校題跋者150餘部。

評價古籍之珍貴和神聖當有下列標準或説法。其一，存世早。“書以最先者爲佳”（黄丕烈語），此之謂也。雕版印刷起源於隋唐之際，盛於宋代，所以凡宋本者皆屬書之先者也。南圖“過雲樓藏書”中就有宋刻本7種，如此，不可不謂之佳本也。其二，存世少。不唯在中國，就是在全世界就是此地此處有此書。我這裏姑且以“書以最少者爲佳”來表述之。南圖“過雲樓藏書”中的宋李畋《乖崖張公語録》、宋蘇轍《龍川略志》與《龍川别志》、無名氏《字苑類編》皆屬世存孤本。且《字苑類編》一書載籍罕見著録，又堪稱秘本。通俗地説，你要瞭解和研究這四本書的内容，只有來我們南京圖書館才可以。如此，不可不謂之佳本也。其三，形式奇。所謂形式奇是特指稿本、抄校本。我這裏姑且以“書以稿抄本爲佳”來表述之。稿本之可貴自不待言，因爲它是文獻的最初形式，從手稿中既可見到作者的原始筆蹟，又可目睹作者的修改情況。更爲稀罕的是它們並未刊刻，只此一份，實屬難得之至。注重抄校本是清代江南藏書家的傳統，藏家秘而不露，公私著録甚少，其珍貴程度可想而知。上述類型，無論其文化品位，還是其文物價值都是極高的。南圖“過雲樓藏書”中的清宋慶長《詞苑》、清曹錫寶《清碧園吟稿》、清翁方綱《石洲詩話》、清吴騫《巾箱集》等稿本，明初抄《能書》、明居節抄《吴中舊事》、明抄《樂府雅詞》、清初抄《牧齋詩鈔》、清朱氏潛采堂抄《補漢兵志》、清抄《雪磯叢稿》（四庫底本）等抄本均彌足珍貴。如此，不可不謂之佳本也。其四，作者貴。我這裏姑且以“書以名家所校跋爲佳”來表述之。書籍重要與否要看由誰著，批校題跋重要與否要看是誰作。南圖“過雲樓藏書”中的批校題跋許多都是當時學界的大家名家。清人批校本是清中期以來藏家所重之書，道理也很清楚，一是有名家大家手書墨蹟，二是代表名家大家對所批跋書的見解以及自己的思想觀點，從而增加了原書的分量。顧氏所藏之批校題跋本，南圖所得150餘種，遍及各類版本，批跋者上自明中期，下至民國，且多爲名校善本，僅黄丕烈校跋本就有7部之多。其他大家還有清初何焯、朱彝尊，乾嘉間孫星衍、顧廣圻、鈕樹玉，清末俞樾、周星詒、劉履芬等。過雲樓今存之稿抄本約占其總量三分之一，珍品紛披，且批跋之人皆爲名家。如此，不可不謂之佳本也。

南京圖書館彙聚着如此衆多的珍善之本，如何使之“活起來”，如何讓已然成爲“絶學”的東西得到繼承，如何將寄寓在這些經典中的思想弘揚光大，所有這些都成爲我們圖書館人的責任和使命。我對圖書館的職能曾提出“購書”“編書”“借書”“藏書”“收書”“護書”“研書”“增書”所謂的“八書論”，對如何對待古籍曾提出“展書”“出書”“讀書”“研書”“用書”所謂的“五書論”。這次《霞暉淵映——南京圖書館藏過雲樓珍本圖録》的出版發行也算是我們南圖對這一理念的一次具體的踐行吧！

我們承載着過去，我們面對着現在，我們展望着未來，而能够保證過去、現在和未來貫通起來，唯有靠人類一代一代的薪火相傳。它是一種文化的傳承，它是一種文明的發展。而這種文化和文明的傳承和發展則是通過兩種形式，也正是中國古人所概括的“形而下者謂之器”與“形而上者謂之道”。一切文化和文明都是通過“道器”來保存和相傳的。這是“天之所命”，所以一切肩負着傳承人類文明之責的文化人，當有“爲天地立心”（北宋張載語）之志；這是“經之所賦”，所以一切肩負着傳承人類文明之責的文化人，當有“六經責我開生面”（明王夫之語）之願。作爲典藏書籍的圖書館人來説，始終要將關注書寫在“經史子集叢”這些古籍裏的文字活起來的號召與上述的志願緊密聯繫起來，使其成爲一種使命，甚而説成爲一種信仰，並化爲我們圖書館人的自覺行爲。北宋張載所説的“横渠四句”，或説“四爲説”，是彪炳千秋的名言，是對肩負着知識和文化傳承主體的士大夫，或説知識分子提出的標準和要求。這四句是“爲天地立心，爲生民立命，爲往聖繼絶學，爲萬世開太平”。而我想結合我們圖書館人的使命提出我的“三爲説”：爲往世繼絶學，爲現世弘實學，爲萬世開新學。我想這也是我們南京圖書館出版本書的意願吧！

徐小躍

2017年9月16日

凡　例

一、本圖録所收之書，爲南京圖書館所藏過雲樓舊藏中的古籍珍本，計91種。

二、本圖録將所收古籍珍本分爲宋刻本、元刻本、稿抄本、名家批校題跋本以及明清刻本五類。每類中按出版時間排序，出版時間不明确者，按著者時間排序。

三、本圖録依據古籍原書，著録基本信息，包括題名、著者、版本，批校題跋、册數、存卷、行款。如原書信息不完整或有明顯訛誤，則參考相關資料補充、訂正。

四、經摺裝、蝴蝶裝、毛裝等特殊裝幀形式，著録于册數之後。未著録裝幀形式者爲綫裝古籍。

五、每種珍本簡要概括書中内容，適當揭示收藏源流和款識，附録著者及藏書家簡介。

六、本圖録所載人物籍貫按原始地名著録，並在初次出現時標注現行行政區劃地名。人物生卒年不詳的不作特意説明。近代民國人物不標注朝代。

七、每種珍本選擇能反映該書版本特徵的圖片一至多幅不等，書影均采用原件拍攝或掃描。

目　録

霞暉淵映

宋刻本

手翰并茶仰認厚意至于佩銘
又知近日多疾此即元陽虧失之所致也非運命及
斯人年五十元陽始微況是從來抛擲已甚始微之
後滑洩亦多脫氣若茲不病何待中間言得守中捷
門曾報云若不閉精源雖勞無益但絕念少欲師高
人求流轉之法仍加藥護之稍可補鈌不師他人難

乖崖張公語錄下
門生朝奉郎尚書虞部員外郎

乖崖張公語録二卷 宋李畋輯

宋紹定三年（1230）俞宅書塾刻本　曹元忠跋

二册

書高25釐米，寬14.8釐米。框高18.1釐米，寬11釐米。半葉九行二十字，白口，左右雙邊。

此書記載北宋名臣張詠治蜀期間言行，由門人李畋編輯。此單行本語録二卷，較宋刻《張詠文集》所附語録内容更爲詳備有序，孤本存世，宋刻宋印，字體秀美，紙墨精良，爲南宋浙本之上品。書經明俞貞木、清史開基等人收藏，鈐有“俞貞木”“松陵史蓉莊藏”等藏書印，書末有清末民國初曹元忠題跋。入選第二批《國家珍貴古籍名録》。

張詠（946—1015），字復之，自號乖崖，宋鄄城（今屬山東荷澤）人，太平興國五年（980）進士，累擢樞密直學士、禮部尚書，謚忠定。曾兩度出知益州，政績突出，被蜀民比作諸葛孔明。

俞貞木（1331—1401），初名楨，字貞木，後以字行，號立廬，明吴縣（今屬江蘇蘇州）人，宋末元初著名學者俞琰之孫。善小楷，以詞賦聞名，精於易學。有《周易集説》等。

史開基，字體仁，號蓉莊，清吴江（今屬江蘇蘇州）人，富藏書。著有《賓鴻閣遺稿》。

曹元忠（1865—1923），字夔一，號君直，晚號凌波居士，吴縣人。清末官翰林學士。工詩，爲晚清西崑派代表作家之一，又精校勘，富藏書。著有《箋經室遺集》等。

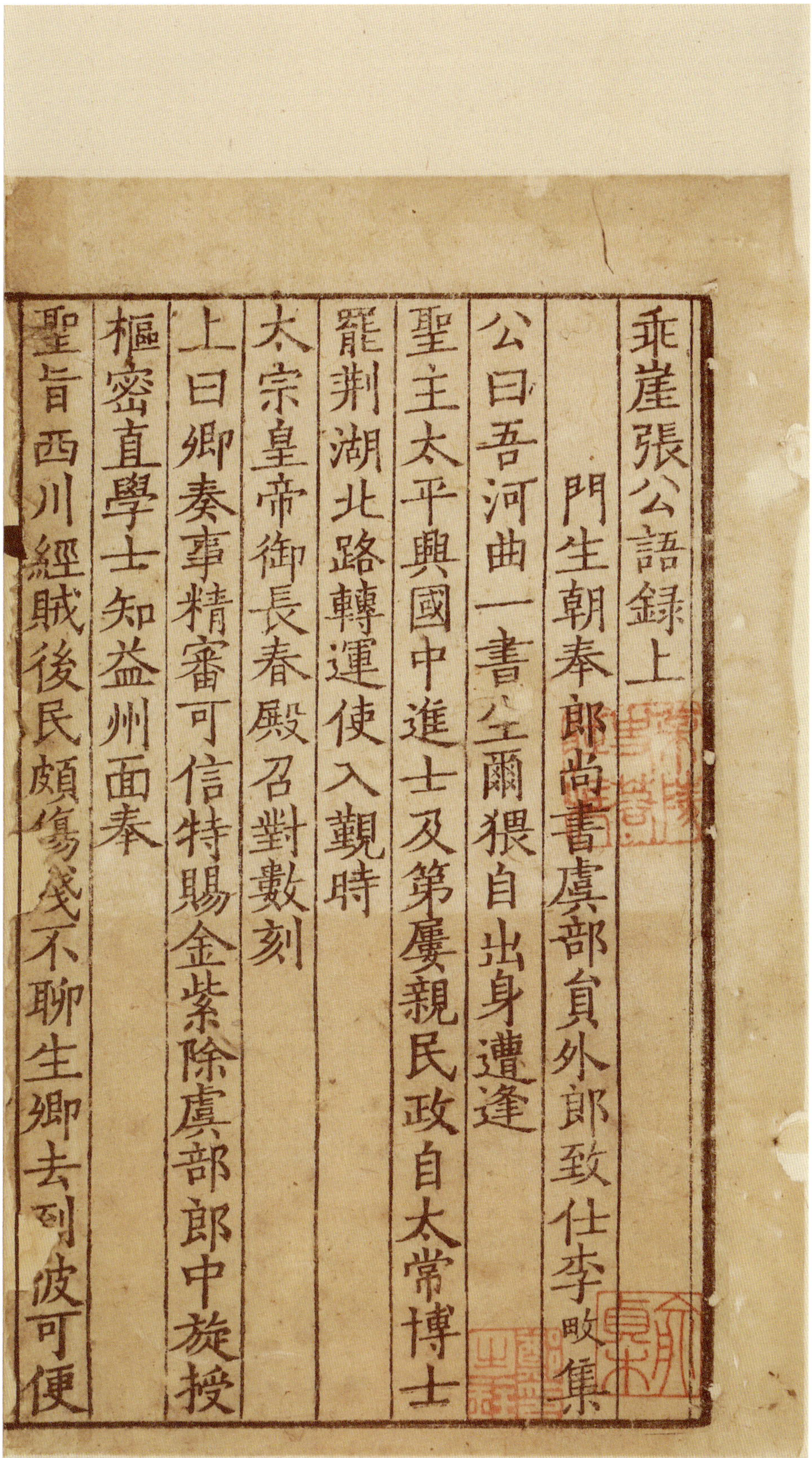
乖崖張公語録上

門生朝奉郎尚書虞部員外郎致仕李畋集

公曰吾河曲一書生爾猥自出身遭逢

聖主太平興國中進士及第屢親民政自太常博士

罷荆湖北路轉運使入覲時

太宗皇帝御長春殿召對數刻

上曰卿奏事精審可信特賜金紫除虞部郎中旋授

樞密直學士知益州面奉

聖旨西川經賊後民頗傷殘不聊生卿去可便

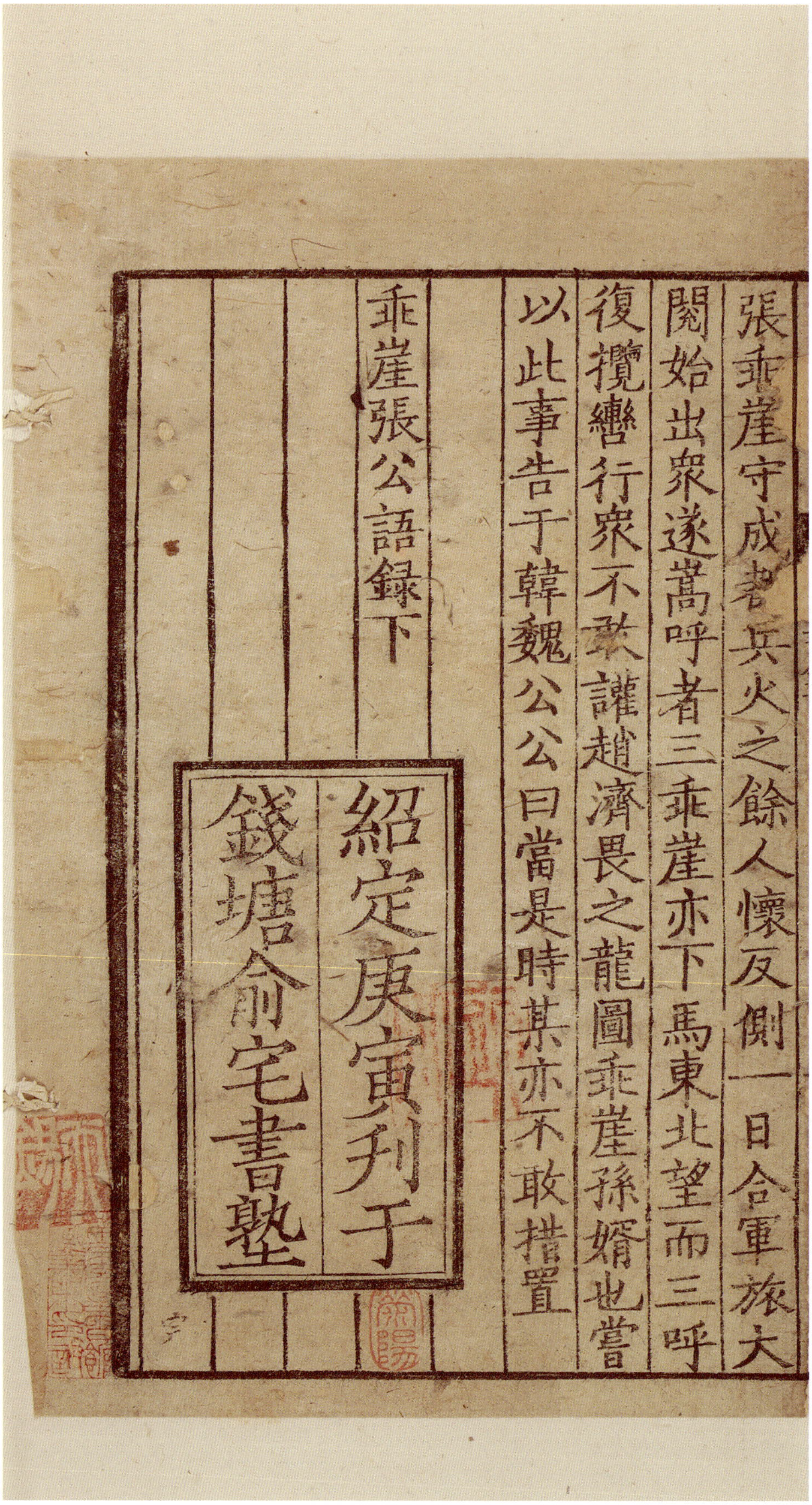

張乖崖守成都兵火之餘人懷反側一日合軍旅大閱始出衆遂嵩呼者三乖崖亦下馬東北望而三呼復攬轡行衆不敢讙趙濟畏之龍圖乖崖孫婿也嘗以此事告于韓魏公公曰當是時某亦不敢措置

乖崖張公語録下

紹定庚寅刊于
錢塘俞宅書塾

續資治通鑑長編真宗紀咸淳臨安志古今郡守表皆從之則亦不僅知益
州時事矣不知宋史藝文志稱李畋乖崖語錄一卷注云載張詠政績較為
賅括且知元時史館所有語錄亦是一卷並此書同也又此書卷首有朱文俞貞
木印為吾吳鄉先生俞都昌故物益復可珍鶴廬其世寶之宣統丁巳八月
甲申元忠凌波榭題記

龍川略志六卷别志四卷　宋蘇轍撰

宋刻本　曹元忠跋

四册

書高27.5釐米，寬18釐米。框高19.8釐米，寬15.4釐米。半葉十一行二十二字，小字雙行，字數同，白口，左右雙邊。

此書爲蘇轍貶謫循州龍川（今屬廣東河源）時所作回憶性雜記，由其子筆録成書。《略志》所記四十事，二十五事與朝政有關。《别志》所記四十七事，雜記宋太祖至哲宗朝國政朝章事，頗具史料價值。

此部宋刻本，與南宋《郡齋讀書志》《直齋書録解題》所著録版本相符，有别於宋刻《百川學海》所收《蘇黄門龍川略志》十卷本，爲海内孤帙。全書雕版工整，字體方正，頁面欄綫清晰，當屬初印。書中鈐有“楝亭曹氏藏書”等印。此書康熙年間爲曹寅收藏，曾入李鴻裔手，後歸顧氏過雲樓。顧氏曾據此影抄一部，贈與傅增湘，以之校正傳世版本分合條目及脱誤文字等。傅氏又據此宋刻本影刊，收入其所編輯《蜀賢遺書》十二種之中。今此本入選第一批《國家珍貴古籍名録》。

蘇轍（1039—1112），字子由，晚號潁濱遺老，宋眉山人，蘇軾弟。嘉祐二年（1057）進士，官拜尚書右丞，爲唐宋古文八大家之一。又著有《欒城集》《詩集傳》等。

曹寅（1658—1712），字子清，號荔軒，别號楝亭，正白旗包衣。官江寧織造、兩淮巡鹽御史等職。工詩、富藏書，有《楝亭書目》《楝亭詩文鈔》等。

李鴻裔（1831—1885），字眉生，號香巖，晚號蘇鄰，清四川中江人。官至江蘇按察使，後僑居蘇州。積書數萬卷。

傅增湘（1872—1949），字叔和，號沅叔，别署雙鑑樓主人、藏園居士等，四川瀘州江安（今屬四川宜賓）人。工書，善文，精鑒賞，富收藏。以藏書爲大宗，世所聞名。歷任貴州學政、教育總長、故宫博物院圖書館館長等。

龍川畧志序

予自筠徙雷自雷徙循二年之間行水陸幾萬里老幼百數十指衣食僅自致也平生家無長物有書數百卷盡付之佗人既至龍川雖僧廬道室法皆不許入裒槖中之餘鬻之得五十千以易民居大小十間補葺弊漏粗芘風雨北垣有隙地可以毓蔬有井可以灌乃與子遠荷鉏其間既數月韭葱葵芥得雨坌出可葅可芼蕭然無所復事矣然此郡人物衰少無可晤語者有黄氏老宦學家也有書不能具時假其一二將以寓目年老衰病昏眩亦莫能久讀也乃杜門閉目追惟平昔恍然如

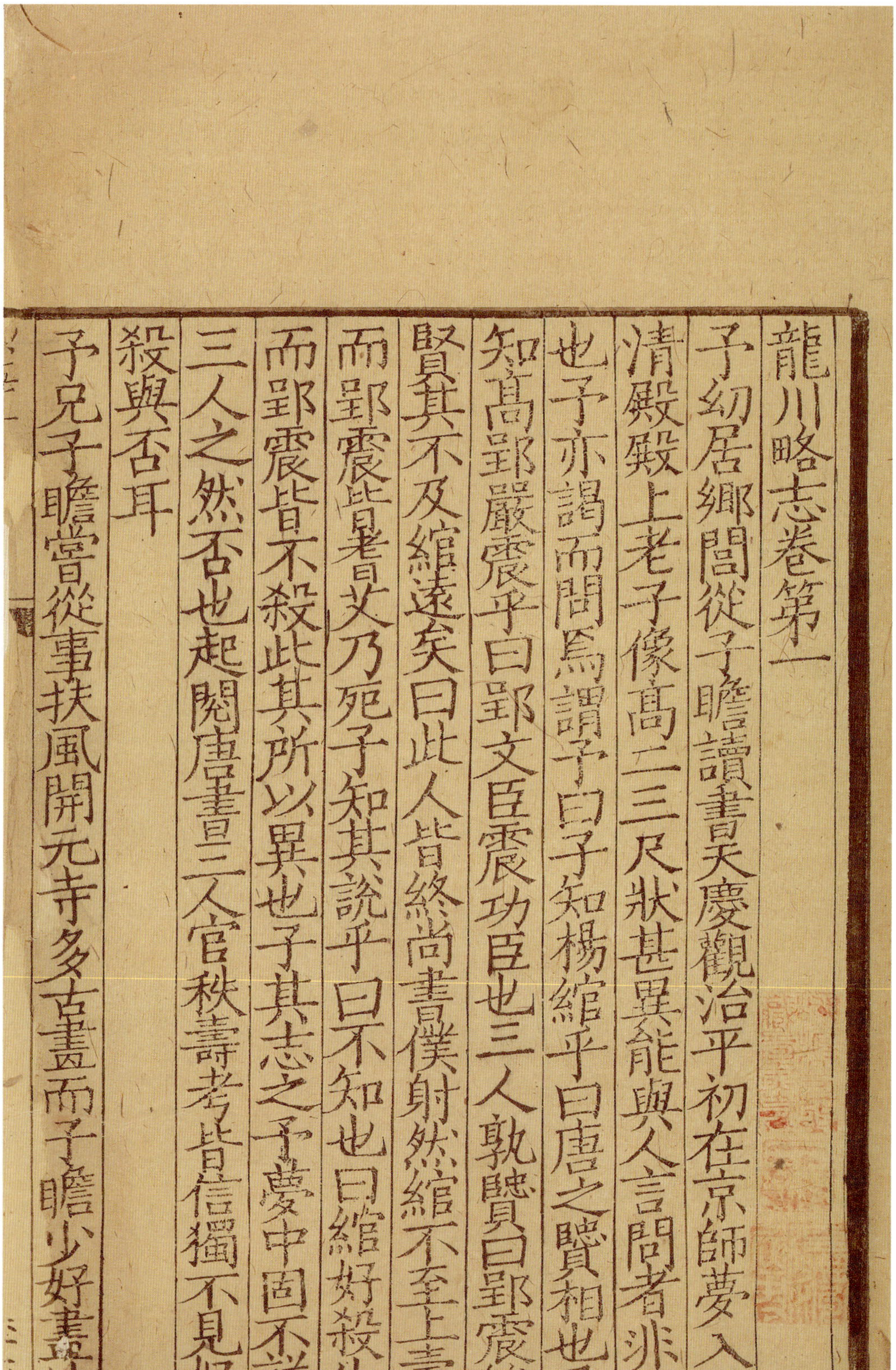

龍川略志卷第一

予幼居鄉閭從子瞻讀書天慶觀治平初在京師夢入三清殿殿上老子像高二三尺狀甚異能與人言問者非一也予亦謁而問焉謂予曰子知楊綰乎曰唐之賢相也予知高郢嚴震乎曰郢文臣震功臣也三人孰賢曰郢震雖賢其不及綰遠矣曰此人皆終尚書僕射然綰不至上壽而郢震皆耆艾乃死子知其説乎曰不知也曰綰好殺生而郢震皆不殺此其所以異也予其志之予夢中固不詳三人之然否也起閲唐書三人官秩壽考皆信獨不見好殺與否耳

予兄子瞻嘗從事扶風開元寺多古畫而子瞻少好畫往

龍川别志卷第一

周高祖柴后魏成安人父曰柴三禮本後唐莊宗之嬪御也莊宗没明宗遣歸其家行至河上父母迓之會大風雨止於逆旅數日有一丈夫冐雨走過其門衣弊破裂不能自庇后見之驚曰此何人耶逆旅主人曰此馬鋪卒吏郭雀兒者也后召與語異之謂父母曰此貴人我當嫁之父母恚曰汝帝左右人歸當嫁節度使柰何嫁此乞人后曰我久在宮中頗識貴人此人貴不可言不可失也槖中裝分半與父母我取其半父母知不可奪遂成婚於逆旅中所謂郭雀兒則周祖也后毎資以金帛使事漢祖卒為漢佐命后父柴三禮既老夜寐輙不覺晝起常寡言笑其家間

有龍川略志而無別志者，恐其時別志已屬罕覯，是以宋史藝文志亦僅收蘇轍龍川志六卷，知別志四卷爲修史者未見之證，則此雖坊本，已非元賢耳目所及，何況今日而得以行款未善吹毛求疵哉。至自序所紀年月与永樂大典本蘇潁濵年表載元符二年四月二十九日有龍川略志序，九月二十二日有龍川別志序合。孫汝聽撰年表每以干支紀日，此不然者，即據自序也，因并及之。時宣統丁巳八月乙亥中秋夕元忠錫福堂題記

魏書一百十四卷　北齊魏收撰

宋刻宋元明遞修本

八十册

書高28.9釐米，寬20.6釐米。框高22.6釐米，寬18.8釐米。半葉九行十八字，小字雙行，行二十四字，白口，左右雙邊。

此書爲紀傳體史書，爲現存記載北魏歷史最原始、較完備之資料，二十四史之一。魏收原書至宋初已殘缺，後人所補摻入其中，北宋時中央官府校訂此書，刊刻行世。此南宋刻大字本，經宋元明三代多次修版，修版頁版心題年代及刊工姓名。今存南宋所刻《魏書》均經三代遞修。

魏收（505—572），字伯起，曲陽（今河北晉州）人。歷仕北魏、東魏、北齊三朝，北齊時官至尚書右僕射。

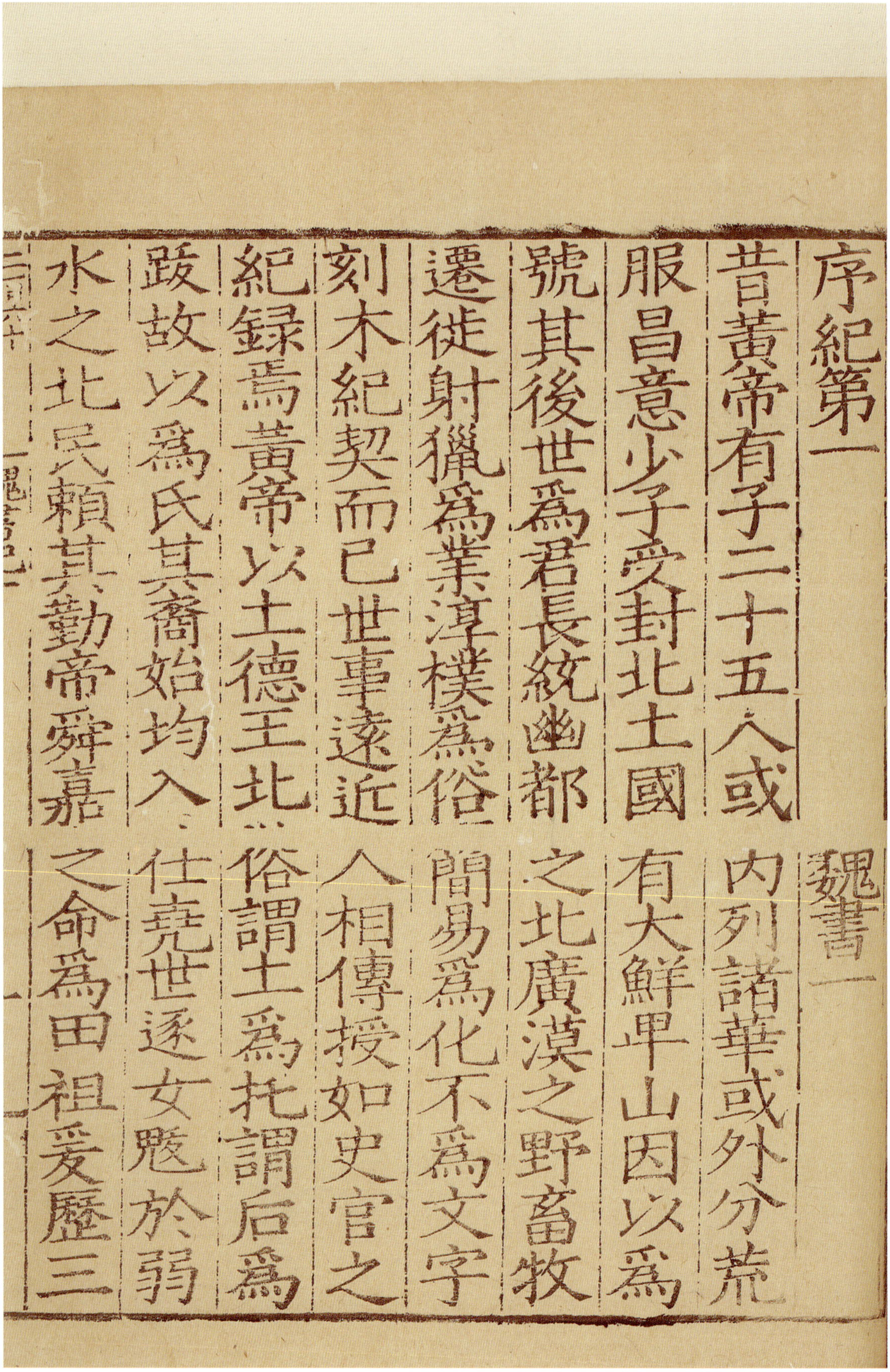
序紀第一　　魏書一

昔黄帝有子二十五人或内列諸華或外分荒服昌意少子受封北土國有大鮮卑山因以爲號其後世爲君長統幽都之北廣漠之野畜牧遷徙射獵爲業淳樸爲俗簡易爲化不爲文字刻木紀契而已世事遠近人相傳授如史官之紀録焉黄帝以土德王北俗謂土爲托謂后爲跋故以爲氏其裔始均入仕堯世逐女魃於弱水之北民賴其勤帝舜嘉之命爲田祖爰歷三

陳書三十六卷 唐姚思廉撰

宋刻宋元明遞修本

三册

書高27釐米，寬21.9釐米。框高21.9釐米，寬18.5釐米。半葉九行十八字，白口，左右雙邊。

此書爲紀傳體史書，記載南朝時期陳朝歷史，二十四史之一，北宋時經中央官府校訂刊行。此南宋刻大字本，經宋元明三代多次修版，修版頁版心題年代及刊工姓名，亦爲官府所主持。今存南宋所刻《陳書》均經三代遞修。

姚思廉（557—637），本名簡，以字行，萬年（今陝西西安）人。歷仕陳、隋、唐三代，唐初官弘文館學士，奉詔撰梁、陳二史。其所撰《陳書》，編次嚴謹合理，文字簡潔樸素，力戒浮泛，於南朝諸史中難能可貴。

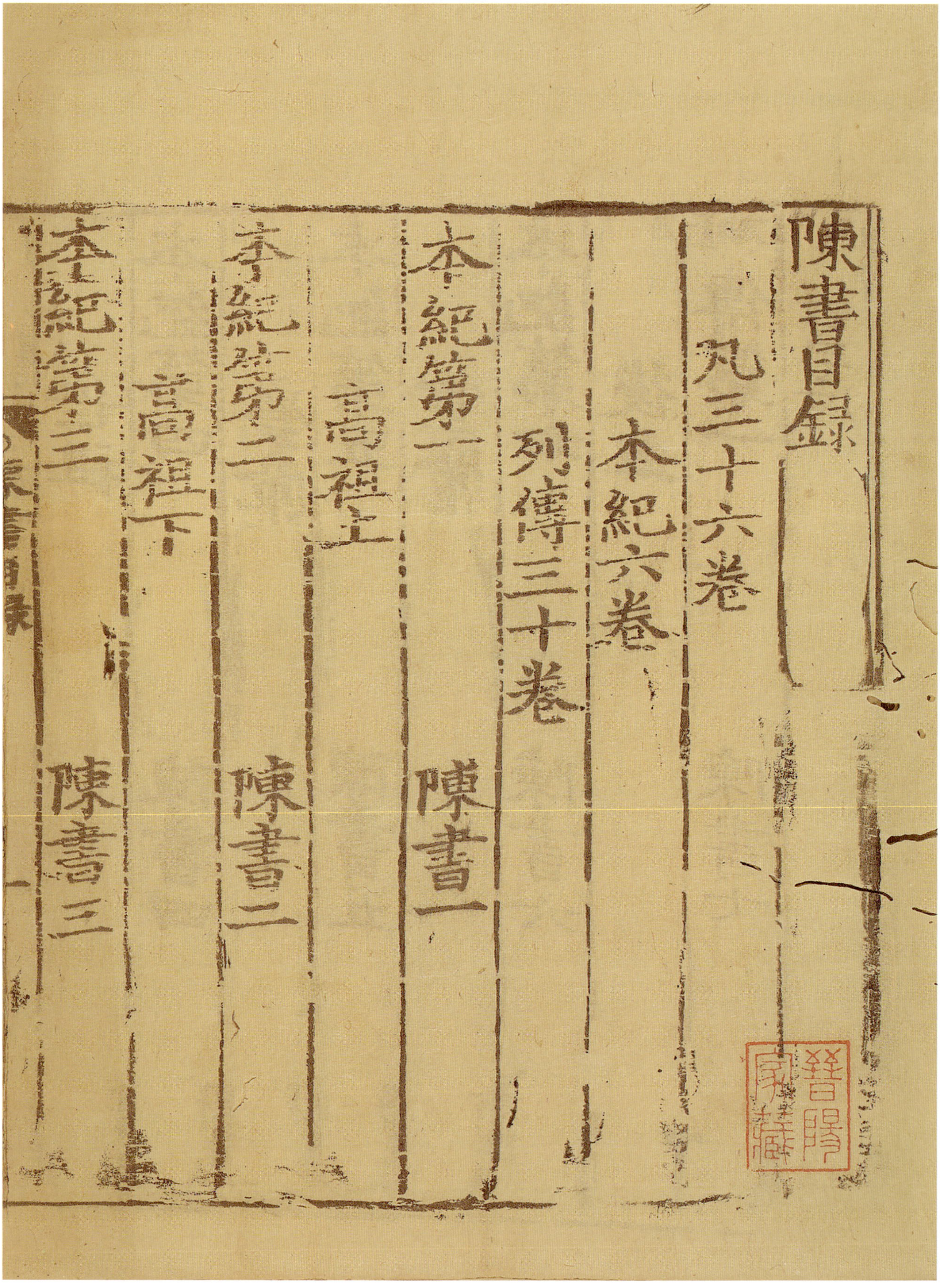

陳書目録

凡三十六卷

本紀六卷

列傳三十卷

本紀第一　高祖上　陳書一

本紀第二　高祖下　陳書二

本紀第三　陳書三

紀第一　　　　　陳書一

散騎常侍姚思廉撰

高祖上

高祖武皇帝諱霸先字興國小字法生吳興長
城下若里人漢太丘長陳寔之後也世居潁川
寔玄孫準晉太尉準生匡匡生達永嘉南遷為
丞相掾歷太子洗馬出為長城令悅其山水遂
家焉嘗謂所親曰此地山川秀麗當有王者興
二百年後我子孫必鍾斯運達生康復為丞相

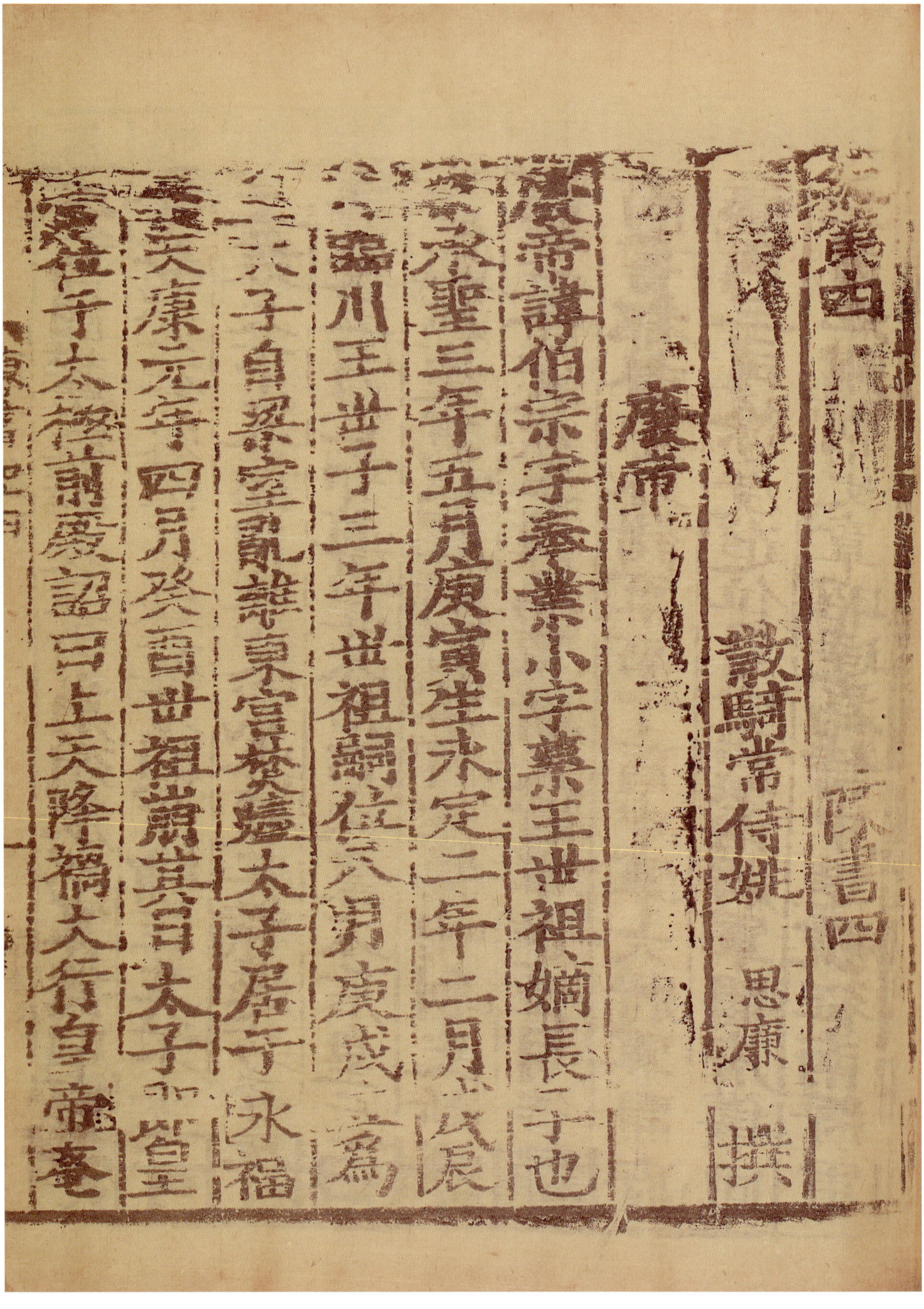
本紀第四　　陳書四
散騎常侍姚思廉　撰
廢帝
廢帝諱伯宗字奉業小字藥王世祖嫡長子也
梁承聖三年五月庚寅生永定二年二月戊辰
拜臨川王世子三年世祖嗣位八月庚戌立爲
皇太子自梁室亂離東宮焚燼太子居于永福
省天康元年四月癸酉世祖崩其日太子即皇
帝位于太極前殿詔曰上天降禍大行皇帝奄

字苑類編□卷

宋刻本

四册　存十卷（上一至十）

書高27.1釐米，寬17.1釐米。框高19.4釐米，寬13.2釐米。半葉十行十八字，小字雙行，字數同，上下細黑口，四周雙邊。

此書爲經部小學類書籍，分類編纂，下注用例，以供尋檢。編者不詳。此書未見宋代書目文獻著録或記載，明代趙琦美《脈望館書目》著録有宋刻殘本，僅存四卷。此本四册，版心鐫有"字苑上×（一至十）"，應僅存卷上之第一至十，總卷數不詳，書中目録及卷端所題卷次係經後人挖改。此本版面及字體風格，頗具南宋晚期福建刻書特點，刊印精美，屬閩刻中上乘。宋刻宋印，單帙孤本，極爲珍貴。曾爲明藏書家顧元慶、清藏書家陳鱣收藏，入選第一批《國家珍貴古籍名録》。

顧元慶（1487—1565），字大有，明長洲（今屬江蘇蘇州）人。以圖書自娱，藏書逾萬卷，多有刊刻行世，如《顧氏文房小説》等。

陳鱣（1753—1817），字仲魚，號簡莊，清浙江海寧人。嘉慶三年（1798）舉人。强記博識，精研文字訓詁，長于校勘輯佚，與錢大昕、王念孫、段玉裁等多有往來。阮元稱之爲浙中經學最深之士。藏書甚富，多宋元刊本及罕見之本，晚年建造"向山閣"以儲之。著有《續唐書》《論語古義》等。

仲魚圖象

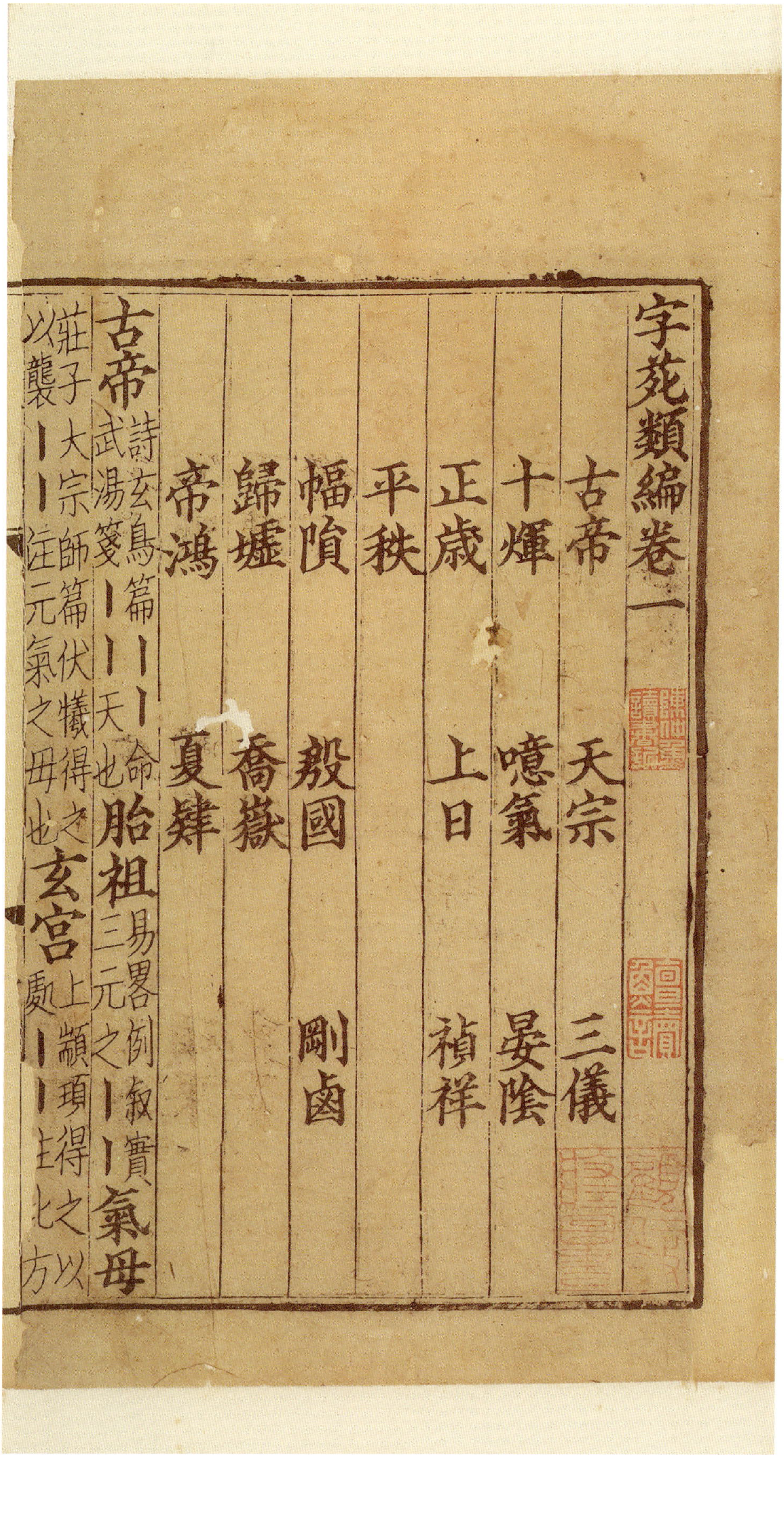

字苑類編卷一

古帝　天宗　三儀

十煇　噫氣　晏陰

正歲　上日　禎祥

平秩

幅隕　殷國　剛鹵

歸墟　喬嶽

帝鴻　夏肄

古帝 詩玄鳥篇丨丨命武湯箋丨丨天也 胎祖 易畧例敘實丨丨三元之丨丨 氣母 莊子大宗師篇伏犧得之以襲丨丨注元氣之母也 玄宮 上顓頊得之以處丨丨北方

臧獲荀子王制雖丨丨不肯與天子易勢窮臧穀禮論丨丨猶且羞之紀綱

僕左僖二十四年秦伯送衛於晉三千人實丨丨之私人儀禮少牢饋食升獻丨丨

于作注丨丨家臣巳所自謁除也賤私儀礼士相見其也夭子之丨丨家臣稱私頫

辱禮司隷役其丨丨之事宂食者槁人掌共外内朝丨丨丨之食注謂留治文書若今

尚書之屬諸直上者婦寺詩瞻卬時維丨丨昏椓召旻丨丨靡共注皆奄人也昏

官名椓毀陰者蕉萃左成九年詩曰雖有姬姜無棄丨丨注陋賤之人蕉在遙反酒

奚天官酒人奚三百人今之侍史官婢官婢婿婢莊駢拇篇臧與穀二人注

齊燕之北九民男而丨丨謂之臧女而婦奴謂之獲婦奴

字苑類編卷二

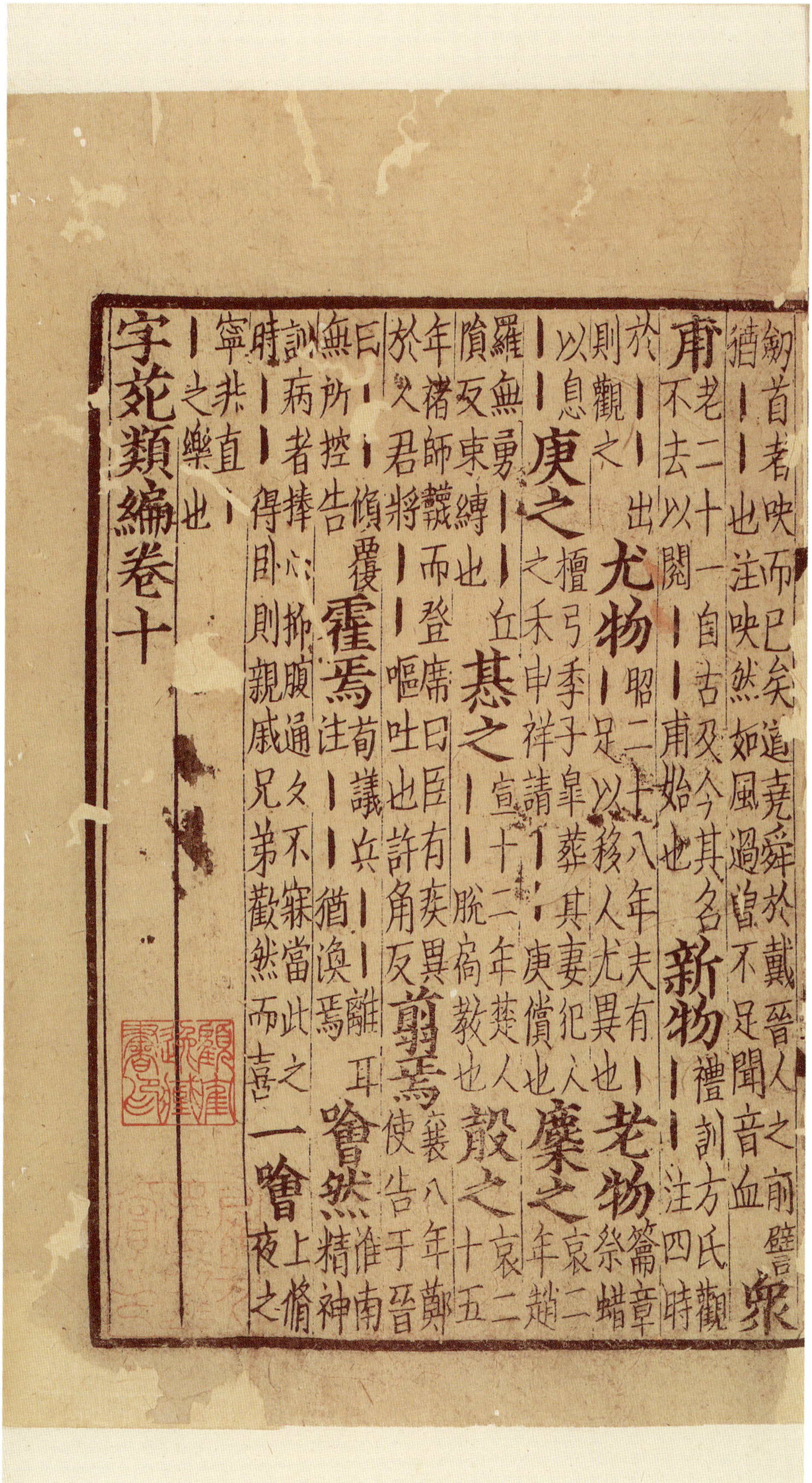

剱首者哾而已矣追堯舜於戴晉人之前譬猶丨丨也注哾然如風過皆不足聞音血眾

甫老二十一自古及今其名不去以閱丨丨甫始也新物丨丨禮訓方氏觀注四時

於丨丨出則觀之尤物昭二十八年夫有丨丨足以移人尤異也老物籥章祭蜡

以息丨丨庚之檀弓季子皐葬其妻犯人之禾申祥請丨丨庚償也麇之哀二年趙

羅無勇丨丨丘隕反束縛也惎之宣十二年楚人丨丨脫扃教也㱿之哀二十五

年褚師韤而登席曰臣有疾異於人君將丨丨嘔吐也許角反翦焉襄八年鄭使告于晉

臣丨丨傾覆無所控告霍焉荀議兵丨丨離耳注丨丨猶渙焉噲然淮南精神

訓病者捧心抑腹通夕不寐當此之時丨丨得卧則親戚兄弟歡然而喜一噲上脩夜之

寕丼直丨丨之樂也

字苑類編卷十

大般若波羅蜜多經六百卷 唐釋玄奘譯

宋刻圓覺藏本

二册（經摺裝） 存二卷（一百三十四至一百三十五）

書高29.4釐米，寬11.3釐米。框高24.6釐米，寬11.3釐米。每摺六行十七字，上下單邊。

此經爲南宋所刻《圓覺藏》之零種。密州觀察使王永從率家族捨資，於湖州歸安思溪圓覺禪院刊刻大藏經，南宋初完成，世稱《圓覺藏》。此本首葉上端鈐有横長條形墨印"圓覺藏司自紙板"，下有圓形朱印陽文"三聖寺"。此寺乃日本名刹，建寺之初，曾有寺僧在宋嘉定間來中國求法，並將宋版佛經帶回日本。由此"三聖寺"朱印可知此書爲日本回流之物。

玄奘（600—664），俗姓陳，名褘，唐洛州緱氏（今屬河南偃師）人，法相宗創始人，世稱三藏法師。十三歲出家於洛陽净土寺，法名玄奘。唐武德元年（618）自長安至成都，從道基、寶暹等受學，嶄露頭角。貞觀元年（627），從長安出發，西入天竺，取經游歷，並同一些學者辯論，名震五竺。貞觀十九年（645），携佛經六百五十七部及佛像、佛舍利等回到長安，完成了中古史上歷時十數年、行程五萬里的偉大旅程。後在弘福寺、慈恩寺等處譯出佛教經論七十五部，一千餘卷，世稱"新譯"，保存了古印度佛教珍貴的典籍。撰著有《大唐西域記》。

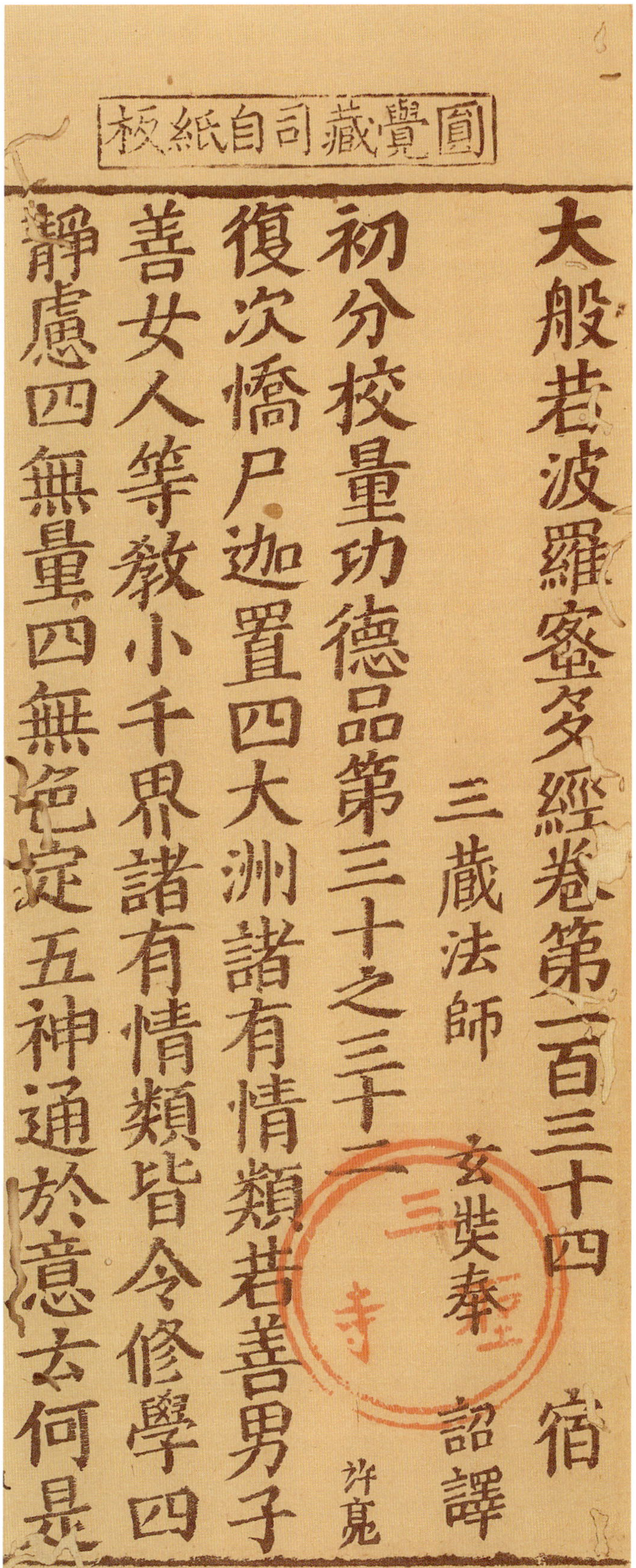
圓覺藏司自紙板

大般若波羅蜜多經卷第一百三十四　宿

三藏法師　玄奘奉　詔譯

初分校量功德品第三十之三十二　許亮

復次憍尸迦置四大洲諸有情類若善男子

善女人等教小千界諸有情類皆令修學四

静慮四無量四無色定五神通於意云何是

方廣大莊嚴經十二卷 唐釋地婆訶羅譯

宋刻圓覺藏本

一册（經摺裝） 存卷十二之第九至十版

書高30釐米，寬11.4釐米。框高25釐米，寬11.4釐米。每摺六行十七字，上下單邊。

此經爲南宋所刻《圓覺藏》之零種。僅存兩張散葉。經摺裝，行款、版式、紙張均同於《圓覺藏》本《大般若波羅蜜多經》。原夾存於元刻《普寧藏》本《佛本行集經》二册之中，未經著録，今考鏡源流，復其原委，雖片紙隻字，亦甚寶貴。

地婆訶羅（613—687），唐代譯經僧，中印度人。洞曉八藏，重修持，工咒術，罹疾寂於唐，武后敕葬於洛陽龍門香山寺。

鳴　莊嚴經卷十二　九　印志

王時聞子問　淚落如雨星　我自十二年
愁念無窮已　忽聞吉祥至　如人死復穌
我子捨國位　成道名何等　我時荅王言
太子經六年　勤苦得成道　号曰天中天
三界最第一　我子在家時　爲造諸時殿
刻雕陳績飾　今者何所居　我時荅王言
佛得微妙法　所處無不安　常在於樹下
諸天來供養　我子在家時　坐臥敷綩綖
皆以綺飾成　柔軟而光澤　我時荅王言

元刻本

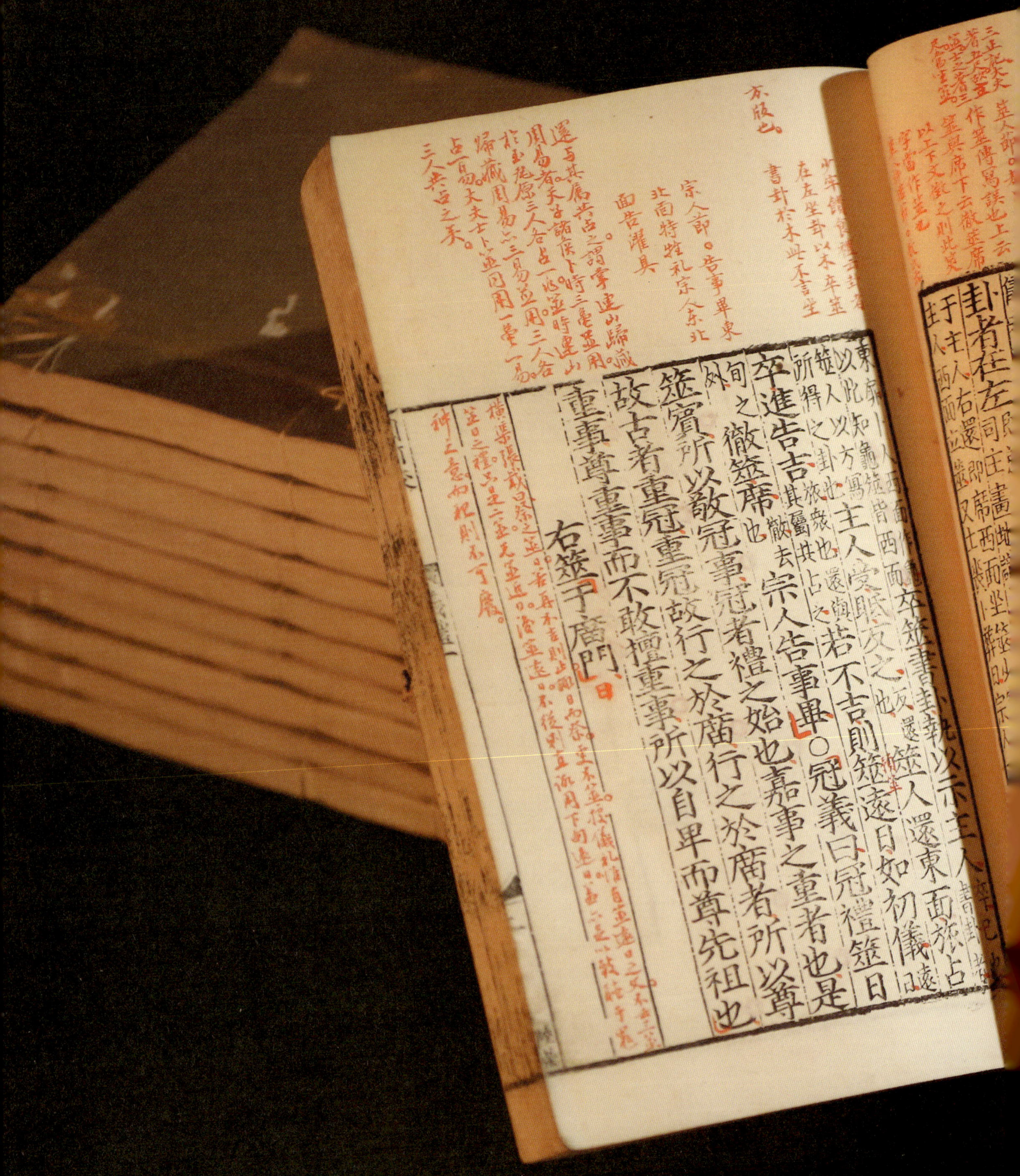
卒筮書卦執以示主人
主人受眡反之
筮人還東面旅占
卒進告吉
若不吉則筮遠日如初儀
徹筮席
宗人告事畢
冠義曰冠禮筮日筮賓所以敬冠事冠者禮之始也嘉事之重者也是故古者重冠重冠故行之於廟行之於廟者所以尊重事尊重事而不敢擅重事所以自卑而尊先祖也
右筮于廟門

筮與席節。○元敖繼公曰士喪卜日之礼云真龜於西塾上南首有席焚在龜東然則此時具饌之位蓍亦當南向席在其後而所卦者則在蓍右亦變於筮時也
布席節。○敖氏云此
面北上
筮與席所卦者具
饌于西塾
布席于門中闑西閾外西面
筮人執筴抽上韇兼執之進受命於主人
宰自右少退贊命

佛本行集經六十卷　隋釋闍那崛多譯

元刻普寧藏本

一册（經摺裝）　存一卷（十五）

書高30.3釐米，寬11.3釐米。框高24.7釐米，寬11.3釐米。每摺六行十七字，上下單邊。

此爲記述釋迦牟尼佛出身、生平、教化事蹟以及相關傳説的一部綜合性佛傳。此本爲元《普寧藏》之零種。元代初年由白雲宗僧俗捐助，於杭州南山大普寧寺刊刻大藏經，世稱《普寧藏》。此本首尾經題下標注千字文，版間小注較宋刻藏經簡化，僅注明千字文並册次、版次，間或有刻工姓名。

闍那崛多（523—600），陳隋時僧人，北印度犍陀羅國人。開皇三大士之一，於隋代佛教典籍翻譯頗具貢獻，譯有《大法炬陀羅尼經》等。

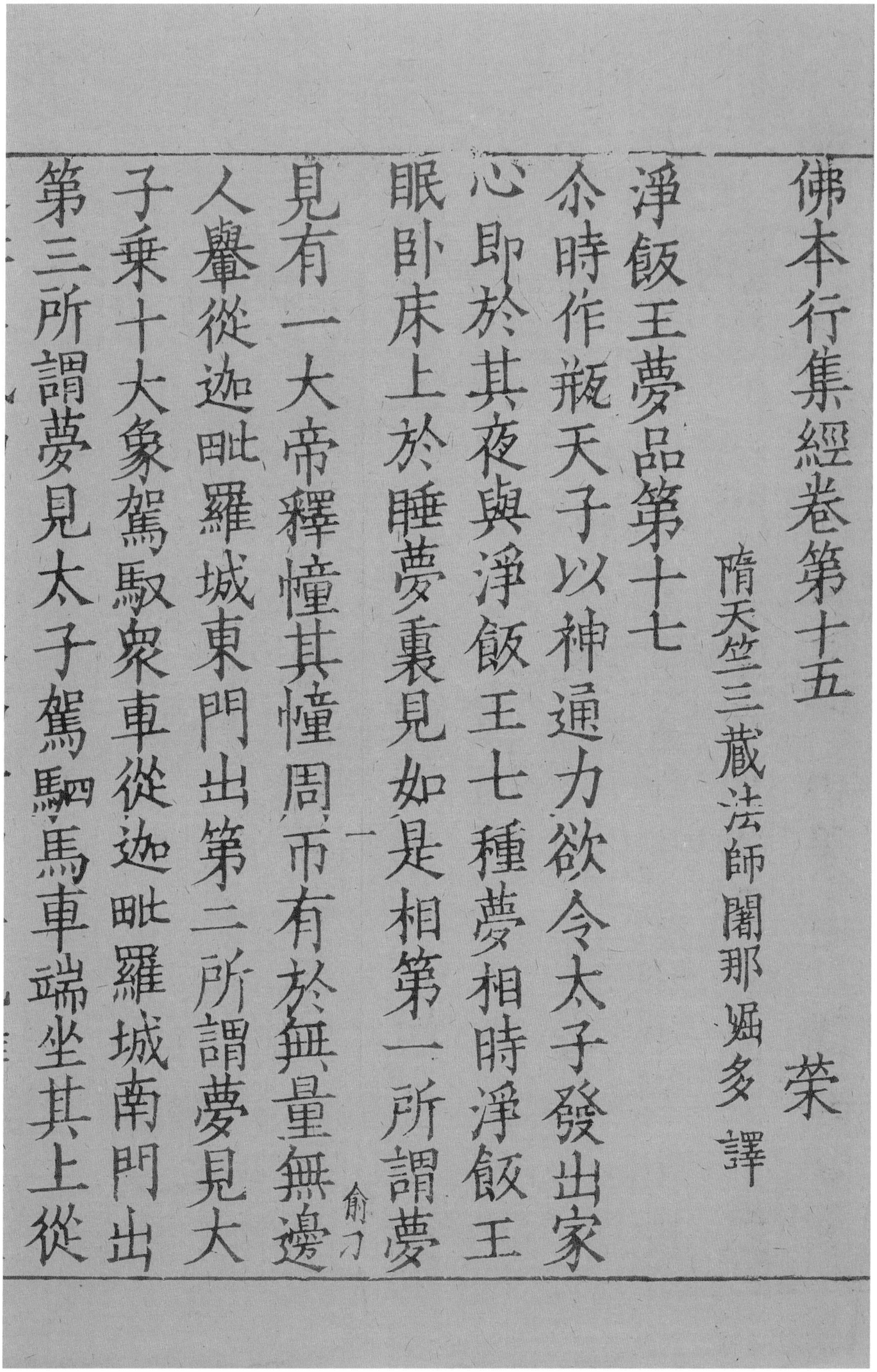

佛本行集經卷第十五　　榮

隋天竺三藏法師闍那崛多譯

淨飯王夢品第十七

尒時作瓶天子以神通力欲令太子發出家心即於其夜與淨飯王七種夢相時淨飯王眠卧床上於睡夢裏見如是相第一所謂夢見有一大帝釋幢其幢周帀有於無量無邊人輩從迦毗羅城東門出第二所謂夢見太子乘十大象駕馭衆車從迦毗羅城南門出第三所謂夢見太子駕駟馬車端坐其上從

一　俞刀

前漢書一百卷　漢班固撰　唐顔師古注

元大德九年（1305）太平路儒學刻明成化正德遞修本

三十六册

書高26.5釐米，寬18.3釐米。框高22.7釐米，寬16.7釐米。半葉十行二十二字，小字雙行，字數不等，上下黑口，四周雙邊。

此書爲紀傳體史書，記述西漢高祖元年（前206）至新朝王莽地皇四年（23）史事，創斷代史體例，二十四史之一。此元刻本爲元代九路儒學刻印十七史之始，版經明代成化、正德遞修。

班固（32—92），字孟堅，東漢扶風安陵（今陝西咸陽）人。精通經史，善賦，著述頗豐，有《兩都賦》《白虎通義》等。

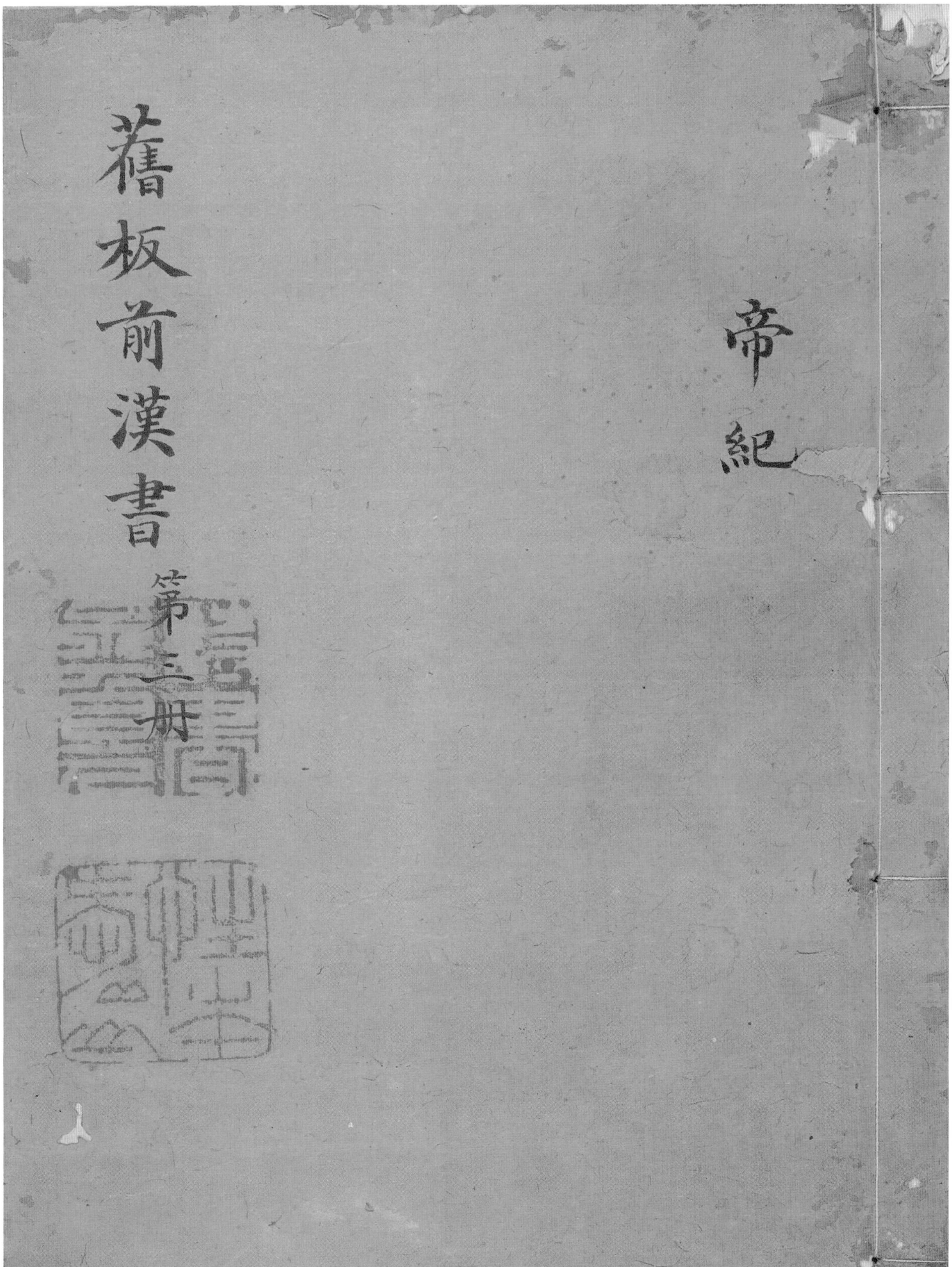
舊板前漢書 第三册
帝紀

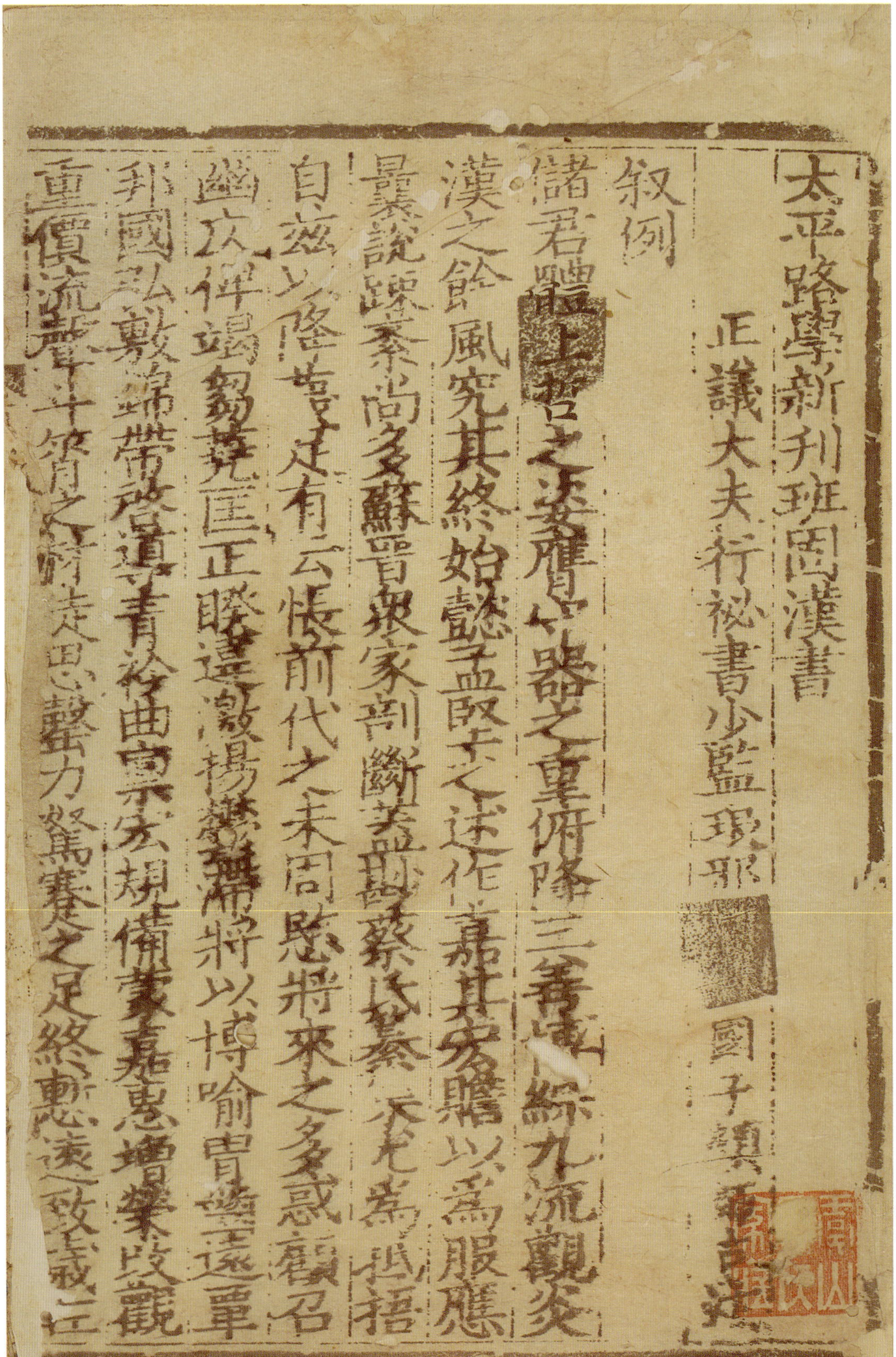

太平路學新刊班固漢書
正議大夫行祕書少監琅邪 國子顔師古注
叙例
儲君體上哲之姿膺守器之重俯降三善博綜九流觀炎
漢之餘風究其終始懿孟堅之述作嘉其宏贍以爲服膺
曩説蹤蹟參尚多蘇晉衆家剖斷蓋尠蔡氏纂集尤爲牴牾
自茲以降蔑足有云悵前代之未周愍將來之多惑顧召
幽仄俾竭芻蕘匡正睽違激揚鬱滯將以博喻胄齒遠覃
邦國弘敷錦帶啓導青衿曲稟宏規備蒙嘉惠增榮改觀
重價流聲十旬月之間精思盡力駑蹇之足終慙遠致歲在

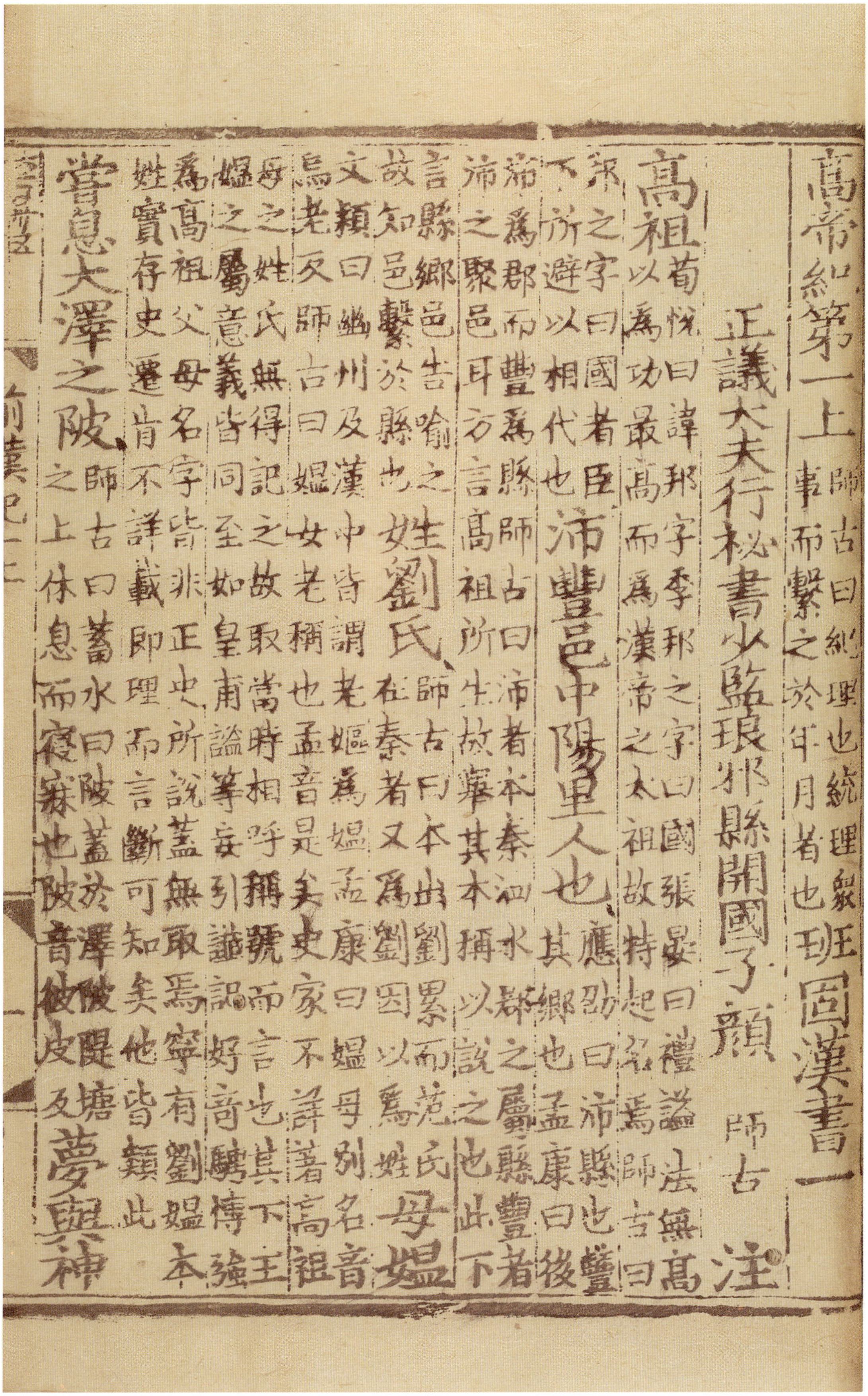

高帝紀第一上 師古曰紀理也統理衆事而繫之於年月者也 班固 漢書一

正議大夫行秘書少監琅邪縣開國子顔師古注

高祖 荀悦曰諱邦字季邦之字曰國張晏曰禮謚法無高以爲功最高而爲漢帝之太祖故特起名焉師古曰邦之字曰國者臣下所避以相代也 沛豐邑中陽里人也 應劭曰沛縣也豐其鄉也孟康曰後沛爲郡而豐爲縣師古曰沛者本秦泗水郡之屬縣豐者沛之聚邑耳方言高祖所生故舉其本稱以說之也此下言縣鄉邑告喻之故知邑繫於縣也 姓劉氏 師古曰本出劉累而范氏在秦者又爲劉因以爲姓 母媼 文穎曰幽州及漢中皆謂老嫗爲媼孟康曰媼母別名音烏老反師古曰媼女老稱也孟音是矣史家不詳著高祖母之姓氏無得記之故取當時相呼稱號而言也其下王媼之屬意義皆同至如皇甫謐等妄引讖記好奇騁博強爲高祖父母名字皆非正史所說蓋無取焉寧有劉媼本姓實存史遷肯不詳載即理而言斷可知矣他皆類此 嘗息大澤之陂 師古曰蓄水曰陂蓋於澤陂隄塘之上休息而寢寐也陂音彼皮反 夢與神

前漢紀一 二

南史八十卷　唐李延壽撰

元大德十年（1306）刻元明遞修本（卷一至五、二十五至三十二、四十八至五十四配抄本）
二十四册

書高28.7釐米，寬18.4釐米。框高22.5釐米，寬16.6釐米。半葉十行二十二字，白口或黑口，左右雙邊、四周雙邊或四周單邊。

此書爲紀傳體史書，記載南朝時期宋、齊、梁、陳四朝歷史，二十四史之一。宋刻《南史》至清末已無全本，元大德十年（1306）刻本校勘精審，爲現存最早全本，也是今《南史》通行本的祖本。此本曾經元、明兩代修版。

李延壽，字遐齡，唐相州（今河南安陽）人，歷任崇賢館學士、御史臺主簿等職。一生修史，曾參加編撰《隋書》《五代史志》，又歷十六年獨立修成《南史》《北史》。

宋本紀上第一　　南史一

李　延壽

宋高祖武皇帝諱裕字德輿小字寄奴彭城縣綏輿里人姓劉氏漢楚元王交之二十一世孫也彭城楚都故苗裔家焉晉氏東遷劉氏移居晉陵丹徒之京口里皇祖靖晉東安太守皇考翹字顯宗郡功曹帝以晉哀帝興寧元年歲在癸亥三月壬寅夜生神光照室盡明是夕甘露降于墓樹及長雄傑有大度身長七尺六寸風骨奇偉不事廉隅小節奉繼母以孝聞嘗游京口竹林寺獨卧講堂前上有五色龍章衆僧見之驚以白帝帝獨喜曰上人無妄言

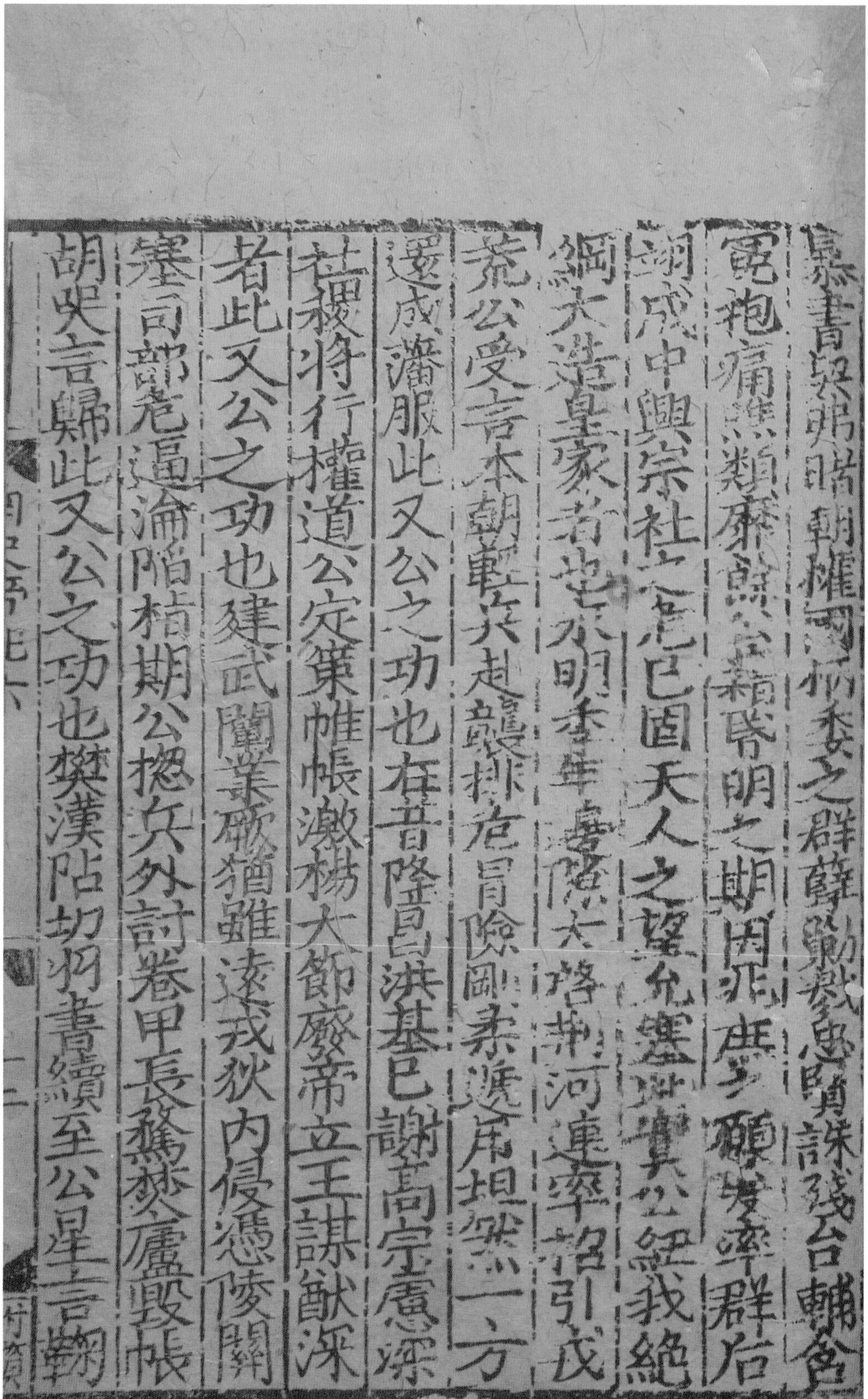

顯書與明昭朝權司柄委之群孽勦戮忠賢誅殘台輔含
冤抱痛類靡餘籍啓明之期因兆厲顧率群后
翊成中興宗社之危已固天人之望允塞興實公經我絕
綱大造皇家者也不明季年虐焰大熾并河連率招引戎
荒公受言本朝乾兵起襲排危冒險剛柔適宜坦然一方
還成藩服此又公之功也在昔隆昌洪基已謝高宗慮深
社稷將行權道公定策帷帳潛揚大節廢帝立王謀猷深
者此又公之功也建武闡業礮猶雖遠戎狄内侵憑陵關
塞司部危逼淪陷檐期公總兵外討卷甲長驁焚廬毀帳
胡哭言歸此又公之功也樊漢阽切羽書續至公星言翺

集千家注分類杜工部詩二十五卷 唐杜甫撰 宋徐居仁編次 宋黃鶴補注 杜工部文集二卷 唐杜甫撰 杜工部詩年譜一卷 宋黃鶴撰

元皇慶元年（1312）余志安勤有堂刻廣勤書堂增修本 清瞿啓甲跋

二十四册

書高23.8釐米，寬16.5釐米。框高20.4釐米，寬13.3釐米。半葉十二行二十字，小字雙行，行二十六字，上下黑口，四周雙邊。

南宋以來，杜集傳本衆多，箋注者十之七，編年者十之二，分類者十之一。黃希、黃鶴父子著《黃氏補千家注紀年杜工部詩史》三十六卷，成書於宋嘉定九年（1216），引一百五十一家舊注，廣而補之，以年繫詩。《直齋書録解題》著録徐居仁《門類杜詩》二十五卷，其下未及黃鶴補注事。宋紹定四年（1231）婺州趙氏素心齋刻《集千家注分類杜工部詩》，曹元忠《箋經室所見宋元書題跋》認爲“題‘集千家注分類杜工部詩’，由婺州趙氏合併徐居仁、黃鶴之書，始有此名”，即用徐居仁所列紀行、述懷、懷古、古蹟、時事等七十二門類編排卷次，而以黃鶴集注增入其下。今宋本未見，元皇慶元年（1312）建安余志安勤有堂刻本爲“千家分類”杜詩現存早期版本。此本爲余氏所刻，元末葉氏廣勤書堂得其書版後，增刻文集二卷。刻印精良，校勘精細，極富價值。曾經周良金皮藏，卷前有鐵琴銅劍樓主人瞿啓甲手跋一篇，述其版本始末。

徐居仁，南宋東萊（今屬山東煙臺）人，字居仁。生平不詳。

黃希，字夢得，號師心，南宋撫州宜黃（今江西宜黃）人。乾道二年（1166）進士，官永新令。以杜詩舊注多遺舛，嘗爲隨文補輯，未竟而殁。黃鶴，字叔似，黃希子，南宋臨川（今江西臨川）人。黃鶴取黃希遺稿，爲之正定，又益以所見，成《黃氏補千家注紀年杜工部詩史》三十六卷。

周良金，字九松，號迂叟，明武進（今屬江蘇常州）人。嘉靖三十年（1551）歲貢生，官光禄寺署丞。藏書家。

瞿啓甲（1873—1940），字良士，別號鐵琴道人，江蘇常熟人。清末著名藏書樓鐵琴銅劍樓第四代主人。

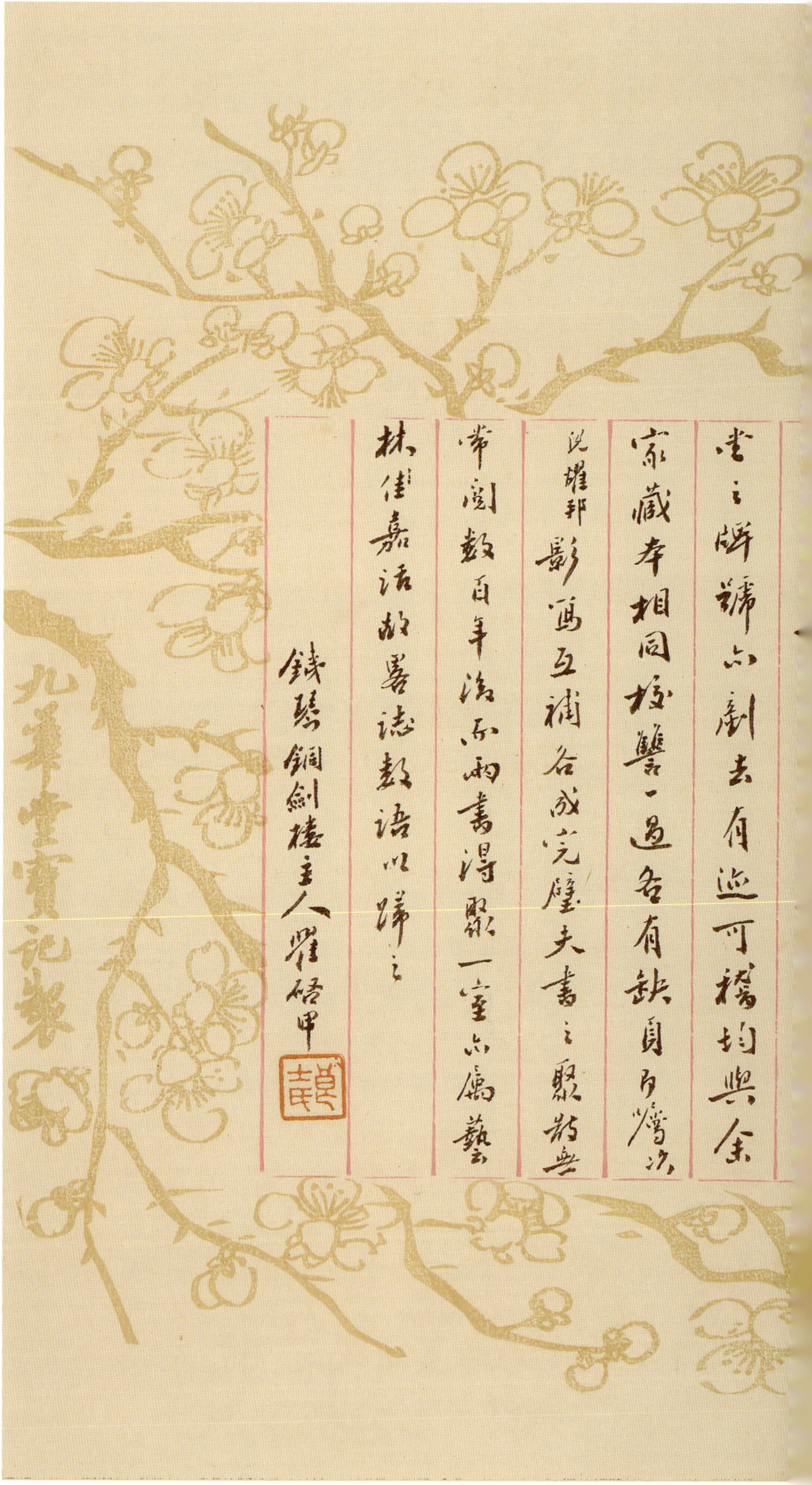
堂之壻歸亦劍去有迹可稱均與余
家藏本相同校讐一過各有缺頁乃屬次
兒耀邦影寫互補合成完璧夫書之聚散無
常聚數百年後亦兩書得聚一室亦屬藝
林佳話故略誌數語以歸之
鐵琴銅劍樓主人瞿啓甲

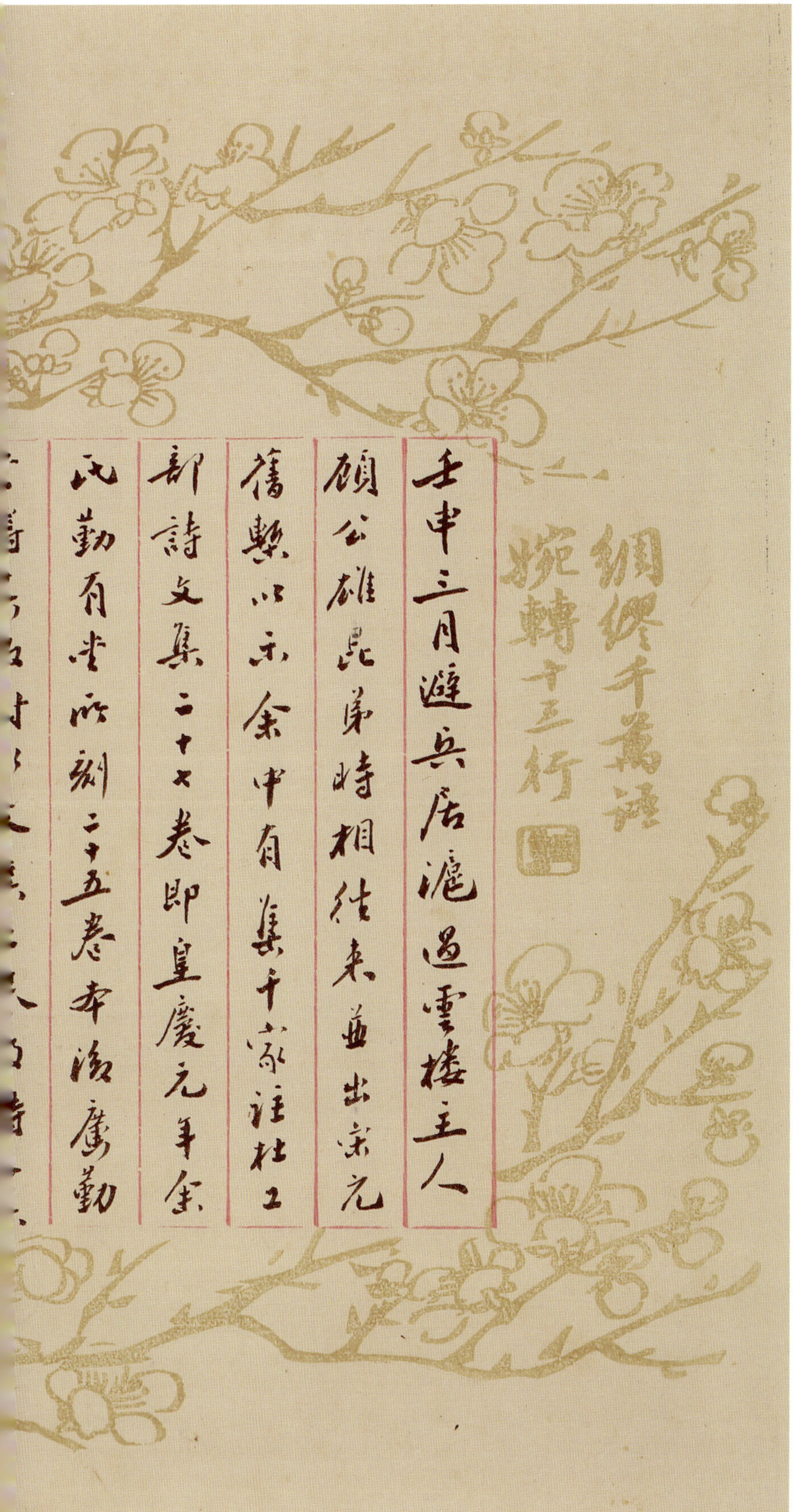

綢繆千萬語
婉轉十三行

壬申三月避兵居滬遇雲樓主人
頗公雄昆弟時相往來每出宋元
舊槧以示余中有集千家注杜工
部詩文集二十七卷即皇慶元年余
氏勤有堂所刻二十五卷本與廣勤

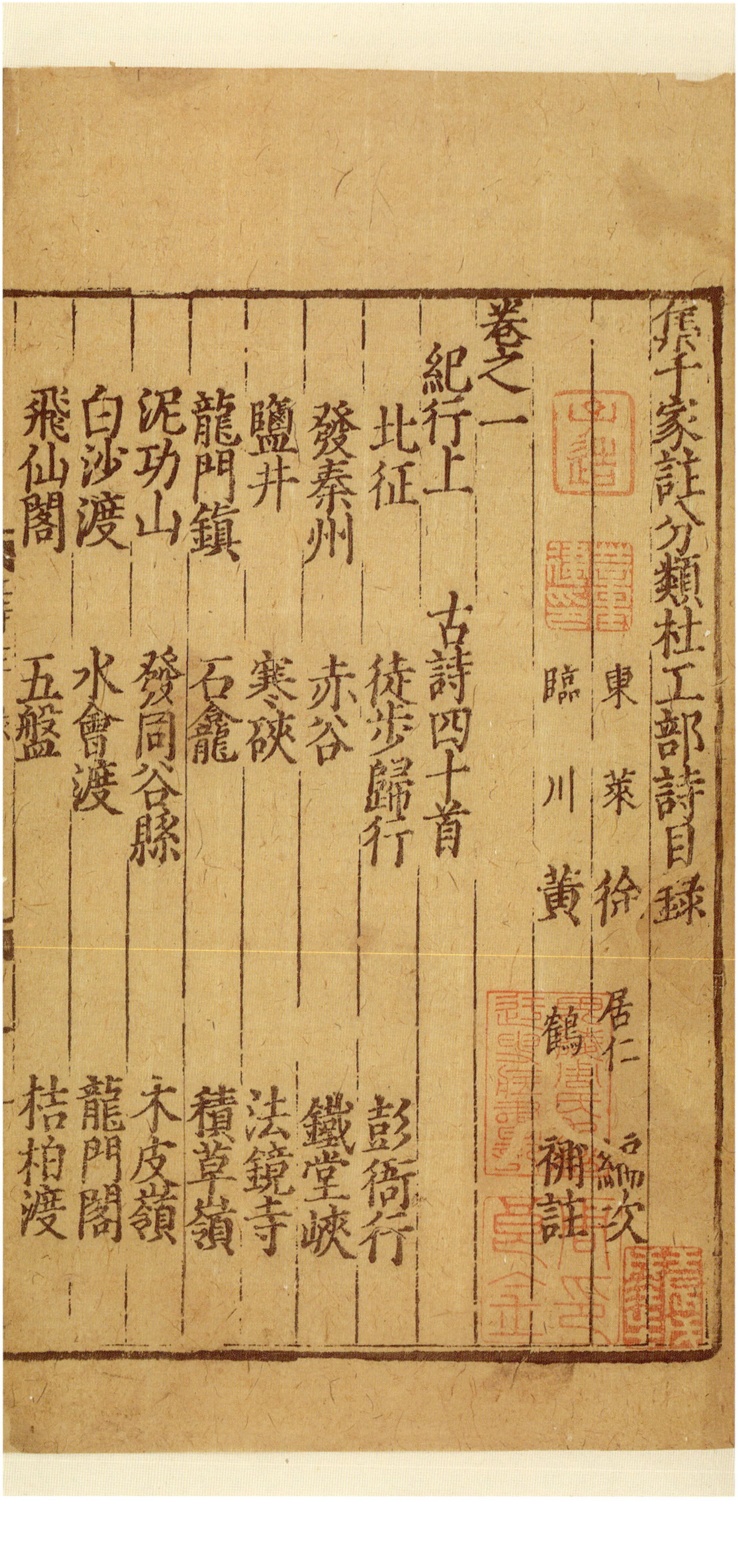

集千家註分類杜工部詩目録
東萊　徐　居仁　編次
臨川　黄　鶴　補註
卷之一
紀行上　古詩四十首
北征　徒步歸行　彭衙行
發秦州　赤谷　鐵堂峽
鹽井　寒硤　法鏡寺
龍門鎮　石龕　積草嶺
泥功山　發同谷縣　木皮嶺
白沙渡　水會渡　龍門閣
飛仙閣　五盤　桔柏渡

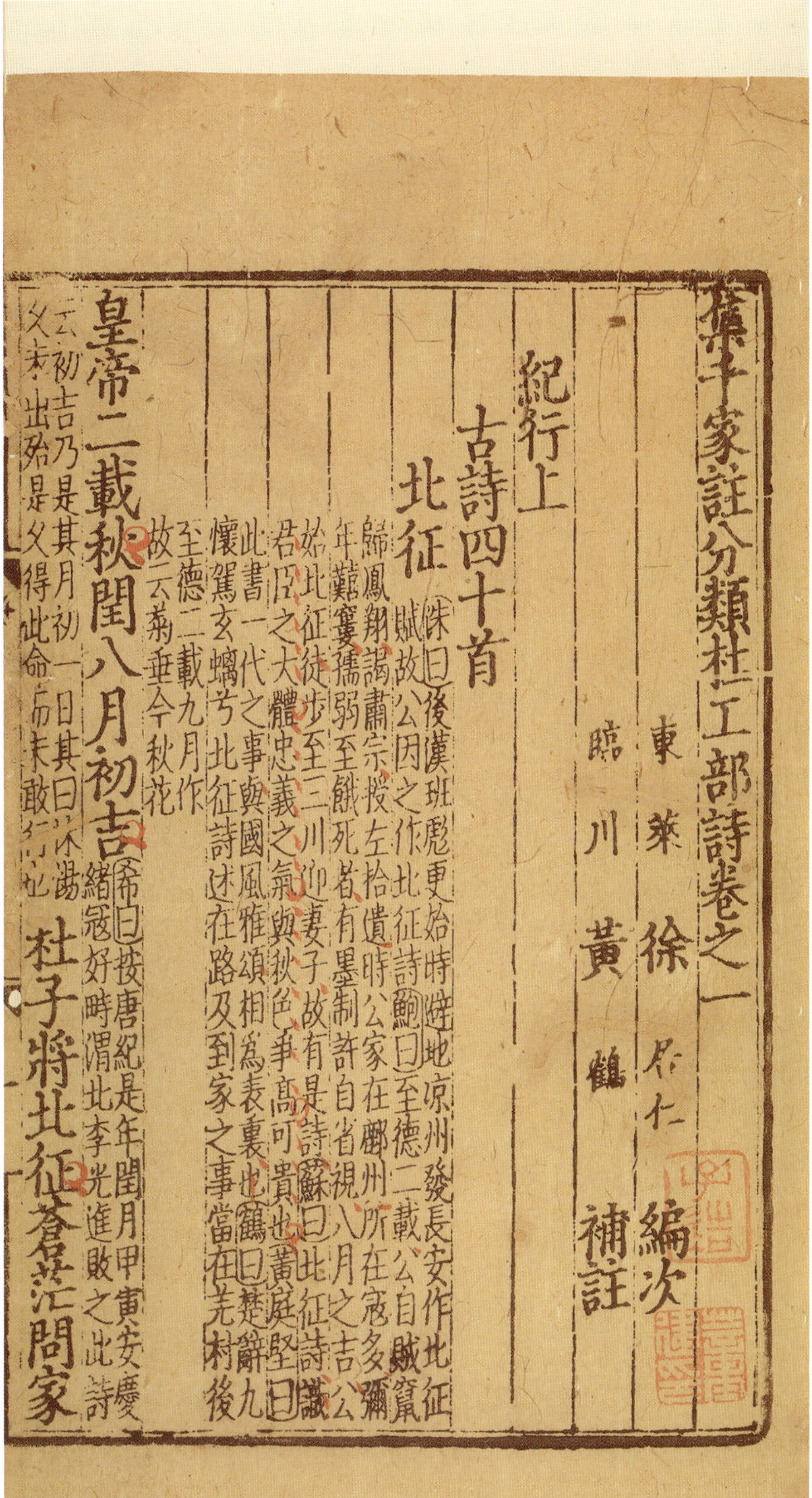
集千家註分類杜工部詩卷之一
東萊　徐　居仁　編次
臨川　黃　鶴　補註
紀行上
古詩四十首
北征（洙曰）後漢班彪更始時避地涼州發長安作北征賦故公因之作北征詩（鮑曰）至德二載公自賊竄歸鳳翔謁肅宗授左拾遺時公家在鄜州所在寇多彌年艱窶孺弱至餓死者有墨制許自省視八月之吉公始北征徒步至三川迎妻子故有是詩（蘇曰）北征詩識君臣之大體忠義之氣與秋色爭高可貴也（黃庭堅曰）此書一代之事與國風雅頌相爲表裏也（鶴曰）楚辭九懷駕玄螭兮北征詩述在路及到家之事當在羌村後至德二載九月作故云菊垂今秋花
皇帝二載秋閏八月初吉（希曰）按唐紀是年閏月甲寅安慶緒寇好畤渭北李光進敗之此詩云初吉乃是其月初一日其曰休謁久未出殆是久得此命而未敢行也　杜子將北征蒼茫問家

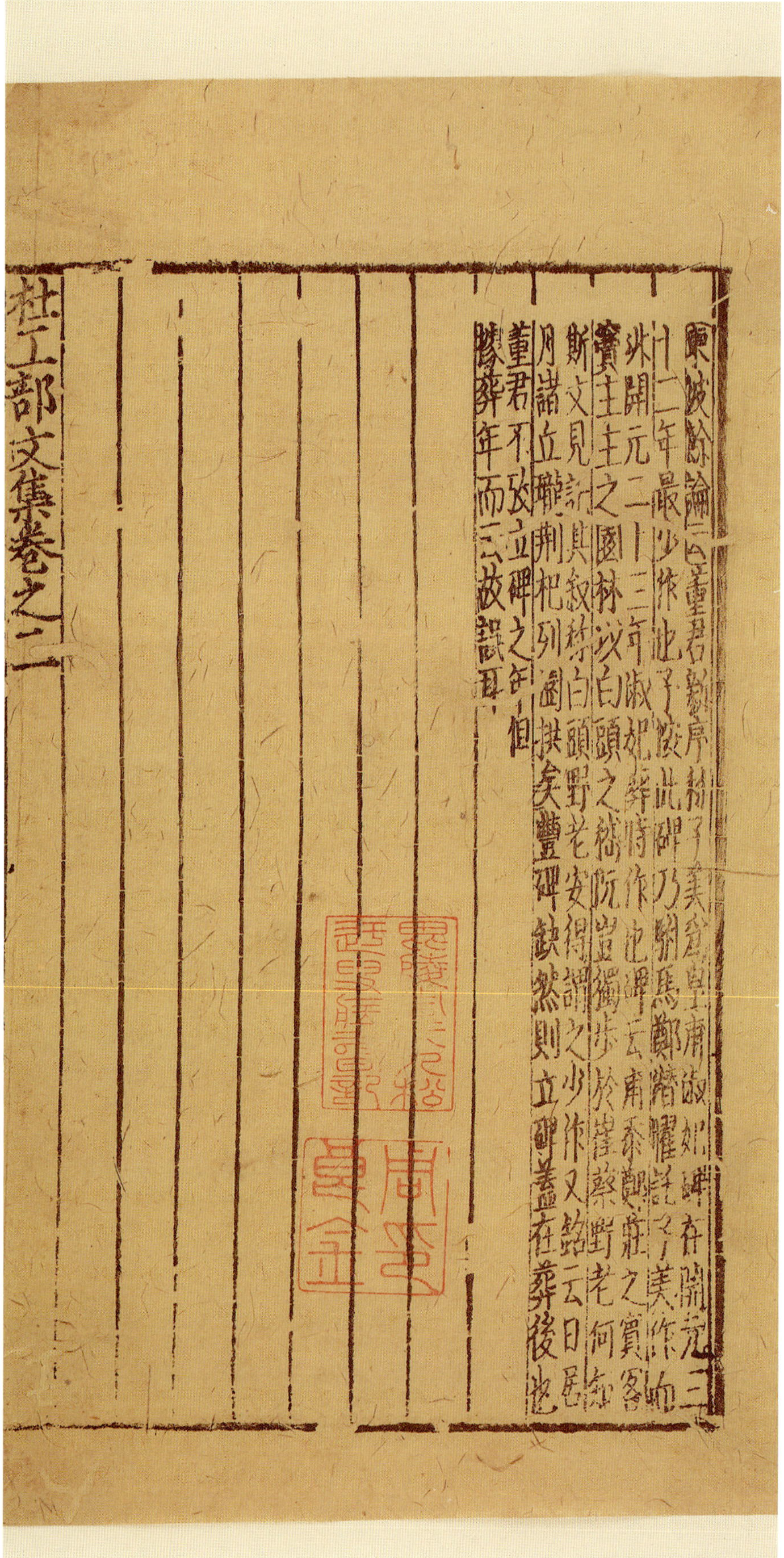

東坡跋論云董君敏序稱子美為皇甫淑妃碑在開元二
十二年最少作也予按此碑乃駙馬鄭潛曜託子美作如
以開元二十三年淑妃葬時作也碑云甫忝鄭莊之賓客
竇主主之園林以白頭之嵇阮豈獨步於崔蔡對老何知
斯文見許與叙詩白頭野老安得謂之少作又銘云日居
月諸立職荆杞列幽拱矣豐碑缺然則立碑蓋在葬後也
董君不攷立碑之年但
據葬年而云故誤耳

杜工部文集卷之二

張仲景注解傷寒百證歌五卷新編張仲景注解發微論二卷

宋許叔微撰

元刻本

二册

書高26.8釐米，寬16.2釐米。框高18.9釐米，寬12.3釐米。半葉八行十七字，小字雙行，行二十字，細黑口，左右雙邊。

《百證歌》將張仲景《傷寒論》中各種證候歸爲百種，以歌訣表述並加以注釋。《發微論》則論傷寒之具體診法、治法及其用藥。除此本外，二書元刻本迄今所知存世僅兩部，一藏國家圖書館，一藏日本静嘉堂。南京圖書館所藏此部元刻本字體、木記等與國家圖書館藏本頗有差異。此本入選第一批《國家珍貴古籍名録》。

許叔微（1079—1154），字知可，號近泉，宋真州白沙（今江蘇儀徵）人。濟世名醫。紹興二年（1132）進士，曾任徽州、杭州府學教授。又著有《類證普濟本事方》等。

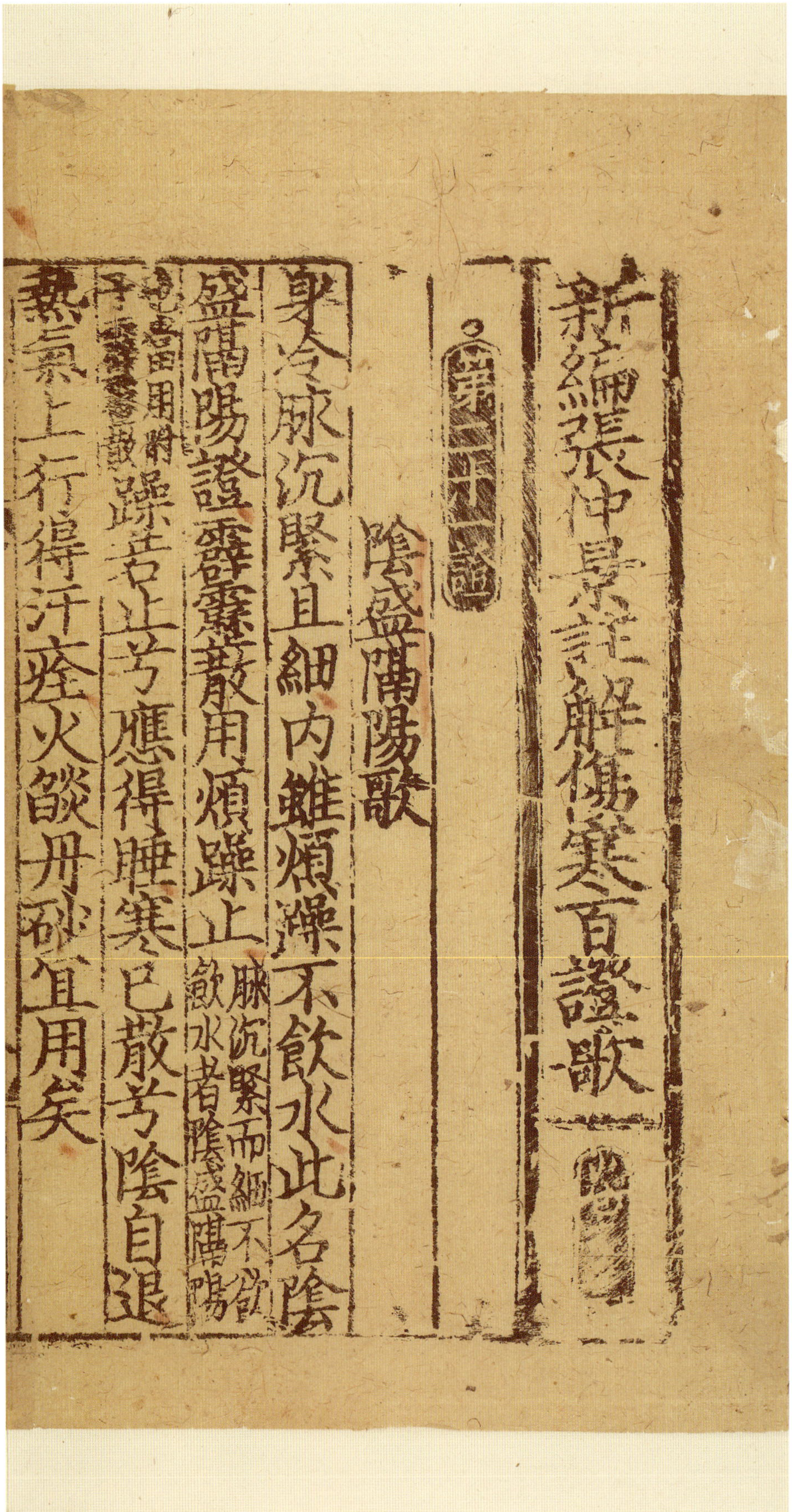

新編張仲景註解傷寒百證歌

第二十一證

陰盛隔陽歌

身冷脉沉緊且細，内雖煩燥不飲水。此名陰盛隔陽證，霹靂散用須躁止。脉沉緊而細，不欲飲水者，陰盛隔陽也，宜當用附子霹靂散。躁若止兮應得睡，寒已散兮陰自退。熱氣上行得汗瘥，火餤丹砂宜用矣。

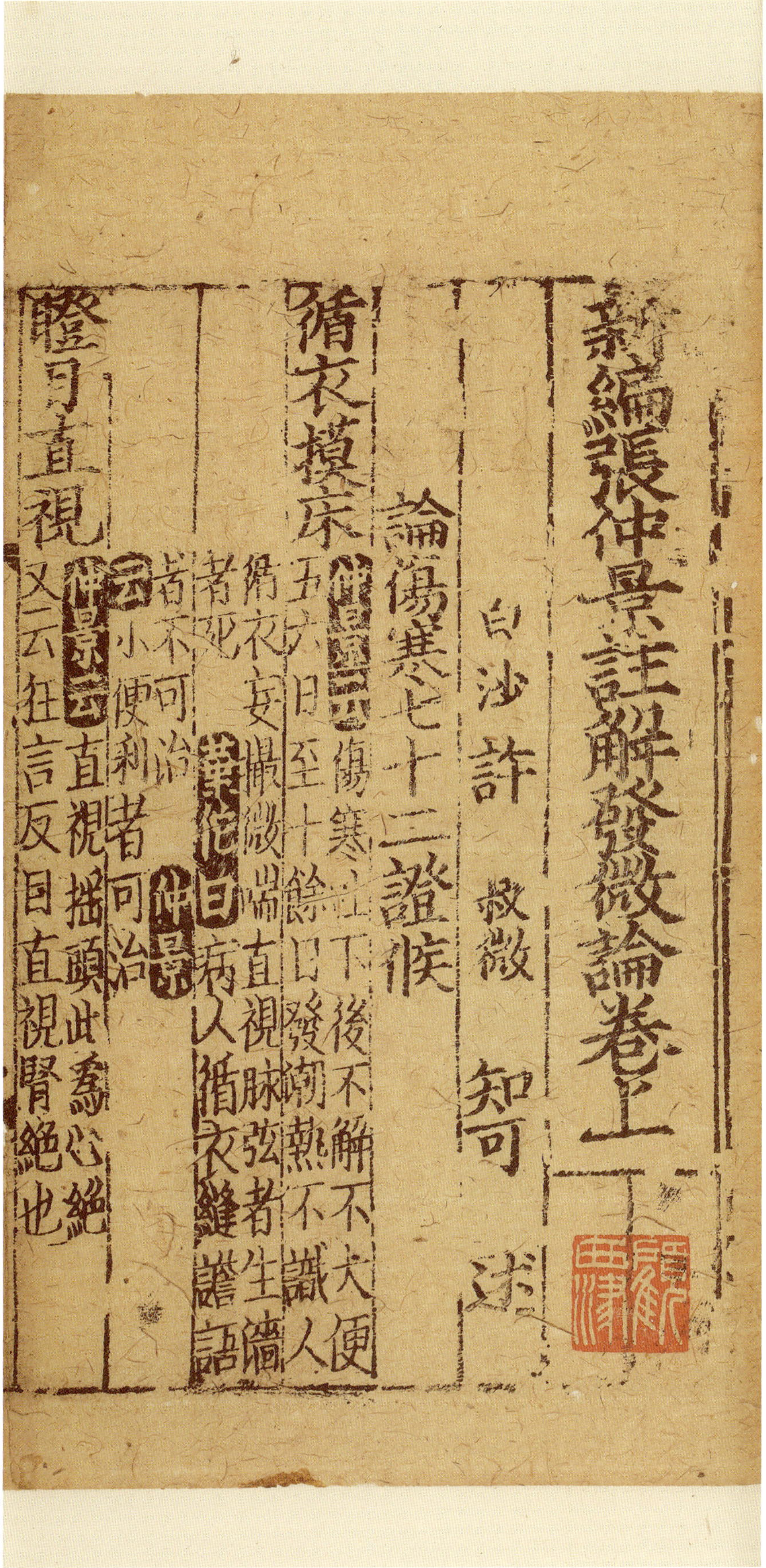

新編張仲景註解發微論卷上

白沙許叔微知可述

論傷寒七十二證候

循衣摸床 仲景云傷寒吐下後不解不大便五六日至十餘日發潮熱不識人循衣妄撮微喘直視脈弦者生濇者死 華佗曰病人循衣縫譫語者不可治 仲景云小便利者可治

瞪目直視 仲景云直視搖頭此爲心絶 又云狂言反目直視腎絶也

儀禮圖十七卷儀禮旁通圖一卷 宋楊復撰 儀禮十七卷

元刻明正德遞修本

十一册

書高25.5釐米，寬16.5釐米。框高17.4釐米，寬12.9釐米。半葉十行二十字，小字雙行，字數同，白口或黑口，左右雙邊或四周單邊。

作者録《儀禮》經文，節取先儒舊説，並繪製古禮儀節及陳設方位圖，凡二百零五幅，又作《旁通圖》二十五幅補充於後，便於後學了解古禮之梗概。此本刻於元代，經明正德六年（1511）、十二年（1517）、十六年（1521）等多次修補版，版心刻有補版年代及校刻者姓名。

楊復（1164—1234），字志仁，號信齋，南宋福州人，朱熹門人，又著《祭禮》《家禮雜説附注》等。

疏曰不筮月者夏小正云二月綏多士女冠子取妻時也既有常月故不筮也又曰凡儀礼之內單言廟者皆是禰廟若非禰廟則以名別之

黑繒帶者謂以黑飾白繒帶也

在朝君臣同服

儀禮圖第一

士冠禮第一 冠古亂反

士冠禮○筮于廟門 筮者以蓍問日吉凶於易也冠必筮日於廟門者重以成人之禮成子孫也廟謂禰廟不於堂者嫌蓍之靈由廟神○疏曰言子兼言孫者家事統於尊若祖在則為冠主故兼孫也 主人玄冠朝服緇帶素韠 韠音畢韠蔽膝也 ○即位于門東西面 主人將冠者之父兄也玄冠委貌也朝服者十五升布衣而素裳也衣不言色者衣與冠同也筮必朝服者尊蓍龜之道緇帶黑繒帶素韠白韋韠長三尺上廣一尺下廣二尺其頸五寸肩革帶博二寸天子與其臣玄冕以視朔皮弁以日視朝諸侯與其臣皮弁以視朔朝服以日視朝凡染黑五入為緅七入為緇玄則六入與○緇側陵反○今按朝服重於玄端冠時主人玄端爵韠今此筮亦在廟不服玄端而服朝服者是尊蓍龜之道也 有司如主人服即位于西方東

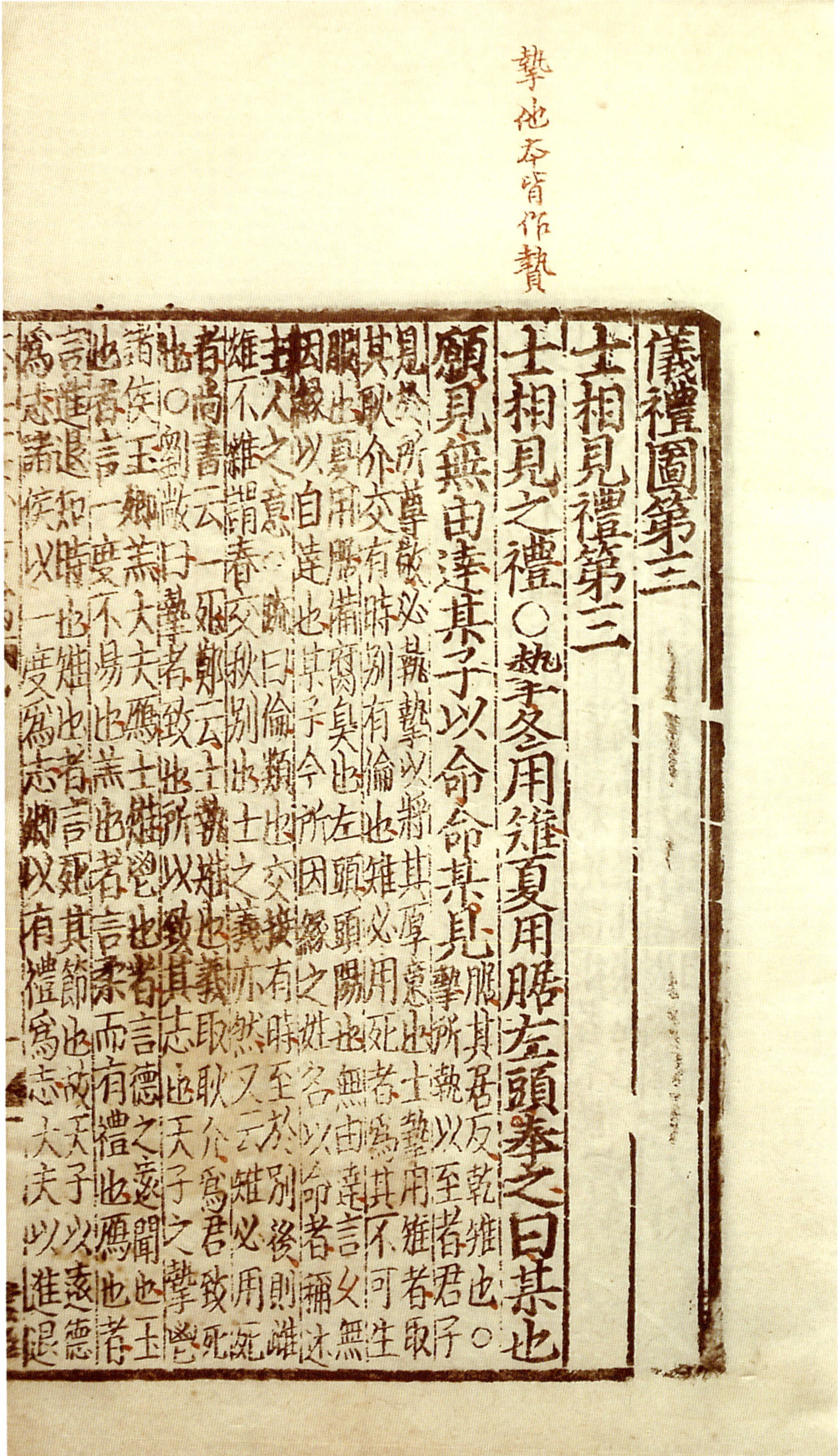
摯他本皆作贄

儀禮圖第三

士相見禮第三

士相見之禮○摯冬用雉夏用腒左頭奉之曰某也願見無由達某子以命命某見腒其居反乾雉也○摯所執以至者君子見於所尊敬必執摯以將其厚意也士摯用雉者取其耿介交有時別有倫也雉必用死者為其不可生服也夏用腒備腐臭也左頭頭陽也無由達言久無因緣以自達也某子今所因緣之姓名以命者稱述主人之意○疏曰倫類也交接有時至於別後則雉雉不雜謂春交秋別也士之義亦然又云雉必用死者尚書云一死鄭云士摯雉也義取耿介為君致死也○劉敞曰摯者致也所以致其志也天子之摯鬯諸侯玉卿羔大夫鴈士雉鬯也者言德之遠聞也玉也者言一要不易也羔也者言柔而有禮也鴈也者言進退知時也雉也者言死其節也故天子以遠德為志諸侯以一度為志卿以有禮為志大夫以進退

筮日

戒賓

儀禮卷第一

士冠禮第一

士冠禮筮于廟門主人玄冠朝服緇帶素韠即位于門東西面有司如主人服即位于西方東面北上筮與席所卦者具饌于西塾布席于門中闑西閾外西面筮人執筴抽上韇兼執之進受命於主人宰自右少退贊命筮人許諾右還即席坐西面卦者在左卒筮書卦執以示主人主人受眂反之筮人還東面旅占卒進告吉若不吉則筮遠日如初儀徹筮席宗人告事畢主人戒賓賓禮辭許主人再拜賓答拜主人

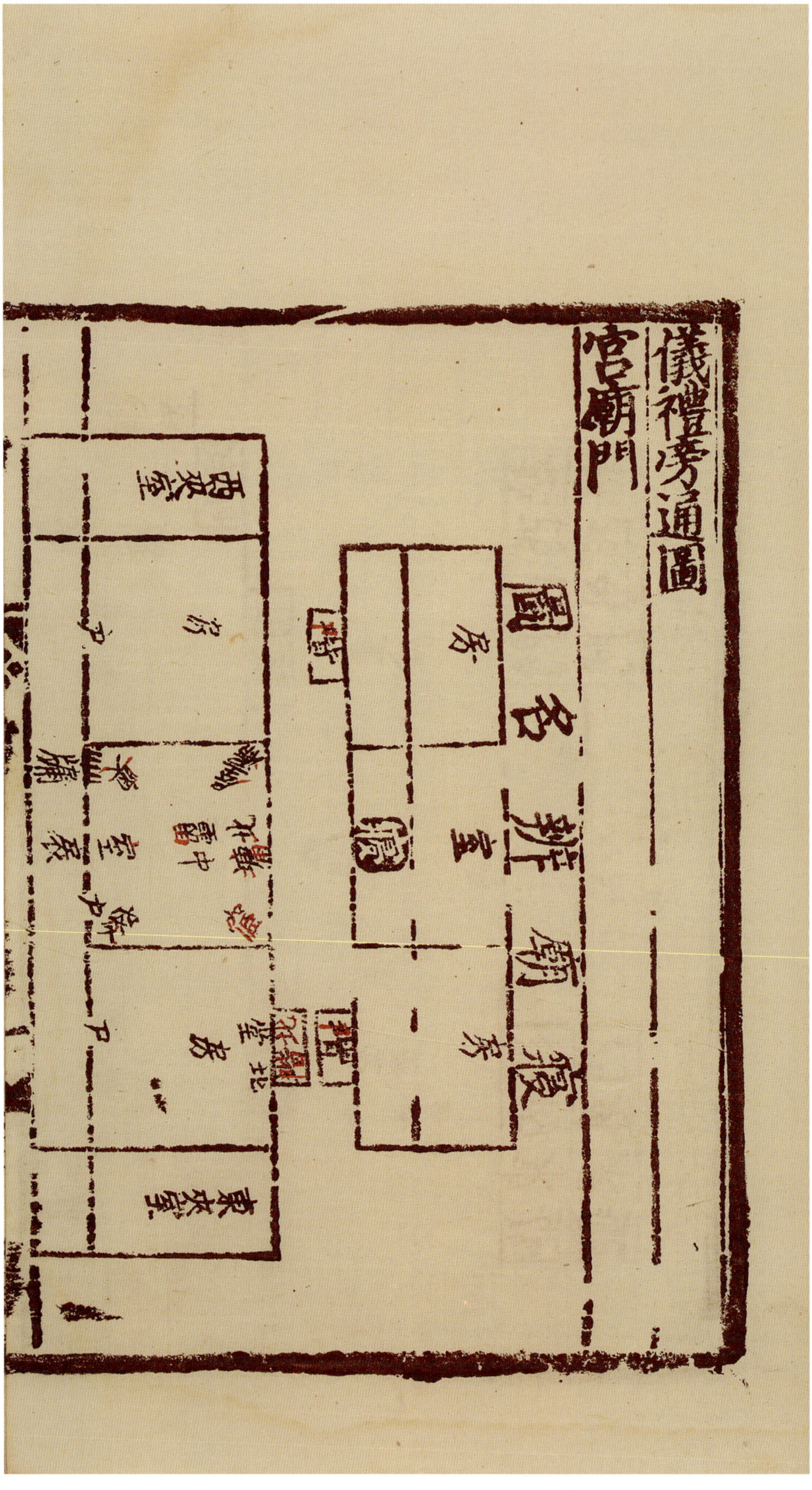
儀禮旁通圖
宮廟門
圖名
西夾室
東夾室

附釋音尚書注疏二十卷　題漢孔安國傳　唐孔穎達疏　唐陸德明釋文

元刻明修本

十四册

書高20.5釐米，寬16釐米。框高18.9釐米，寬13.4釐米。半葉十行十七字，小字雙行，行二十三字，白口，左右雙邊。

此書爲《尚書》注疏類經典書籍，由古文《尚書》漢孔安國傳、唐孔穎達《尚書正義》、唐陸德明《經典釋文》之《尚書》部分合刊而成。此部元刻仍沿用宋本白口、左右雙邊、下題刻工之風格，左欄外刻書耳。經明代修補重印。

孔穎達（574—648），字冲遠，一作仲達，唐冀州衡水（今屬河北）人。孔子三十二代孫，精研經學。官任國子監祭酒。唐貞觀間奉旨主持編定《五經正義》，集經學之大成。

陸德明（約550—630），名元朗，以字行，唐吴縣人。精經學、訓詁學，歷仕陳、隋、唐三朝。著有《經典釋文》。

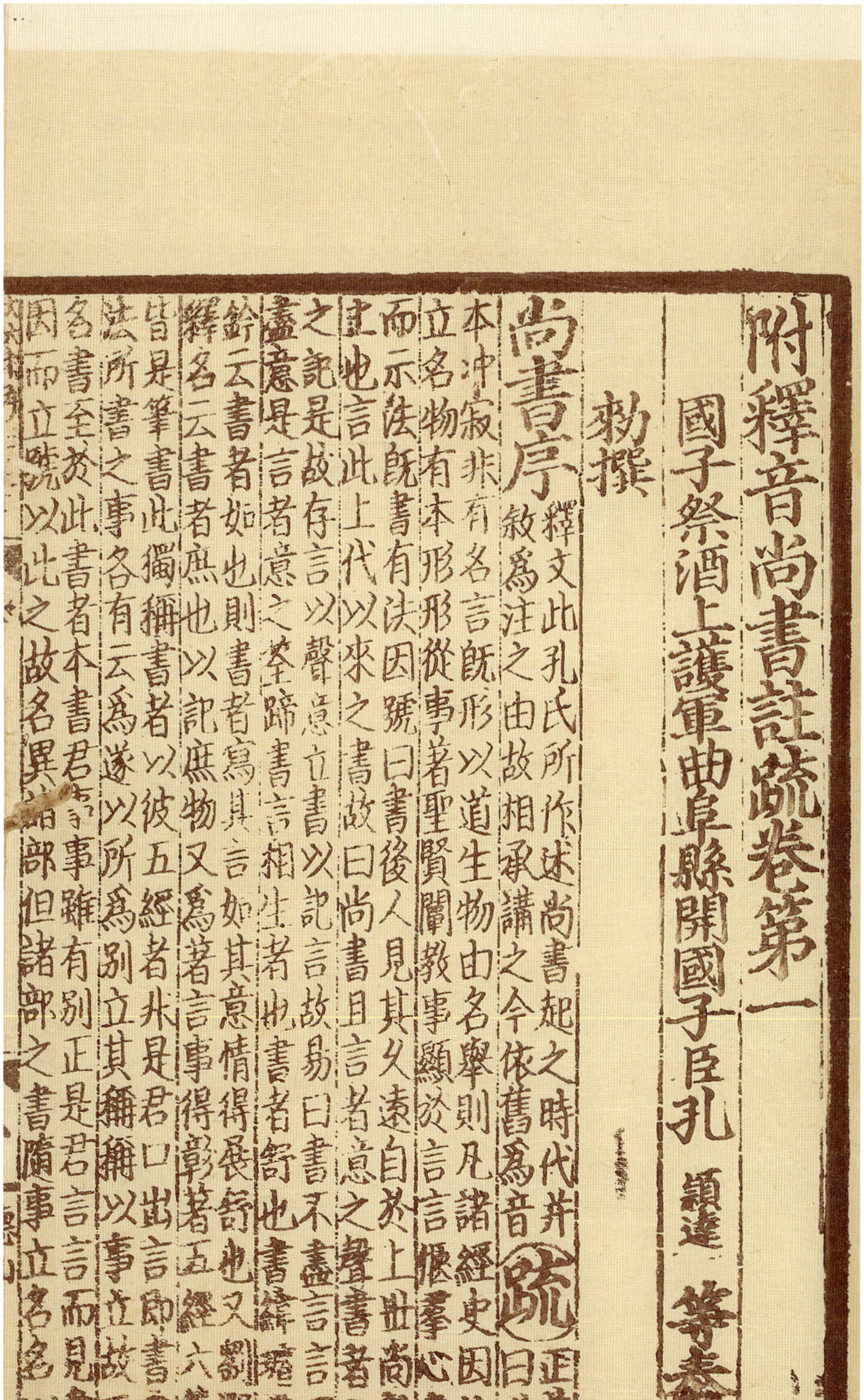

附釋音尚書註疏卷第一
國子祭酒上護軍曲阜縣開國子臣孔　穎達　等奉
敕撰
尚書序
釋文此孔氏所作述尚書起之時代并
敘爲注之由故相承講之今依舊爲音
疏　正義曰道
本冲寂非有名言既形以道生物由名舉則凡諸經史因物
立名物有本形形從事著聖賢闡教事顯於言言愜羣心書
而示法既書有法因號曰書後人見其久遠自於上世尚者
上也言此上代以來之書故曰尚書且言者意之聲書者言
之記是故存言以聲意立書以記言故易曰書不盡言言不
盡意是言者意之筌蹄書言相生者也書者舒也書緯璇璣
鈐云書者如也則書者寫其言如其意情得展舒也又劉熙
釋名云書者庶也以記庶物又爲著言事得彰著五經六籍
皆是筆書此獨稱書者以彼五經者非是君口出言即書爲
法所書之事各有云爲遂以所爲別立其稱稱以事立故不
名書至於此書者本書君事事雖有別正是君言言而見書
因而立號以此之故名異諸部但諸部之書隨事立名名以

書集傳六卷 宋蔡沈撰 尚書纂圖一卷書序一卷

元刻本

六册

書高26.7釐米，寬16.7釐米。框高20.3釐米，寬13.2釐米。半葉十行十八字，小字雙行，行二十字，上下黑口，四周雙邊。

此書又名《書經集傳》《書經集注》或《書傳》。朱熹晚年訓傳諸經略備，獨缺《書經》，臨終前囑蔡沈作《書集傳》。蔡氏嘔心瀝血，十年成稿，三十年成書。元代皇慶二年（1313）議行科舉，定《尚書》以蔡傳爲標準注本。此本經文大字，傳文小字。天頭刻有經文釋音，與元代鄒季友《音釋》不全相同，應非出自鄒氏。版刻風格近元末明初，然與今所見各本皆不同。經專家審定，爲元刻本，入選第五批《國家珍貴古籍名録》。

首册墨筆題簽有“汲古閣珍藏本”字樣，書中鈐有“顧鶴逸藏書印”“鶴逸”“顧鶴逸”及“汲古主人”諸印，經毛氏汲古閣及顧氏過雲樓遞藏。

蔡沈（1167—1230），字仲默，南宋建陽（今屬福建南平）人。父蔡元定爲南宋大儒，學者尊稱西山先生，與朱熹相交，亦師亦友。蔡沈既得家學，又師承朱熹，爲閩學代表人物之一。隱居九峰，終生不仕，學者稱九峰先生。明追謚文正。

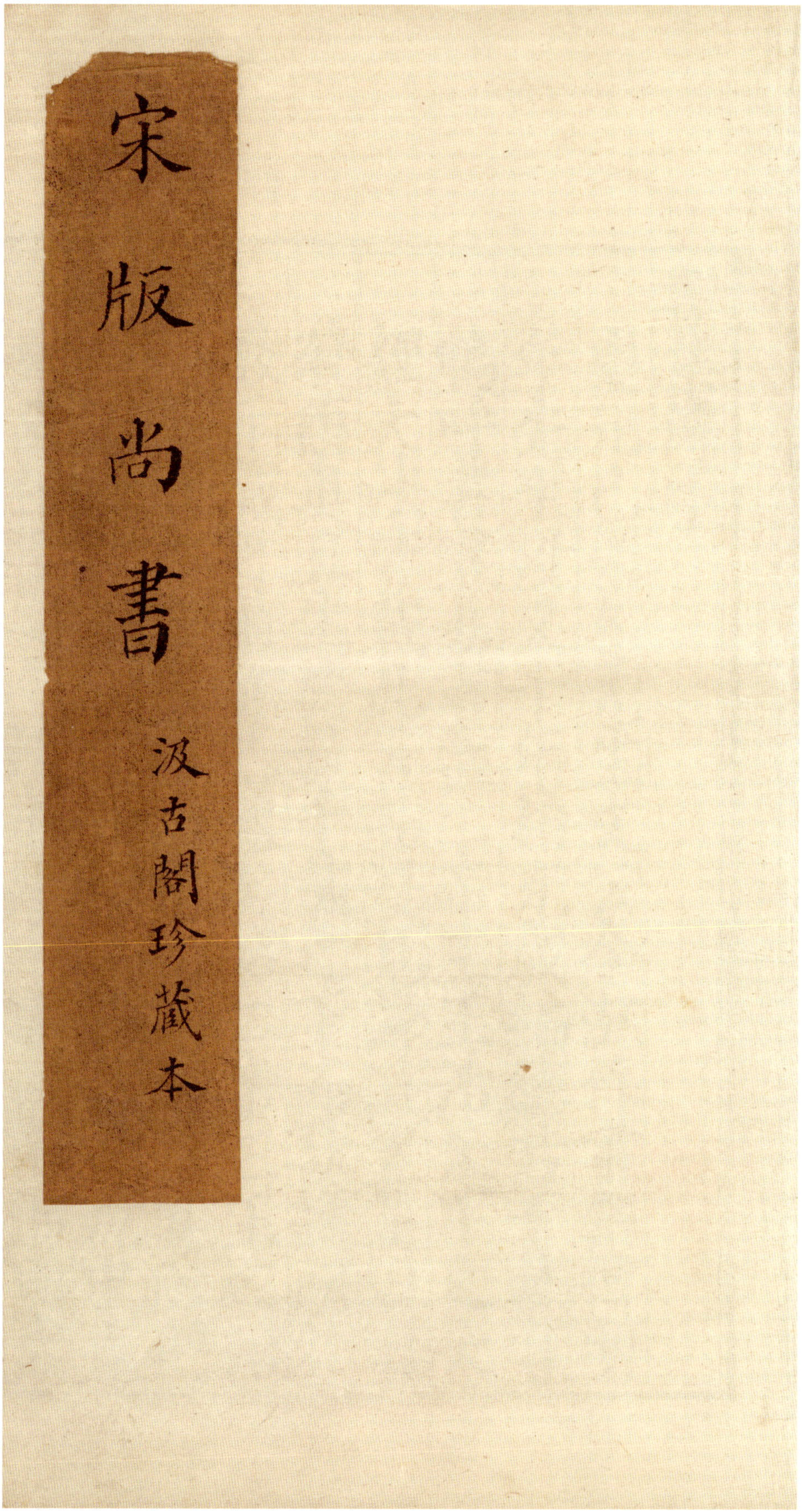
宋版尚書
汲古閣珍藏本

書集傳序

慶元己未冬先生文公令沈作書集傳明年先生殁又十年始克成編總若干萬言嗚呼書豈易言哉二帝三王治天下之大經大法皆載此書而淺見薄識豈足以盡發蘊奧且生於數千載之下而欲講明於數千載之前亦已難矣然二帝三王之治本於道二帝三王之道本於心得其心則道與治固可得而言矣何者精一執中堯舜禹相授之心法也建中建極商湯周武

后今圖王輅之制兼太常之旂以脩祭祀所乘其他金象革木之輅可類推之矣

書傳云大輅玉輅也綴輅金輅也先輅木輅也次輅象輅革輅也天子五輅飾異制

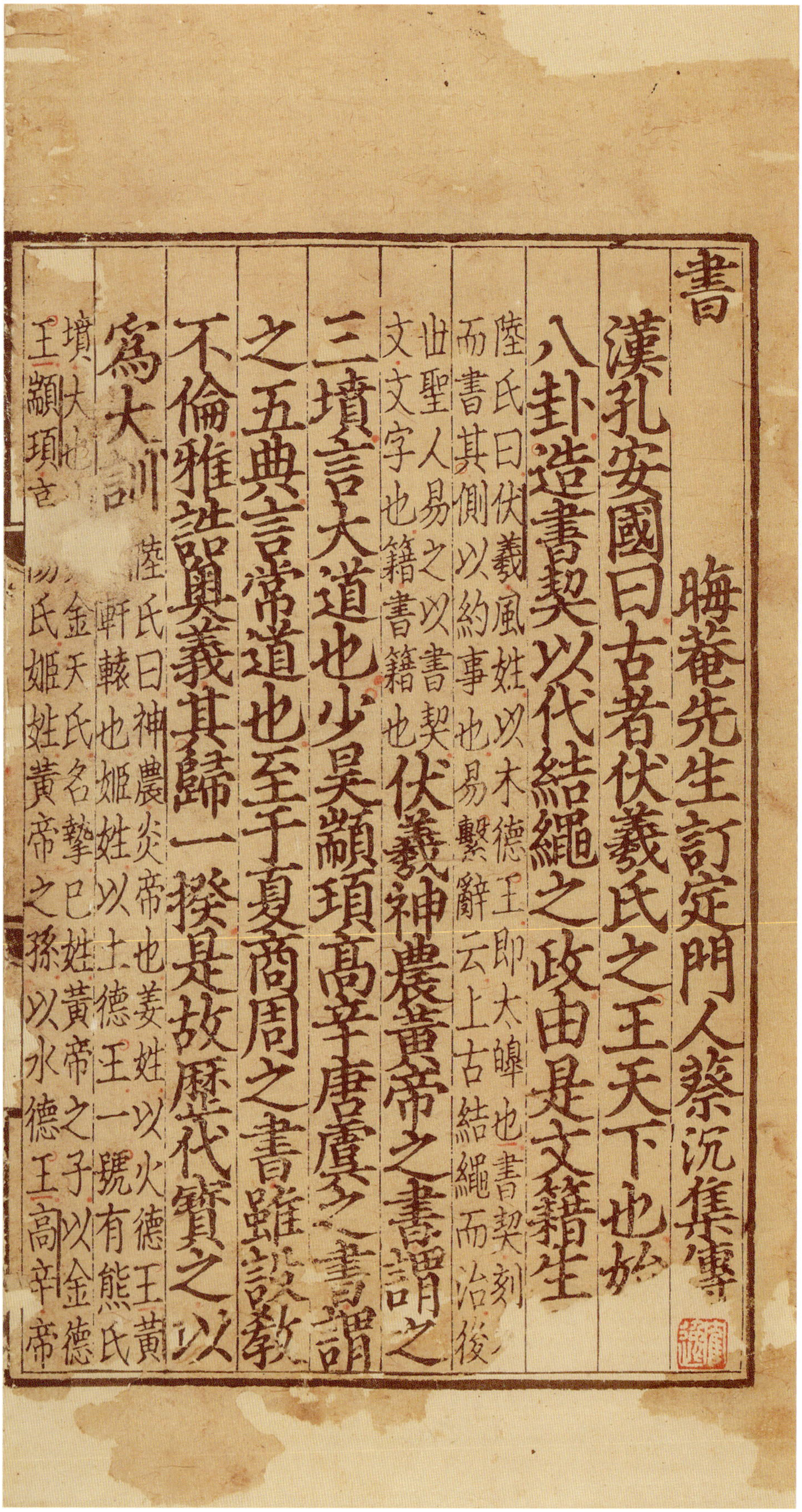
書　晦菴先生訂定門人蔡沉集傳
漢孔安國曰古者伏羲氏之王天下也始
八卦造書契以代結繩之政由是文籍生
陸氏曰伏羲風姓以木德王即太皥也書契刻
而書其側以約事也易繫辭云上古結繩而治後
世聖人易之以書契
文文字也籍書籍也伏羲神農黃帝之書謂之
三墳言大道也少昊顓頊高辛唐虞之書謂
之五典言常道也至于夏商周之書雖設教
不倫雅誥奧義其歸一揆是故歷代寶之以
爲大訓陸氏曰神農炎帝也姜姓以火德王黃
軒轅也姬姓以土德王一號有熊氏
墳大也[illegible]金天氏名摯己姓黃帝之子以金德
王顓頊古[illegible]陽氏姬姓黃帝之孫以水德王高辛帝

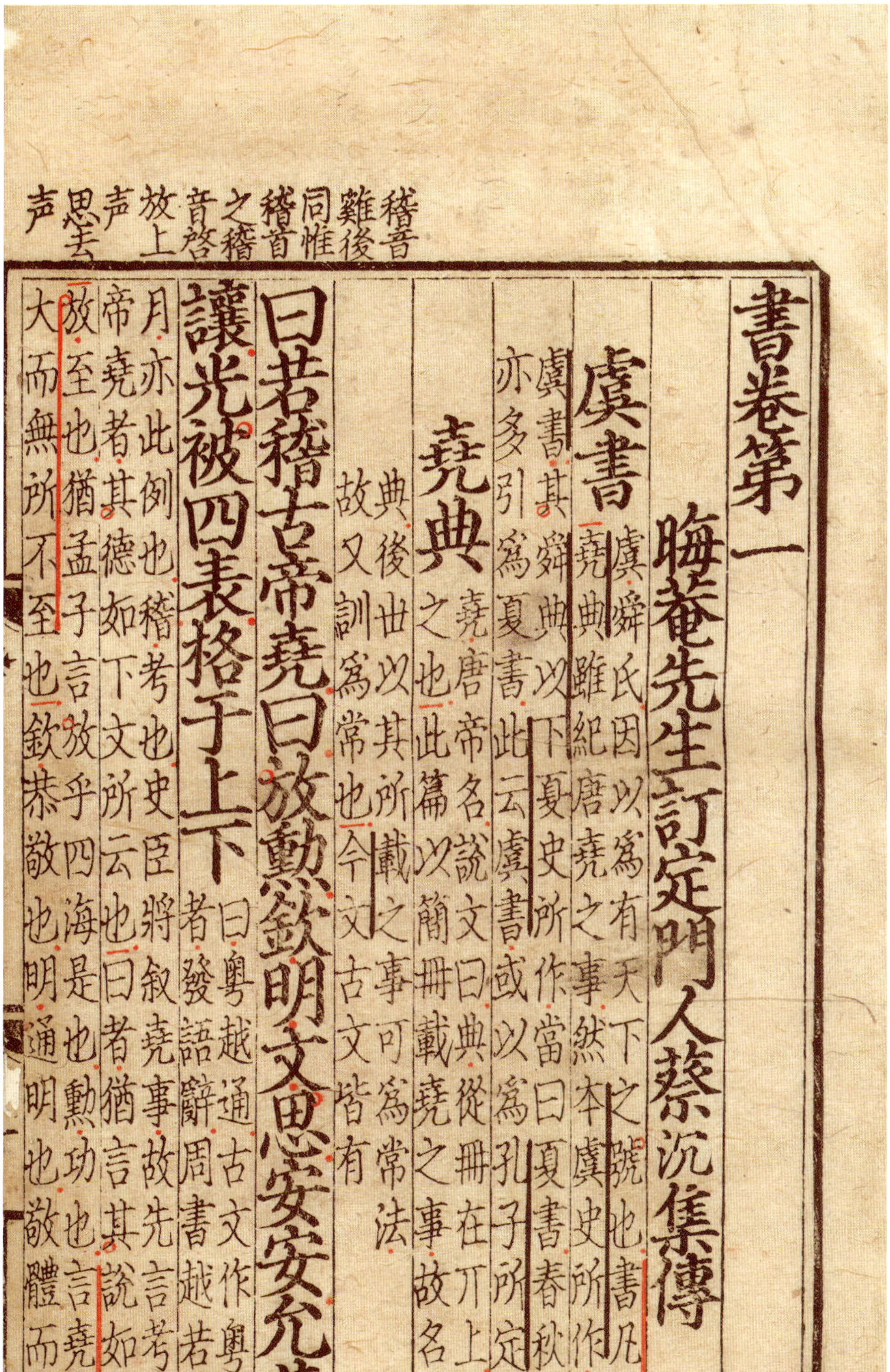
稽音雞後同　惟稽首之稽音啓　放上声　思去声

書卷第一

晦菴先生訂定門人蔡沉集傳

虞書

虞舜氏因以爲有天下之號也書凡五篇堯典雖紀唐堯之事然本虞史所作故曰虞書其舜典以下夏史所作當曰夏書春秋傳亦多引爲夏書此云虞書或以爲孔子所定也

堯典

堯唐帝名說文曰典從册在丌上尊閣之也此篇以簡册載堯之事故名曰堯典後世以其所載之事可爲常法故又訓爲常也今文古文皆有

曰若稽古帝堯曰放勳欽明文思安安允恭克讓光被四表格于上下

曰粤越通古文作粤曰若者發語辭周書越若來三月亦此例也稽考也史臣將敘堯事故先言考古之帝堯者其德如下文所云也曰者猶言其說如此也放至也猶孟子言放乎四海是也勳功也言堯之功大而無所不至也欽恭敬也明通明也敬體而明用

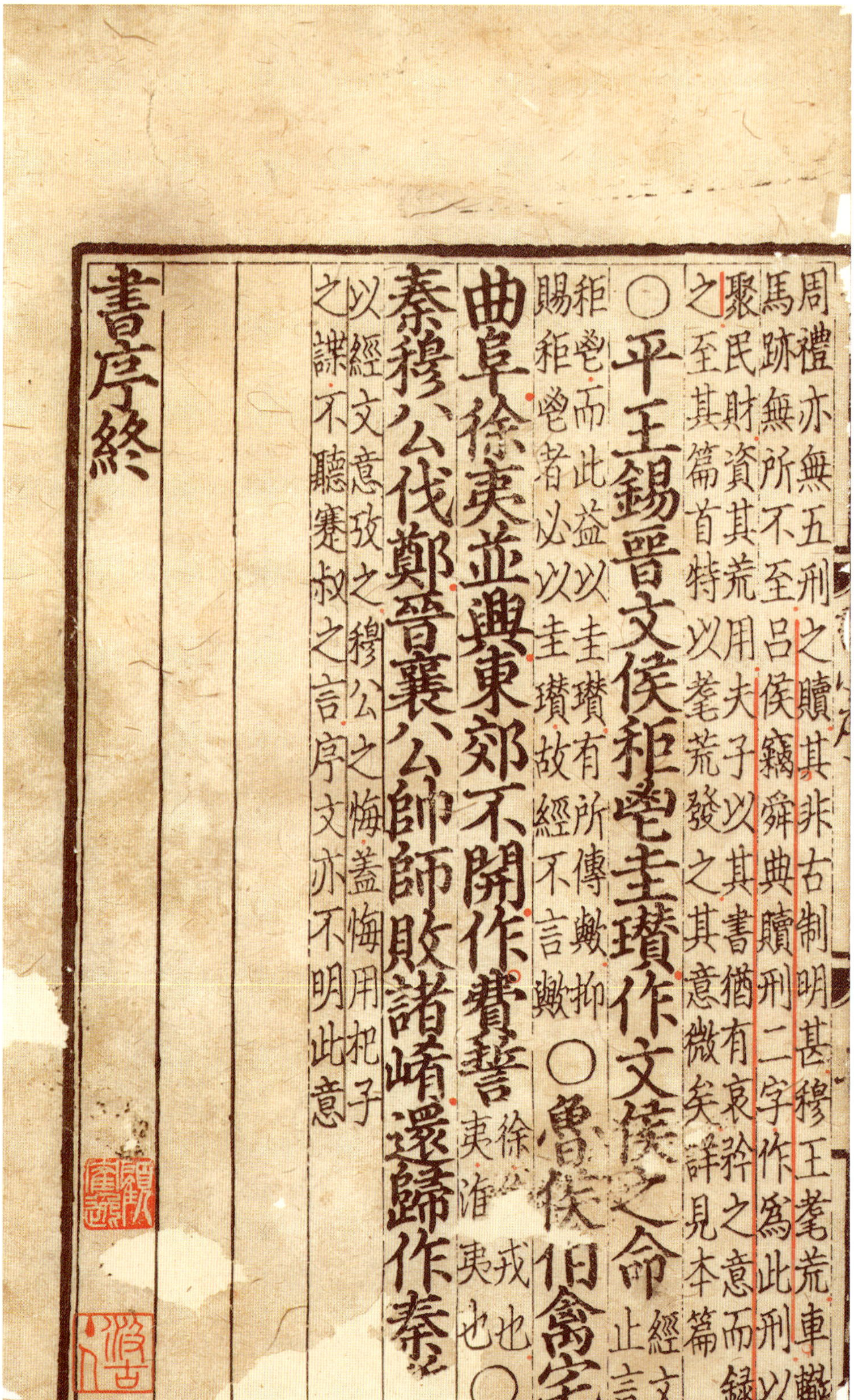

周禮亦無五刑之贖其非古制明甚穆王耄荒車轍馬跡無所不至呂侯竊舜典贖刑二字作爲此刑以聚民財資其荒用夫子以其書猶有哀矜之意而録之至其篇首特以耄荒發之其意微矣詳見本篇

○平王錫晉文侯秬鬯圭瓚作文侯之命　經文止言秬鬯而此益以圭瓚有所傳歟抑賜秬鬯者必以圭瓚故經不言歟

○魯侯伯禽宅曲阜徐夷並興東郊不開作費誓　徐戎也夷淮夷也

○秦穆公伐鄭晉襄公帥師敗諸崤還歸作秦誓　以經文意攷之穆公之悔蓋悔用杞子之謀不聽蹇叔之言序文亦不明此意

書序終

稿抄本

節近清明風色昏家〻絮酒拜泉門宦遊只有孫兒痛目極蕪塘隅夢魂

嫩柳初黄杏未開沿堤一望翠成堆不知何處歌聲發已到綠駒故里來

舟次偶成

一篙煙水一颿風自别江南客夢空今日扁舟天上坐恍疑身在畫圖中

冬雨書屋詩卷五
清容園稿 丙申

寄朱子穎太守

誰知冠蓋内乃得見斯人不以跡狂棄都緣意氣親讀書山閣迴布澤七州春話别何匆遽因之夢寐頻

二月十二日自茌平至高唐道中作

奔馳敢惜馬蹄遥驛路心情那復聊行過茌山春色好方知今日是花朝

平楚青蒼接遠天韶光萬頃浩無邊最欣宿麥呈

上海書

詞苑三十六卷首一卷　清宋慶長輯

稿本

十册

書高27.2釐米，寬17.8釐米。框高18.9釐米，寬14.3釐米。半葉十行二十一字，白口，四周雙邊。

此書爲詞總集。仿明卓人月《古今詞統》之例編次，以詞繫人，“調險則詞以調存，人重則詞以人存”，收唐至元五百餘家詞作。書成於康熙二十二年（1683），不曾刊印，亦未見各家書目著録。各卷端均下題“南山草堂藏本”，“南山草堂”爲宋慶長室名。此稿本以黑格竹紙寫成。

宋慶長，字簡臣，清康熙間松江（今屬上海）人。曾與宋際合著《闕里廣志》，與金是瀛合輯《唐詩定編》。

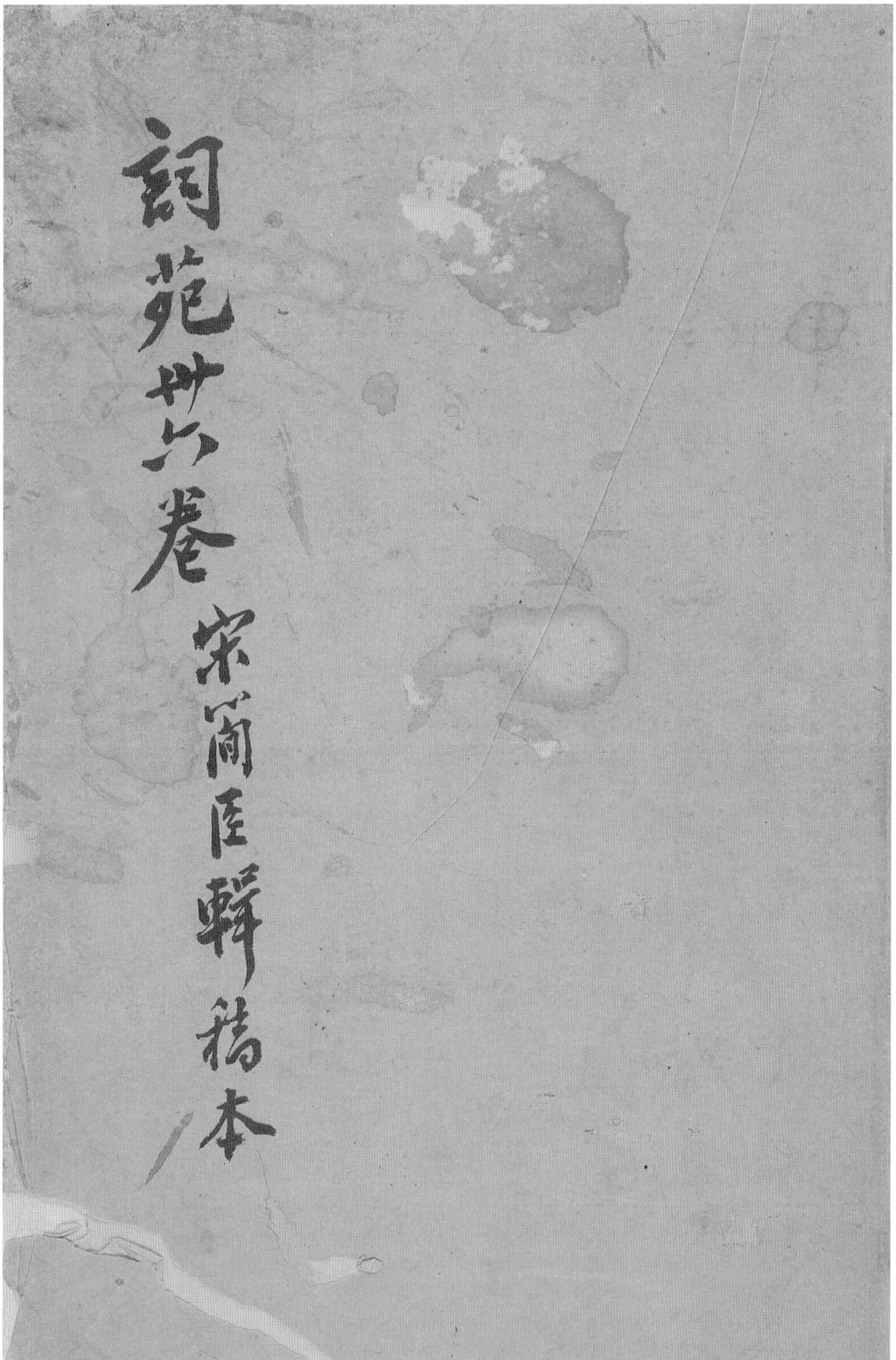
詞苑卅六卷
宋簡臣輯稿本

序

予幼而好詞僻居海濱欵啓寡聞惟先子執友金天石時〻過從屢有誨言弱冠而交于錢舍人葆馚談必移日既又遍讀唐宋元明諸名家及近日胡卓朱張諸先生所選或古今合編若詞綜詞暎古今分集若詞滙古詞嵩刻若詞綜今詞嵩刻若倚聲蘭皋今詞選東白堂諸書洋〻大觀茂矣備矣憶予自壬寅年與兄蕺修先後歸自東魯訂闕里廣志及唐詩定編之後手録唐宋名詞歲易一藁至癸亥而始定凡三十六卷其編次前後倣詞統之例而小令中調長調之目不敢以臆見分

序

對原　對律　對原

詞苑卷之一　南山草堂藏本

竹枝一名巴渝辭

皇甫松

檳榔花發竹枝鷓鴣啼女兒雄飛煙瘴竹枝雌亦飛女兒

前人

木棉花盡竹枝荔枝垂女兒千花萬花竹枝待郎歸女兒

前人

芙蓉並蔕竹枝一心連女兒花侵槅子竹枝眼應穿女兒

前人

竹枝　十六字令

清碧園吟稿一卷　清曹錫寶撰

稿本　清朱筠題詩並批改　清朱珪、清吴鼒、清吴雲題詩　清孫星衍、清王澤題款
一册（蝴蝶裝）

書高25釐米，寬16.6釐米。框高17.7釐米，寬12.3釐米。半葉八行十九字，白口，四周雙邊。

此書爲曹錫寶詩集。收其在山東糧道任内所作各體詩七十餘首，涉及交友酬唱、美景頌詠、旅途感懷等多種題材。此稿未見刊刻，其中諸詩亦未見於已刊曹氏詩集《古雪齋詩》。書中有清體仁閣大學士、太子太傅朱珪等人題詩以及乾嘉學派孫星衍等人題識，極爲珍貴。清碧園位於當時山東督糧道署東，是明清德州官家園林。

曹錫寶（1719—1792），字鴻書，號劍亭，清松江府上海縣人。乾隆二十二年（1757）進士，歷任山東糧道、陝西道監察御史等職。工詩，被稱有“陶、謝、韋、孟真意”。有《古雪齋詩》《古雪齋文集》。

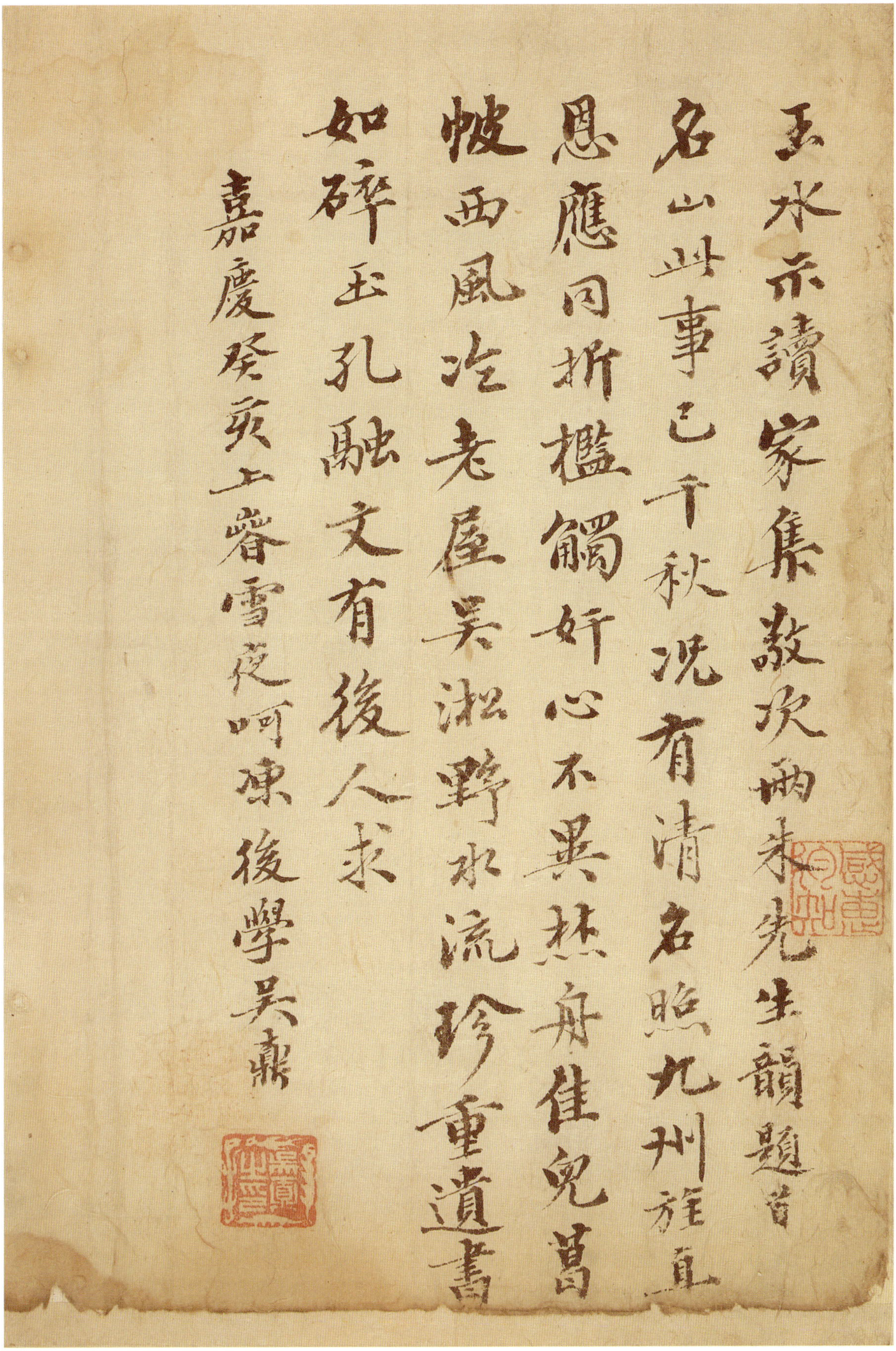

玉水示讀家集敬次兩朱先生韻題首
名山此事已千秋況有清名照九州旌直
恩應同折檻觸奸心不異抉舟佳兒葛
帔西風泣老屋吳淞野水流珍重遺書
如碎玉孔融文有後人求
嘉慶癸亥上睿雪夜呵凍後學吳鼒

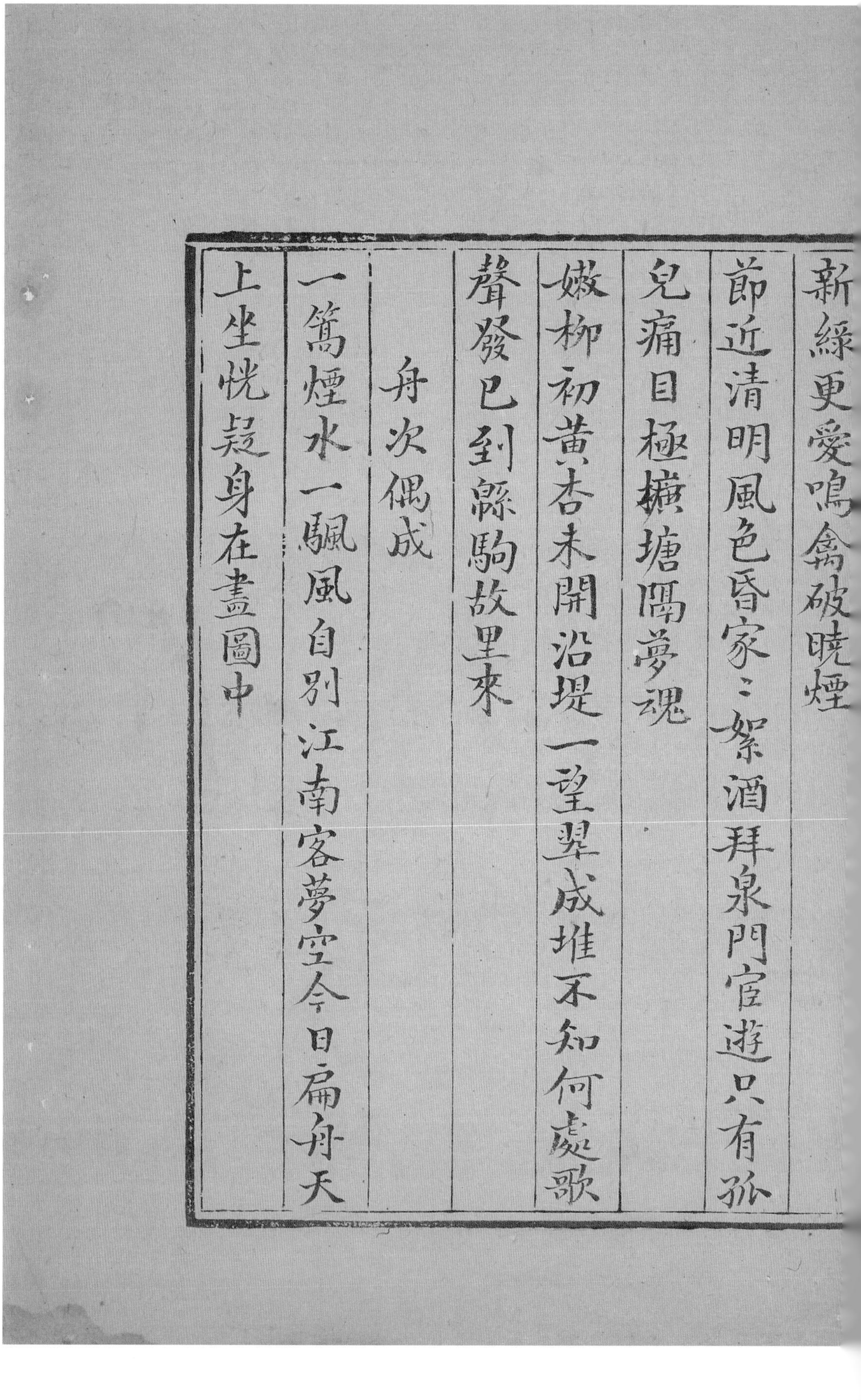

新綠更愛鳴禽破曉煙

節近清明風色昏家〻絮酒拜泉門宦遊只有孤兒痛目極橫塘隔夢魂

嫩柳初黄杏未開沿堤一望翠成堆不知何處歌聲發已到緜駒故里來

舟次偶成

一篙煙水一颿風自別江南客夢空今日扁舟天上坐恍疑身在畫圖中

朱南書屋詩第五 清碧園稿 丙申

寄朱子頴太守

誰知冠蓋内乃得見斯人不以跡狂棄都緣意氣親讀書山閣迴布澤七州春話別何匆遽因之夢寐頻

二月十二日自茌平至高唐道中作

奔馳敢惜馬蹄遥驛路心情那復聊行過茌山春色好方知今日是花朝

平楚青蒼接遠天韶光萬頃浩無邊最欲宿麥呈

上海書○○○○

石洲詩話五卷　清翁方綱撰

稿本　清翁方綱、清葉繼雯跋
一册

書高28.6釐米，寬17.4釐米。框高19釐米，寬13.2釐米。半葉十二行二十二字，白口，左右雙邊。

此書爲論詩之作，含作者平日論詩劄記八百餘條，乾隆三十三年（1768）成書，提倡"肌理"，編排嚴謹、評點精當。此爲謄清稿本，翁氏尚未改定完畢，即被盜走，五年後友人葉繼雯購得。其書尾已被冒用翁氏名義作跋，並鈐僞印。翁氏無奈將僞跋圈去，另作跋文述其經過。真僞二跋並列書尾，此種情形極爲少見。入選第五批《國家珍貴古籍名録》。

翁方綱（1733—1818），字正三，號覃溪，晚號蘇齋，清直隸大興（今屬北京）人。乾隆十七年（1755）進士，官至内閣學士。於考據、詩文、書法、金石學都有極高成就。著有《粵東金石略》《蘇米齋蘭亭考》《復初齋詩文集》等。

自叙

自乙酉春迨戊子夏巡試諸郡每與幕中二三同學隅船窓論詩有所剖晰隨手劄小條相付積日既久彙合遂得五百餘條秋間諸君皆散歸又届報滿受代之時坐小洲石畔日與粵諸生申論諸家諸體因取前所劄記散見者又補益之得八百餘條令諸生各鈔一本以省口講而備遺忘本非詩話也時乾隆三十三年九月二十四日覃溪記

此五卷寓粵朱吉士數年忽忽忘之矣今為雲素先生得之借來覆校始改其中訛字因復謄存一本又以漁洋評杜一卷附後 記 王叔

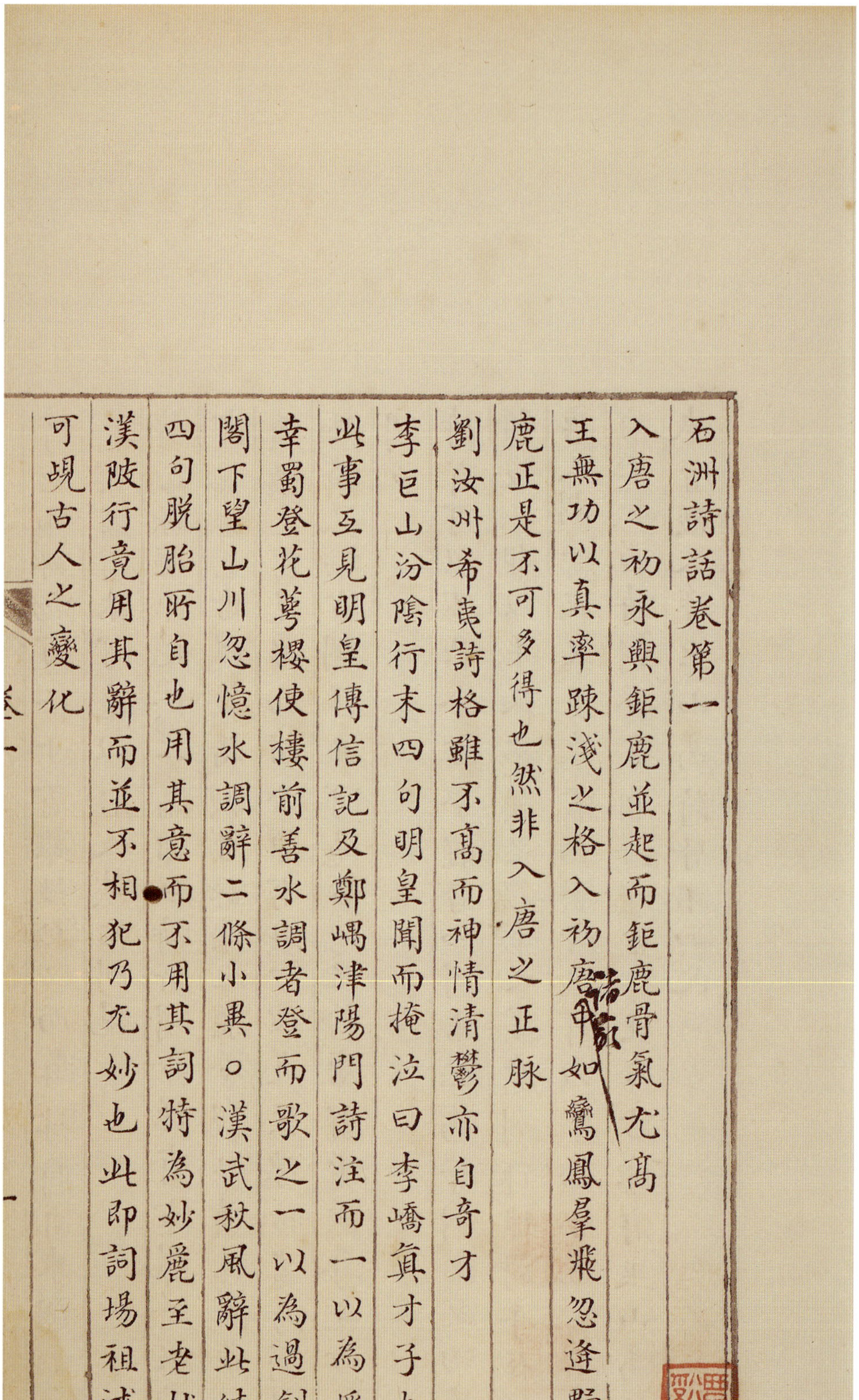

石洲詩話卷第一

入唐之初永興鉅鹿並起而鉅鹿骨氣尤高

王無功以真率疎淺之格入初唐中如鸞鳳羣飛忽逢野

鹿正是不可多得也然非入唐之正脉

劉汝州希夷詩格雖不高而神情清鬱亦自奇才

李巨山汾陰行末四句明皇聞而掩泣曰李嶠眞才子也

此事互見明皇傳信記及鄭嵎津陽門詩注而一以為將

幸蜀登花萼樓使樓前善水調者登而歌之一以為過劍

閣下望山川忽憶水調辭二條小異○漢武秋風辭此結

四句脫胎所自也用其意而不用其詞特為妙麗至老杜

渼陂行竟用其辭而並不相犯乃尤妙也此即詞場祖述

可覘古人之變化

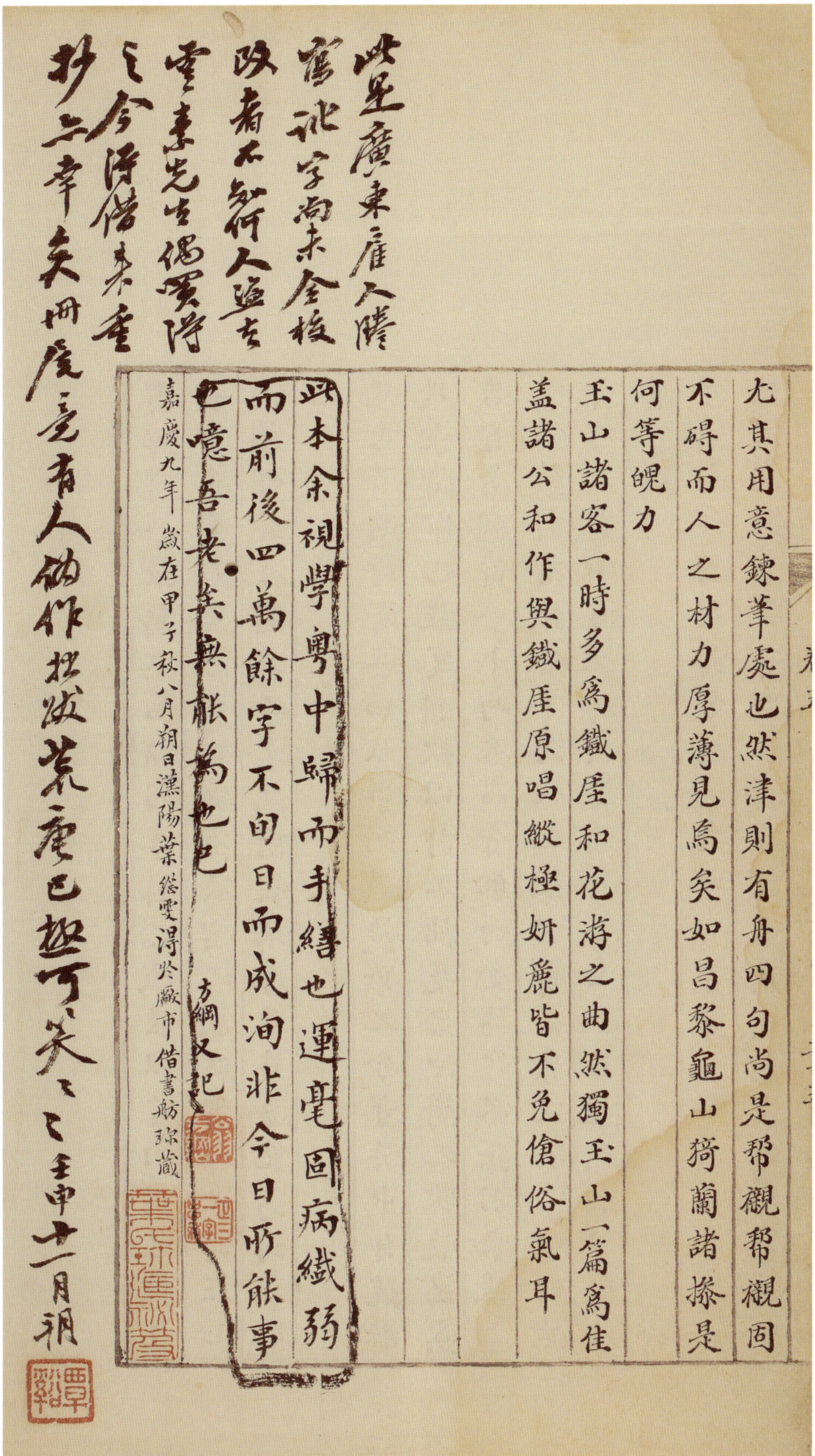

尤其用意鍊筆處也然律則有舟四句尚是幫襯幫襯固
不碍而人之材力厚薄見爲矣如昌黎龜山猗蘭諸操是
何等魄力
玉山諸客一時多爲鐵厓和花游之曲然獨玉山一篇爲佳
蓋諸公和作與鐵厓原唱纖極妍麗皆不免傖俗氣耳

此本余視學粵中歸而手繕也運毫固病纖弱
而前後四萬餘字不旬日而成洵非今日所能事
也噫吾老矣無能爲也已　方綱又記

嘉慶九年歲在甲子秋八月朔日灤陽葉繼雯得於廠市借書舫珍藏

此是廣東雇人謄
寫訛字尚未全校
改者不能行人道去
雲來先生偶買得
之今得借來重
抄一本幸矣冊尾尾有人物作批跋荒唐已極可笑可笑壬申十一月朔

巾箱集四卷 清吴騫輯

稿本

四册（毛裝）

書高26.8釐米，寬18.4釐米。

此書爲吴騫所輯清人詩稿，共收一百二十餘家，詩作四百餘首，各家之下列其小傳，部分詩作後有吴騫所注讀詩感受。稿中所收詩作有未見於已刊詩集者。此書原名《湖海詩存》，因與王昶《湖海詩傳》所重，故更爲現名，取唐人詩選《篋中集》之意。此稿本竹紙，無格，未見刊本，亦未見於各家書目著録。入選第五批《國家珍貴古籍名録》。

吴騫（1733—1813），字槎客，號兔牀，清海寧人。博學好古，能畫工詩。富藏書，曾得馬思贊道古樓、查慎行得樹樓所藏之殘帙，積名刻善本五萬卷，築拜經樓庋藏。每校一書，必撰題跋。時黄丕烈擁有宋版珍本書百種，自題其藏書室爲“百宋一廛”，吴騫多元版珍本，便自題其居曰“千元十駕”，以相匹敵，學林傳爲佳話。

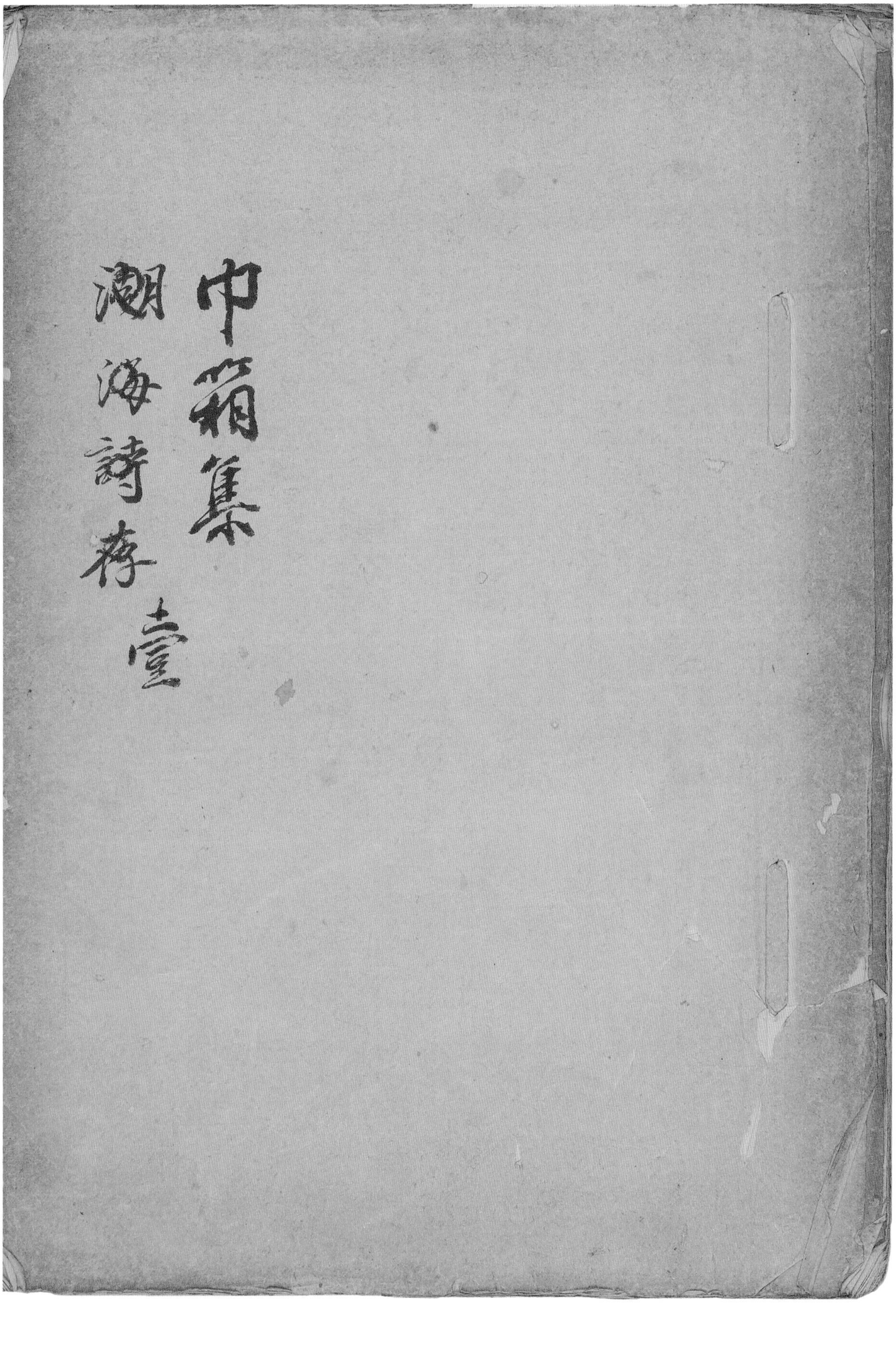

中箱集
潮海詩存
壹

艸創此書原曰湖海詩存頃王述菴少司寇
有湖海詩傳之輯予故更其名曰巾箱集
巾箱者亦猶唐人選詩曰篋中云尔

尚廷楓

廷楓字嶽師號荼洋江西新建人廕生官户部主事荼洋雖生長華裔獨喜聲詩歌著述甚富爲録其尤雋永者

江上夜送客

太古一明月清光不可分如何滿江漢用以送夫君兩岸唯秋柳空天浮片雲尊前長聚散且莫惜離羣五言一氣迴旋絶似徐昌穀

金山

海近天疑濕鐘高地不聞寺形如照影山勢欲離羣瘦立

古歡堂經籍舉要一卷　清吴翌鳳撰

稿本　章鈺跋

二册

書高26.5釐米，寬17.1釐米。框高19.3釐米，寬13.5釐米。半葉十行二十一字，白口，四周單邊。

此書即《古歡堂經籍略》之經部原稿，計收經部書一百四十餘種。仿錢曾述古堂之例，參照宋代《郡齋讀書志》《直齋書録解題》，每書述其主旨，著其源流，間或涉及版本異同。《古歡堂經籍略》原計劃爲十餘集，乾隆五十二年（1787）經部完成後，因故輟編。此緑格毛邊紙手稿本字體秀逸、首尾完整，曾爲黄丕烈士禮居收藏。入選第五批《國家珍貴古籍名録》。

吴翌鳳（1742—1819），字伊仲，號枚庵，别號古歡堂主人，祖籍安徽休寧（今屬安徽黄山），僑居蘇州，諸生。富藏書，工詩，擅書畫，通金石。其手抄書爲後人珍視。有《遜志堂雜抄》《與稽齋叢稿》《唐詩選》《懷舊集》《吴梅村詩集箋注》等。

黄丕烈（1763—1825），字紹武，號蕘圃、復翁、佞宋主人等，清長洲人。乾隆五十三年（1788）舉人。富藏書，精校勘。嗜宋本書，專辟"百宋一廛"庋藏宋版書百餘種。有《百宋一廛書録》，後人輯其題跋爲《士禮居藏書題跋記》。

章鈺（1865—1937），字式之，一字堅孟，又字茗理，號蟄存、負翁，晚號北池逸老、霜根老人等，長洲人。光緒二十九年（1903）進士，官至一等秘書、事務司主管兼京師圖書館編修。民國時寓天津，以校書、著述爲業。1914年受聘清史館纂修，又應聘在嚴修所辦崇化學會講學十餘年。晚年移居北京。富收藏，室名有"四當齋""崇禮堂""茗理簃"等。

古歡堂經籍舉要卷之一　　經類一

易經

乾鑿度二卷

漢鄭康成注其書多假孔子為言漢書南北朝諸史及唐人撰五經正義李氏作易集解多引用之于易緯為最純程泰之謂書中多言九宮又謂七八之象九六之變皆以十五為宿此即宋儒戴九履一之圖所從出也余家有二本一德州盧氏刊一館閣新刊皆出於前明錢叔寶氏云

乾坤鑿度二卷

右吳枚菴先生翌鳳經籍舉要手稿二卷之一府志作經籍略士禮居
藏本書衣題作經類則蕘圃所見本非全稿也枚翁著作甚多其已
刻者就余所見有與稽齋叢稿梅村詩注懷舊集卭須集均自刻國朝
文徵吳江沈刻遜志堂雜鈔吳縣朱刻六種餘則不知在亡矣此編雖不完之書然
解題詳慎不苟大可付之剞人為吳中先哲遺書之一從鶴廬主
人借讀因迻寫一分藏之先生深於校讎之學當時如盧抱經王西莊
朱文游鮑以文吳槎客楊列歐諸家均有通書之約丹黃點勘積至万餘
卷前得奇晉齋叢書殘帙中炙輠錄雲煙續錄兩種皆為先生手
校之本干將故里莽不可問讀潤雅堂校菴借書圖詩不自勝生晚
之嗟已光緒甲辰五月中旬長洲後學章鈺謹跋

述古堂詩集七十三卷　清錢兆鵬撰

稿本

一册（毛裝）　存四卷（二十九至三十二）

書高27.3釐米，寬17釐米。框高23.5釐米，寬14.8釐米。半葉十行十九字，白口，四周雙邊。

此集依卷前目録包括：紫琅集二十卷、青溪集六卷、黄金集三卷、白馬集四卷、碧艫集二卷、黑山集七卷、素衣集六卷、絳帳集二卷、赤旰集六卷、緑野集十四卷、逸編三卷，共收詩七千餘首、詞二百餘首。現稿本存第二十九至三十二卷，即黄金集一卷（卷三）、白馬集三卷（卷一至三），録古近體詩近四百首、詞十餘首。錢氏有文集刊刻於世，詩集未見各家著録，此本雖爲殘本，亦極珍貴。“白馬集自序”末鈐“麗農山樵”與“鵬氏”二印。

錢兆鵬（1743—1820），字雲門，號南溟，晚號雙溝漁父，清南通人。乾隆四十三年（1778）進士，官饒陽、安肅、清豐知縣。善詩文、工書法，有《周史》《續後漢書》《述古堂文集》。

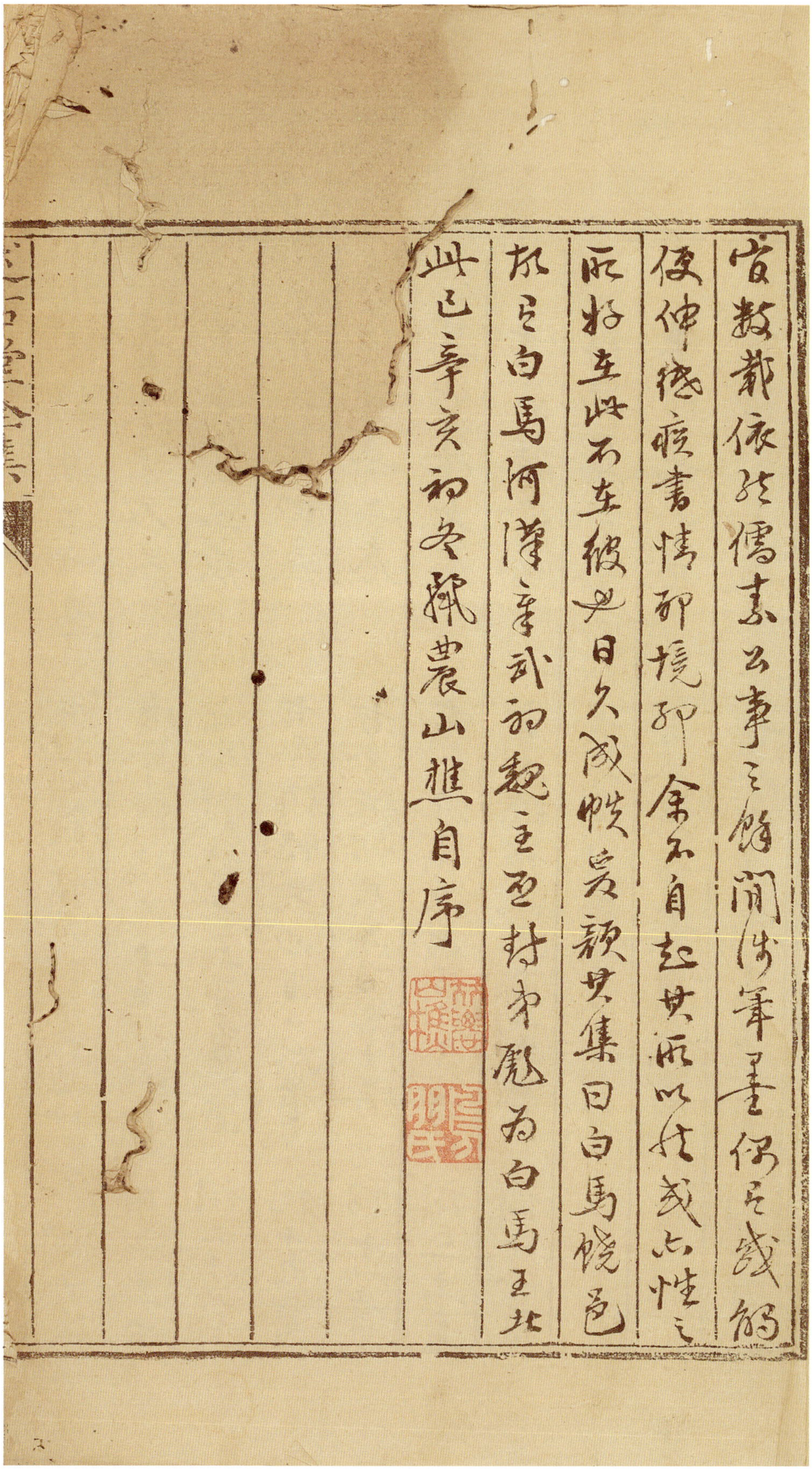

皆數載依於儒素之事之餘閒涉筆墨偶足箋翰
使伸懷疲書情抒境抒余不自知其所以然亦性之
所好在此不在彼也日久成帙爰類其集曰白馬驛邑
故曰白馬河漢年武初魏王畫封於彪為白馬王北
此已辛亥初冬穀農山樵自序

述古堂詩集卷第二十九

南通州錢兆鵬雲門甫著

黃金集

丁未

謁選留別同社諸子二首

孤舟擊楫有離音古岍蒼涼月滿林　北闕馳情
丹陛近南山回首白雲深驅車蜀道忠臣意捧
檄安陽孝子心讀聖賢書須自勗敢如蘇季重多
金

故人揮手握楊枝正是榴花照眼時吸餌有魚驅

爾雅古注鈔三卷 清臧鏞堂輯

稿本　清臧鏞堂校並跋

二册

書高26.2釐米，寬16.4釐米。框高20釐米，寬13.7釐米。半葉十行二十一字，小字雙行，字數同，白口，左右雙邊。

此書即《爾雅漢注》原稿，於嘉慶七年（1802）、光緒十三年（1887）兩次刊行時名《爾雅漢注》。稿本中天頭等處增添文字頗多，卷中末作者跋有"塗改添注五百五十餘字"語，刻本雖已收入，却不盡相同。卷前《爾雅古注輯存條例》亦未見於兩次刻本中，故此稿本應爲臧氏著書過程中一次修改稿。稿本鈎乙增删，與刻本定稿兩相對照，可識作者著書爲學歷程。鈐"沈樹鏞印""韻初"白文印。

臧鏞堂（1767—1811），字在東，又字東序，後改名庸，字用中，一字西成，清武進人。曾師事盧文弨，主治經學，擅校讎。入阮元幕府，助其編纂《經籍籑詁》、校勘《十三經注疏》。著《拜經日記》《拜經堂文集》。

沈樹鏞（1832—1873），字均初，一字韻初，號鄭齋，清川沙（今屬上海）人。咸豐九年（1859）舉人，官内閣中書。典藏金石書畫甚富。著有《漢石經室叢刻目録》等，又與趙之謙合纂《續寰宇訪碑記》。

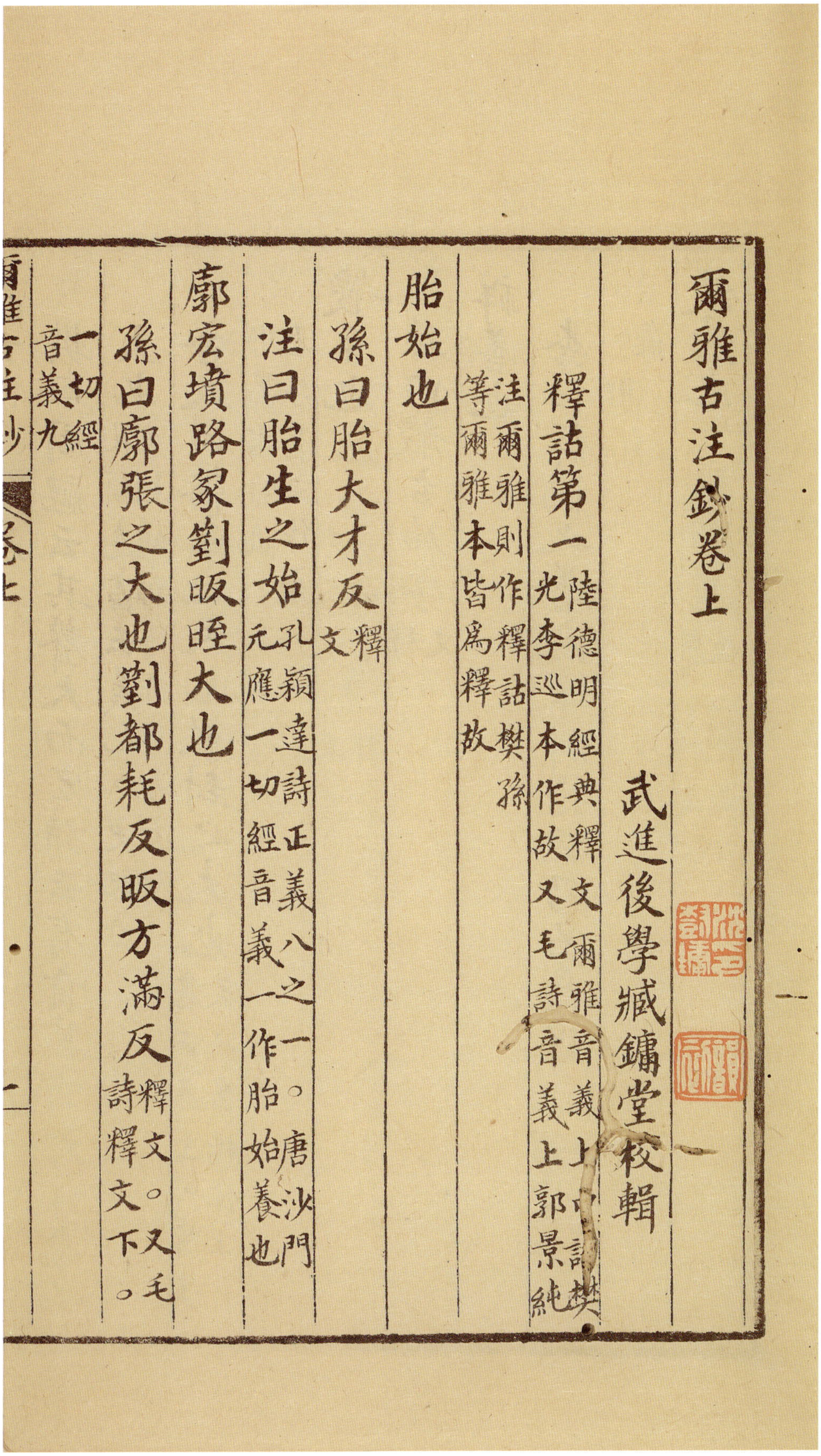

爾雅古注鈔卷上

武進後學臧鏞堂校輯

釋詁第一陸德明經典釋文爾雅音義上。詁樊光李巡本作故又毛詩音義上郭景純注爾雅則作釋詁樊孫等爾雅本皆爲釋故

胎始也

孫曰胎大才反釋文

注曰胎生之始孔穎達詩正義八之一。唐沙門元應一切經音義一作胎始養也

廓宏墳路冢劉昄晊大也

孫曰廓張之大也劉都耗反昄方滿反釋文。又毛詩釋文下。一切經音義九

爾雅古注鈔　卷上　一

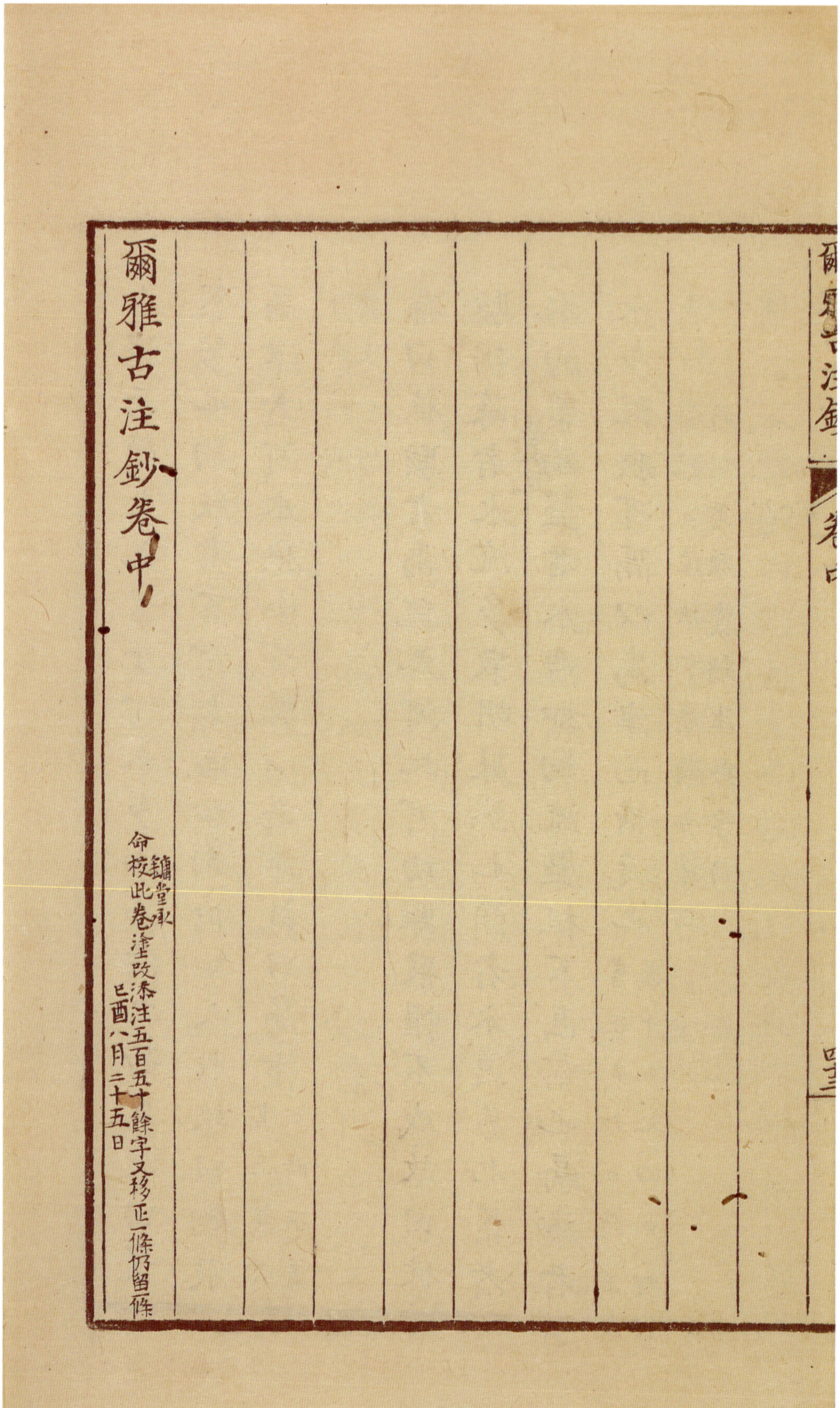
爾雅古注鈔卷中

鏞堂承
命校此卷塗改添注五百五十餘字又移正一條仍留條
己酉八月二十五日

伴楳華館詞存三卷　清王汝玉撰

稿本　清戈載跋

一册

書高26.1釐米，寬17.9釐米。半葉十行二十一字，小字雙行，字數同。

此書爲王汝玉詞集，收作者詠景、酬唱、感懷、題畫等詞作百餘首。戈載評“其風骨本自出塵，其旨趣更爲拔俗”。此集未見刻本。書中鈐“汝玉”“伴梅詞客”“伴梅花館”等印。“伴梅花館”爲作者室名。

王汝玉（1798—1852），字潤甫，號韞齋，清吴縣人。道光二十七年（1847）歲貢生。工詩，與葉廷琯友善。有《梵麓山房筆記》《九九消寒録》《聞妙軒詩稿》等。

戈載（1780—？），字孟博、弢甫，一作順卿，號寶士，又號山塘詞隱，清吴縣人。諸生，官國子監典籍，未履任。世其家學，考韻辨律，極精當。工隸書，善畫，尤精寫梅。有《翠薇花館詞》《詞林正韻》等。

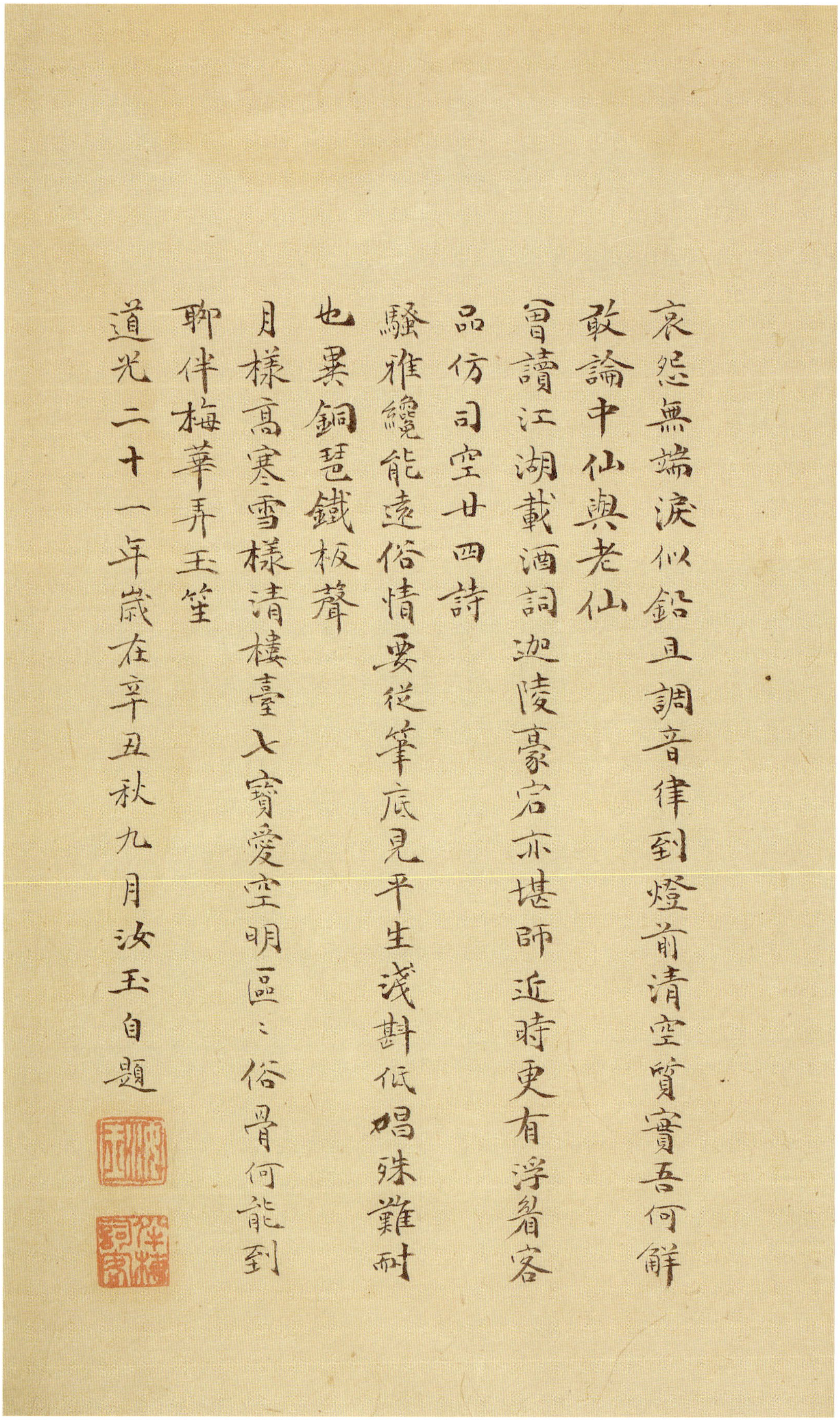

哀怨無端淚似鉛且調音律到燈前清空質實吾何解
敢論中仙與老仙
冒讀江湖載酒詞迦陵豪宕亦堪師近時更有浮眉客
品仿司空廿四詩
騷雅纏能遠俗情要從筆底見平生淺斟低唱殊難耐
也異銅琶鐵板聲
月樣高寒雪樣清樓臺七寶愛空明區區俗骨何能到
聊伴梅華弄玉笙
道光二十一年歲在辛丑秋九月汝玉自題

伴楳華館詞存卷一

吳縣 王汝玉 潤甫

如夢令

正值濃春時候爛漫園林如繡底事亂飄紅昨夜雨聲何驟消瘦消瘦祇賸綠陰低覆

卜算子

秋夕

簾角晚風生燈影吹無定又是梧桐葉亂飛秋色和煙暝 夜景恁蕭疎悄向闌干凭偶作吟聲那個知惟有寒蛩應

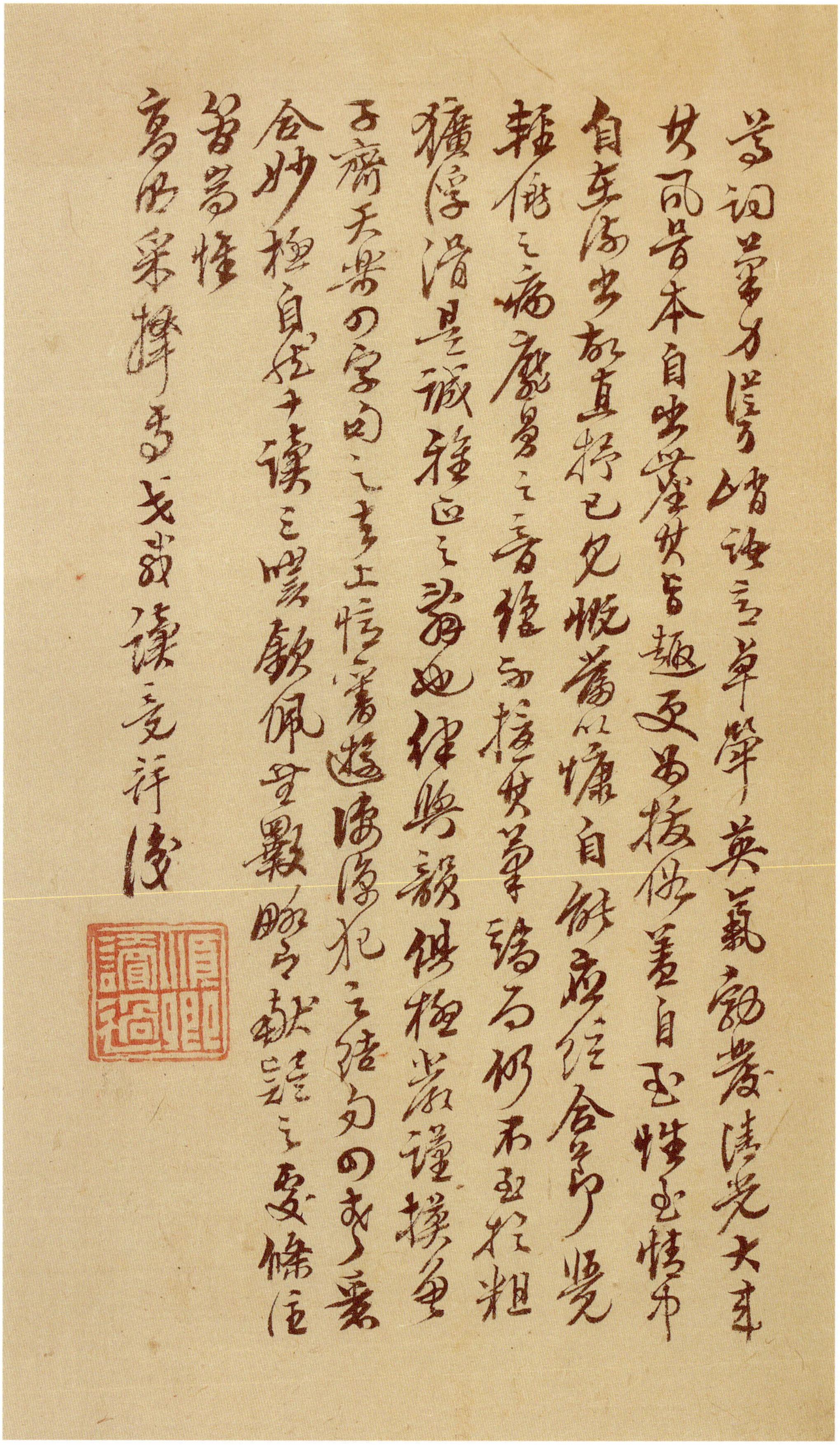
順卿讀過

還硯堂金石書畫題跋一卷　清潘志萬撰

稿本　顧麟士跋

一册（毛裝）

書高29釐米，寬18釐米。框高19釐米，寬12.8釐米。半葉十行二十一字，白口，左右雙邊。

蘇州潘氏爲藏書世家，潘志萬高祖潘奕雋、祖父潘希甫、父潘介繁等皆嗜收藏。此書係其爲所藏及寓目書畫、藏書、金石拓本等所作題跋，近七十種，其中所寓目數種漢碑拓本爲世間孤本。此潘志萬手稿，書於潘氏特製"笏盦鈔藏本"黑格稿紙之上，運筆沉酣，墨色濃厚，略帶金石勁力，殊爲悦目。過雲樓主人顧麟士於光緒二十七年（1901）中秋以番銀一餅購得。

潘志萬（1849—1899），字子俣，號碩庭，又號笏庵，清吴縣人。諸生，後中舉，官户部候補主事。工書法，好金石。著有《笏庵集》《金石補編》《書籍碑版題跋偶録》等。

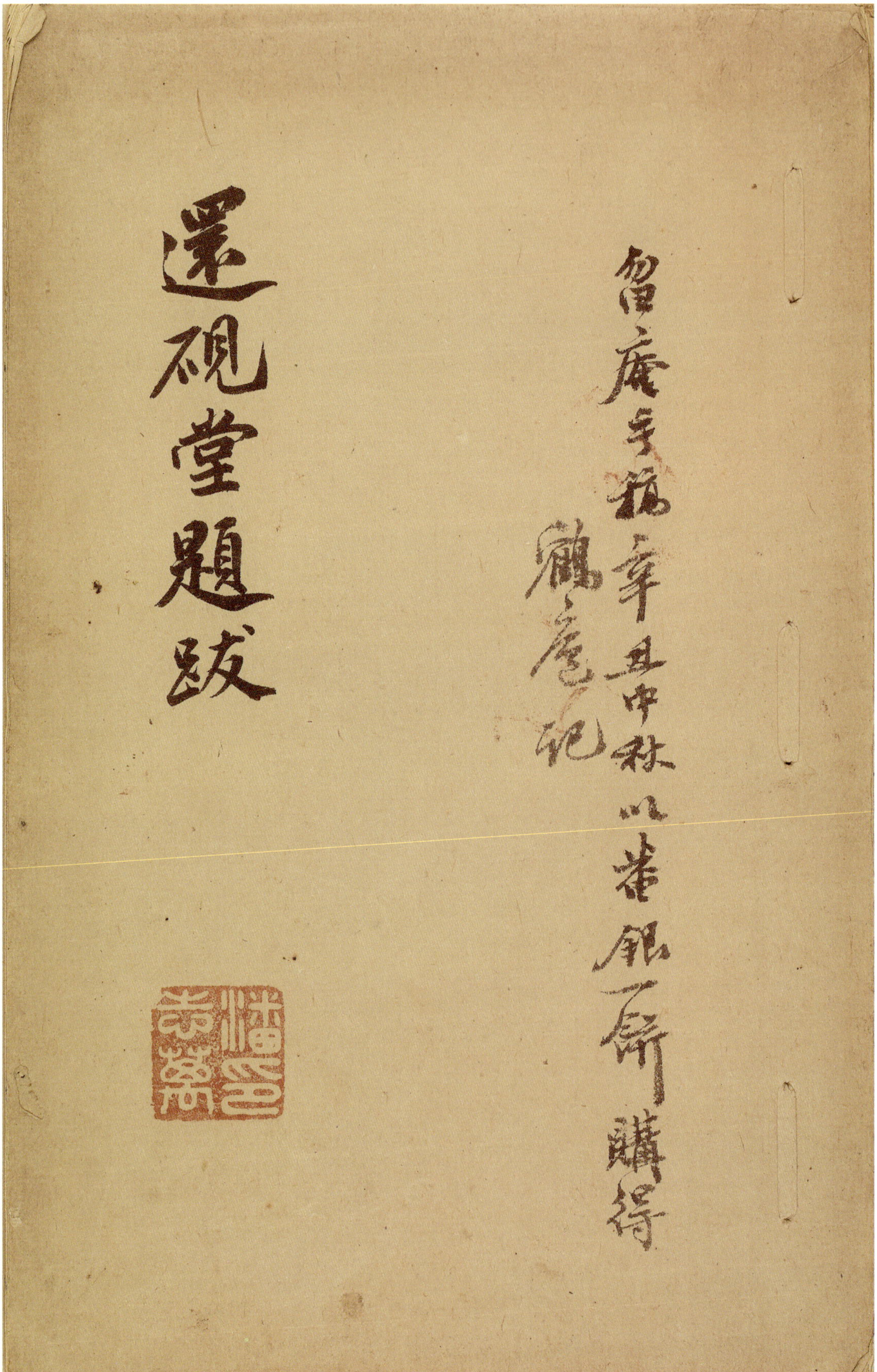
還硯堂題跋

留庵手稿 辛丑中秋以番銀一餅購得

鶴庵記

還硯堂金石書畫題跋

吳 潘志萬碩庭著

徐健庵尚書遂園耆年禊飲圖

憶幼時從玉峰徐循枚夫子讀夫子為健庵尚書七世孫課讀之暇嘗出示手録遂園耆年禊飲圖序記展讀之餘不勝景慕并讅圖為徐氏舊藏後流落於長洲某處嘉慶間為秦小峴侍郎所得輾轉流傳藏不一氏庚申兵燹倉皇避難夫子即於是年歸道山而是記謹藏篋中迨甲子薙垣克復隨侍還巢有人攜一絹本舊畫求售破碎幾不可識不索價而購得之閱兩載始付裝

笏盦鈔藏本

能書四卷 明孫作撰 後録一卷

明初抄本　清黄丕烈跋

二册（蝴蝶裝）　存四卷（二至四、後録）

書高28.1釐米，寬17.2釐米。框高19.5釐米，寬15釐米。半葉十行字數不等，白口，四周雙邊。

本書又名《東家子》，首有宋濂《東家子傳》云："東家子名作字大雅，……著書十二篇，號東家子"。另一頁文字稱："自號曠野居士，著《能書》十二篇，……更號《東家子能書》。"《明史藝文志》《千頃堂書目》等均著録"《東家子》十二篇"。書中闡述儒學之天道人性，詞旨宏博而通達。書成於明洪武間，未曾刊刻，以抄本流傳。此本觀其紙張、字體、墨色當在明初。内容存教言第□、政言第六；卷三外篇上：玄言第七、□言第□、則言第□；卷四外書下：致言第十、郛言第□、家言第□。題有卷端的僅存卷三和卷四，均題爲"能書"，蓋卷一至二爲内篇一至六，卷三至四爲外篇七至十二，總十二篇四卷。曾爲黄丕烈收藏並重新裱幀蝴蝶裝。末有黄氏跋文一篇，稱當時已成殘帙。今未見有其他傳本，入選第五批《國家珍貴古籍名録》。

孫作（約1340—1424），字大雅，一字次知，號東家子，明江陰人。工詩文，洪武六年（1373）召修《大明日曆》，授翰林編修，累官國子監司業。有《滄螺集》六卷。

黄丕烈，參見《古歡堂經籍舉要》。

教言第　　言天道也

教莫大於禮化莫大於樂德曰中和道曰誠仁聖曰天地位萬物育禮樂而已〇禮教之本也國之經也民之則也天之道也天不言而四時行民不言而其志一國不言而其事治身不言而其行修〇樂有三德先王所以考政事觀民俗也君子所以和氣質理性情也小人所以振懦弱抑剛暴也〇禮也者教天下之為人下也樂也者化天下知為人上也由於下而民不厭也出於上而民知也禮樂天地之道乎〇古之教也　舜以道禹文以德周公以禮孔子以學聖教天下若此治天下得已哉〇教必有禮禮必有樂然後謂之中樂必有和和必有敬然後謂

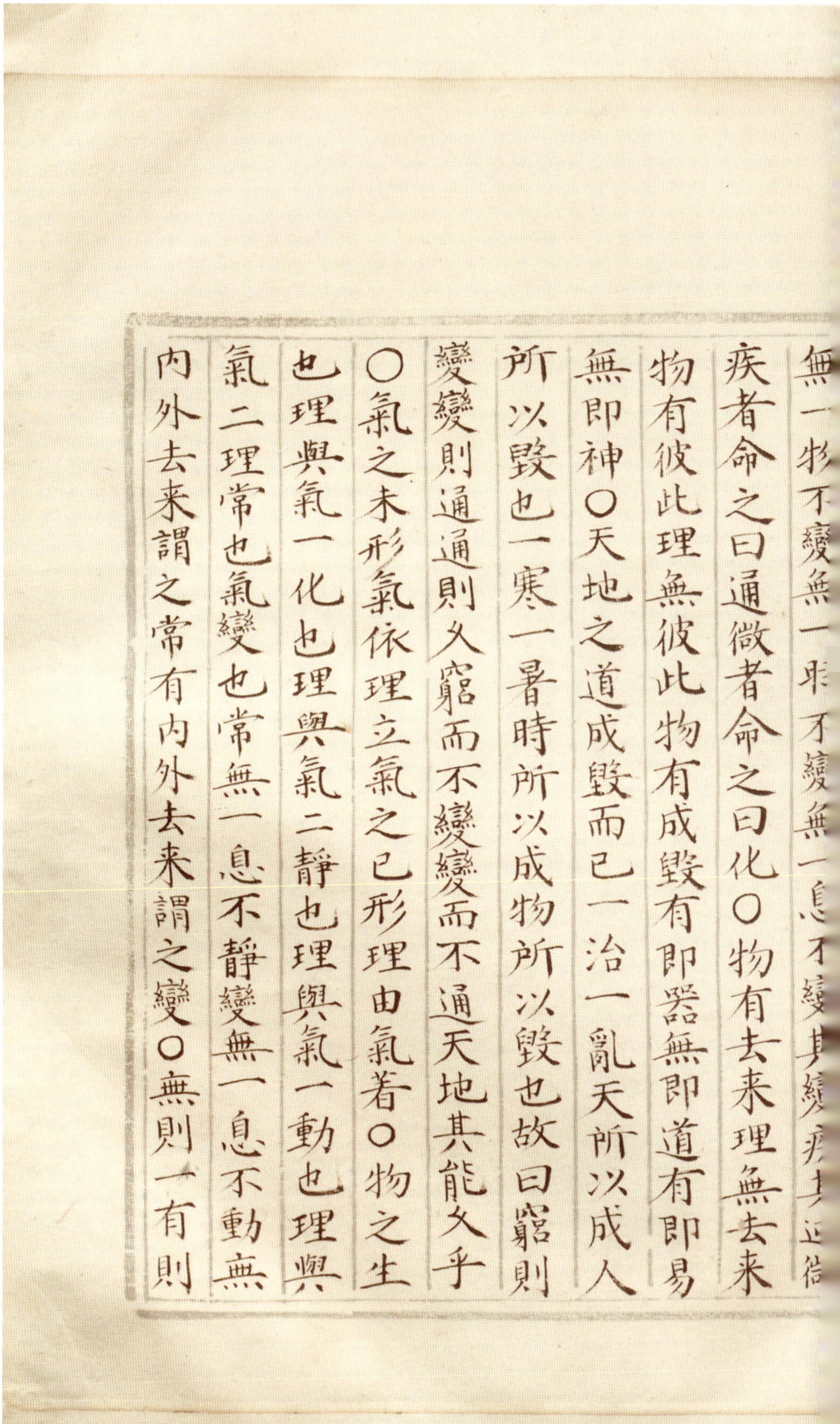
無一物不變無一時不變無一息不變其變疾其近微
疾者命之曰通微者命之曰化○物有去来理無去来
物有彼此理無彼此物有成毀有即器無即道有即易
無即神○天地之道成毀而已一治一亂天所以成人
所以毀也一寒一暑時所以成物所以毀也故曰窮則
變變則通通則久窮而不變變而不通天地其能久乎
○氣之未形氣依理立氣之已形理由氣着○物之生
也理與氣一化也理與氣二靜也理與氣一動也理與
氣二理常也氣變也常無一息不靜變無一息不動無
内外去来謂之常有内外去来謂之變○無則一有則

能書卷之三

東家子言

外篇上

玄言第七

言立天之道

太極其猶聲乎索之則無扣之則有其猶谷乎靜則虛動則應微吾不知其體也名之曰太極大吾不知其際也名之曰無極無極先天地而立太極後天地而存者乎○無極道之始也太極象之始也陰陽形之始也五行器之始也是謂四始○太極道也陰陽形也五行器也形而上太極之理也形而下五行之質也○繼之者善元也成之者性貞也顯諸仁亨也藏諸用利也繼善成性生生之易也[illegible]

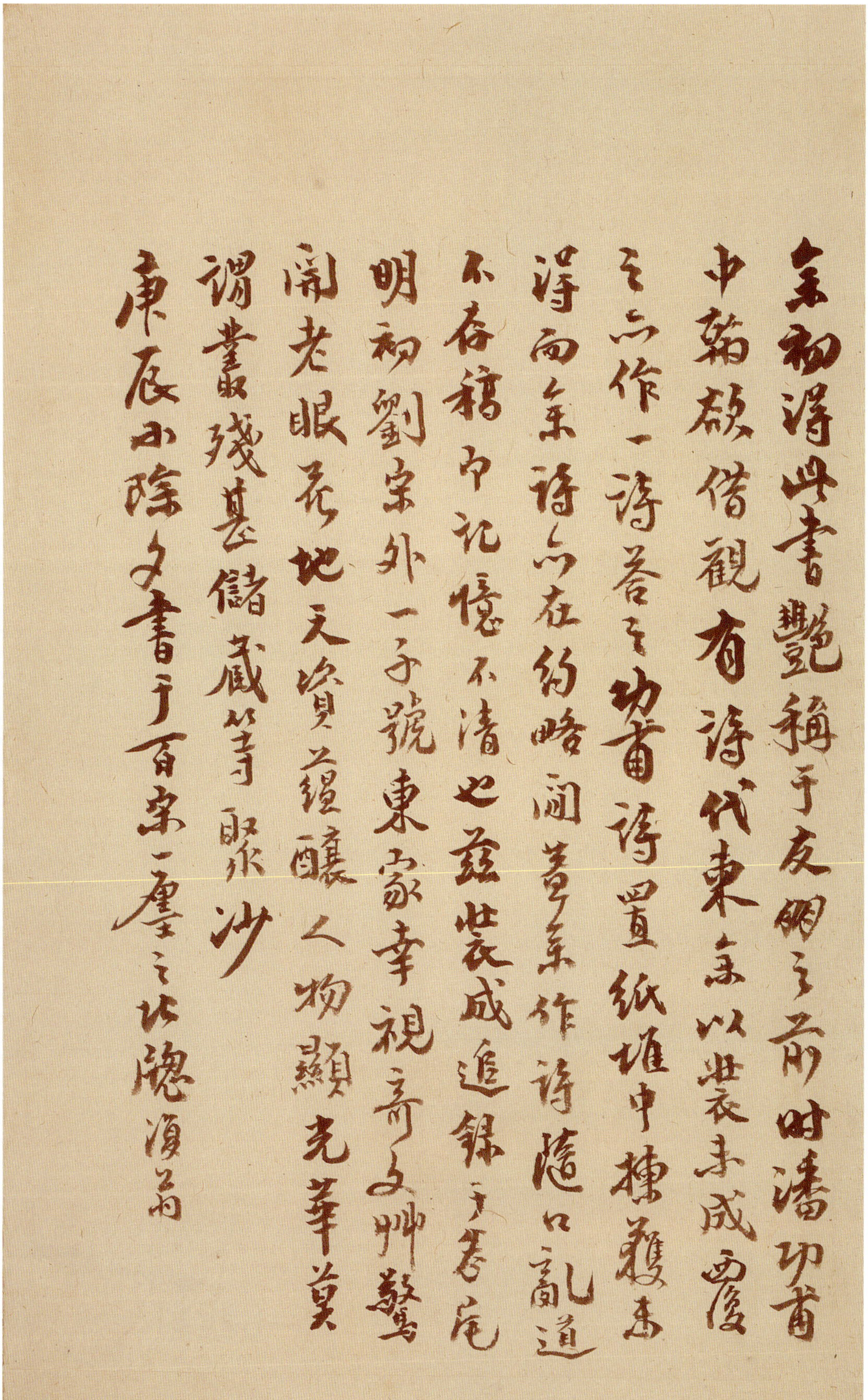

年初得此書，豔稱于友朋之前。時潘功甫中翰欲借觀，有詩代柬，余以裝未成，覆之，亦作一詩答之。功甫詩置紙堆中，檢獲未得，而余詩亦在約略間。蓋余作詩隨口亂道，不存稿，亦記憶不清也。茲裝成，追録于卷尾：

明初劉宋外，一子號東家。幸視齋文艸，驚開老眼花。地天資絪縕，釀人物顯光華。莫謂叢殘甚，儲藏等聚沙。

庚辰冬除夕書于百宋一廛之北牕。復翁

吴中舊事一卷　元陸友仁撰

明隆慶元年（1567）居節抄本　明居節跋
一册

書高28.9釐米，寬18.9釐米。框高20.5釐米，寬13.7釐米。半葉九行十八字，白口，四周雙邊。

此書記吴中一帶軼聞舊蹟，凡百餘條，可補方志之缺，體例近小説家流。末有明代書畫家居節題跋，稱於隆慶元年（1567）四月三日午飯後録，至次日畢。跋文字體與正文一致，清雅秀逸，爲居節手筆。曾經毛氏汲古閣、汪士鐘、吴雲等名家遞藏。此書入選第五批《國家珍貴古籍名録》。

陸友仁（1290—1338），字輔之，元吴郡人。另著有《詞旨》《研史》《研北雜志》等。

居節（1527—1586），字士貞，號商谷，明長洲人。少從文徵明游，書畫皆工，尤精山水，有宋人遺風。著《牧豕集》。

毛晉（1599—1659），原名鳳苞，字子晉，號潛在，明末清初常熟人。藏書多收宋元舊刻及罕見秘本，建汲古閣、目耕樓庋藏之。以刻書爲業，所刊書計六百餘種，皆手校勘，流布甚廣，爲歷來刻書家之首。

汪士鐘（1786—？），字春霆，號閬源，清長洲人。富藏書，有藏書樓藝芸書舍。

吴雲（1811—1883），字少甫，號平齋，晚號退樓，清歸安（今浙江湖州）人。道光諸生，官至蘇州知府。好古，精鑒賞，富收藏，金石書畫，無不涉獵。著《兩罍軒彝器圖釋》《二百蘭亭齋金石記》等。

吳中舊事

吴中舊事

陸輔之友仁

吴中山水清嘉衣冠所聚今其子孫往往淪落而無聞其遺風餘俗邈不可攷故因暇日參記舊聞凡一百餘事庶資郡乘之萬一云尔

李育字仲蒙吴人馮當世榜第四人登第能爲詩性高簡故官不甚顯亦少知之者與外大父晁公善尤愛其詩先君嘗得其親書飛騎橋一篇於晁公晁公字晝亦清麗以爲珍玩詩云魏人野

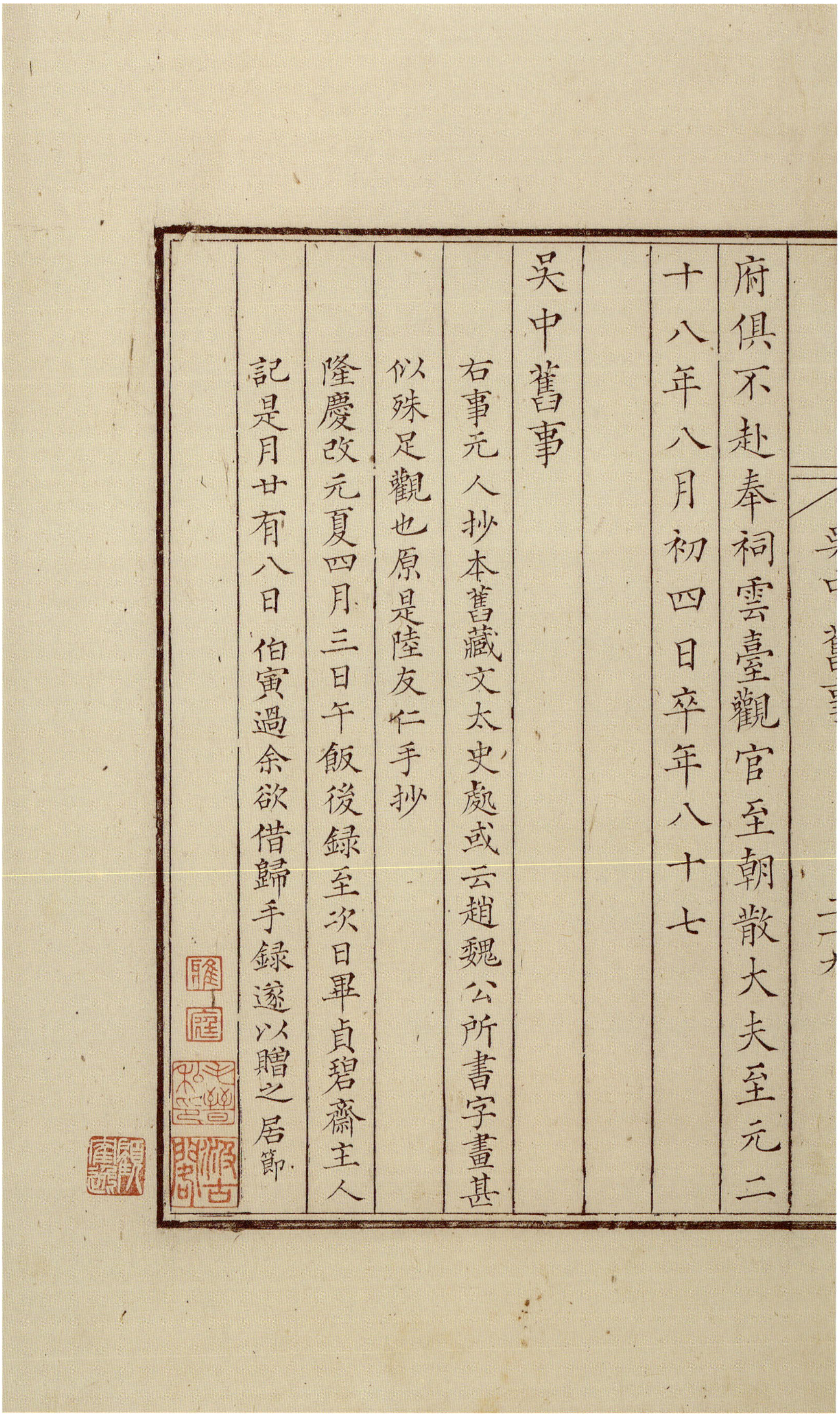

府俱不赴奉祠雲臺觀官至朝散大夫至元二
十八年八月初四日卒年八十七

吴中舊事

右事元人抄本舊藏文太史處或云趙魏公所書字畫甚
似殊足觀也原是陸友仁手抄
隆慶改元夏四月三日午飯後録至次日畢貞碧齋主人
記是月廿有八日伯寅過余欲借歸手録遂以贈之居節

樂府雅詞三卷拾遺二卷　宋曾慥輯

明抄本　曹元忠校並跋

八册

書高26.8釐米，寬14.9釐米。半葉八行十六字，小字雙行，字數同。

此書爲宋人所編宋詞選本。正集録詞人三十四家，《拾遺》録十六家，收詞近千首。自稱涉諧謔、艷曲者皆不入，故名之曰"雅詞"。此書今所見者多爲清抄本，此明抄本曾爲明代焦竑、毛晉故物，後經清席鑑、黄丕烈遞藏，爲現存《樂府雅詞》之早期傳本。

曾慥（？—1155），字端伯，號游子，亦號至游居士，宋晉江（今福建泉州）人。官至尚書郎、直寶文閣。晚年隱居修道。又著有《道樞》《集仙傳》等。

焦竑（1540—1620），字弱侯，號漪園、澹園，明山東日照人，寓居南京。萬曆十七年（1589）狀元，官翰林院修撰。博學，精文史、考據，著作甚豐，有《焦氏筆乘》《國朝獻徵録》《國史經籍志》等。

席鑑（1700—1722），字玉照，號茱萸山人，清常熟人。洞庭席氏爲蘇州世家大族，其祖父席啓寓於康熙四年舉家遷往常熟，好古嗜學，於藏書刻書之事有所致力，曾購得毛氏汲古閣《十七史》等書版，刻有《唐詩百名家全集》等。鑑承繼祖父的藏書事業，所藏偏重子、集兩部，頗有名氣。黄丕烈書跋多所提及。

黄丕烈，參見《古歡堂經籍舉要》。

樂府雅詞上

調笑集句

蓋聞行樂須及良辰鍾情正在吾輩飛觴舉白目斷巫山之暮雲綴玉聯珠韻勝池塘之春草集古人之妙句助今日之清歡珠流璧合暗連文月入千江體不分

此曲只應天上有歌聲豈合世間聞

巫山

瀟湘不是家

又

玉殿分時葉金盤弄賜冰曉來階下按歌
聲恰好一方明月可中庭　露下天如水
風來夜更清偏他不肯大家行樣下扇兒
拍手引流螢

宣統甲寅二月據吳縣韓氏讀有用書齋所藏暴書亭傳
鈔本校補脫誤吳曹元忠淩波榭寓記

樂府雅詞遺拾卷下終

牧齋詩鈔不分卷　清錢謙益撰

清初抄本　清吴震行跋

四册

書高26.7釐米，寬16.5釐米。框高20.7釐米，寬14釐米。半葉九行二十八字，白口，四周單邊。

此書爲錢謙益入清以前詩文集《初學集》之摘抄，包括還朝詩、歸田詩、崇禎詩等。乾隆時《初學集》遭禁燬。此清初抄本有康熙四年（1665）吴震行跋，早於較通行之康熙四十九年（1710）錢曾箋注本《牧齋初學集》。

錢謙益（1582—1664），字受之，號牧齋，晚號蒙叟、絳雲老人，清常熟人。官禮部侍郎，爲明末清初文壇領袖，與吴偉業、龔鼎孳並稱江左三大家。著述極豐，又著有《有學集》《投筆集》《列朝詩集》《杜詩箋注》等。

年詩起泰昌元年九月盡一年

四支

吳門寄陸仲謀大參

步屧相呼倒接䍦東阡南陌夜歸遲檀槽奏罷翻新曲樺燭燒殘覆舊棋燕賞花時無主客催徵酒社有文移謝公底事情懷惡只為中年有別離

過滁州懷李三長蘅長蘅偕上公車愛滁陽山水有異時吏隱之約故及之

十五刪

十五年前再往還停車猶記並開顏風霜宛爾如君秀泉石依然笑我頑行役總歸鴻爪跡懷人仍在馬蹄閒環滁官舍琴臺畔拄笏知誰解看山

彭城道中寄懷里中游好次坡公在徐寄邦直子繇之韻四首

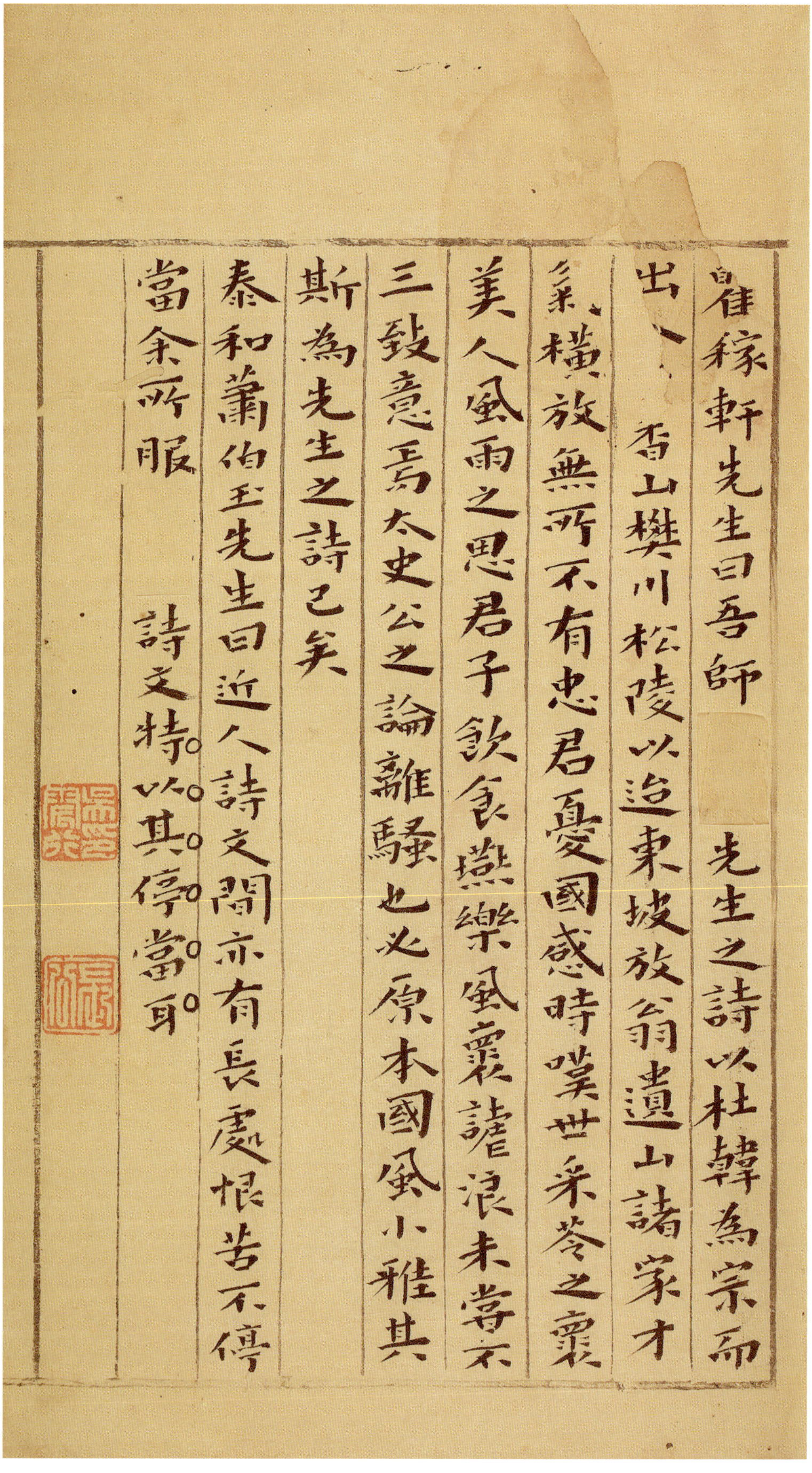

臞稼軒先生曰吾師　先生之詩以杜韓為宗而出入香山樊川松陵以迨東坡放翁遺山諸家才氣橫放無所不有忠君憂國感時嘆世采苓之褱美人風雨之思君子飲食燕樂風褱謔浪未嘗不三致意焉太史公之論離騷也必原本國風小雅其斯為先生之詩已矣

泰和蕭伯玉先生曰近人詩文間亦有長處恨苦不停當余所服　詩文特以其停當耳

崇禎己卯之秋余与嘐城張伯美錡窰僧心石同謁 先生
于拂水山莊余負而無贄妥以一扇書五言律四首疋紙作
草篆一幅呈之時李山人穀卞畫史文瑜在座共加稱賞姑
不足述後心石求聞谷禪師塔銘与 翁晤對時承存
念甚殷云吳天青學晚唐之詩工先秦之篆近少鑒家
遊後所之得無倦乎我為之計不若多買臙脂畫牡丹余
時豪氣方熾聞之以為輕己遂疎往還今忽已過二十七年
始悟其言乃領袖後學之深念晚矣康熙四年乙巳閱 先生
集憶及之不覺重有慨焉

補漢兵志一卷　宋錢文子撰

清初朱氏潛采堂抄本　清朱彝尊跋

一册

書高25.8釐米，寬17.2釐米。半葉八行二十字。

作者以班固《漢書》無兵志，摭其本紀、列傳及諸志中載及兵制者，編而補志。所論多切中宋制之弊。此本由朱彝尊潛采堂從錢曾述古堂藏宋嘉定刻本録出，再經朱筆校勘，至爲精善。

錢文子（1148—1220），字文季，號白石山人，宋樂清（今屬浙江温州）人。紹熙三年（1192）賜進士，官至宗正寺少卿。永嘉學派創立者之一，儒學巨擘。有《白石詩傳》《詩訓詁》《論語傳贊》等。

朱彝尊（1629—1709），字錫鬯，號竹垞，又號金風亭長，清秀水（今屬浙江嘉興）人。康熙十八年（1679）舉博學鴻詞科，除檢討，二十二年（1683）入直南書房。曾參加纂修《明史》。博通經史，詩與王士禛齊名，人稱“南北名家，騷壇宗匠”。作詞風格清麗，爲浙西詞派的創始者，與陳維崧、納蘭性德並稱“詞家三絶”。精於金石文史，購藏古籍不遺餘力，爲清初著名藏書家之一。著述頗豐，有《經義考》《明詩綜》等。

補漢兵志序

門人奉議郎知江州瑞昌縣主管勸農營田公事兼買納茶場陳元粹撰

漢兵志永嘉白石先生往為大都授時所著子少小執經師從曾脩討閲因獲聞纂[集]之大旨初藝祖開基次第剗削五代僭偽收其精兵聚于京師天下既平而已聚之兵不可復散遂定都汴京以便漕運始倚兵以固國而不及天下之形勢嘗自嘆曰不出百年天下民力殫矣固已逆知後世以兵為病也然當時

補漢兵志 并註

白石先生錢氏撰

漢法民二十始傅

高紀二年蕭何發關中老弱未傅者悉詣軍服虔曰傅音附孟康曰古者二十而傅三年耕有一年儲故二十三而後役之如淳曰律年二十三傅之疇官各從其父疇學之師古曰傅著也言著名籍給公家徭役也景紀二年令天下男子二十始傅

一

樂清錢文子見南渡兵食之冗濫以漢制不失寓兵
于農遺意而班史無志因以補之書僅一卷言近而
旨遠詞約而義該此非高談性命者所能括也
文子字文季紹熙三年由上舍釋褐出身以吏部
員外郎兼國史院編修歷宗正少卿退居白石
山自號白石山人故所輯詩傳及是編皆以白石著
録不知者輒是姜夔書誤矣卷首有陳元粹序
後有王大昌跋蓋其弟子跋稱嘉定中鏤板於淮
南漕廨予所抄者虞山錢曾藏本也彝尊識

陸包山詩集一卷　明陸治撰　俞貞木先生詩文抄一卷　明俞楨撰

清康熙五十九至六十年（1720—1721）翁栻抄本　顧麟士跋
一册（毛裝）

書高23.9釐米，寬13.8釐米。框高15.2釐米，寬12釐米。半葉十行十八字，白口，左右雙邊。

錢謙益《列朝詩集》收入陸治、俞楨詩，但二人詩文別集均未曾刊刻。此本爲翁栻所抄陸治詩集，並於卷軸中輯得俞氏詩文五則録於其後，今已成孤本。二人集末有抄者翁氏題識，封面有顧麟士題跋一篇，述此書大意。

陸治（1496—1576），字叔平，自號包山，明吴縣人。擅書畫，文徵明門生。

俞貞木，參見《乖崖張公語録》。

翁栻（1652—？），字又張，一作猶張，號南陔，別號洞庭山人，清吴縣人。父翁澍，字季霖，博古好學，不求仕途，專門收羅古籍及宋元精槧。栻少學於清初藏書家金侃門下，受父輩的影響，酷嗜古書，且勤於借人秘籍手自抄録，如徐乾學、顧惟岳、陸漻諸家所藏宋元本，皆乞借抄，蠅頭小楷，字畫端正。著有《鈞采吟》。

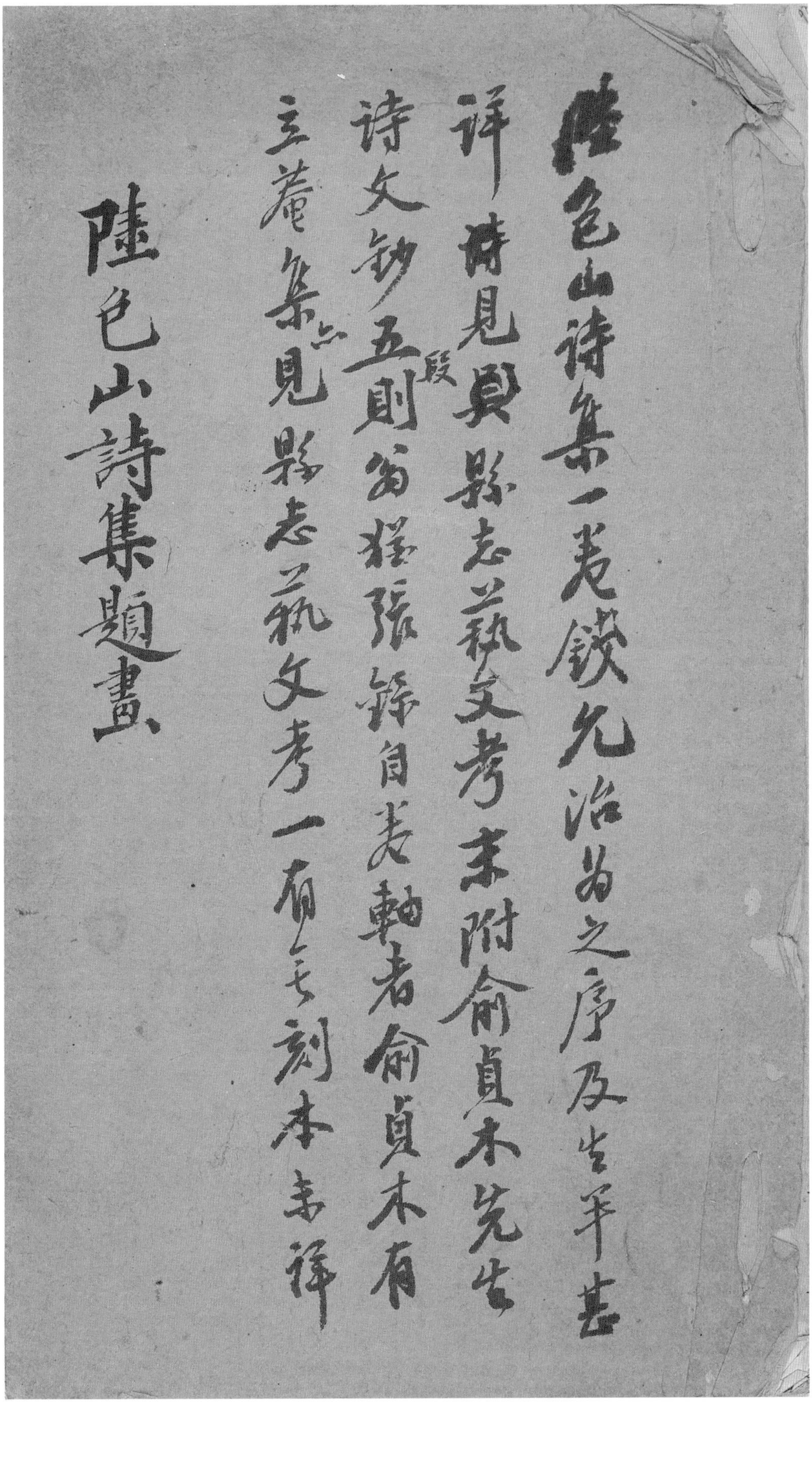

陸色山詩集一卷錢允治為之序及生平甚
詳詩見縣志藝文考末附俞貞木先生
詩文鈔五則［段］為猺獠録自表軸者俞貞木有
立菴集［六］見縣志藝文考一有之刻本未詳

陸色山詩集題畫

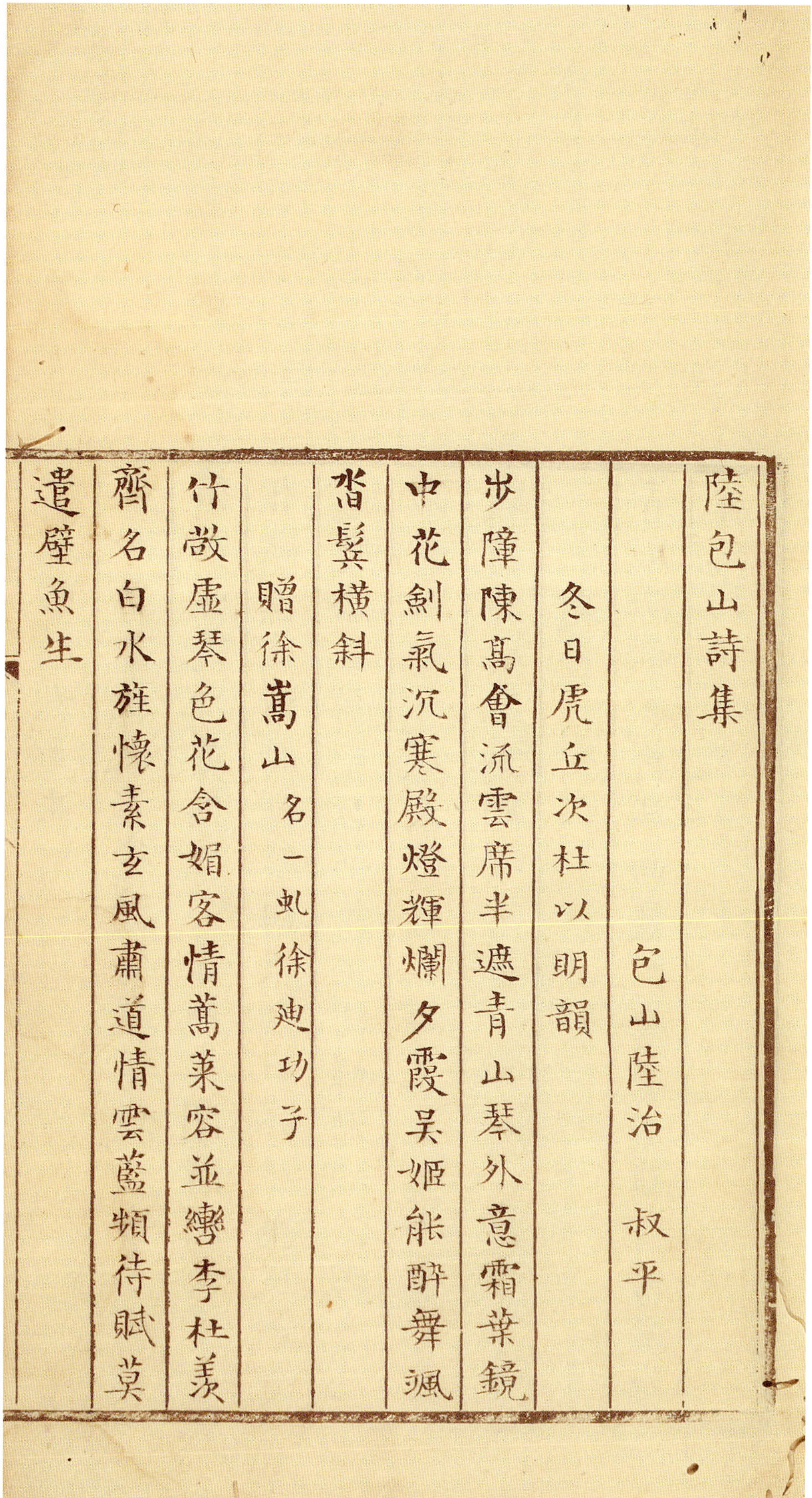
陸包山詩集

包山陸治　叔平

冬日虎丘次杜以明韻

步障陳髙會流雲席半遮青山琴外意霜葉鏡
中花劍氣沉寒殿燈輝爛夕霞吴姬能醉舞颯
沓髩橫斜

贈徐嵩山　名一虬徐迪功子

竹敞虛琴色花含媚客情蒿萊容並轡李杜羨
齊名白水旌懷素玄風肅道情雲藍頻待賦莫
遣壁魚生

黄文獻公集二十三卷末一卷　元黄溍撰　明危素等編

清雍正七年(1729)謝浦泰抄本　清謝浦泰校跋並過録清宋賓王跋

八册

書高28.3釐米,寬18.2釐米。框高19.4釐米,寬15.5釐米。半葉十二行二十一字,白口,四周單邊。

黄溍文集初刊爲《金華黄先生文集》四十三卷,門人危素、宋濂等編,黄溍去世後删定爲二十三卷,含初稿三卷、續稿二十卷,此即删定本。謝浦泰自元刻二十三卷本録出,小字精鈔,並録康熙間藏書家宋賓王題識。清陸時化舊藏。

黄溍(1277—1357),字晉卿,元義烏人。延祐二年(1315)進士,官至翰林侍講學士。儒學浙東金華學派主要人物,與柳貫、虞集、揭傒斯並稱爲元代"儒林四傑"。著有《日損齋筆記》。

危素(1303—1372),字太樸,號雲林,元末明初金溪(今屬江西撫州)人,一作臨川人。官至參知政事、翰林學士,博學通史,善古文詞,精書法。有《雲林集》《説學齋稿》《草廬年譜》《元海運志》等。

謝浦泰(1676—?),字心傳,號星躔,清太倉人。諸生。富藏書,喜抄書。

陸時化(1714—1779),字潤之,號聽松,清太倉人。國子監生。嗜書畫,富收藏,鑒别精審。有《吴越所見書畫録》《書畫説鈴》等。

黄學士文集序

翰林侍講學士金華黄先生文集總四十三卷其初稾三卷則未第時作監察御史臨川危素所編次續稾四十卷則皆登第後作門人王生宋生所編次也先生之文章刮劘澡雪如明珠白璧藉以繅綺讀之者但見其光瑩而含蓄華縟而粹温令人愛玩歎息之不已而不知其致力之勤用力之苦也故其見諸朝廷簡册之紀載山林泉石之詠歌無不各得其體而極其趣以自成一家之言不既甚盛矣乎予嘗論之文章與世運同為盛衰或百年或數十年輒一見焉先生當科目久廢之餘文治復興之日得大肆力於為己之學以擅名於海内雖其超見卓識有以異於人其亦適值世運之一盛

神道碑銘茲不著門人同郡宋濂謹序

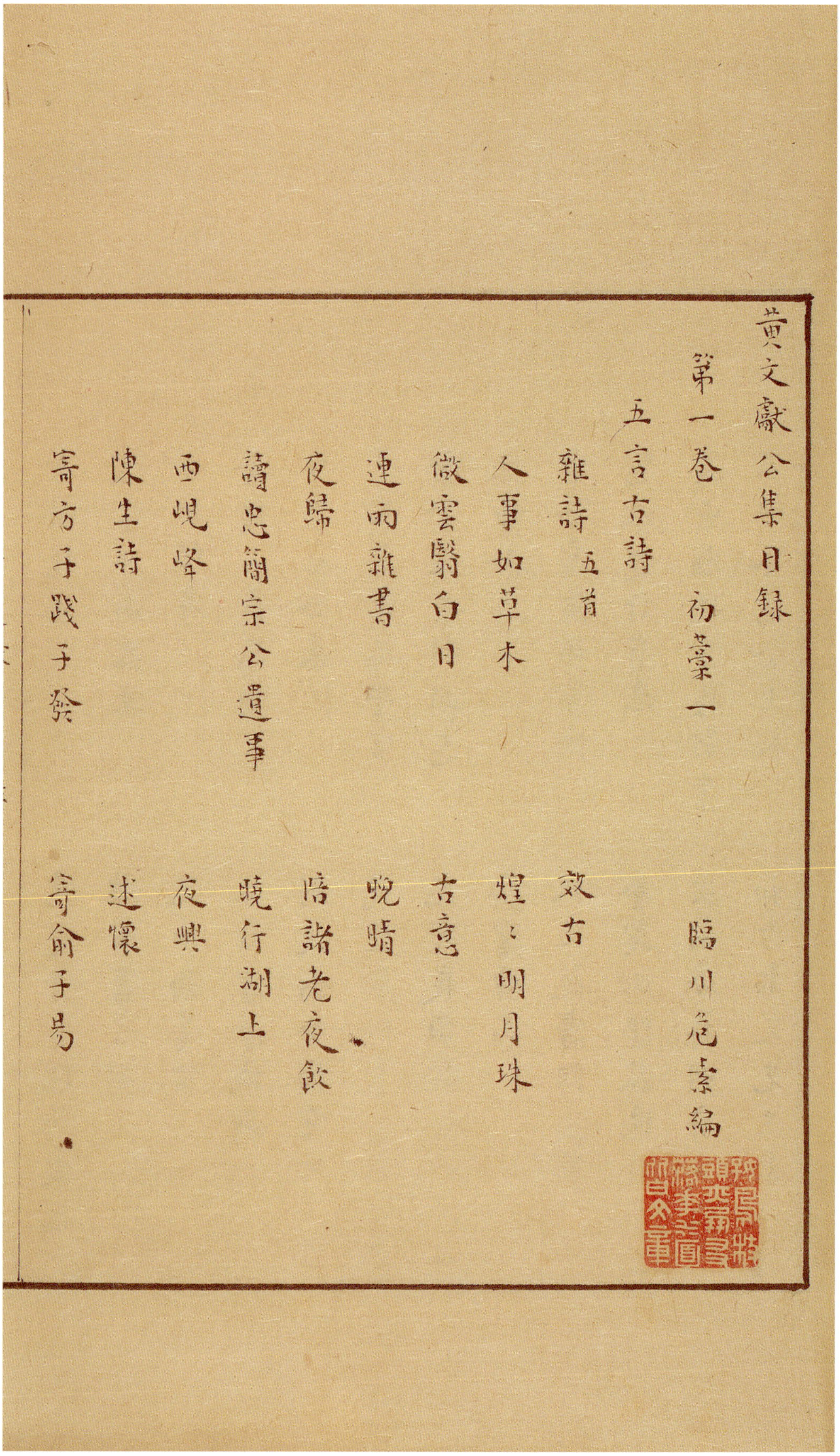

黄文獻公集目録

第一卷　初藁一　臨川危素編

五言古詩

雜詩五首　效古

人事如草木　煌煌明月珠

徵雲翳白日　古意

連雨雜書　晚晴

夜歸　陪諸老夜飲

讀忠簡宗公遺事　曉行湖上

西峴峰　夜興

陳生詩　述懷

寄方子踐子發　寄俞子易

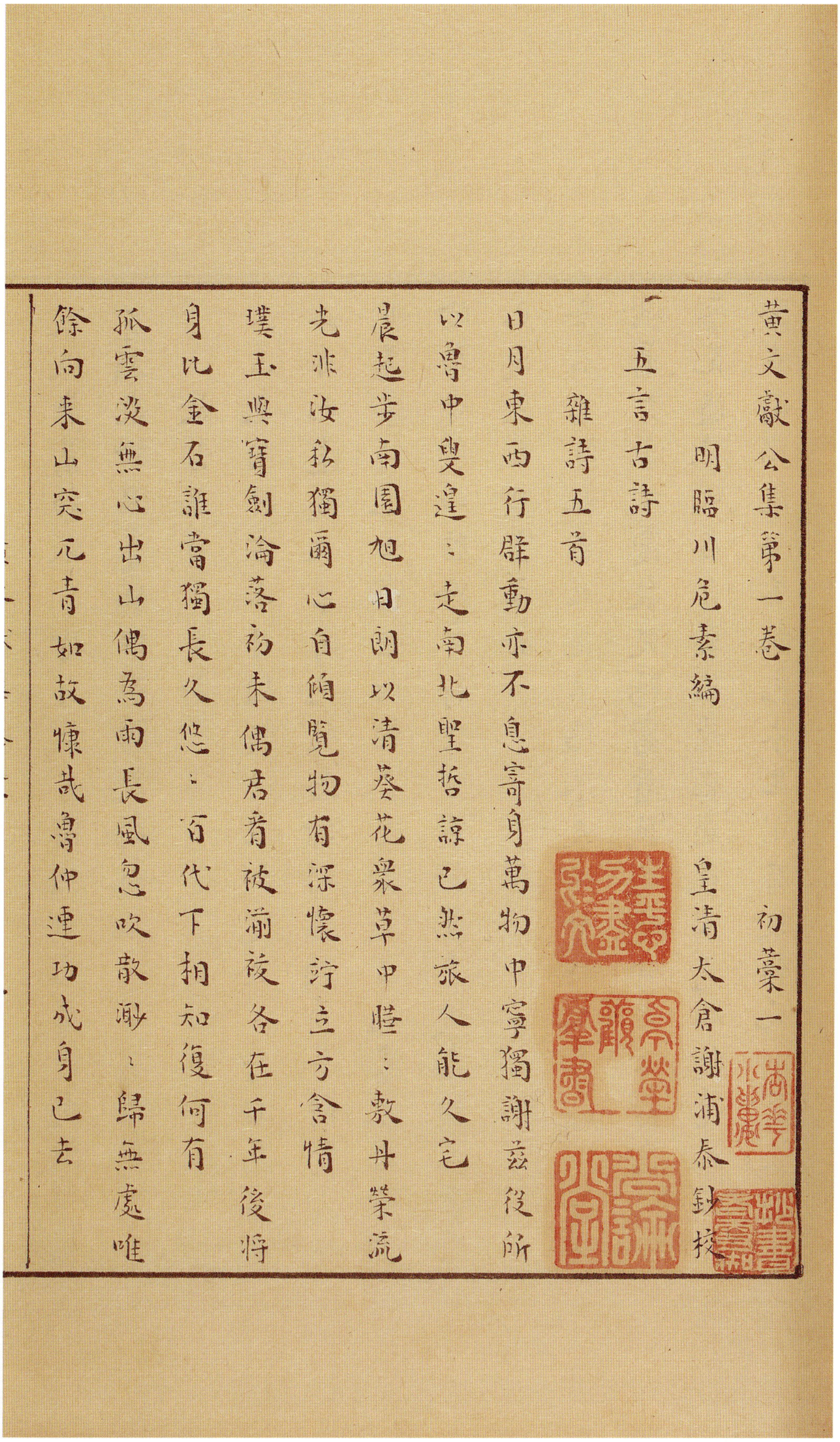

黄文獻公集第一卷　初藁一

明臨川危素編　皇清太倉謝浦泰鈔校

五言古詩

雜詩五首

日月東西行辟動亦不息寄身萬物中寧獨謝茲役所以魯中叟遑遑走南北聖哲諒已然旅人能久宅

晨起步南園旭日朗以清葵花衆草中暟暟敷丹榮流光非汝私獨爾心自領覽物有深懷佇立方含情

璞玉與寶劍淪落初未偶君看被湔祓各在千年後將身比金石誰當獨長久悠悠百代下相知復何有

孤雲淡無心出山偶爲雨長風忽吹散渺渺歸無處唯餘向來山突兀青如故慷慨魯仲連功成身已去

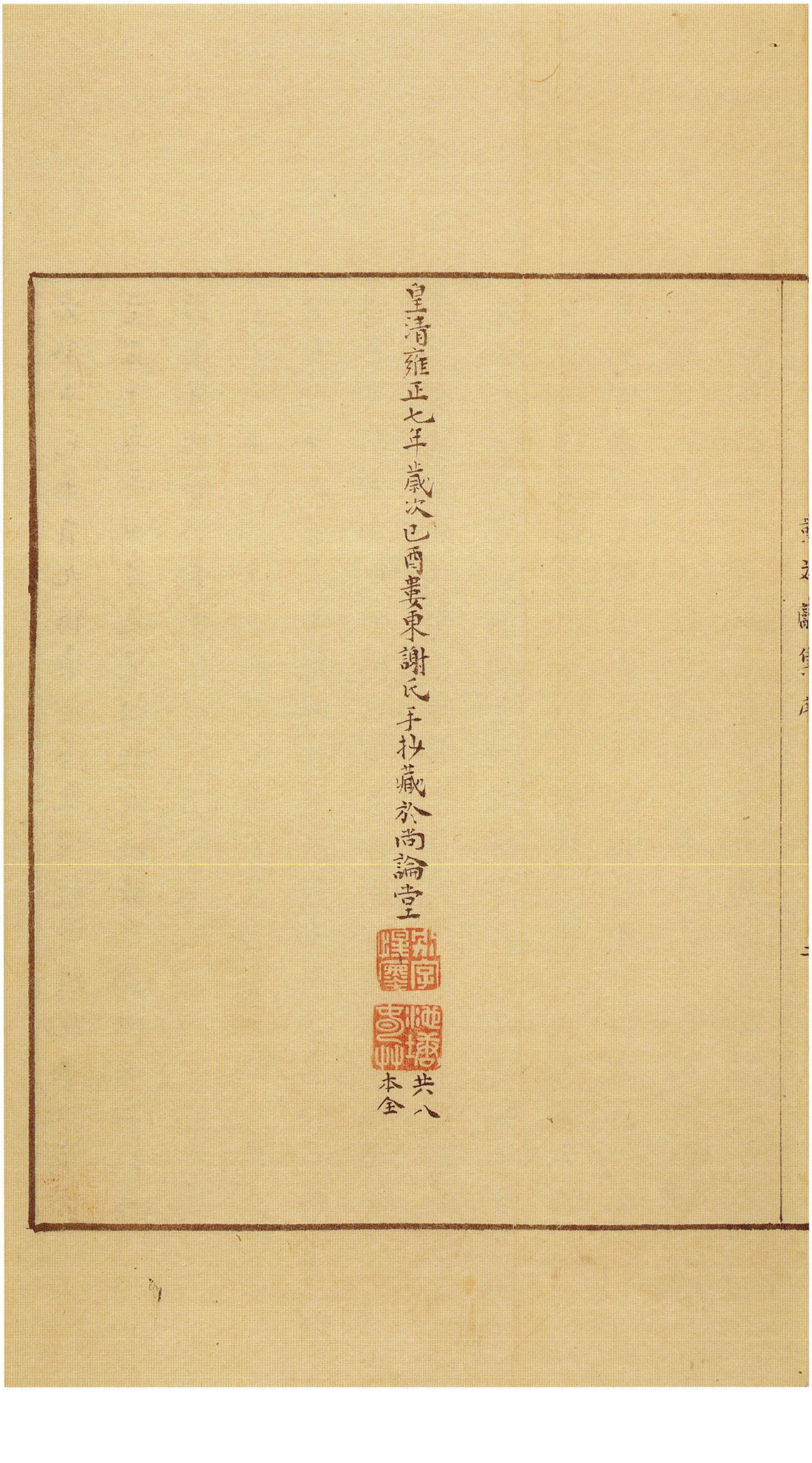

皇清雍正七年歲次己酉婁東謝氏手抄藏於尚論堂

共八本全

元板黄文獻公集五十三卷借較於桐鄉金甸廬先生但元板摹印日久字畫多闕且有脫落譌字聞吾郡蓮涇王先生藏有善本將借較之以稱其全云

雍正四年秋九月二十六日婁水宋賓王記

余讀顧俠君元詩選小傳黄柳同郡齊名待制之才雄肆而侍講之思峻潔想慕久之而未得見其文於秋間錄柳先生集既又假宋蔚如兄文獻公集依元刻分卷挨鈔八十日而告成絕而觀之然後有以遂平生之志焉時

雍正七年己酉九月二十八日太倉謝浦泰心傳氏跋時年五十四

雪磯叢稿五卷　宋樂雷發撰

清抄本［四庫底本］　清王慶長校

一册

書高26.9釐米，寬17.2釐米。半葉十行二十二字。

此書爲樂雷發詩集。此本封面鈐木記“乾隆三十八年四月，兩淮鹽政李質潁送到馬裕家藏《雪磯存稿》壹部，計書壹本”，首葉鈐有滿漢合璧大方朱印“翰林院印”，皆四庫館采進時所鈐，爲《四庫全書》底本。書中多處有王慶長校書浮簽。王慶長時任《四庫全書》繕書處分校官。

樂雷發，字聲遠，號雪磯，南宋道州寧遠（今屬湖南永州）人。寶佑元年（1253）特科第一。精通經史，長於詩賦。理宗時入翰林館，後因不滿時政歸隱。

乾隆三十八年四月兩淮鹽
政李質穎送到馬裕家藏
雪磯存稿壹部
計書壹本

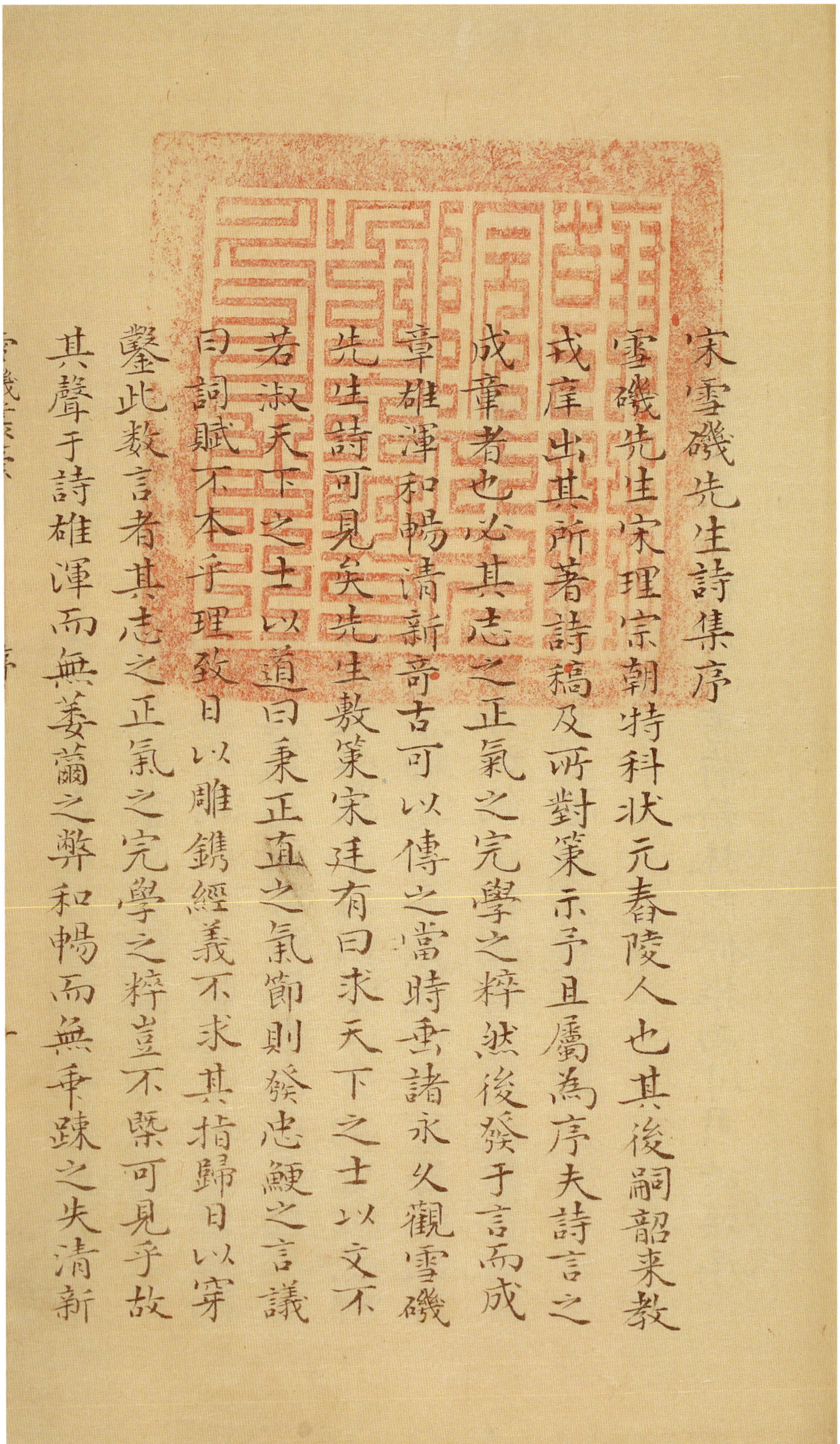

宋雪磯先生詩集序

雪磯先生宋理宗朝特科狀元春陵人也其後嗣韶來教戍庠出其所著詩稿及所對策示予且屬爲序夫詩言之成章者也必其志之正氣之完學之粹然後發于言而成章雄渾和暢清新奇古可以傳之當時垂諸永久觀雪磯先生詩可見矣先生數策宋廷有曰求天下之士以文不若淑天下之士以道曰秉正直之氣節則發忠鯁之言議曰詞賦不本乎理致日以雕鎸經義不求其指歸日以穿鑿此數言者其志之正氣之完學之粹豈不槩可見乎故其聲于詩雄渾而無萎薾之弊和暢而無乖踈之失清新

雪磯叢稾卷之一

宋寶祐癸丑特科狀元　樂雷發　撰

後嗣教諭　樂韶　編集

知縣　樂武　校正

歌行

九疑紫霞洞歌

猗與奇哉紫霞之洞真天開千變萬狀不可述恍疑幻出壺中之蓬萊湘濱兩姝不敢到悵望蒼梧雲縹緲尓来三千三百年斑龍空卧金光草我採姹女江華濱是為三十六帝之外臣右持緑玉杖左携紫金經長歌天上謡一呼

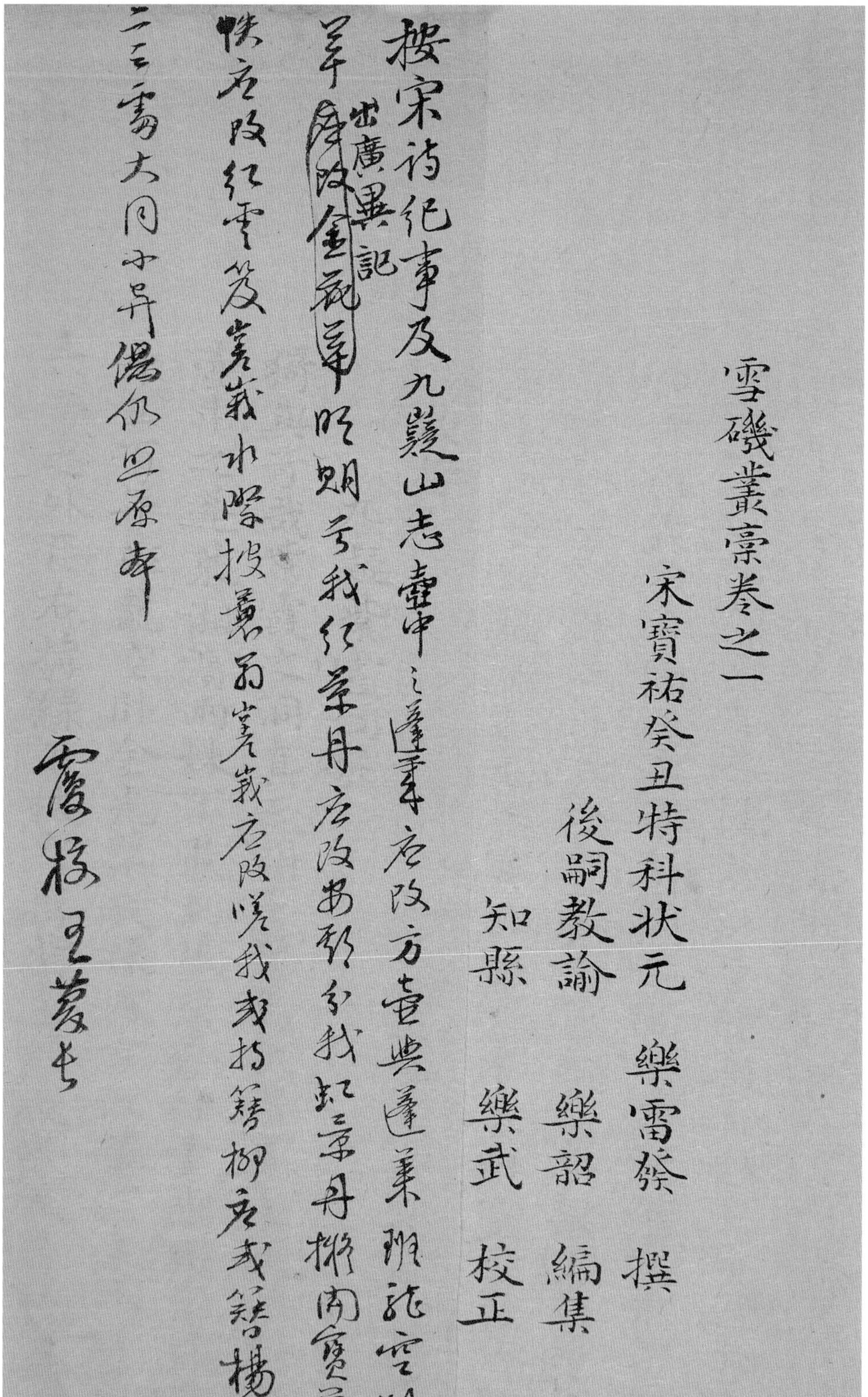

雪磯叢稾卷之一

宋寶祐癸丑特科狀元　樂雷發　撰

後嗣教諭　樂韶　編集

知縣　樂武　校正

按宋詩紀事及九嶷山志壺中之蓬萊句方壺與蓬萊難說空外金光

草（出廣異記）字改金莖草昭明兮我紅草丹句改為(?)歌(?)兮我紅草丹擷(?)肉寶藏細雲

帙句改紅雲笈嵩岳(?)水際接萬罰(?)嵩岳句改嗟我戎(?)折箬柳句改箬楊柳等(?)條

二三處大同小異偶仍其原本

霞樓王蔭(?)書

意林五卷　唐馬總編

清黄丕烈士禮居抄本　清黄丕烈校　清沈樹鏞跋

一册（毛裝）　存二卷（一至二）

書高24.3釐米，寬17.6釐米。半葉九行二十字，小字雙行，字數同。

梁朝庾仲容摘録周秦以後諸子要語，輯爲《子鈔》一書，開"裒聚諸家，摘存精要"之先，馬總以其繁簡失當，復加增删，即成此書。此本天頭存黄丕烈墨筆校文。經黄丕烈、沈樹鏞遞藏。

馬總，字會元（一作元會），唐扶風（今屬陝西寶雞）人。性篤學。官至户部尚書，贈右僕射。

黄丕烈，參見《古歡堂經籍舉要》。

沈樹鏞，參見《爾雅古注鈔》。

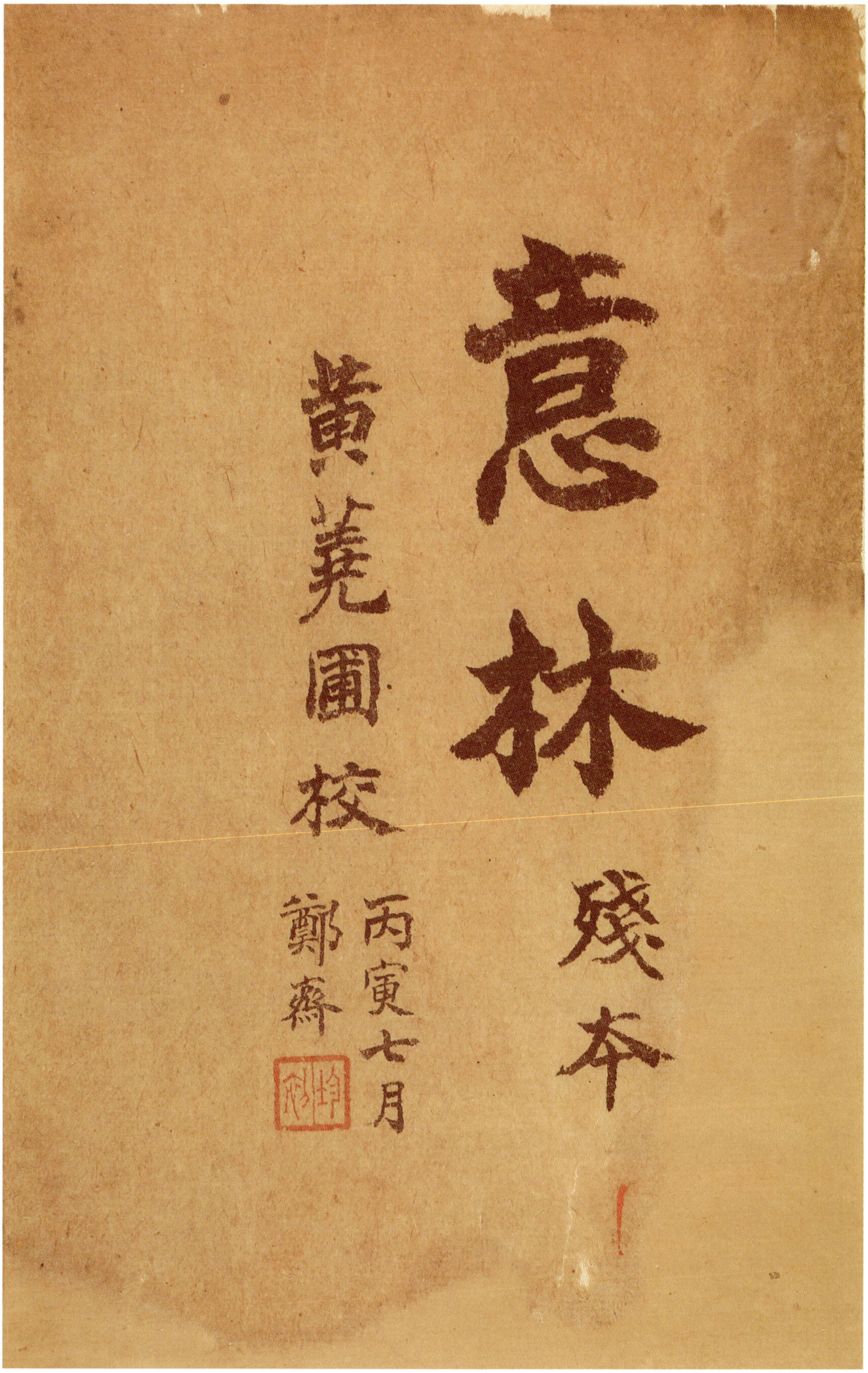
意林殘本
黃蕘圃校
丙寅七月
鄭齋

意林序

撫州刺史戴叔倫撰

三聖相師大易光著天地之功立矣經傳之功生焉輔成一德謂之六學漢收秦業其道方興置講習訓授之官明君臣父子之體雖禮樂文缺亦足以新忠孝仁義之大綱至如曾孔荀孟之述其蓋數百千家皆發揮隱微羽翼風教祖儒尊道持法正名縱横立權變

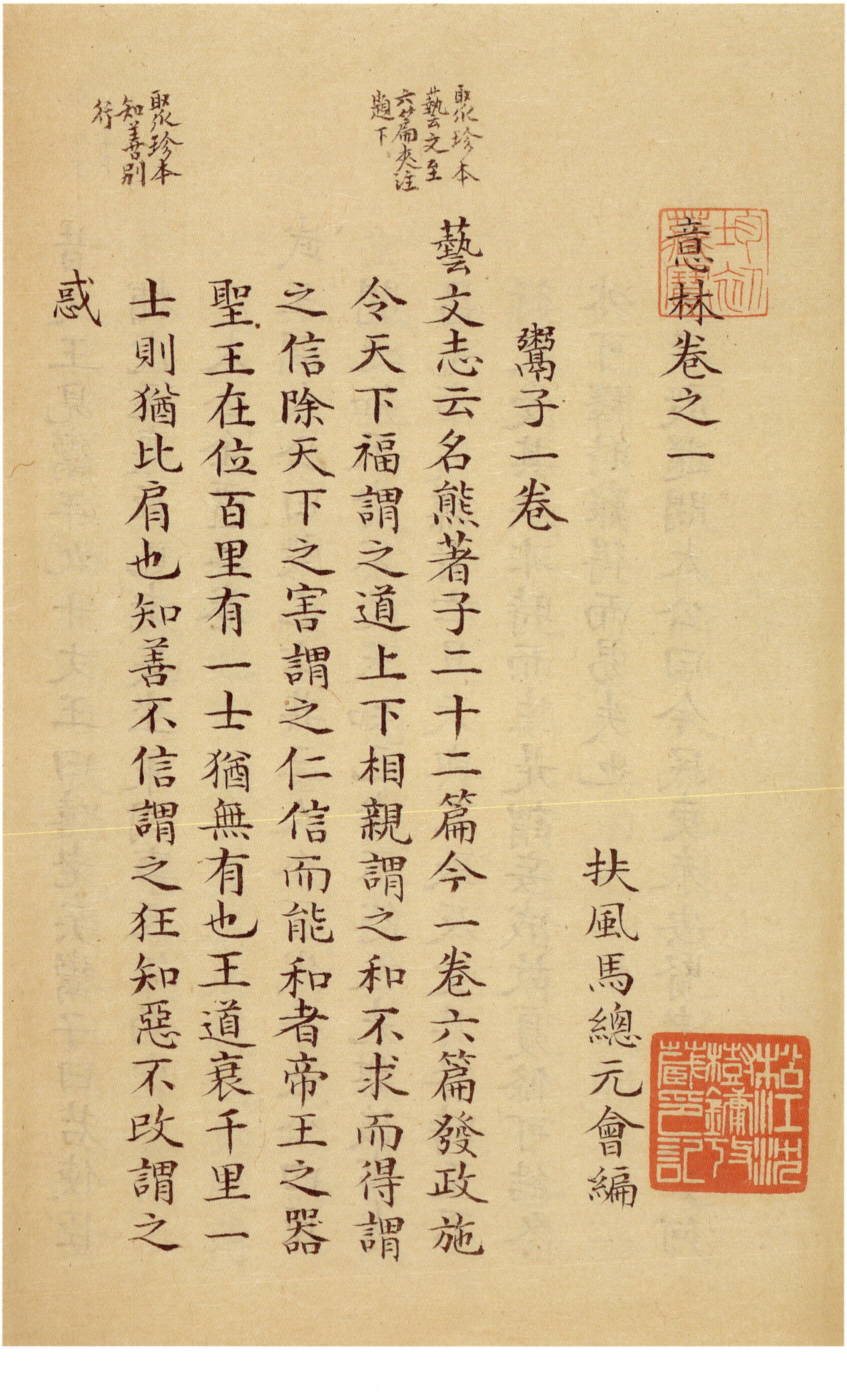

意林卷之一

扶風馬總元會編

鬻子一卷

藝文志云名熊著子二十二篇今一卷六篇發政施令天下福謂之道上下相親謂之和不求而得謂之信除天下之害謂之仁信而能和者帝王之器聖王在位百里有一士猶無有也王道衰千里一士則猶比肩也知善不信謂之狂知惡不改謂之惑

聚珍本藝云至六篇夾注題下

聚珍本知善別行

邯鄲有吹者託名李奇人爭學之後知其非皆棄其曲未始知音者（李奇趙之知音者）

原蠶一歲再熟非不利也王法禁之爲其殘葉離稻熟農夫耨之不以小利傷大穫也（稻米落地而生曰離稻）

屠者食藿羹爲車者多步行陶人用缺盆匠人居狹廬舟覆乃見善游馬奔乃見良馭

林木茂而斧斤入質的張而弓矢集

意林卷之二

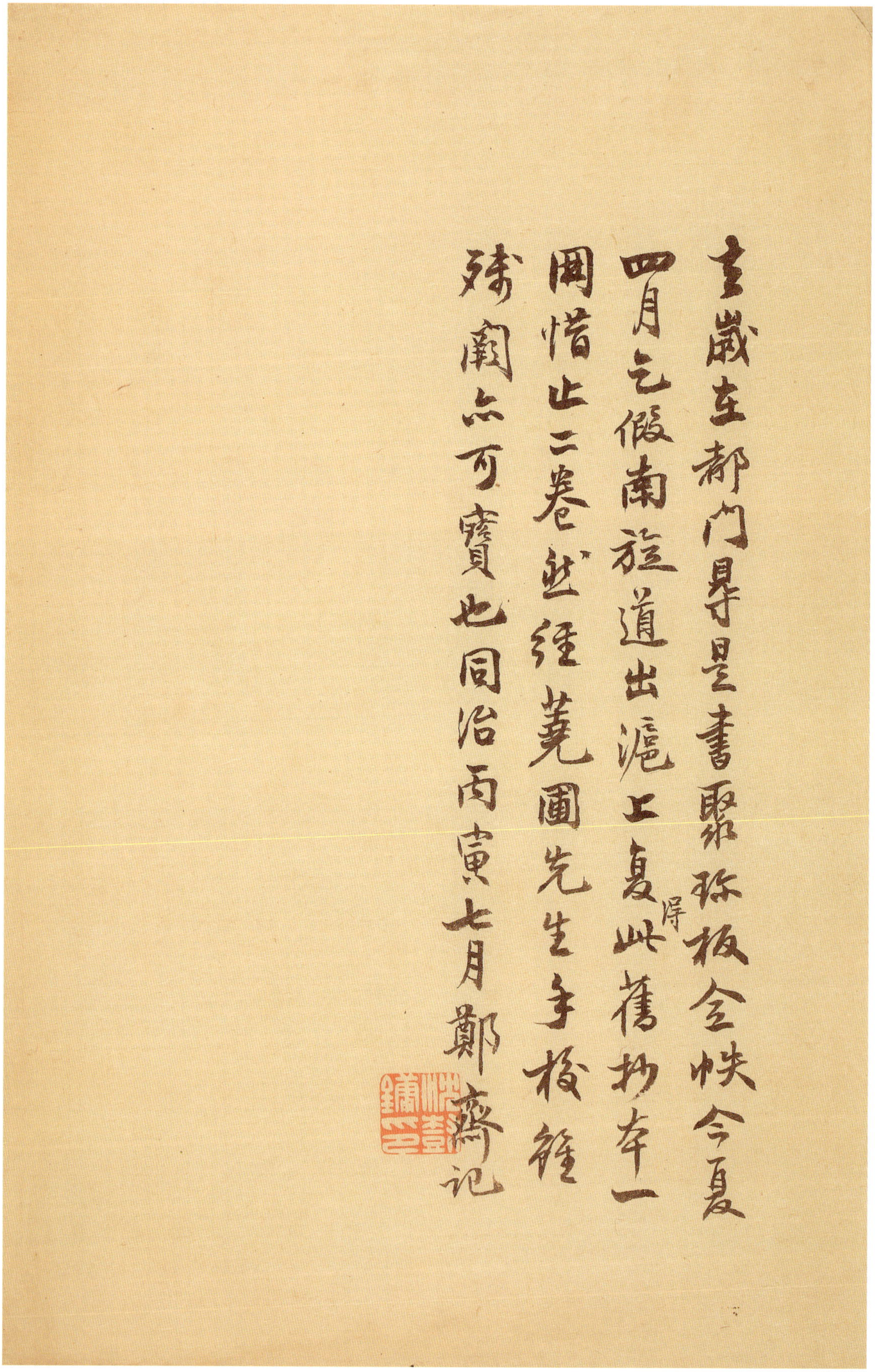
去歲在都門購是書聚珍板全帙今夏
四月乞假南旋道出滬上復得此舊抄本一
冊惜止二卷然經蕘圃先生手校雖
殘闕亦可寶也同治丙寅七月鄭齋記

詩經澤書二卷 明堵胤錫纂輯

清嘉慶十六年（1811）吴騫拜經樓抄本

二册

書高29釐米，寬17.9釐米。半葉九行字數不等，小字雙行，字數不等。

此書爲《詩經》解義，係堵胤錫崇禎八年（1635）所著。末有吴騫跋文，稱此書不見於朱彝尊《經義考》，清初黄虞稷《千頃堂書目》以録明人著述爲主，亦無此書，故在清初已流傳稀少。

堵胤錫（1601—1649），字仲緘，明無錫人。崇禎十年（1637）進士，歷官長沙知府、南明永曆間兵部尚書等。又有《禮經澤書》《春秋説義》《耐可吟》《馬革集》等。

吴騫，參見《巾箱集》。

詩經澤書

宜興投游堵胤錫仲緘氏纂輯

國風一

宮人喜得后妃之詩 通寫宮人一見后妃喜不容已之詞只窈窕二句已盡下兩節 一客一主正形容个歡喜之致若云有這等一个君子須得這寺一个淑女来配他方纔恰稱然如此人豈是易得使我宮中何處尋討除非夢想今幸得之樂何可言有托之琴瑟鐘鼓以寫其樂事而已只一意曲折足風人妙境者說懸先真有此思豈不痴殺

關關雎鳩在河之洲窈窕淑女君子好逑

好逑要看得親暱猶諺云一對好夫妻也勿入德等板字女曰淑女逑曰好逑覺着瑞靄然然宮中備見太和氣象註幽字鮮窈閒

名蹟録七卷　明朱珪輯

清劉喜海味經書屋抄本　章鈺跋

一册

書高27.5釐米，寬17.3釐米。框高18.7釐米，寬14.5釐米。半葉十行二十一字，小字雙行，字數同，上黑口，四周單邊。

作者將平生所鐫官私碑銘以及刻帖、簫銘、鏡銘、柱丈銘等雜刻文字彙輯成書，文字内容主要出自元末明初文人楊維楨、鄭東、顧阿瑛、盧熊等人。此書未見刊刻，以抄本流傳。此本藍格，版心下題“味經書屋鑒藏書籍”，左邊欄下鐫“東武劉燕庭氏校鈔”。

朱珪，字伯盛，元末明初崑山人。從吴睿學書，善篆書、治印、刻碑。

劉喜海（1793—1852），字吉甫，號燕庭，别號三巴子，清山東諸城人。嘉慶二十一年（1816）舉人，官至浙江布政使。精研金石學、古泉學，富藏書。藏書室名有“味經書屋”“嘉蔭簃”等。著有《金石苑》《嘉蔭簃古泉隨筆》等。

章鈺，參見《古歡堂經籍舉要》。

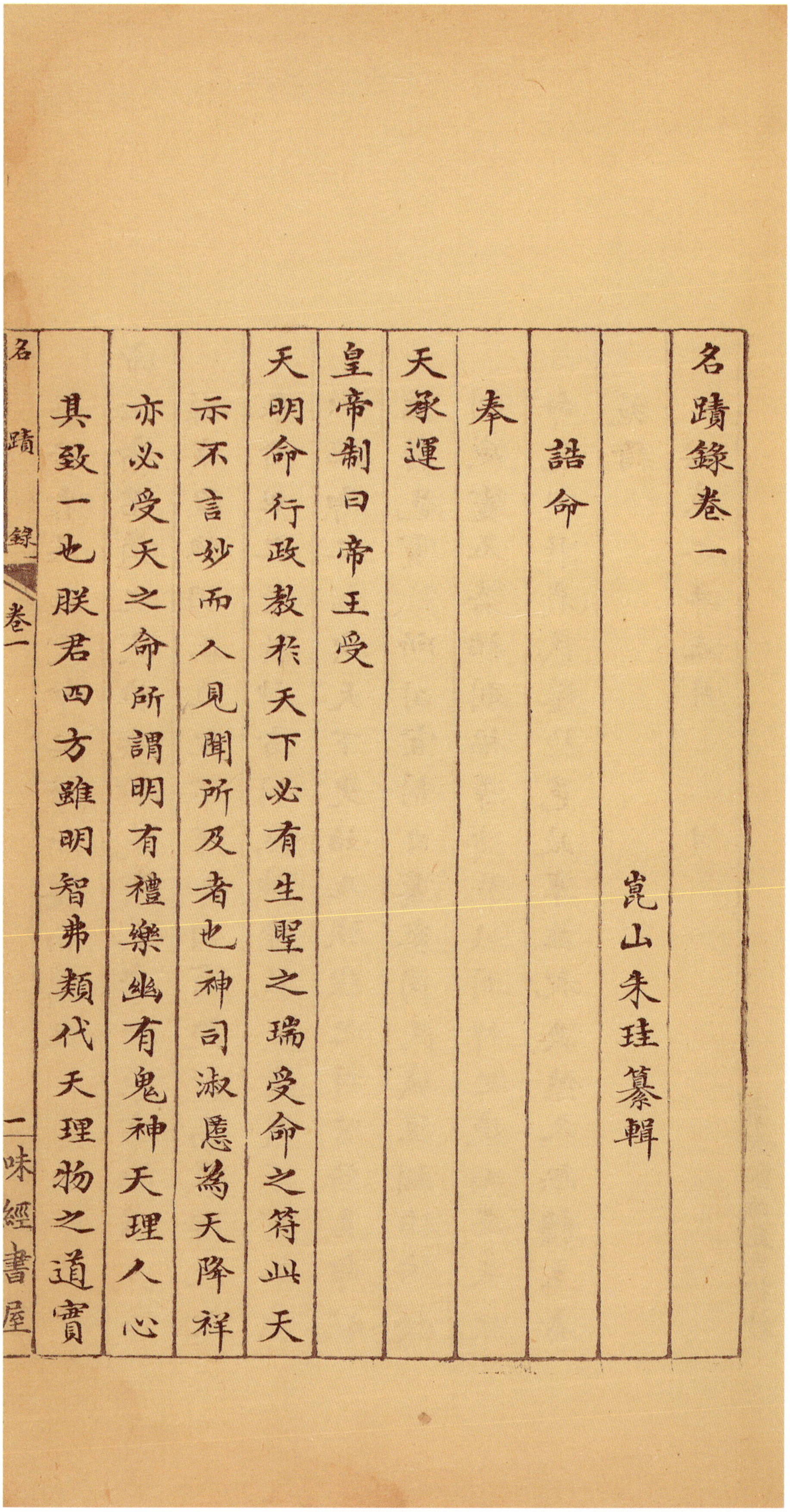

名蹟錄卷一

崑山朱珪纂輯

語命

奉

天承運

皇帝制曰帝王受

天明命行政教於天下必有生聖之瑞受命之符此天

示不言妙而入見聞所及者也神司淑慝為天降祥

亦必受天之命所謂明有禮樂幽有鬼神天理人心

其致一也朕君四方雖明智弗類代天理物之道實

名蹟錄　卷一　一　味經書屋

光緒丁未長洲章鈺從鶴廬許迻寫一過

霞暉淵映

名家批校題跋本

明太倉陸容文量菽園雜記云中吳紀聞六卷每
卷首題云崑山龔明之淳熙元年自序後有至正二十五年
[illegible]盧公武記得書來歷及其校正增補大略[illegible]
且吾郡志此書將泯沒而無聞矣宏治初崑尹楊子
器刻以行矣〻宜德附崑山志不載此人近撫公武蘇
州府志具附之言行甚詳蓋公武之志人物附有略其邑
里有崑山之寄友類載馬友直周津曹椿年諸本〻
鄉志而明〻獨遺〻豈不以是歟公武知〻稔而欠詳後
人附其校而不忘無怪其然也記〻以俟修邑志者增

虞山毛晉校刊　男扆再

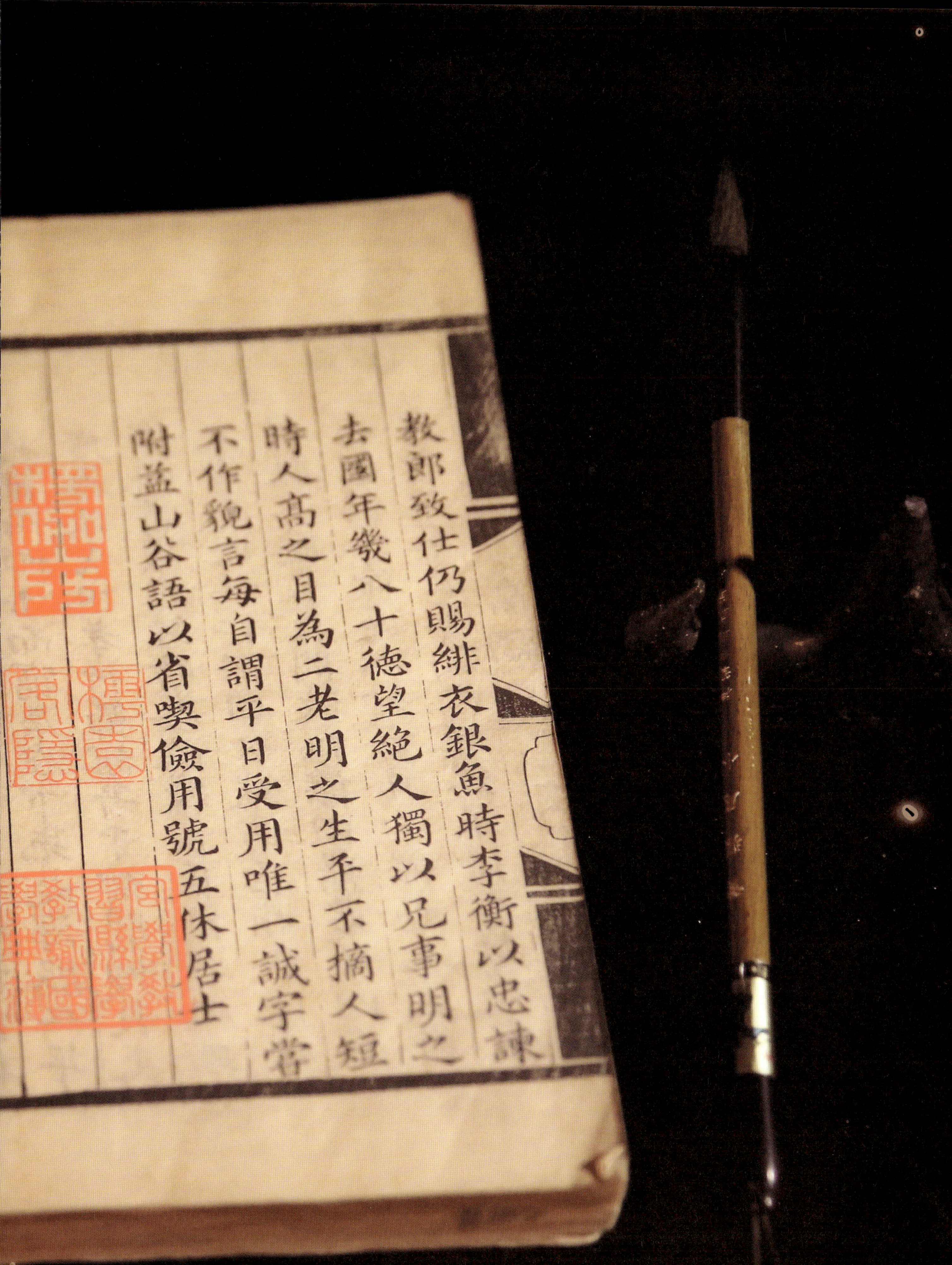
教郎致仕仍賜緋衣銀魚時李衡以忠諫
去國年幾八十德望絶人獨以兄事明之
時人高之目為二老明之生平不摘人短
不作貌言每自謂平日受用唯一誠字嘗
附蓋山谷語以省喫儉用號五休居士

元叟和尚語録一卷　元釋行端撰　元釋法林輯

明洪武刻本　清黄丕烈跋

一册

書高26.2釐米，寬17釐米。框高19.7釐米，寬13.5釐米。半葉十一行二十一字，上下黑口，左右雙邊。

此書輯録釋行端在住持湖州翔鳳山資福寺，杭州中天竺萬壽寺、靈隱景德寺、徑山興聖萬壽寺時的法語、偈頌等。此本經黄丕烈舊藏，跋首有"去年夏得此元刊《元叟和尚語録》一册"語，依經驗而定元本。書末題刻"靈谷禪寺住持遠孫比丘清濬助鈔伍拾貫"。靈谷禪寺洪武十四年（1381）由明太祖賜額定名，釋清濬於洪武二十年（1387）住持靈谷寺，洪武二十五年（1392）示寂，故此本刻於明洪武年間。入選第五批《國家珍貴古籍名録》。

釋行端（約1254—1341），字景元，號元叟，元臨海（今浙江臨海）人。俗姓何，六歲能誦《論語》《孟子》，十二歲從族叔父茂上人得度於余杭之化城院。十八歲，受持具足戒。大德四年（1300）正式出世開法，主持湖州資福寺，弘法時"學徒奔凑，名聞京國"，元成宗特旨賜"慧文正辯禪師"法號。後受中書平章政事張閭舉薦，主持中天竺。開堂之日，張閭親率僚屬至行端座下護法。主持杭州靈隱寺時，奉旨設水陸大會於金山，升座説法，被元仁宗加賜"佛日普照"之號。泰定元年（1324）主持徑山道場，又獲璽書嘉獎。圓寂後，門人釋法林等將他的四會説法語整理成編，以行於世。

徑山元叟和尚語録序

古尊宿出世為人舉目動容莫非開示坐大道場叅學衆多辯詰證據不能無所言說門人弟子竊録而藏之以相傳示其来尚矣前輩彫零舊規澌泯强解之流掇拾文貝則亦無所逃於人天之衆矣是以識者有慨慕古人之意焉徑山老人端公元叟以盛德令聞一坐二十餘年四衆安隱年垂九十耳聦目明舉揚宗風曾不少懈能叅宿學無不歸之巋然靈光環視四海一時未或有能出其右者矣山之第一座正印本蒙古人久親棒喝契證特深過予山中出師四會語録相示因相與歎曰大慧晚得佛照經二百年而至於師纔三傳耳着

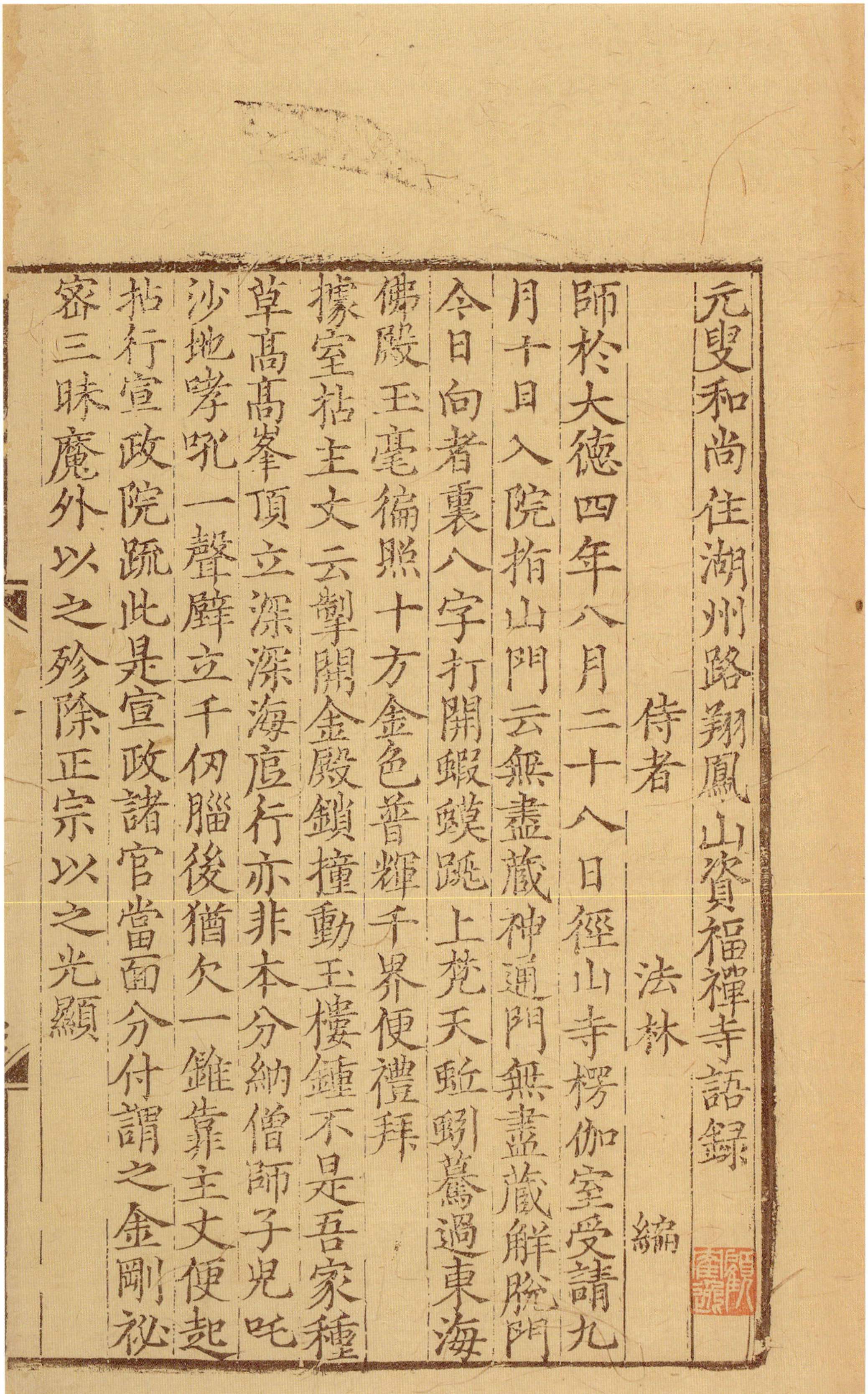

元叟和尚住湖州路翔鳳山資福禪寺語録

侍者　法林　編

師於大德四年八月二十八日徑山寺楞伽室受請九月十日入院指山門云無盡藏神通門無盡藏解脱門今日向者裏八字打開蝦蟆跳上梵天蚯蚓驀過東海

佛殿玉毫徧照十方金色普輝千界便禮拜

據室拈主丈云擊開金殿鎖撞動玉樓鍾不是吾家種草高高峯頂立深深海底行亦非本分納僧師子兒吒沙地哮吼一聲辟立千仞腦後猶欠一錐靠主丈便起

拈行宣政院疏此是宣政諸官當面分付謂之金剛祕密三昧魔外以之殄除正宗以之光顯

去年夏得此元刻元叟和尚語錄一冊，久欲持贈吾與菴寒石師，因置亂帙中，尋之不獲，已許之矣。頃往玄峯展墓，道出支硎，順訪寒石，法喜袖此為贈，想寒石亦相視一笑也。時嘉慶丙寅春正月十日，蕘翁黃丕烈記

增廣注釋音辯唐柳先生集四十三卷别集二卷外集二卷 附録一卷

唐柳宗元撰　宋童宗説注釋　宋張敦頤音辯　宋潘緯音義

明初刻本　清何焯批校並跋

二十四册

書高26釐米，寬16.7釐米。框高19釐米，寬12.9釐米。半葉十三行二十三字，小字雙行，字數同，上下黑口，四周雙邊。

此書爲柳宗元詩文集之宋代校注本，明初所刻，尚有元刻遺風。書中夾縫多朱筆校字，爲校勘名家何焯手筆，卷末有康熙四十三年（1704）何焯跋文一篇。入選第五批《國家珍貴古籍名録》。

何焯（1661—1722），字屺瞻，晚號茶仙，清長洲人，因先世曾以"義門"旌表，學者稱義門先生。康熙四十一年（1702），康熙南巡，經李光地薦供職南書房，次年，賜進士，官武英殿編修。長於考訂，精於校勘，藏書數萬卷。著有《義門讀書記》。

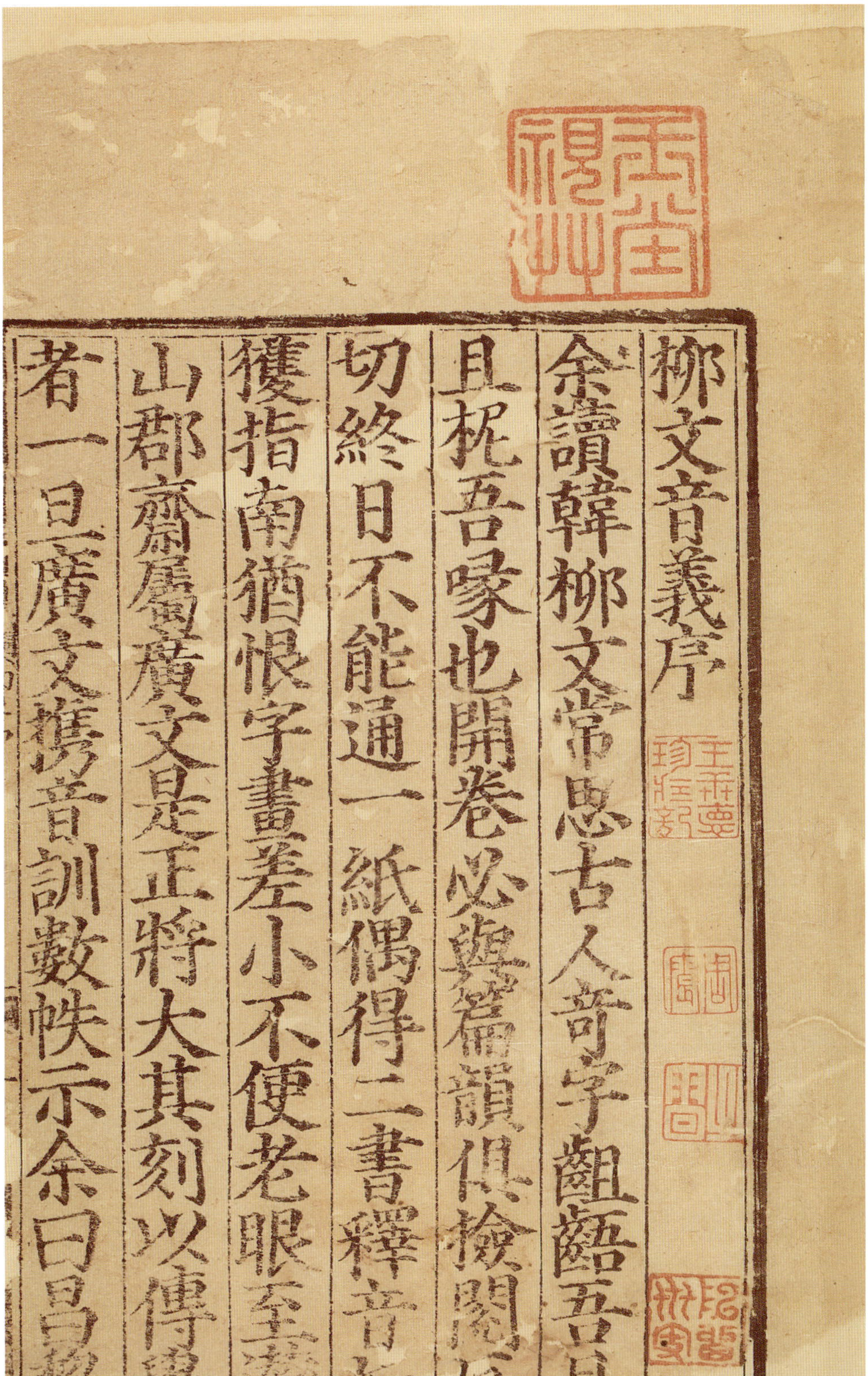
柳文音義序
余讀韓柳文常患古人奇字齟齬吾目
且梲吾喙也開卷必與篇韻俱撿閲反
切終日不能通一紙偶得二書釋音如
獲指南猶恨字畫差小不便老眼至嘉[illegible]
山郡齋屬廣文是正將大其刻以傳學
者一日廣文攜音訓數帙示余曰昌黎

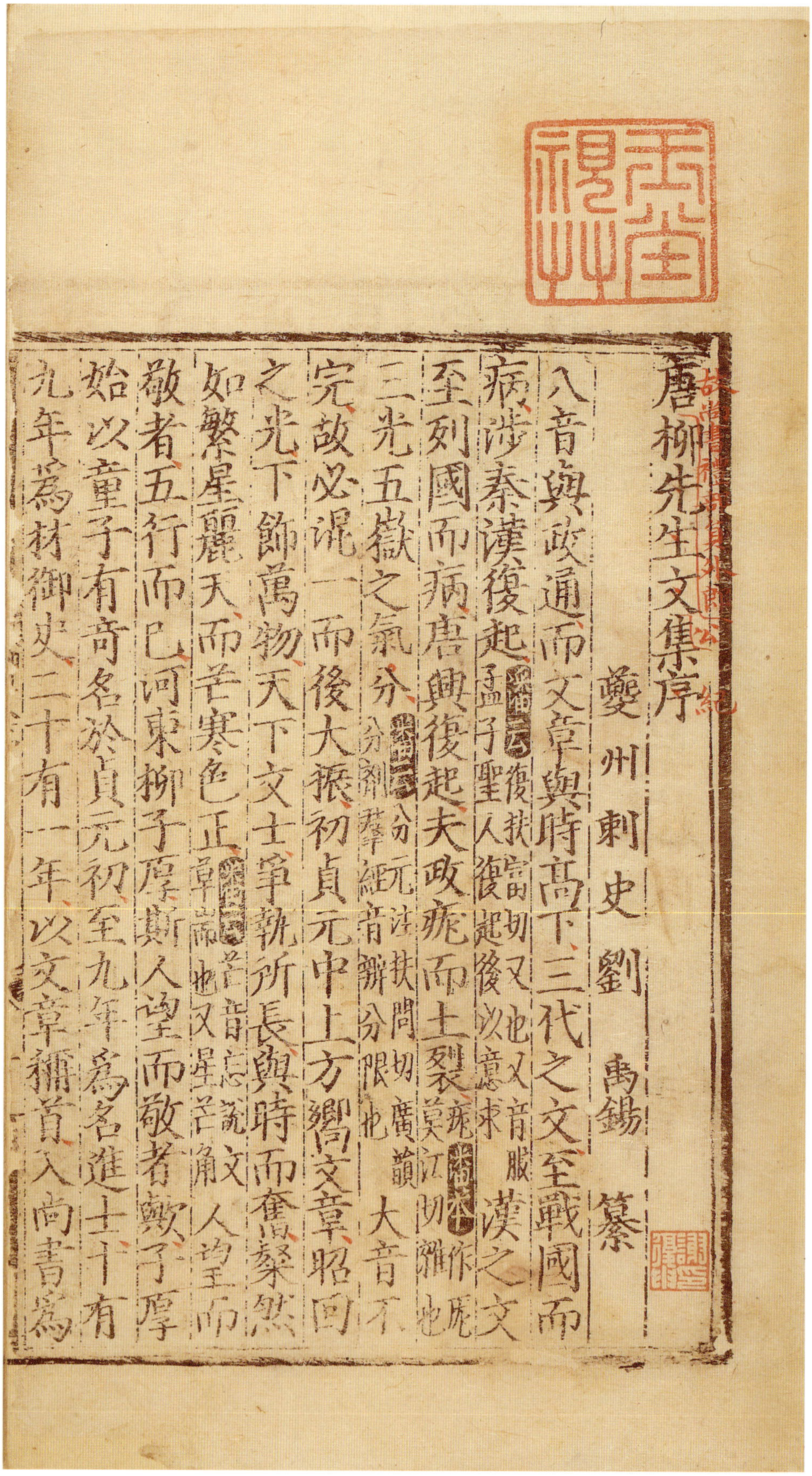
唐柳先生文集序

夔州刺史劉禹錫纂

八音與政通而文章與時高下三代之文至戰國而病涉秦漢復起（[illegible]復扶富切又也又音服　孟子聖人復起後以意求）漢之文至列國而病唐興復起夫政厖而土裂（厖[illegible]作尨　莫江切雜也）三光五嶽之氣分（[illegible]分元注扶問切廣韻　分剖羣經音辨分限也）大音不完故必混一而後大振初貞元中上方嚮文章昭回之光下飾萬物天下文士爭執所長與時而奮粲然如繁星麗天而芒寒色正（[illegible]芒音忘說文　草端也又星芒角）人望而敬者五行而已河東柳子厚斯人望而敬者歟子厚始以童子有奇名於貞元初至九年爲名進士十有九年爲材御史二十有一年以文章稱首入尚書爲

讀書　　感遇二首

詠史　　詠三良

詠荆軻　　掩役夫張進骸

省試觀慶雲圖　　春懷故園

增廣註釋音辯唐柳先生集目録畢

外集舊録箏郭師馬淋二志賀破東平表与衛淮

南石琴薦識

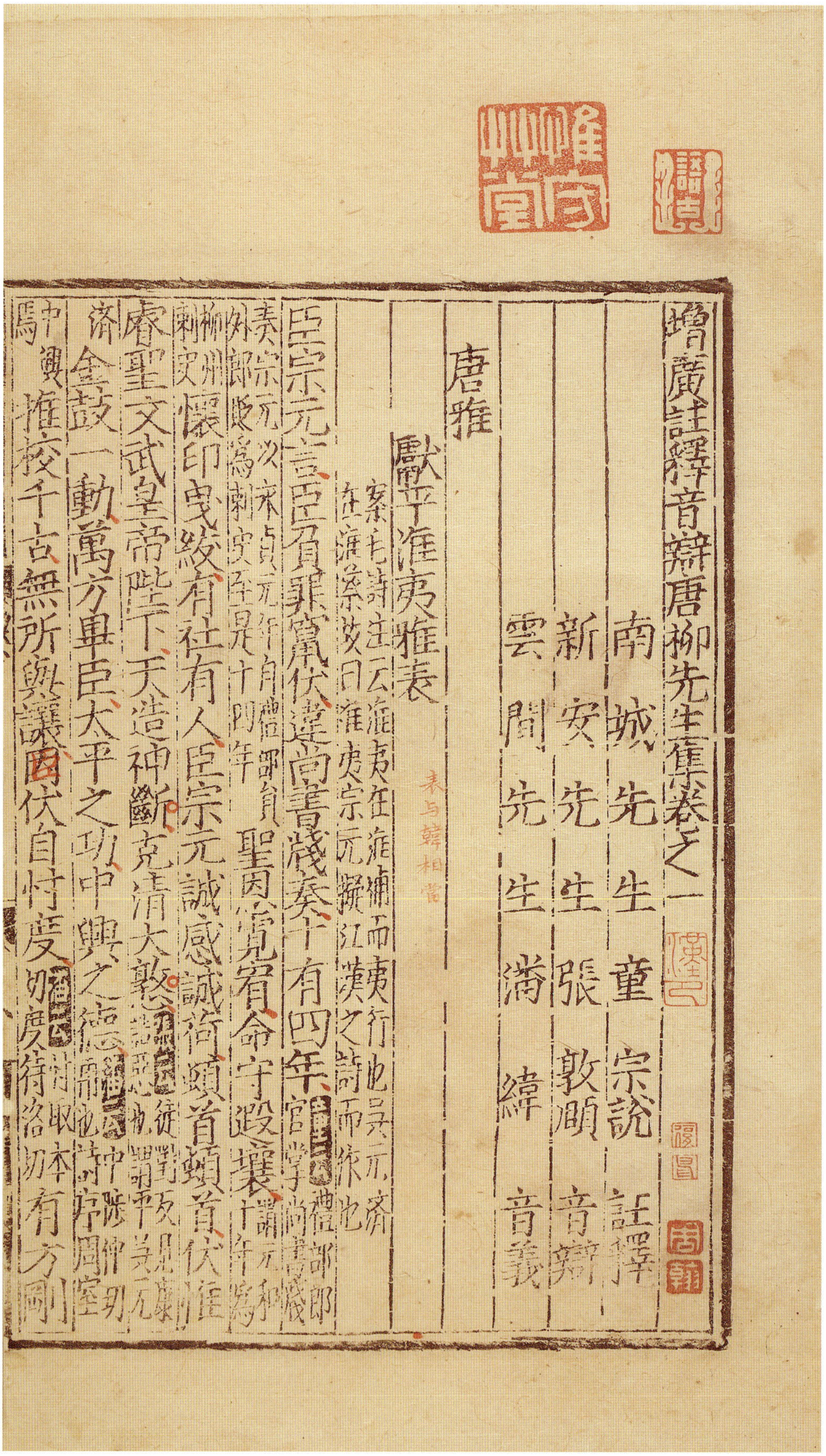
增廣註釋音辯唐柳先生集卷之一

南城先生童宗説註釋

新安先生張敦頤音辯

雲間先生潘緯音義

唐雅

獻平淮夷雅表 案毛詩注云淮夷在淮浦而夷行也吳元濟在淮蔡故曰淮夷宗元擬江漢之詩而作也

表与韓相當

臣宗元言臣負罪竄伏違尚書歲奏十有四年 官首 禮部尚書 奏宗元以永貞元年自禮部員外郎貶爲刺史至是十四年 聖恩寬宥命守遐壤 謂元和十年爲柳州刺史 懷印曳紱有社有人臣宗元誠感誠荷頓首頓首伏惟

睿聖文武皇帝陛下天造神斷克清大憝

濟金鼓一動萬方畢臣太平之功中興之德

馬中興推校千古無所與讓 伏自忖度 有方

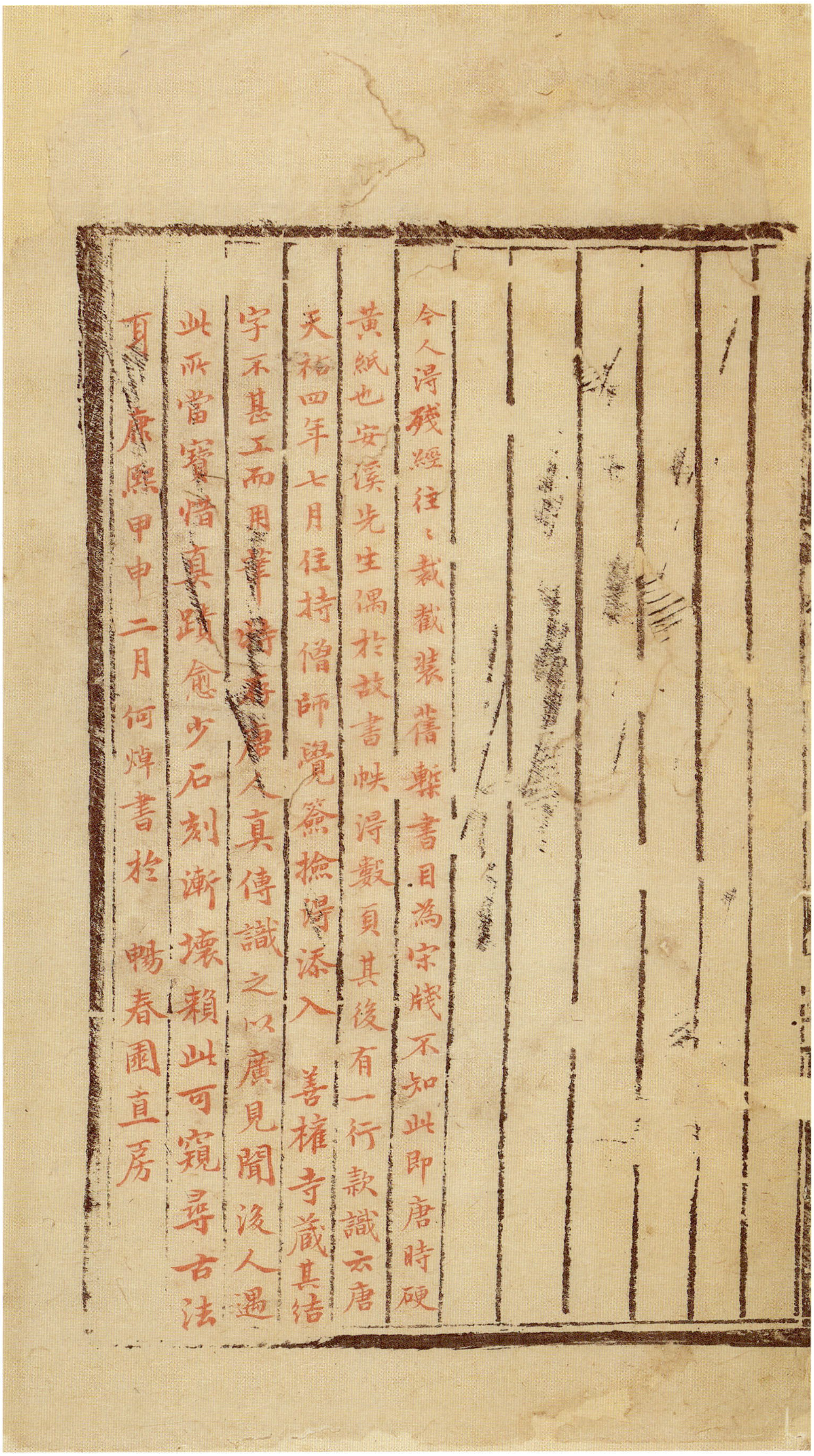
今人得殘經往往裁截裝潢舊籤書目為宋牋不知此即唐時硬黃紙也安溪先生偶於故書帙得數頁其後有一行款識云唐天祐四年七月住持僧師覺簽撿得添入　善權寺藏其結字不甚工而用筆猶存唐人真傳識之以廣見聞後人遇此所當寶惜真蹟愈少石刻漸壞賴此可窺尋古法耳康熙甲申二月何焯書於　暢春園直房

茅山志十五卷　元劉大彬造

明初刻本（卷三至七、九至十五配清劉履芬抄本）　清唐翰題、清俞樾跋　清劉履芬校並過録清孫星衍跋
四册

書高27.1釐米，寬17.8釐米。框高21.9釐米，寬15.9釐米。半葉十三行二十三字，上下黑口，四周單邊。

此書有元代刊本，此本爲明初翻刻。劉履芬借唐翰題所藏元刻本校勘文字，又過録孫星衍元刻本題跋一篇，价值堪比元刻。曾經清張燕昌、唐翰題、俞樾、劉履芬遞藏。

劉大彬，號玉虚子，元錢塘（今屬浙江杭州）人，道教茅山宗第四十五代宗師。

劉履芬（1827—1879），字彦清，一字泖生，清浙江江山人，寓居蘇州。曾官嘉定知縣。富藏書，性嗜書籍，遇善本不能購者，手自抄校，日數十張不怠。藏書處名“古紅梅閣”。著有《古紅梅閣集》《古紅梅閣古書目》。

張燕昌（1738—1814），字文魚，號芑堂，又號金粟山人，清浙江海鹽人。工書善鑒别，富藏書，藏書以精品見稱。著有《飛白書》《石鼓文考釋》《芑堂印存》。

唐翰題（1816—1875），字子冰，一字鷦安，號蕉庵，清浙江嘉興人。擅書畫，富藏書。著有《唯自勉齋長物志》。

俞樾（1821—1907），字蔭甫，號曲園居士，清浙江德清人。曾任河南學政，後主講蘇州紫陽書院、杭州詁經精舍等。主治經學，旁及諸子、史學、古文字，乃至詩詞、戲曲、小説等，爲乾嘉學派後期代表人物。著有《春在堂全集》。

茅山志序

皇慶改元

制賜茅山四十五代宗師劉大彬洞觀微妙玄應真人後五年褒封三茅真君徽号各加二字曰真應曰妙應曰神應仍勅三峯爲觀曰聖祐曰德祐曰仁祐明年傳壇之玉印久湮至是復出有司上其事奉

旨嘉昇本山於是

渙渥沓臻靈芝挺瑞神人以和凡經籙棟宇百廢之宜餝治繕完者宗師得以悉其心力焉又病夫山志前約而後闕也乃屬諸入室弟子采集成書來徵予序閲其所載

詔誥之隆仙真之異洞府之邃壇籙之傳人物之偉樓觀之盛山水之清草木之秀碑刻之紀題詠之工莫不卯分類析粲然大備按茅山本句曲山第八華陽洞天第一地肺福地

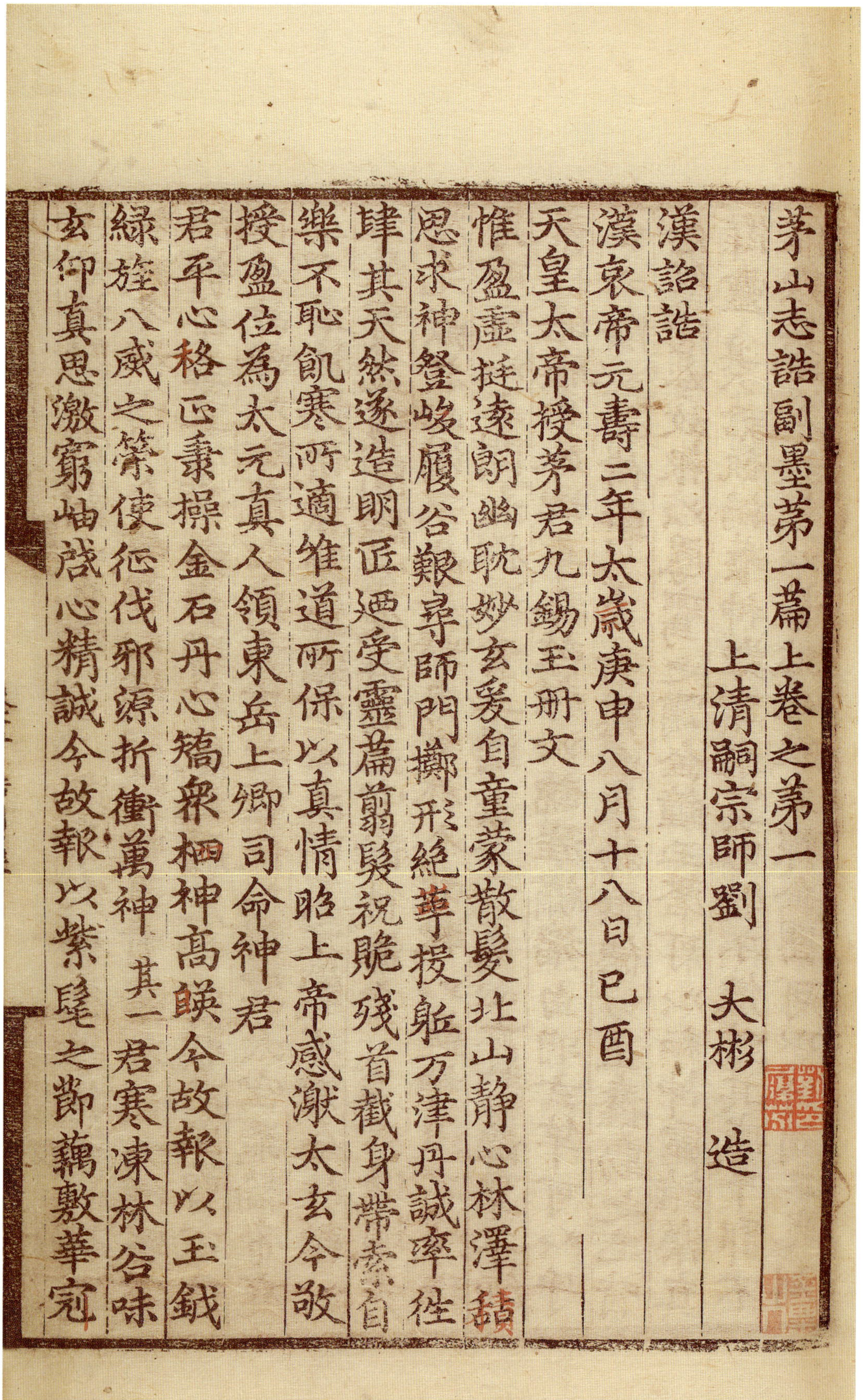
茅山志誥副墨苐一篇上卷之苐一

上清嗣宗師劉　大彬　造

漢詔誥

漢哀帝元壽二年太歲庚申八月十八日己酉

天皇太帝授茅君九錫玉册文

惟盈虛挺遠朗幽耽妙玄爰自童蒙散髮北山靜心林澤賾

思求神登岐履谷艱尋師門擲形絶華授軀万津丹誠率往

肆其天然遂造明匠延受靈篇翦髮祝脆殘首截身帶索自

樂不恥飢寒所適惟道所保以真情昭上帝感激太玄今敬

授盈位爲太元真人領東岳上卿司命神君

君平心格正秉操金石丹心犒衆栖神高睽今故報以玉鉞

緑旄八威之策使征伐邪源折衝萬神　其一　君寒凍林谷味

玄仰真思激窮岫啓心精誠今故報以紫髦之節鸛敷華冠

茅山志録金石十一篇下卷之十三
宋碑
大元碑
茅山志金薤編十二篇上卷之十四
齊梁詩
唐詩
茅山志金薤編十二篇下卷之十五
宋詩
大元詩
雜著終

嘉興唐司馬翰題藏是書元刊殘本計一二八九
十十一十三共七卷光緒丙子借覯并校 六月廿三日

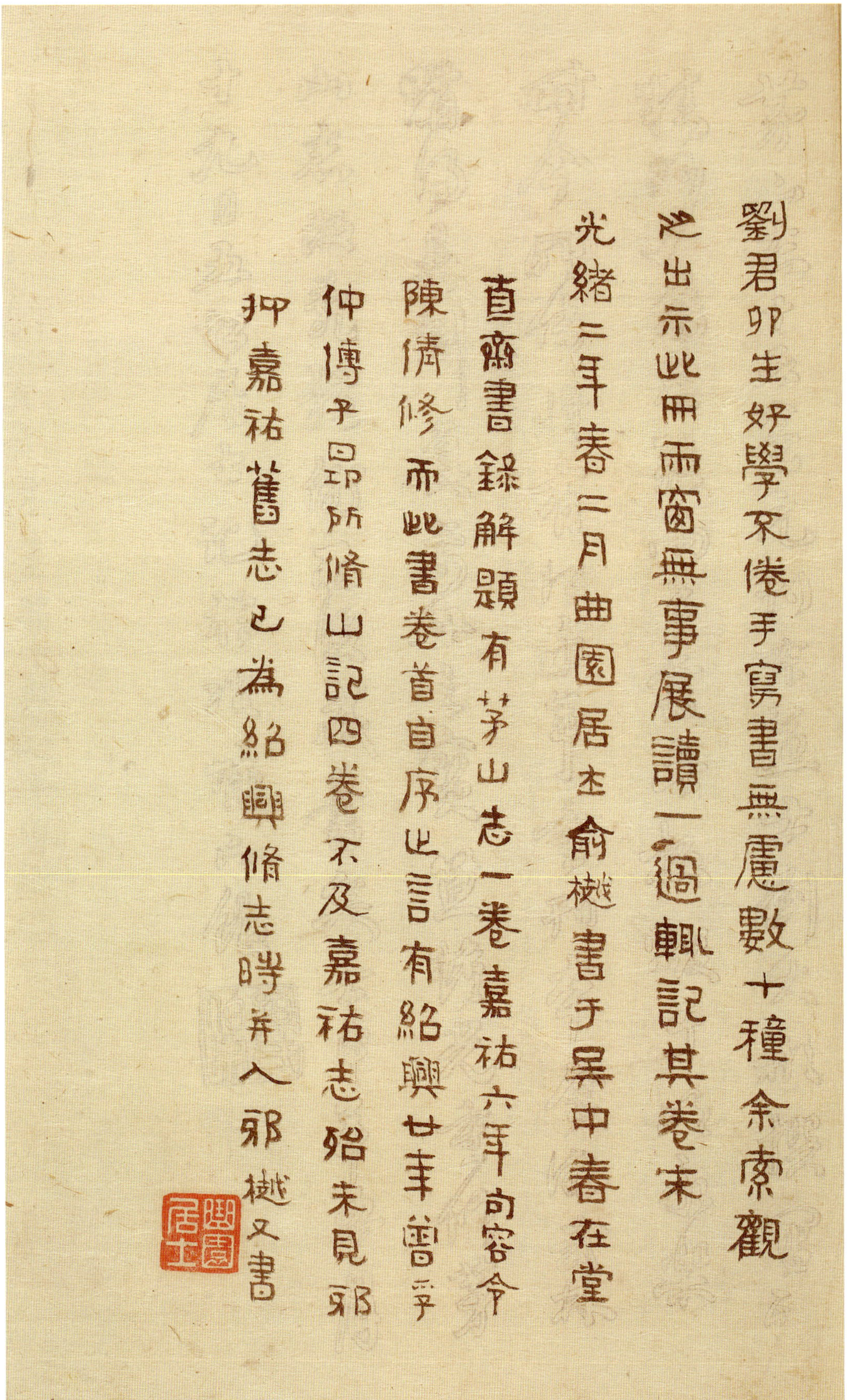

劉君卯生好學不倦手寫書無慮數十種余索觀之出示此册而窗無事展讀一過輒記其卷末
光緒二年春二月曲園居士俞樾書于吳中春在堂

直齋書録解題有茅山志一卷嘉祐六年向容令陳倩修而此書卷首自序止言有紹興廿年曾孚仲傅子昂所脩山記四卷不及嘉祐志殆未見邪抑嘉祐舊志已爲紹興脩志時并入邪 樾又書

曲園居士

新刊丹溪先生心法五卷 元朱震亨撰 明程充重訂 附録一卷

明嘉靖三十三年（1554）蔣奎養正書館刻重修本 清徐康批並跋
十册

書高23.4釐米，寬15釐米。框高17.7釐米，寬12.2釐米。半葉十行二十二字，小字雙行，字數同，白口，四周雙邊。

此爲綜合性醫書，由元代名醫朱震亨的學生根據其學術經驗和平素所述纂輯而成，是一部研究内科雜病和朱氏學説的重要著作。此重修本卷端下題“古歙後學敬通程衍道校”，又經徐康批跋收藏，非常珍貴。

朱震亨（1281—1358），字彦修，號丹溪，元義烏人。初從許謙習性理之學，後受教於劉完素再傳弟子羅知悌。融醫學諸家之長爲一體，聲名大著，後世將其與劉完素、李杲、張從正並稱“金元四大家”。

程衍道（約1587—1667），字敬通，明末清初歙縣（今屬安徽黄山）名醫。

徐康，字子晋，號窳叟，清長洲人。諸生。工詩、畫、篆、隸、刻印，尤精鑒别書畫金石。兼通岐黄之術。

丹溪心灋

原本

謙則堂藏板

重刻丹溪心灋序

夆嘗側聞達者之論實學不專於誦習而未始不資於誦習良醫不局於古方而未嘗不用乎古方蓋載籍者聖人精神之所寓而方書者先醫心術之所存也執而泥之者固不足以盡其玅忽而棄之者亦豈

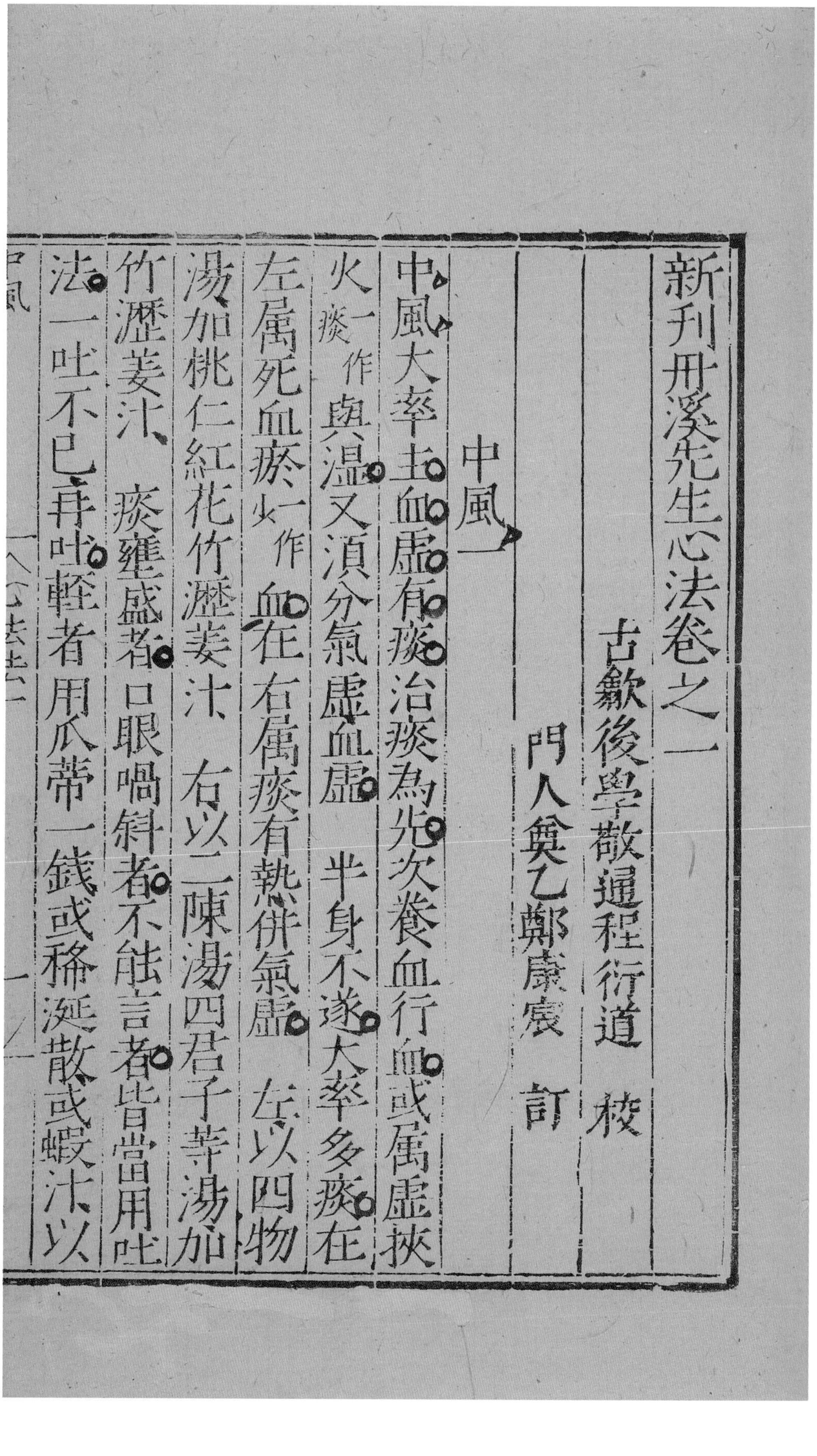
新刊丹溪先生心法卷之一

古歙後學敬遍程衍道　校

門人龔乙鄭康宸　訂

中風一

中風大率主血虛有痰治痰為先次養血行血或屬虛挾火（一作痰）與濕又須分氣虛血虛　半身不遂大率多痰在左屬死血瘀（一作少）血在右屬痰有熱并氣虛　左以四物湯加桃仁紅花竹瀝姜汁　右以二陳湯四君子等湯加竹瀝姜汁　痰壅盛者口眼喎斜者不能言者皆當用吐法一吐不已再吐輕者用瓜蒂一錢或稀涎散或蝦汁以

中風　心法卷一　一

右丹溪秘撰方已散於各類甚多如阿魏丸保和丸
小胃丹越鞠丸大補丸參术飲束胎丸達生散等及
諸秘法不及一一重録姑舉此數方以表其用藥之
旨大抵治法以氣血痰為主凡病血虛四物氣虛四
君子有痰二陳酌量輕重加入主病引經之藥一循
活法不執專方學者推此求之則達其蹊徑矣

曩得丹溪先生醫案兩冊皆分門類係從明成化刻
本精鈔然再刻者乃藝海樓顧氏舊藏轉特得之
校寓載兩家所記更詳 壬巳十月後學徐康謹記

新刊丹溪先生心法卷五終

石墨鐫華八卷　明趙崡輯

明萬曆四十六年（1618）自刻本　明趙均批跋　清葉樹廉批校並跋

二册

書高27.4釐米，寬16.6釐米。框高21.5釐米，寬13.8釐米。半葉八行十八字，小字雙行，字數同，白口，四周單邊。

此書收録石碑目録及跋尾二百五十三種，每碑目録之下，仿宋代陳思《寶刻叢編》之例，各注其地。金元國書，世不多見，亦仿《集古録》摹載鐘鼎之例，鈎勒其文，體例頗爲詳備。明末蘇州金石家趙均朱筆批跋，先後經藏書家葉樹廉、馬思贊、吴騫、沈樹鏞遞藏。

趙崡（1564—1618），字子函，一字屏國，明盩厔（今屬陝西西安）人。其家近漢唐故都，性好搜集石刻，時挾楮墨訪拓，或乞於朋友之宦游四方者，積三十餘年，所蓄舊碑頗多。因力有不逮，只輯其目録及跋尾，刻成此書。

趙均（1591—1640），字靈均，明吴縣人，趙宧光之子。從其父傳六書之學，又從燕山僧見林授大梵字，並諸國字母，移日分夜，父子自相講習。喜搜金石，嘗彙各種碑目識跋及近代續出者，爲《寒山金石時地考》。

葉樹廉（1619—1685），一作樹蓮，又名萬，字石君，號潛夫，清吴縣人，僑居常熟。博學嗜古，藏書至數千卷。每遇宋元抄本及名家收藏古帙，雖零落，必重價購藏。其所得書條别部居，精辨真贋，手識其所由來者，皆以爲當。藏書處有“樸學齋”“歸來草堂”“懷峰山房”等。

馬思贊（1669—1722），字寒中，又字仲安，號衎齋，又號南樓、漁村，清海寧人。性敏慧，監生，工詩善畫，又善治印。其父馬麟翔性喜藏書，多宋元精槧，至思贊，更廣爲搜羅，或輾轉傳抄，或多方購置，除宋元珍本外，還嗜好金石書畫，建“道古樓”“紅藥山房”等庋藏宋元精槧及金石秘玩。常與朱彝尊、查慎行等學者切磋學問。有《皆山堂詩》等。

吴騫，參見《巾箱集》。

沈樹鏞，參見《爾雅古注鈔》。

石墨鐫華自叙

余不敏八歲時從先大夫在重慶郡守朱秉器先生博學好古手虞伯施書授余使余臨摹余時兒嬉不能有得也既齔爲諸生困于制科文不暇旁及然私心竊嚮慕古人每獲一名碑必摩挲累日不忍釋去余居近周秦漢唐故都諸名書多在焉西安頖宮碑林爲最余每至其下必坐卧觀之至于忘返芒蹻所及片石隻字必

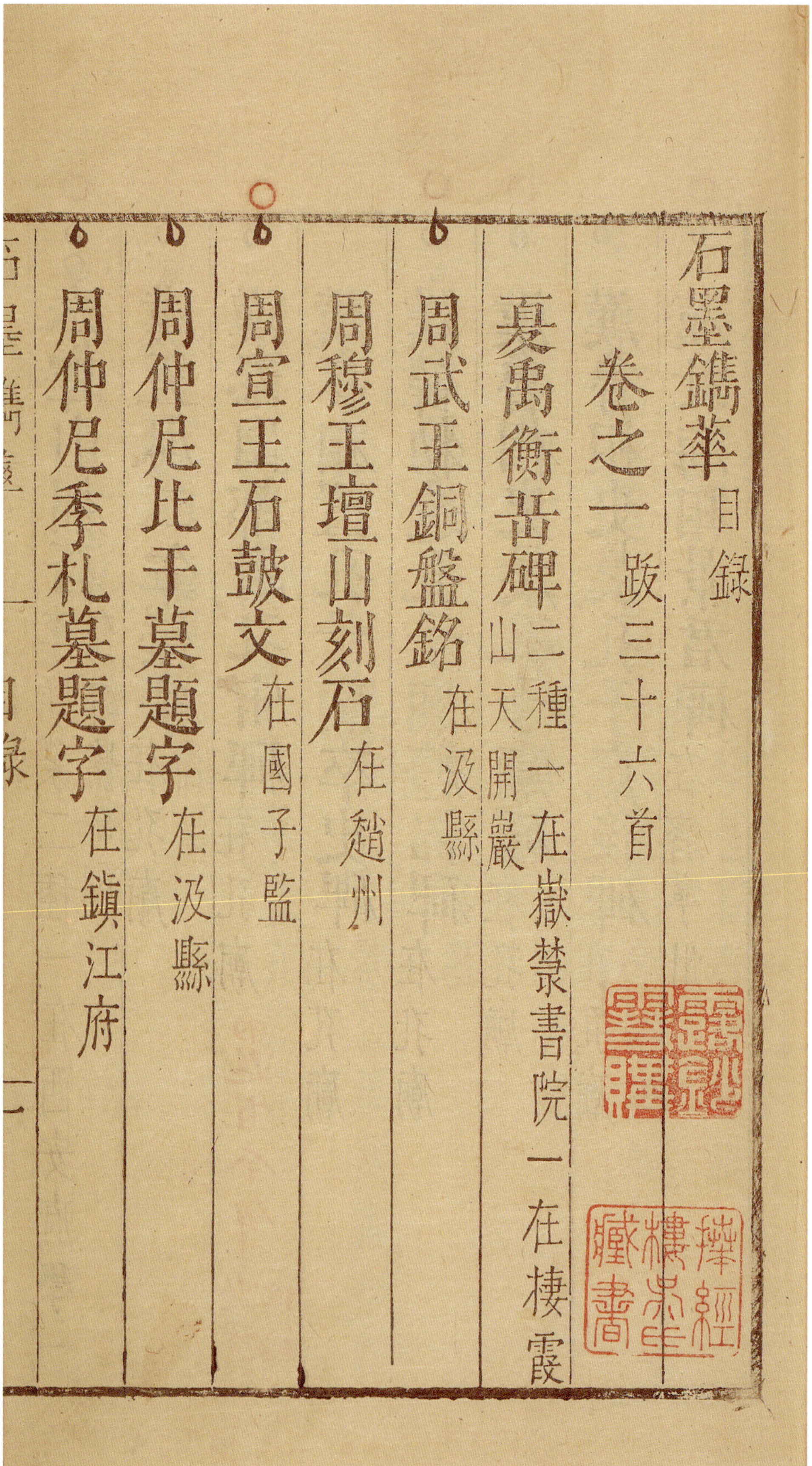

石墨鐫華目録

卷之一　跋三十六首

夏禹衡嶽碑二種　一在嶽麓書院　一在棲霞山天開巖

周武王銅盤銘　在汲縣

周穆王壇山刻石　在趙州

周宣王石鼓文　在國子監

周仲尼比干墓題字　在汲縣

周仲尼季札墓題字　在鎮江府

石墨鐫華　一　目録　一

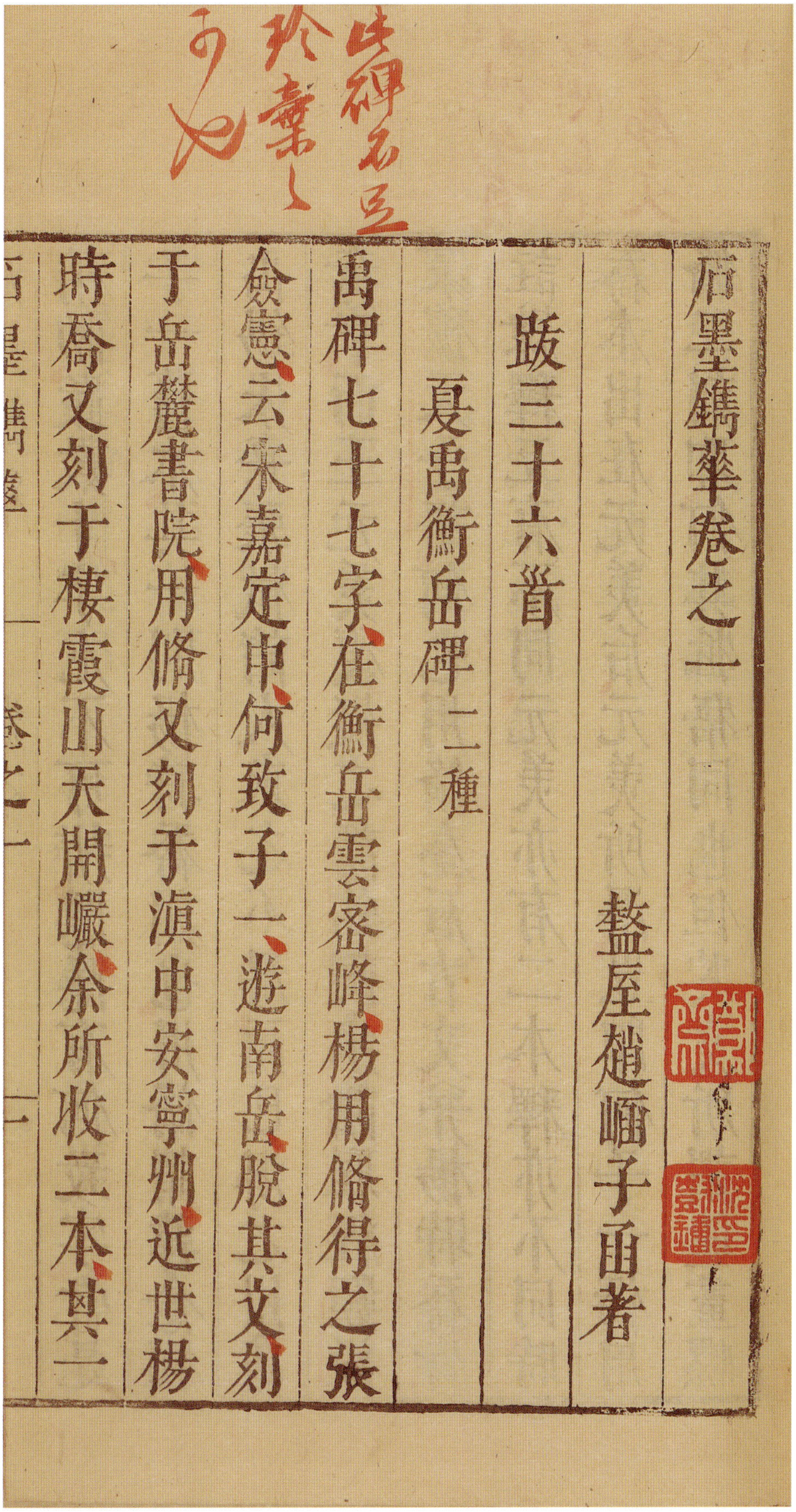
石墨鐫華卷之一

盩厔趙崡子函著

跋三十六首

夏禹衡岳碑 二種

禹碑七十七字在衡岳雲密峰楊用脩得之張僉憲云宋嘉定中何致子一遊南岳脫其文刻于岳麓書院用脩又刻于滇中安寧州近世楊時喬又刻于棲霞山天開巖余所收二本其一

石墨鐫華 卷之一 一

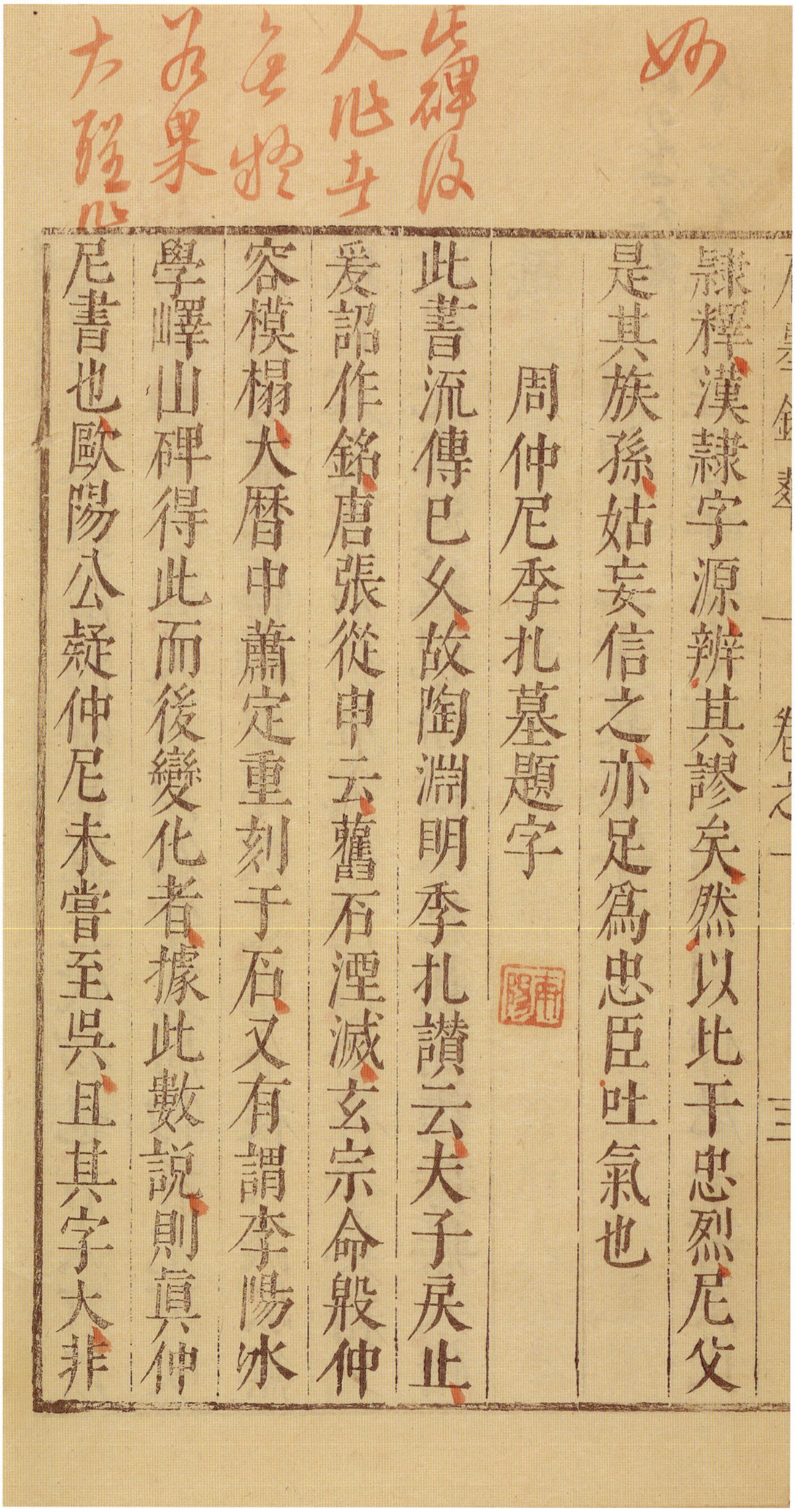
隸釋漢隸字源辨其謬矣然以比干忠烈尼父
是其族孫姑妄信之亦足爲忠臣吐氣也
周仲尼季札墓題字
此書流傳已久故陶淵明季札讚云夫子戾止
爰詔作銘唐張從申云舊石湮滅玄宗命殷仲
容模搨大曆中蕭定重刻于石又有謂李陽冰
學嶧山碑得此而後變化者據此數說則眞仲
尼書也歐陽公疑仲尼未嘗至吳且其字大非

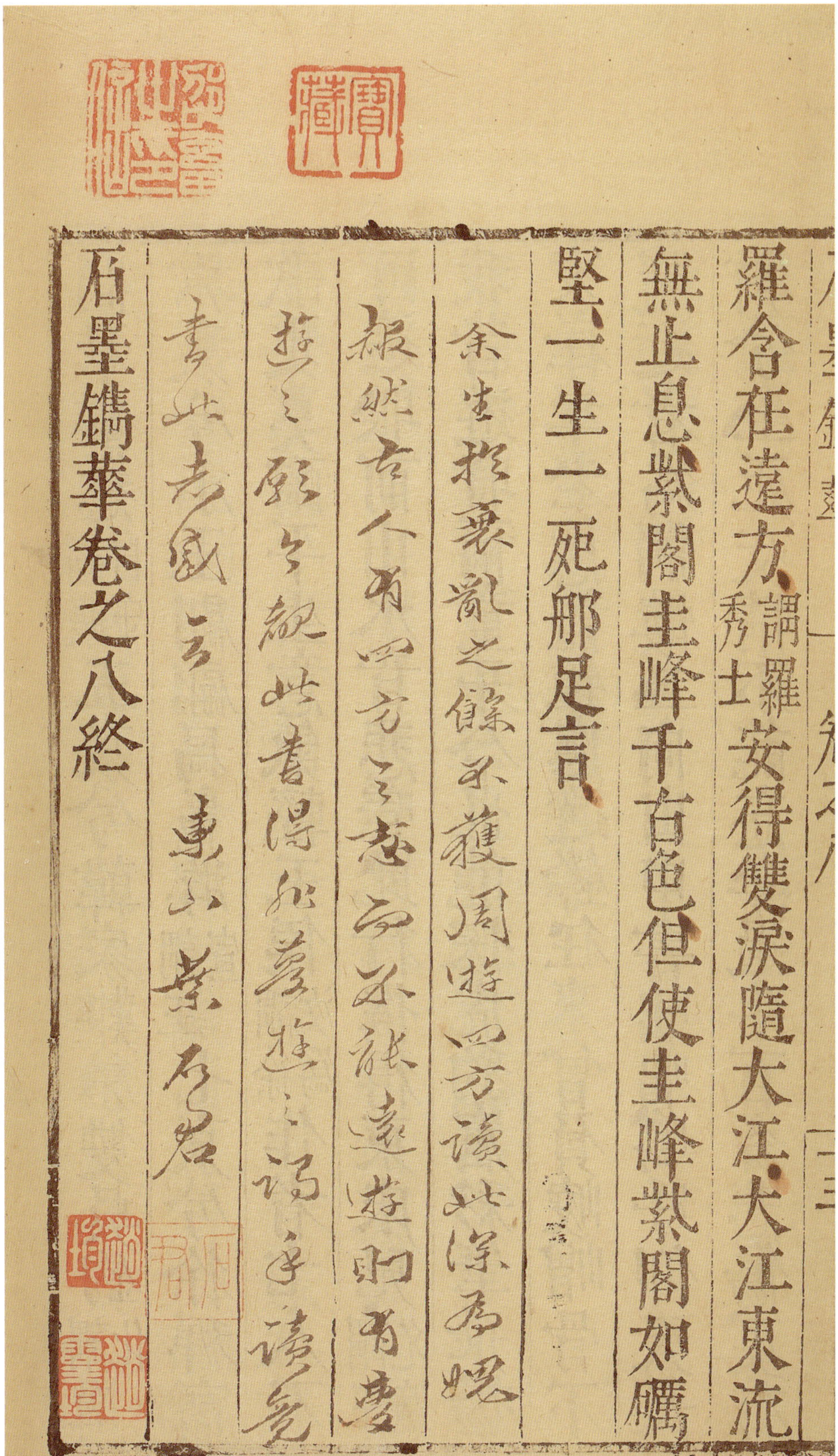

羅含在遠方謂羅秀士安得雙淚隨大江大江東流無止息紫閣圭峰千古色但使圭峰紫閣如礪堅一生一死那足言

余生於衰亂之餘不獲周遊四方讀此深爲愧赧然古人有四方之志而不能遠遊則有夢游之願今觀此書得所慕遊之詞乎讀竟書此志感云　東山葉石君

石墨鐫華卷之八終

新鋟抱朴子外篇四卷　晉葛洪撰

明萬曆刻本　清鈕樹玉校跋

二册

書高27.8釐米，寬17.9釐米。框高21釐米，寬14.8釐米。半葉十行二十字，小字雙行，字數同，白口，左右雙邊。

此書爲道教經典。此刻從《道藏》本翻出，多有訛誤，鈕樹玉以魯藩刻善本親筆校之，並撰數篇跋文述其心得。

鈕樹玉（1760—1827），字藍田，號匪石山人，清吴縣人。工文字學，精校勘，以研究《説文解字》著稱，有《説文解字校録》《段氏説文注訂》等。

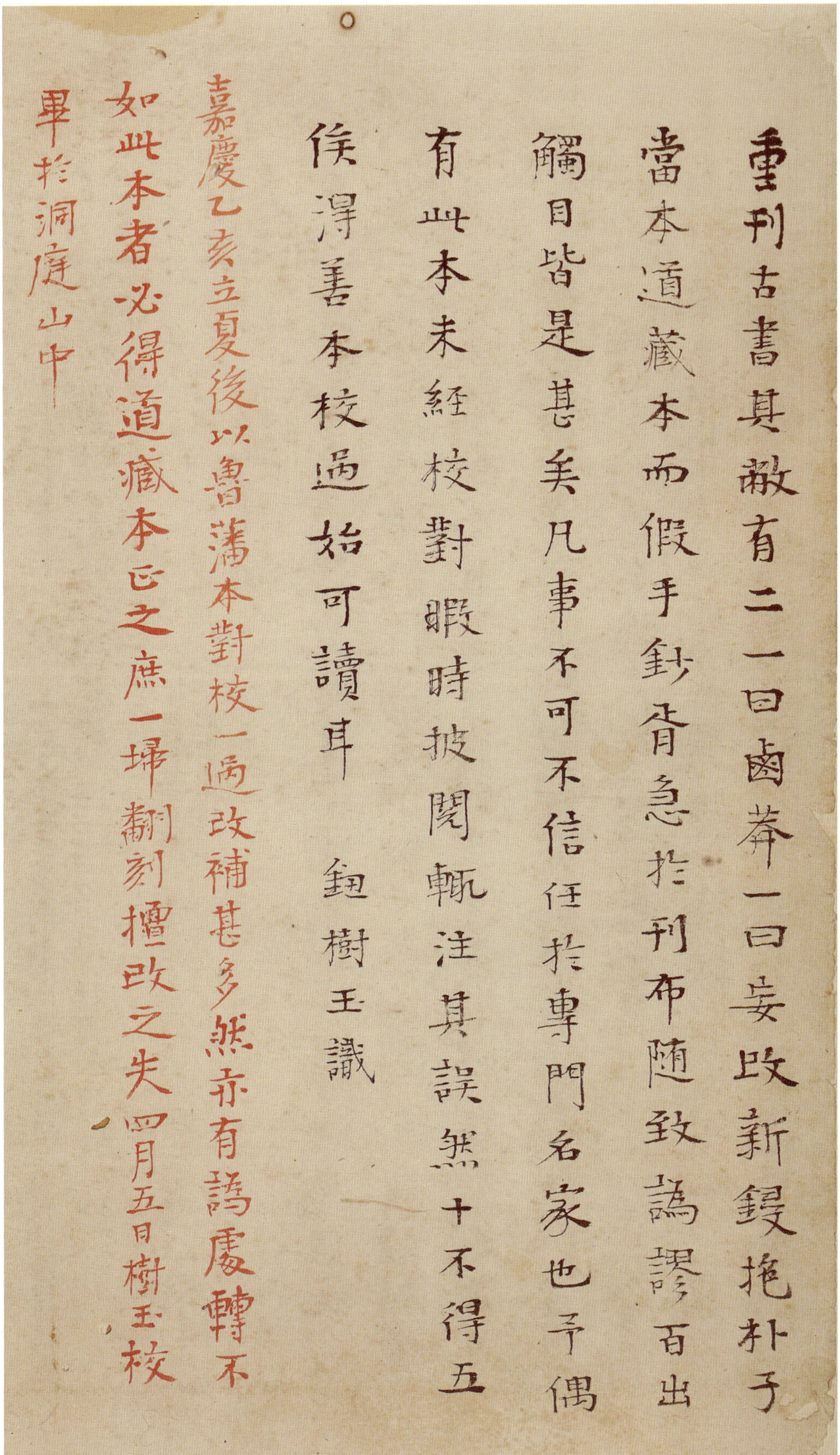
重刊古書其敝有二一曰鹵莽一曰妄改新鋟抱朴子當本道藏本而假手鈔胥急於刊布隨致譌謬百出觸目皆是甚矣凡事不可不信任於專門名家也予偶有此本未經校對暇時披閱輒注其誤然十不得五俟得善本校過始可讀耳　鈕樹玉識

嘉慶乙亥立夏後以魯藩本對校一過改補甚多然亦有譌處轉不如此本者必得道藏本正之庶一埽翻刻擅改之失四月五日樹玉校畢於洞庭山中

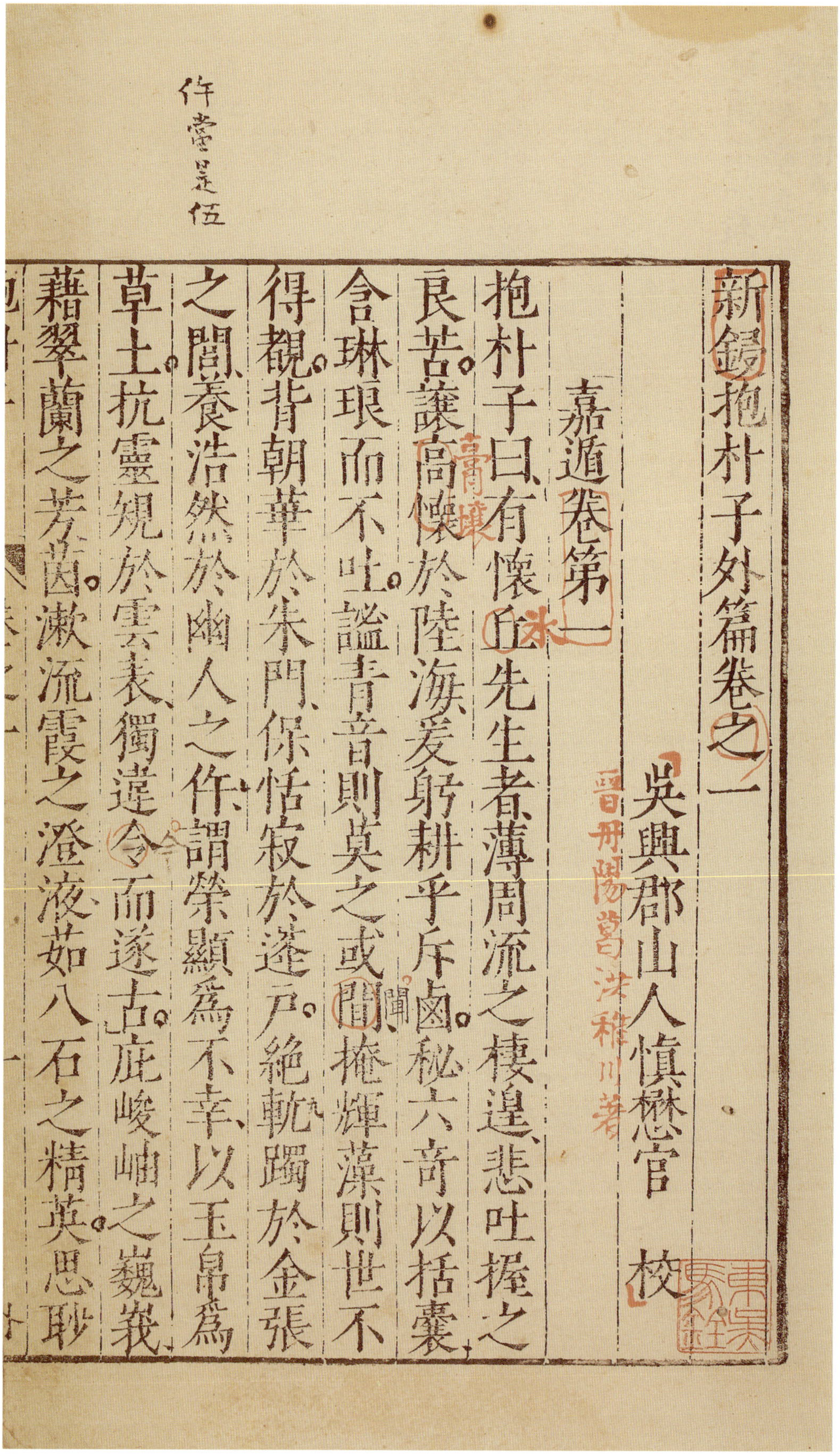
仵當是伍

新鋟抱朴子外篇卷之一

吳興郡山人慎懋官　校

晉丹陽葛洪稚川著

嘉遁卷第一

抱朴子曰。有懷丘先生者。薄周流之棲遑。悲吐握之良苦。讓高壤於陸海。爰躬耕乎斥鹵。秘六奇以括囊。含琳琅而不吐。謐青音則莫之或聞。掩輝藻則世不得覩。背朝華於朱門。保恬寂於蓬戶。絕軌躅於金張之閭。養浩然於幽人之仵。謂榮顯為不幸。以玉帛為草土。抗靈規於雲表。獨違今而遂古。庇峻岫之巍峩藉翠蘭之芳茵。漱流霞之澄液。茹八石之精英。思眇

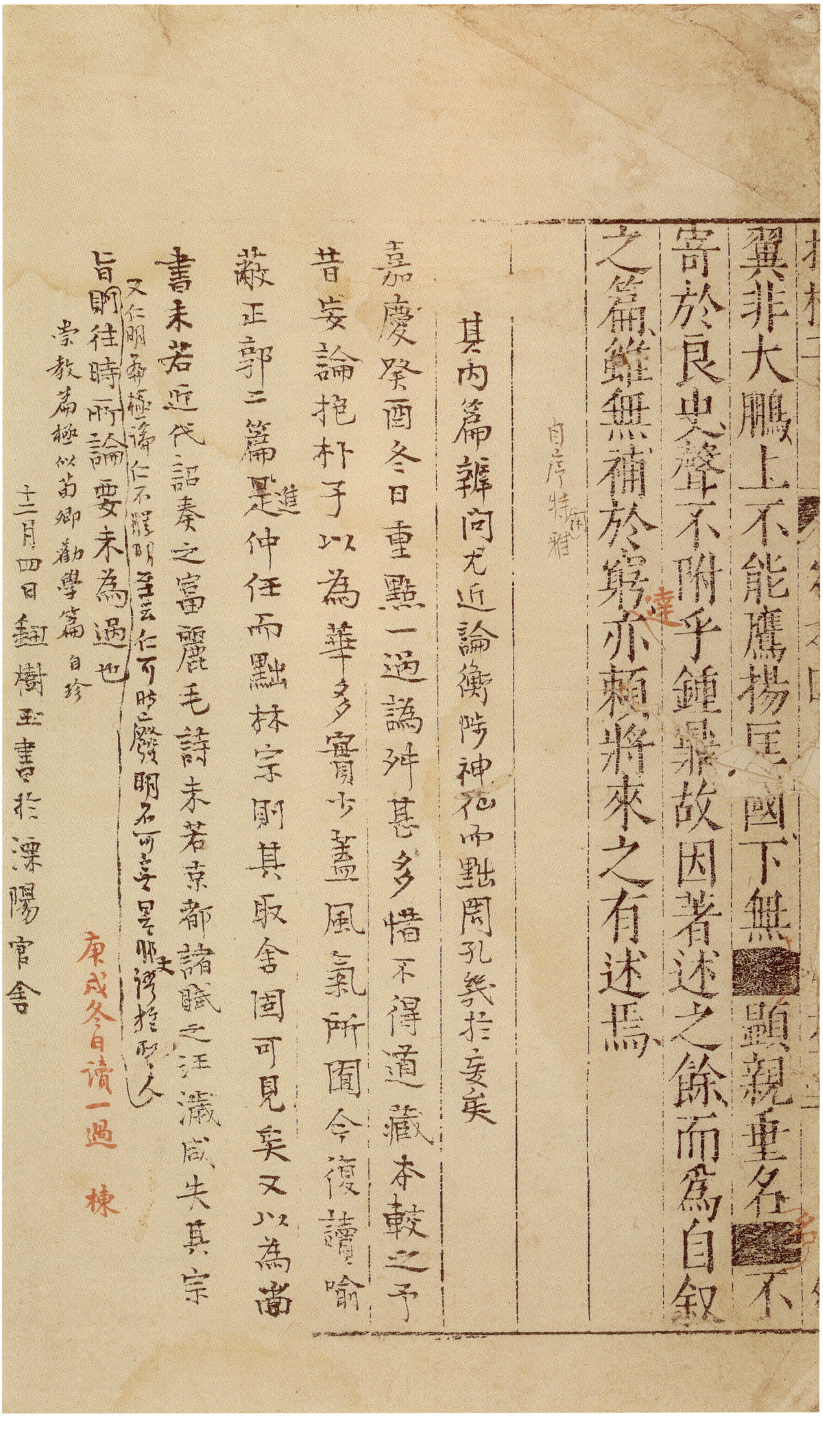
翼非大鵬上不能鷹揚匡國下無[redacted]顯親垂名[redacted]不
寄於良史聲不附乎鍾鼎故因著述之餘而爲自叙
之篇雖無補於窮亦賴將來之有述焉
達
自序特佳
其内篇辨問尤近論衡陟神仙而黜周孔幾於妄矣
嘉慶癸酉冬日重點一過譌舛甚多惜不得道藏本較之予
昔妄論抱朴子以為華多實少蓋風氣所囿今復讀喻
蔽正郭二篇進是仲任而黜林宗則其取舍固可見矣又以為當
書未若近代詔奏之富麗毛詩未若京都諸賦之汪濊咸失其宗
旨則往時所論要未為過也
又仁明篇極論仁不體明至云仁可以廢明不可無是亦得罪於聖人
崇教篇極似荀卿勸學篇 自珍
十二月四日鈕樹玉書於溧陽官舍
庚戌冬日讀一過 棟

唐李嘉祐詩集五卷　唐李嘉祐撰　明劉成德編

明刻本　清何焯校　清黄丕烈跋　清張蓉鏡題記
一册

書高24.6釐米，寬16.3釐米。框高19.5釐米，寬13.5釐米。半葉十行十八字，上下黑口，四周單邊。

李嘉祐，字從一，唐趙州（今河北趙縣）人，與李白同時期。天寶七年（748）進士，曾官袁州刺史。其詩綺麗婉靡，《全唐詩》收有詩集三卷。此本爲明代寫刻本，原封面題簽爲藏書家張蓉鏡所書，稱何焯手校。朱印“李鑑之印”爲何焯弟子李鑑（字明古）所鈐。末有何焯印記及黄丕烈跋文。

何焯，參見《增廣注釋音辯唐柳先生集》。

黄丕烈，參見《古歡堂經籍舉要》。

張蓉鏡（1802—1866），字芙川，清常熟人。妻姚畹真，號芙初女史。夫婦皆喜藏書，有藏書樓名“小琅嬛仙館”“雙芙閣”，後者取夫婦字號爲名。

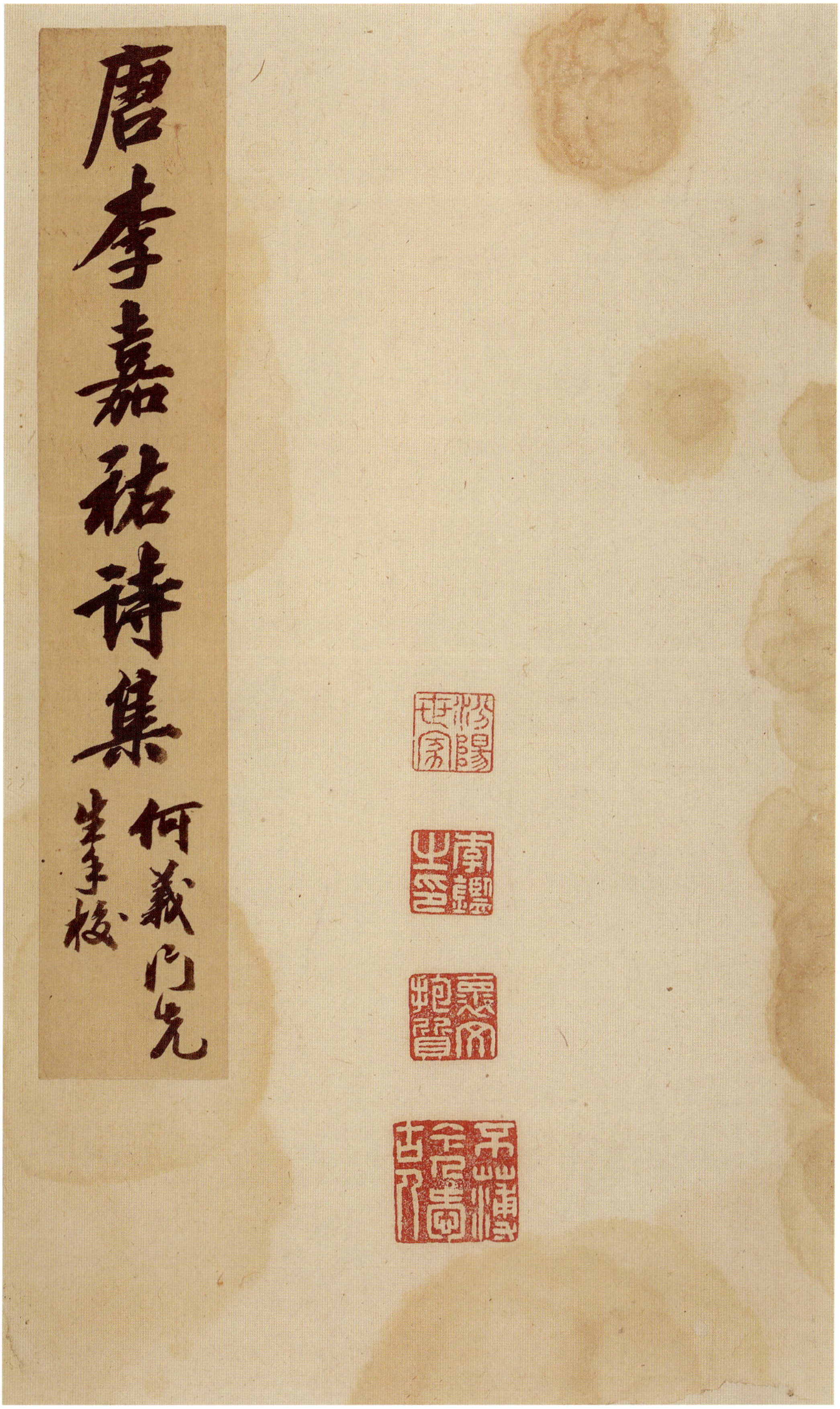
唐李嘉祐詩集
何義門先生手校

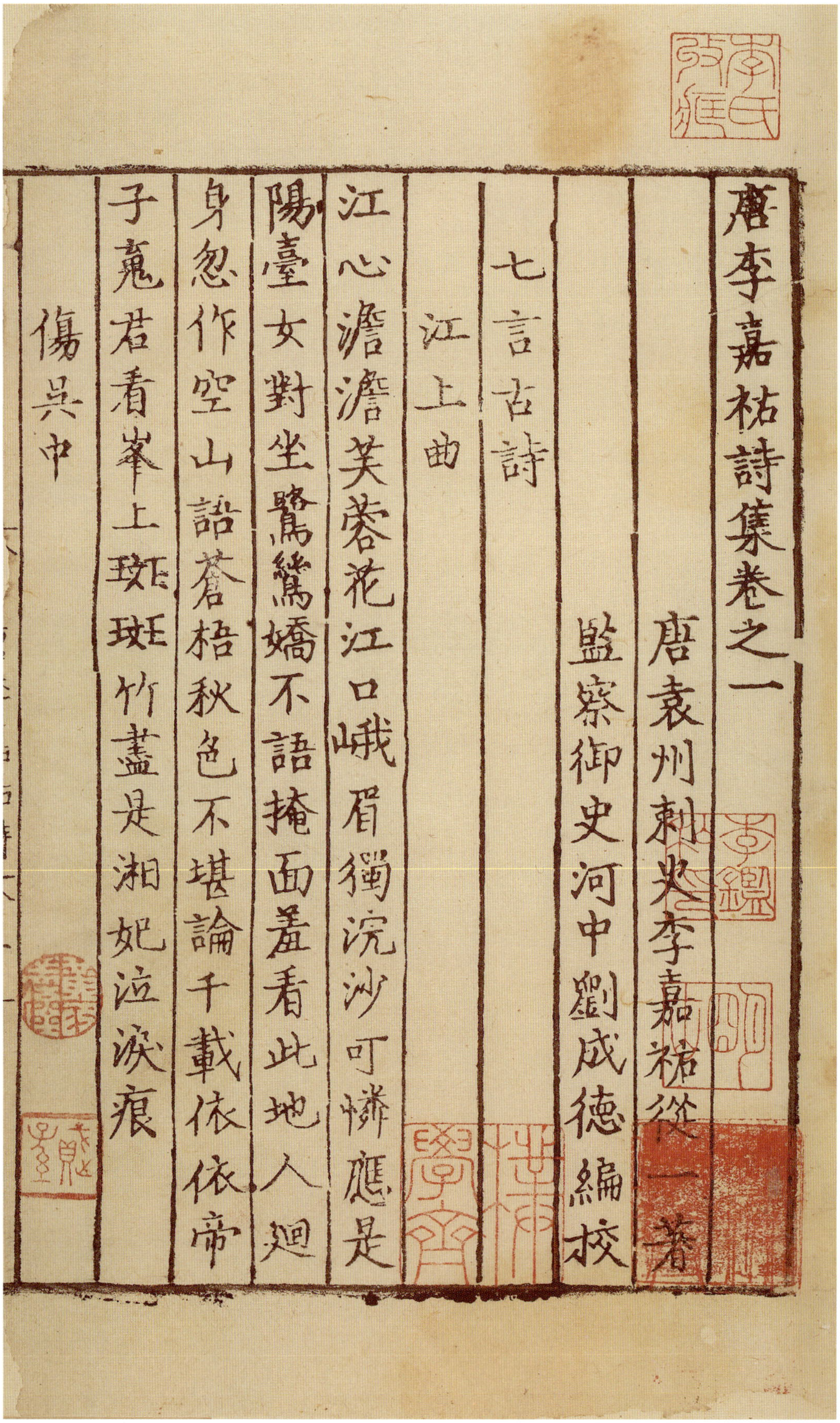
唐李嘉祐詩集卷之一
唐袁州刺史李嘉祐從一著
監察御史河中劉成德編校
七言古詩
江上曲
江心澹澹芙蓉花江口峨眉獨浣沙可憐應是
陽臺女對坐鷺鷥嬌不語掩面羞看此地人廻
身忽作空山語蒼梧秋色不堪論千載依依帝
子䰟君看峯上斑斑竹盡是湘妃泣淚痕
傷吳中

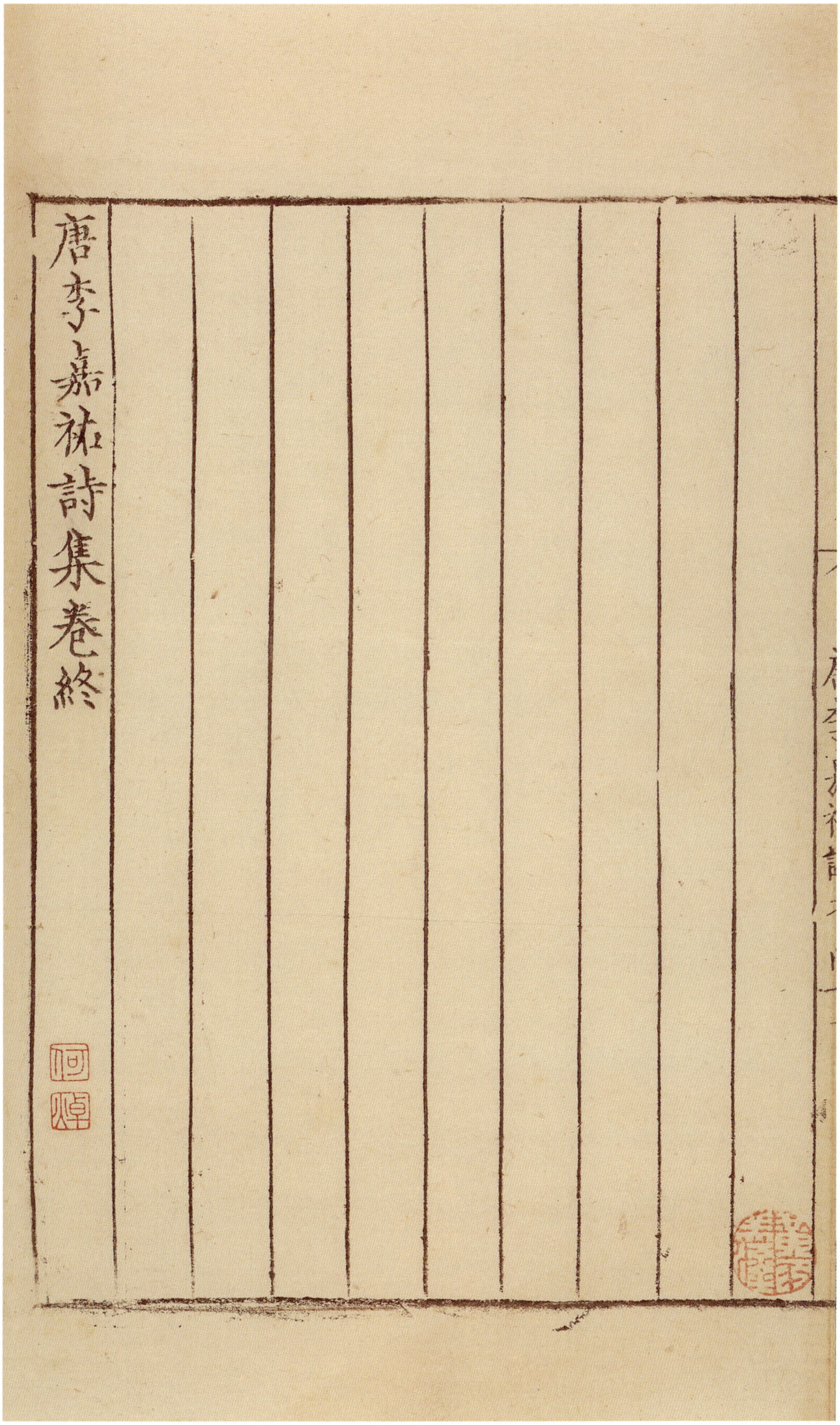
唐李嘉祐詩集卷終

何焯

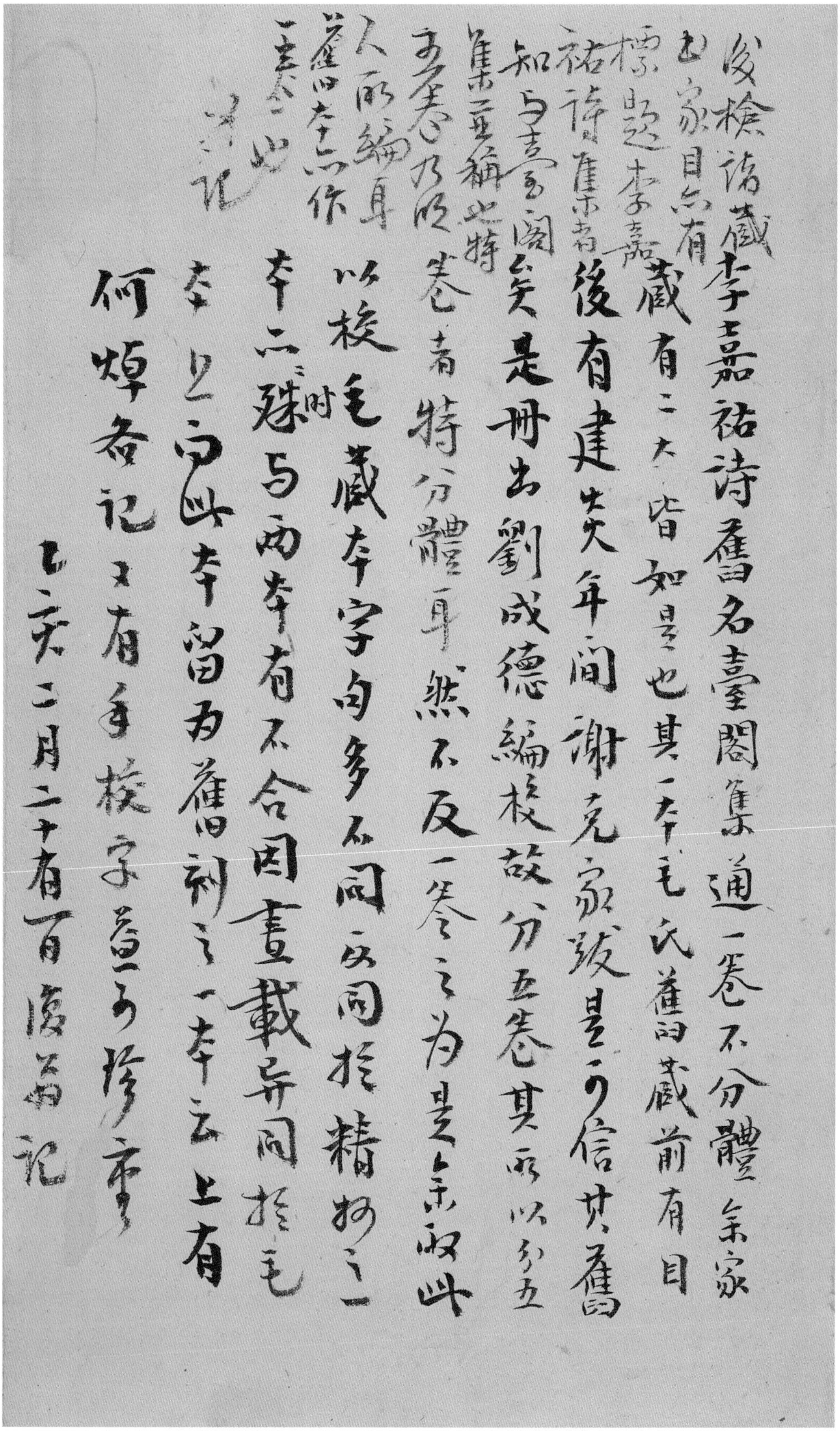

李嘉祐詩舊名臺閣集通一卷不分體余家藏有二本皆如是也其一本毛氏舊藏前有目後有建炎年間謝克家跋是可信其為舊云矣是册出劉成德編校故分五卷其所以分五卷者特分體耳然不反一卷之為是余取此以校毛藏本字句多不同亦同於精抄之一本二殊時與兩本有不合因盡載異同於毛本上而此本留為舊刻之一本云上有何焯吾記又有手校字益可珍重

乙亥二月二十有八日復翁記

後檢諸藏書家目亦有標題李嘉祐詩集者知與臺閣集並稱也特五卷乃後人所編耳舊刻本亦作一卷云也又記

中吴紀聞六卷　宋龔明之撰

明末毛氏汲古閣刻本　清佚名校　清王芑孫校並跋

一册

書高26.7釐米，寬18釐米。框高20.7釐米，寬14.9釐米。半葉九行十八字，小字雙行，字數同，上下黑口，左右雙邊。

此書爲南宋地方風土掌故筆記，乃龔明之晚年之作。汲古閣刻本藏家頗多，名人批校題跋亦不少。此本經金檀、王芑孫遞藏，有王芑孫校跋。入選第五批《國家珍貴古籍名録》。

龔明之（1091—1182），字熙仲，自號五休居士，宋崑山人。自幼以孝行節誼著於鄉里，年六十始舉鄉貢，紹興三十年（1160）以特恩召廷試成進士，授高州文學。淳熙五年（1178）致仕，歸居太倉黄姑别墅，吟嘯其中。

金檀（1660—1730），字星軺，清康熙雍正間浙江桐鄉人，後遷婁東（今蘇州太倉），再遷吴縣。諸生。自幼嗜古，喜讀書，好聚書，以文瑞樓爲貯書之所，親自校勘，自編有《文瑞樓藏書目録》。

王芑孫（1755—1817），字念豐，號德甫，一號惕甫、惕夫、鐵夫、楞伽山人，清長洲人。乾隆五十三年（1788）賜舉人，官至華亭教諭。後辭官歸，任揚州樂儀書院山長。學問宏博，文章名震一時。尤以書法名世，富於藏書，有藏書室“漚波舫”“淵雅堂”及“楞伽山房”。

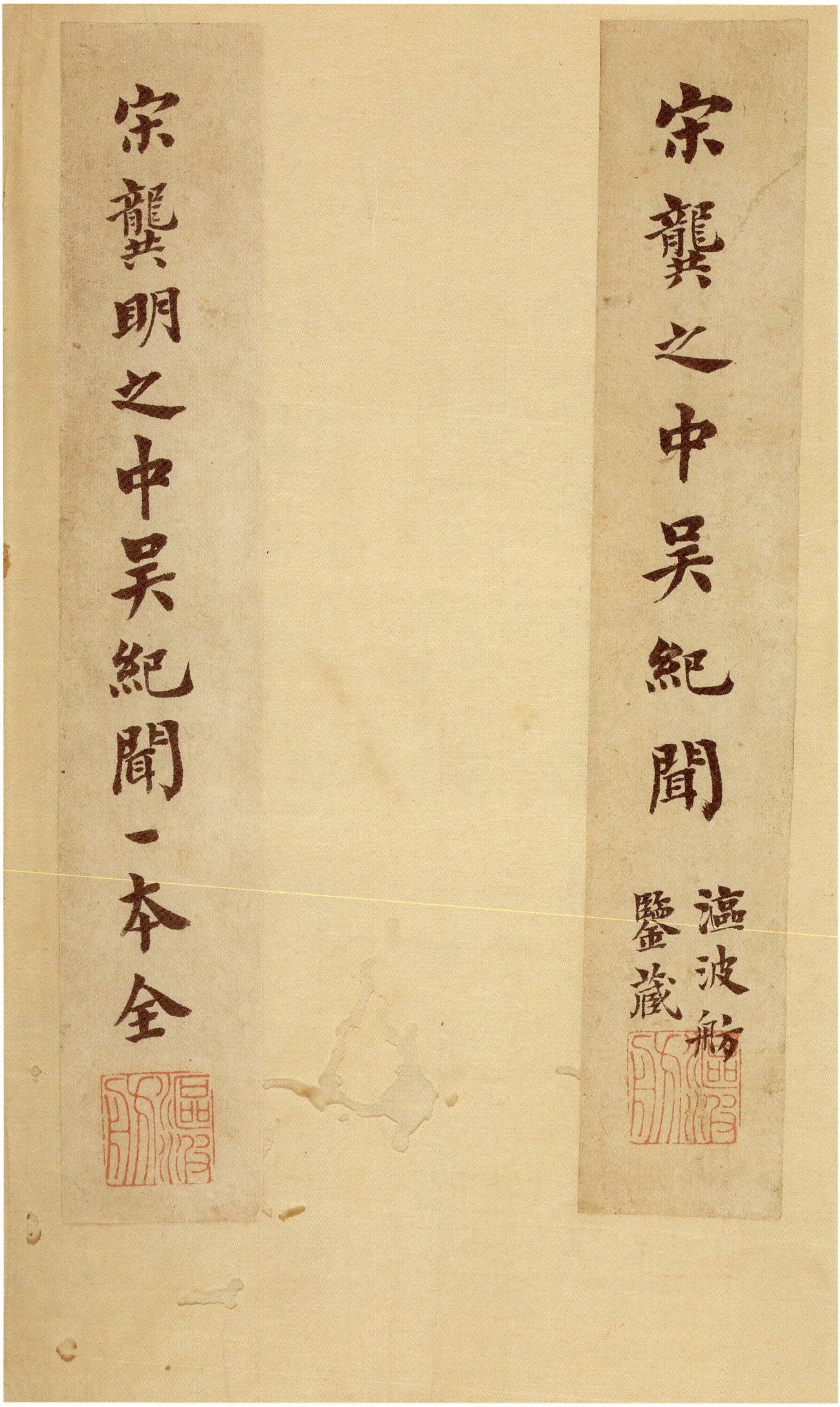
宋龔之中吴紀聞
漚波舫鑒藏
宋龔明之中吴紀聞一本全

中吳紀聞

吾家自先殿院占籍中吳距今幾二百禩相傳已及雲仍矣明之幼嘗逮事王父每聞講論鄉之先進所以誨化當世者未嘗不注意高仰云少長從父黨游皆名人魁士及又獲識典刑於親炙之久乃從事於進取虞庠魯泮餘三十年同舍亦多文人行揭德振華咸有可紀厥後世異事變利門名路絕不復往由是聲迹益晦陋瓜疇芋區不過老農相爾汝所與笑談者無復

紀聞序

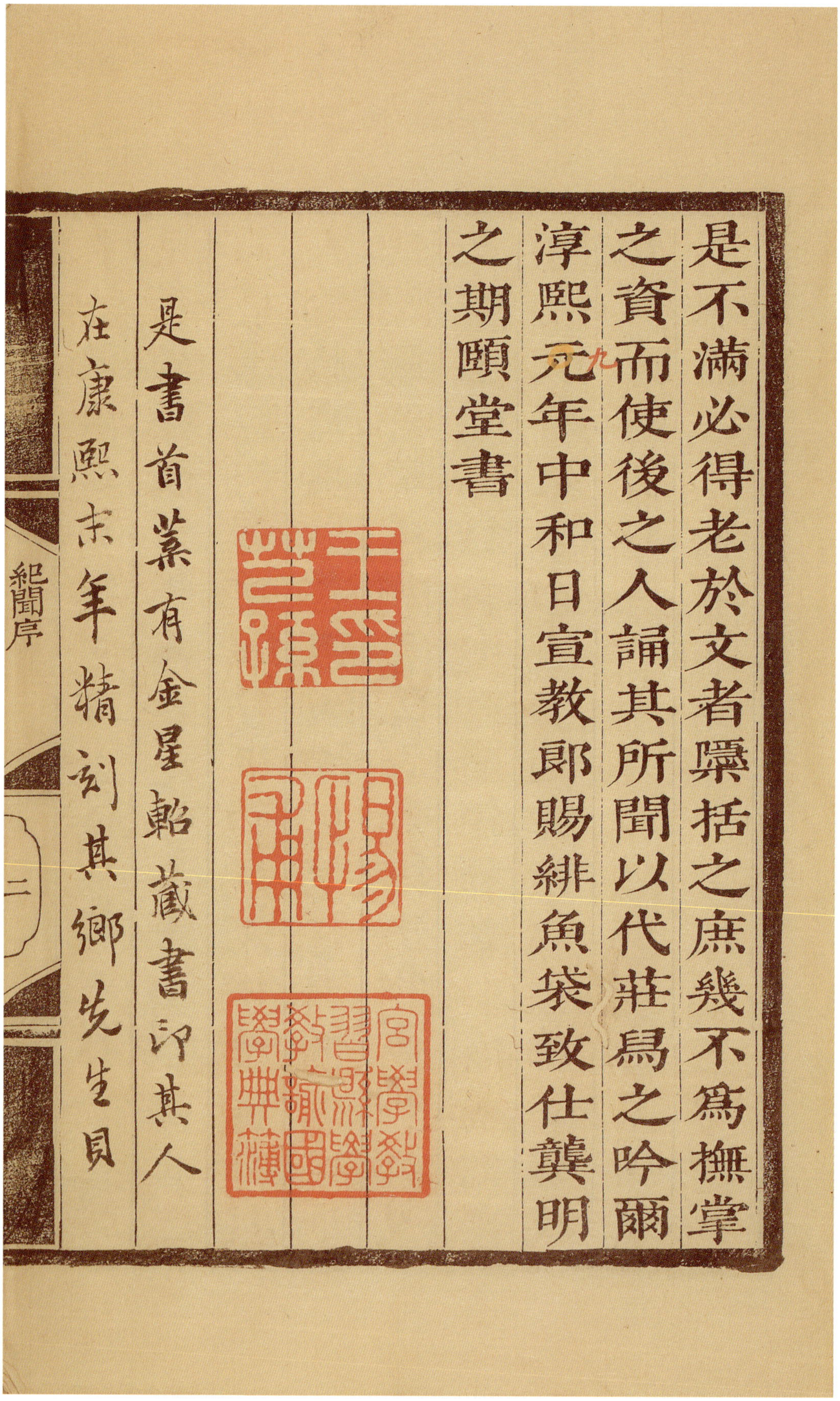
是不滿必得老於文者檃括之庶幾不爲撫掌
之資而使後之人誦其所聞以代莊舄之吟爾
淳熙元年中和日宣教郎賜緋魚袋致仕龔明
之期頤堂書

是書首藁有金星軺藏書印其人
在康熙末年精刻其鄉先生貝

紀聞序

二

清江程槃隱二集彫版極工其人名檀桐鄉人星軺其字也其學行不著然能承其父典簿崑濬遺志刻元明鄉先輩之集貽桐鄉之富而好禮者耶

嘉慶庚午二月既望燭下惕甫記

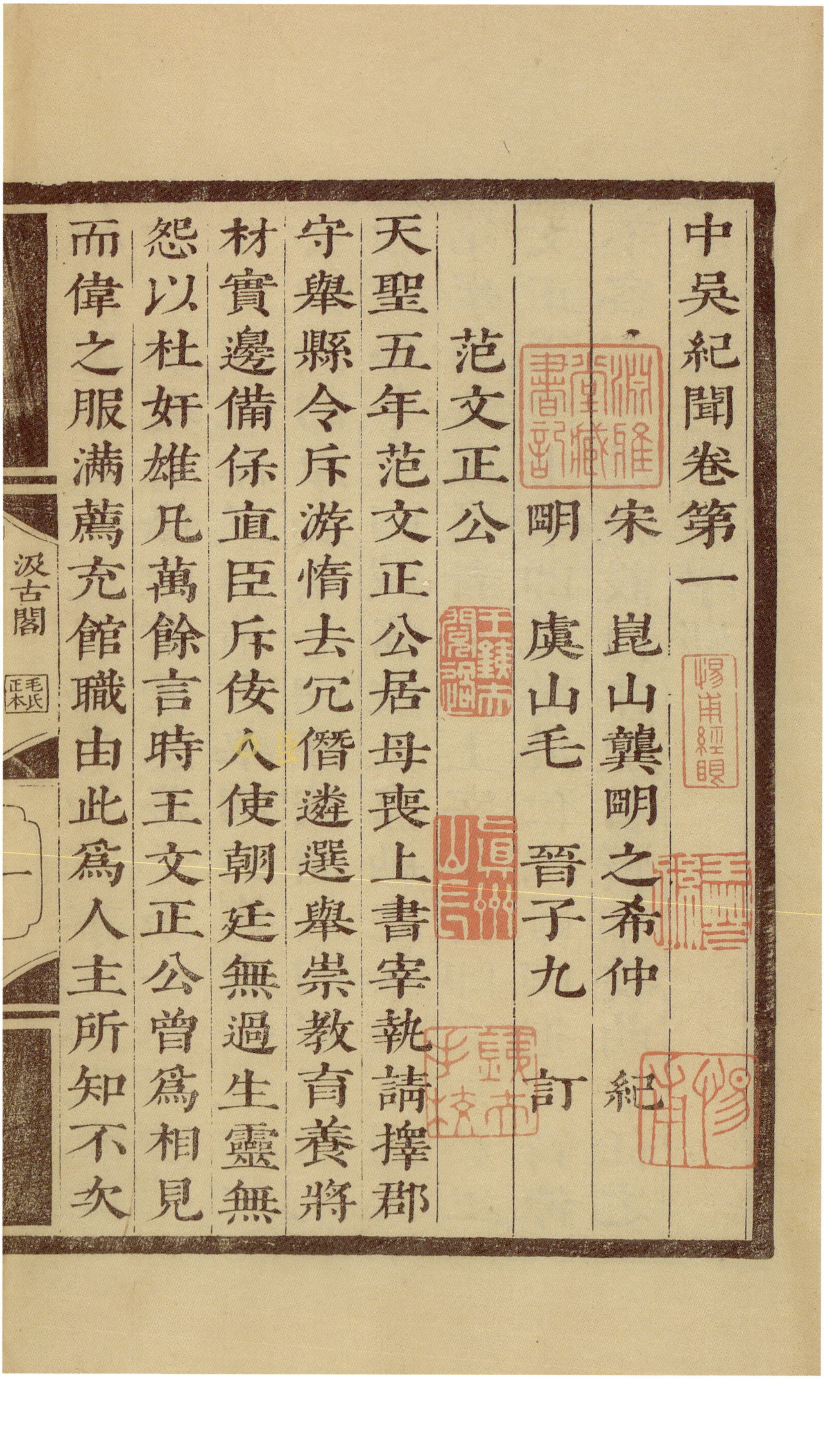

中吳紀聞卷第一

宋　崑山龔明之希仲　紀

明　虞山毛　晉子九　訂

范文正公

天聖五年范文正公居母喪上書宰執請擇郡守舉縣令斥游惰去冗僭遴選舉崇教育養將材實邊備保直臣斥佞人使朝廷無過生靈無怨以杜奸雄凡萬餘言時王文正公曾爲相見而偉之服滿薦充館職由此爲入主所知不次

汲古閣　毛氏正本

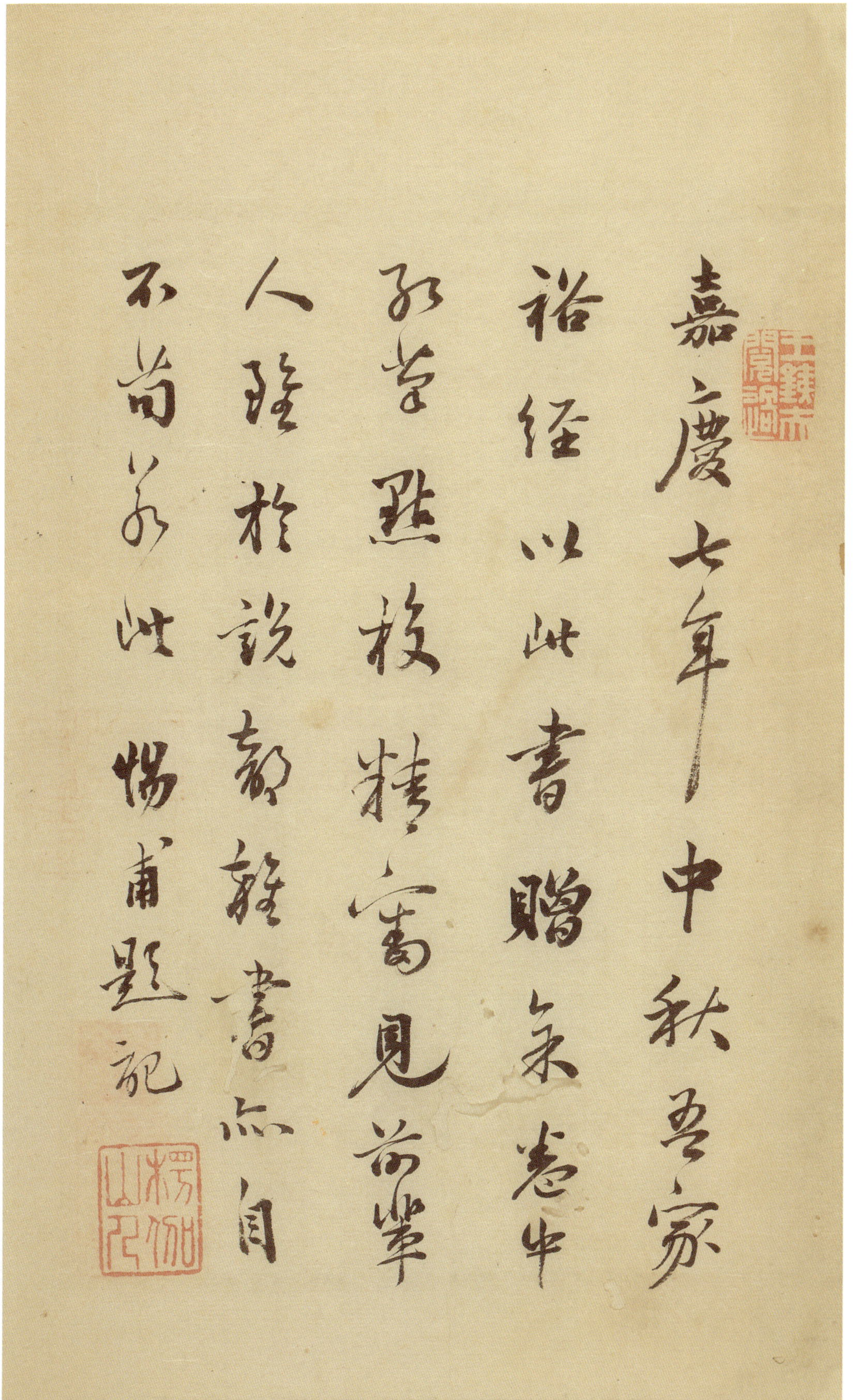

嘉慶七年中秋吾家裕經以此書贈余卷中孫堂點校精審見前輩人雖於説部雜書亦自不苟若此 惕甫題記

錦里耆舊傳四卷　宋勾延慶撰

清初抄本　清朱彝尊、清吴焯跋　清周星詒校並跋

一册

書高27釐米，寬17.5釐米。半葉九行二十字。

此書一名《成都理亂記》，記載前蜀、後蜀時期成都一帶歷史地理。其書史載八卷，至清時爲四卷，學者多有疑惑。此本載朱彝尊、吴焯、周星詒三家題跋，時間跨越二百餘年，然則辨論此書内容版本，如相向坐談，從中亦可窺古人校藏書籍之嚴謹。

勾延慶，字昌裔，北宋初成都人，曾官應靈縣令。

朱彝尊，參見《補漢兵志》。

吴焯（1676—1733），字尺鳧，號繡谷，清錢塘人。藏書家、學者。藏書樓名“瓶花齋”，多收宋槧元雕與舊家善本，藏書聞名江南。著有《藥園詩稿》《繡谷雜抄》等。

周星詒（1833—1904），字季貺，清祥符（今屬河南開封）人。官至福建建寧知府。富藏書，所藏甄擇甚精，多名家精校善本。著有《傳忠堂書目》等。

錦里耆舊傳卷一 起中和五年正月至蜀武成元年

前榮川應靈縣令句延慶纂

正月地動一月十餘度以七曜占之多兵饑饉三月改光啓元年 夏四月維州山崩石墜飛塵滿空五月除授顧彥朗東川節度使

二年東川遣鄭君雄率衆侵畧至德陽縣殺破斬鄭君雄又常厚自峽中率兵據左綿僖宗皇帝到京後天下十道共修宫闕之次胡魯子反燒惹盡駕幸寶雞又幸山南干戈復起四海不寧

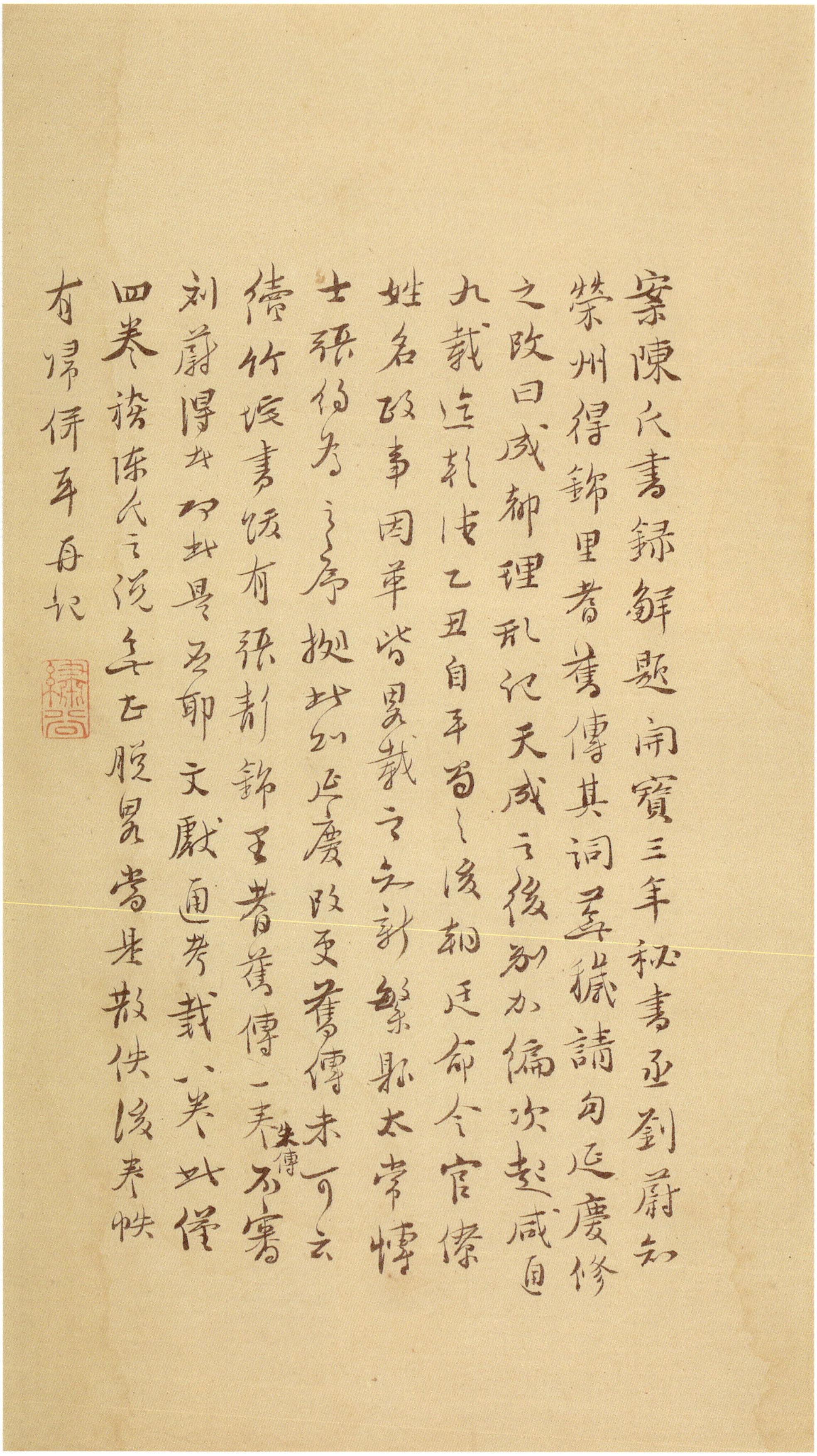

案陳氏書録解題開寶三年秘書丞劉蔚知
榮州得錦里耆舊傳其詞鄙穢請句延慶修
之改曰成都理亂記天成之後別加編次起咸通
九載迄乾德乙丑自羊馬之後朝廷命令官僚
姓名改事因革皆畧載之又新繁縣太常博
士張約爲之序擬此知延慶改更舊傳未可云
讀竹垞書跋有張彭錦里耆舊傳一卷朱傳不審
劉蔚得者卽此是否卽文獻通考載八卷此僅
四卷據陳氏之說多已脫畧當是散佚後來帙
有歸併耳丹記

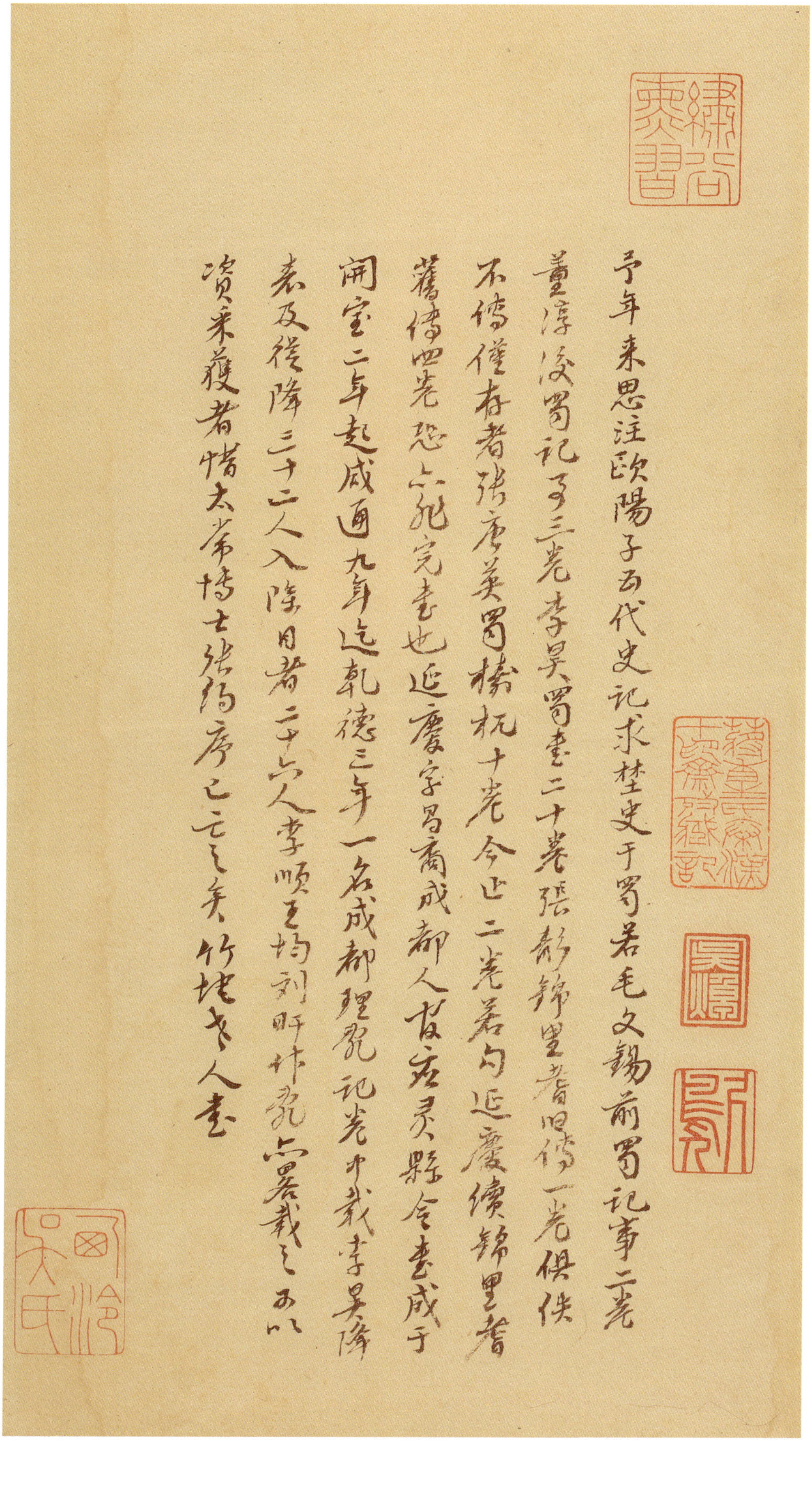
予年來思注歐陽子五代史記求楚史于蜀若毛文錫前蜀記事二卷董淳後蜀記事三卷李昊蜀書二十卷張彭錦里耆舊傳一卷俱佚不傳僅存者張唐英蜀檮杌十卷今止二卷若句延慶續錦里耆舊傳四卷恐亦非完書也延慶字昌裔成都人官至榮縣令書成于開寶二年起咸通九年迄乾德三年一名成都理亂記卷中載李昊降表及從降三十二人入除目者二十六人李順王均列所作亂亦畧載之可以資采獲者惜太常博士張約序亡之矣 竹垞老人書

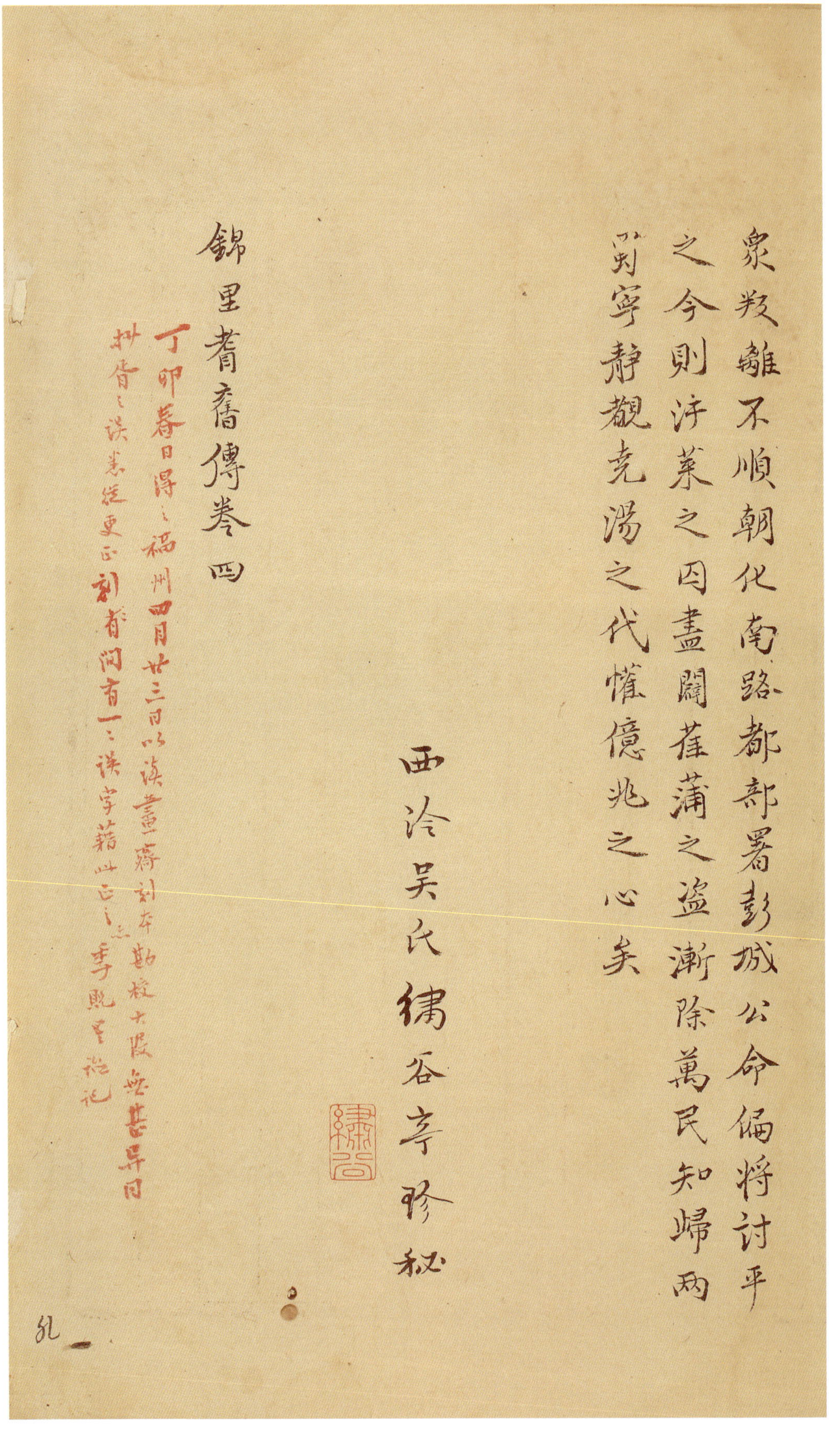

衆叛離不順朝化南路都部署彭城公命偏將討平之今則汙萊之因盡闢萑蒲之盜漸除萬民知歸兩蜀寧靜覩堯湯之代懽億兆之心矣

西泠吴氏繡谷亭珍秘

繡谷

錦里耆舊傳卷四

丁卯春日得〻福州四月廿三日以讀畫齋刻本勘校大段無甚異同抄胥〻誤悉從更正刻本亦間有一〻誤字藉此正〻之 季貺星詒記

桃谷遺稿一卷　明陸倖撰

清康熙十九年（1680）王乃昭抄本　清楊炤跋　清王乃昭、顧麟士題記
一册

書高26.5釐米，寬17.5釐米。半葉十行字數不等。

陸倖，字天爵，號桃谷，明吴縣人。正德六年（1511）進士。官刑部郎中時，曾因諫武宗南巡被廷杖，後復官至寶慶知府，有惠政。尋歸隱桃花塢，種橘自資。其詩文集在明代曾有刊刻，但流傳極少。錢謙益《列朝詩集》收其詩五首，小傳謂："岳岱曰：'蚤登仕用，無暇篇章。晚就操觚，遂超多士。靈心夙構，穎悟居多。朝夕苦吟，已收時論。蓋能守約少陵之方，博施唐人之作者也。'"《四庫全書總目》稱"其詩多應酬牽率之作，而時露風格"，"蓋天姿高而學力未至者也"。

康熙間，楊炤見陸倖裔孫家藏刊本一部，已成殘帙，遂爲之重裝，並撰跋文一篇以記之。此本爲常熟藏書家王乃昭傳抄，全書正文二十九葉。今世未見陸倖詩文集明刻原本，唯此抄本存世，足顯其珍。

楊炤（1617—1692），字明遠，號潛夫，清長洲人。承父志，不事科舉。早從金俊明學，與徐枋、徐柯兄弟爲莫逆交。垂髫之年作詩學陶、杜五言，一時名士如錢謙益、吴偉業、王時敏等皆有評贊。著有《懷古堂詩選》《懷古堂文選》。

王乃昭（1608—？），名慎德，字乃昭，號懶髯叟、樂飢翁，清常熟人。善書法，酷嗜古書畫，喜藏書、抄書，精鑒别。

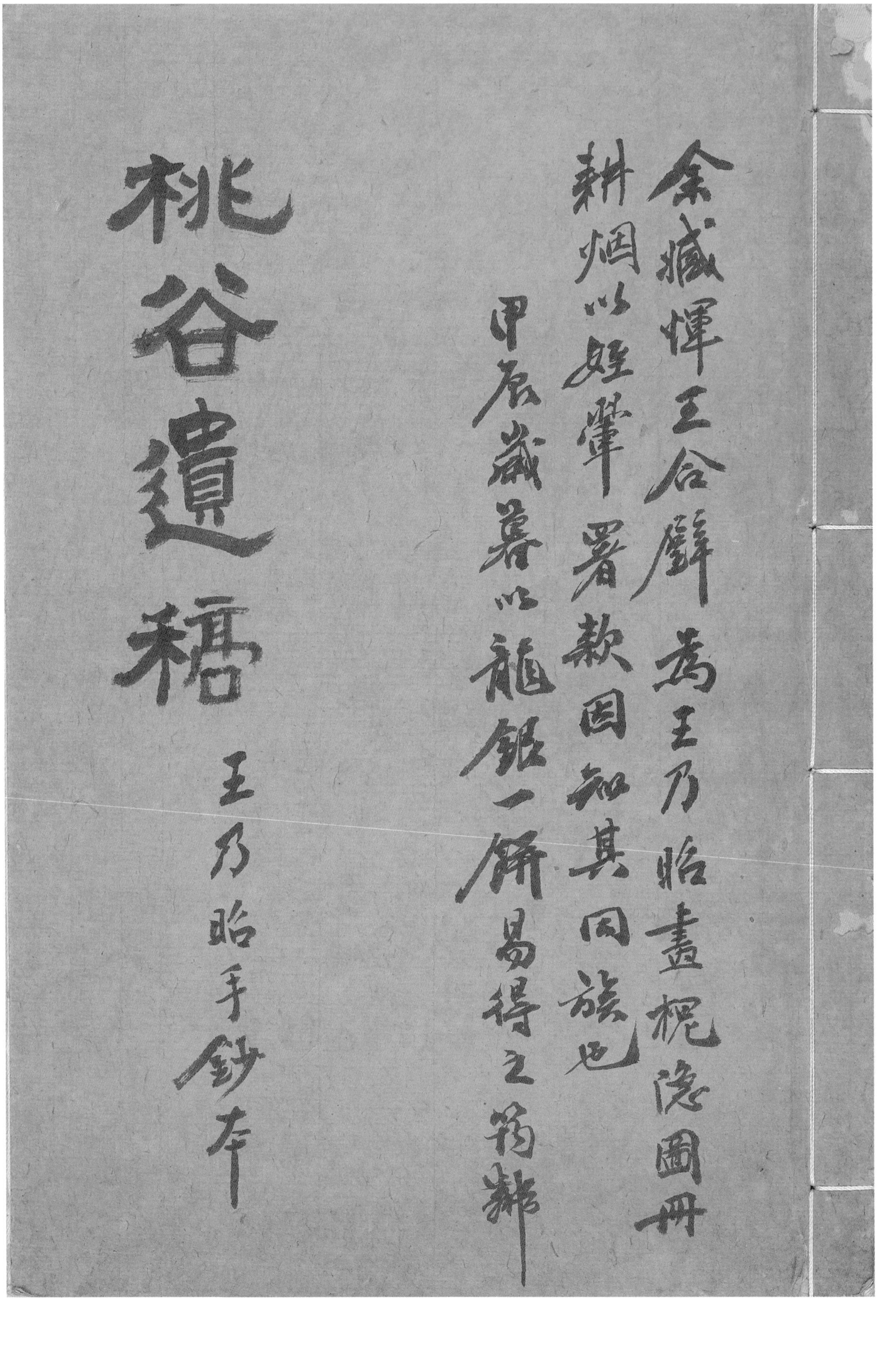
桃谷遺稿
王乃昭手鈔本
余藏惲王合璧爲王乃昭畫槐隱圖冊
耕烟以姪輩署款因知其同族也
甲辰歲暮以龍銀一餅易得之爲耕

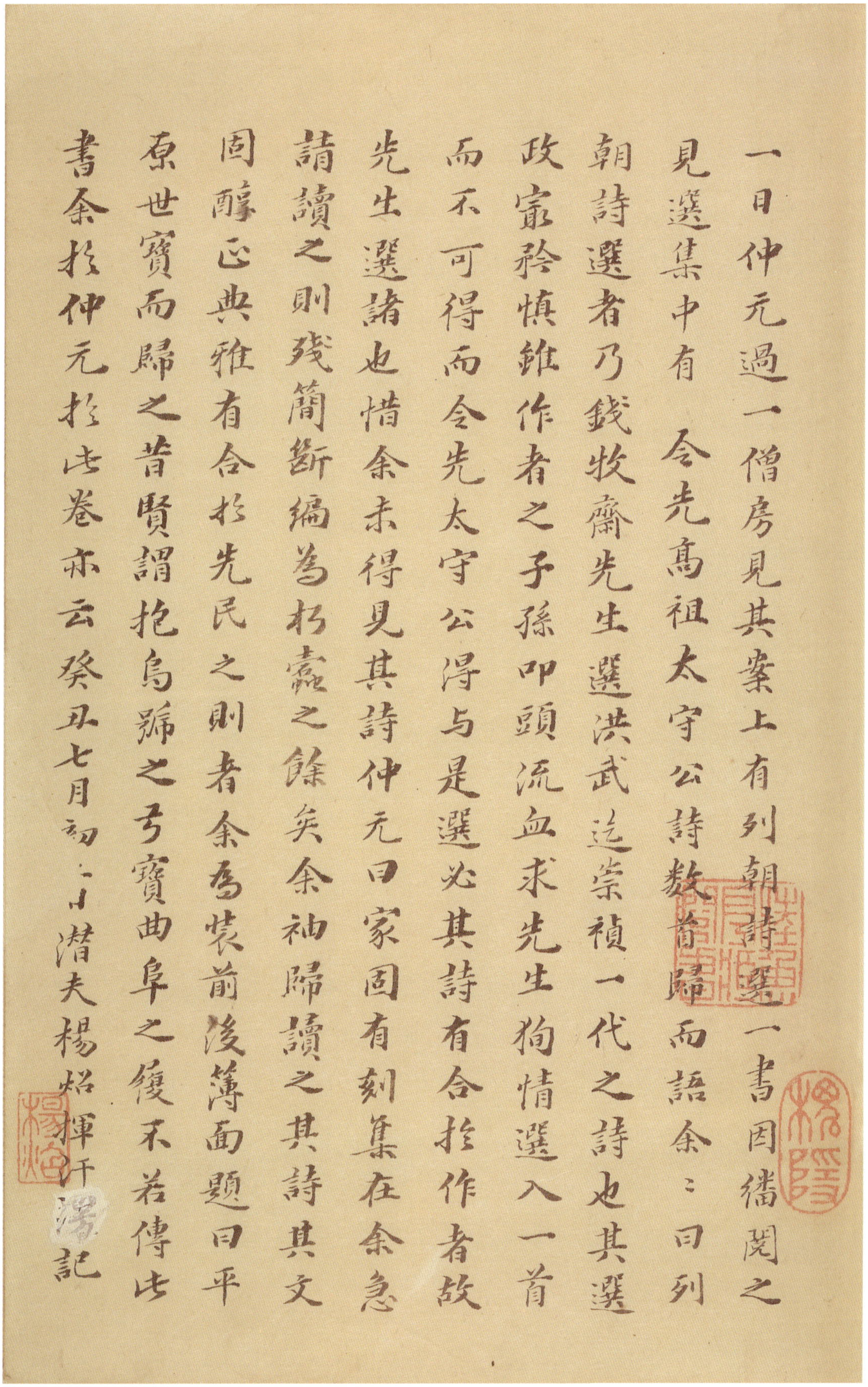

一日仲元過一僧房見其案上有列朝詩選一書因備閱之見選集中有　令先高祖太守公詩數首歸而語余〻曰列朝詩選者乃錢牧齋先生選洪武迄崇禎一代之詩也其選政嚴矜慎雖作者之子孫叩頭流血求先生徇情選入一首而不可得而令先太守公得与是選必其詩有合於作者故先生選諸也惜余未得見其詩仲元曰家固有刻集在余急請讀之則殘簡斷編為於蠹之餘矣余袖歸讀之其詩其文固醇正典雅有合於先民之則者余為裝前後簿面題曰平原世寶而歸之昔賢謂抱烏號之弓寶曲阜之履不若傳此書余於仲元於此卷亦云　癸丑七月初二日潛夫楊炤揮汗潛記

桃谷遺稿

前進士永平府知府吳郡陸俸著

丙申九月陽山訪岳山人

去〻陽山路迢〻翠靄重青冥恣遐矚麋鹿伴孤蹤高枕低雲嶠踈林度遠鍾徑餘重九菊門倚兩三松避地霧中隱携琴竹下逢夜長宜共醉老去頗相從魏闕無今想仙風自可宗因思沉湎者役〻爾何庸

送郡侯王濱南入 覲

禮闈名負重廷尉法稱平東郡需良牧西臺得老成南陽龍卧久鈐閣燕居清圜土晨通鑰遐鄉戔罷征農歌衢喜雨容

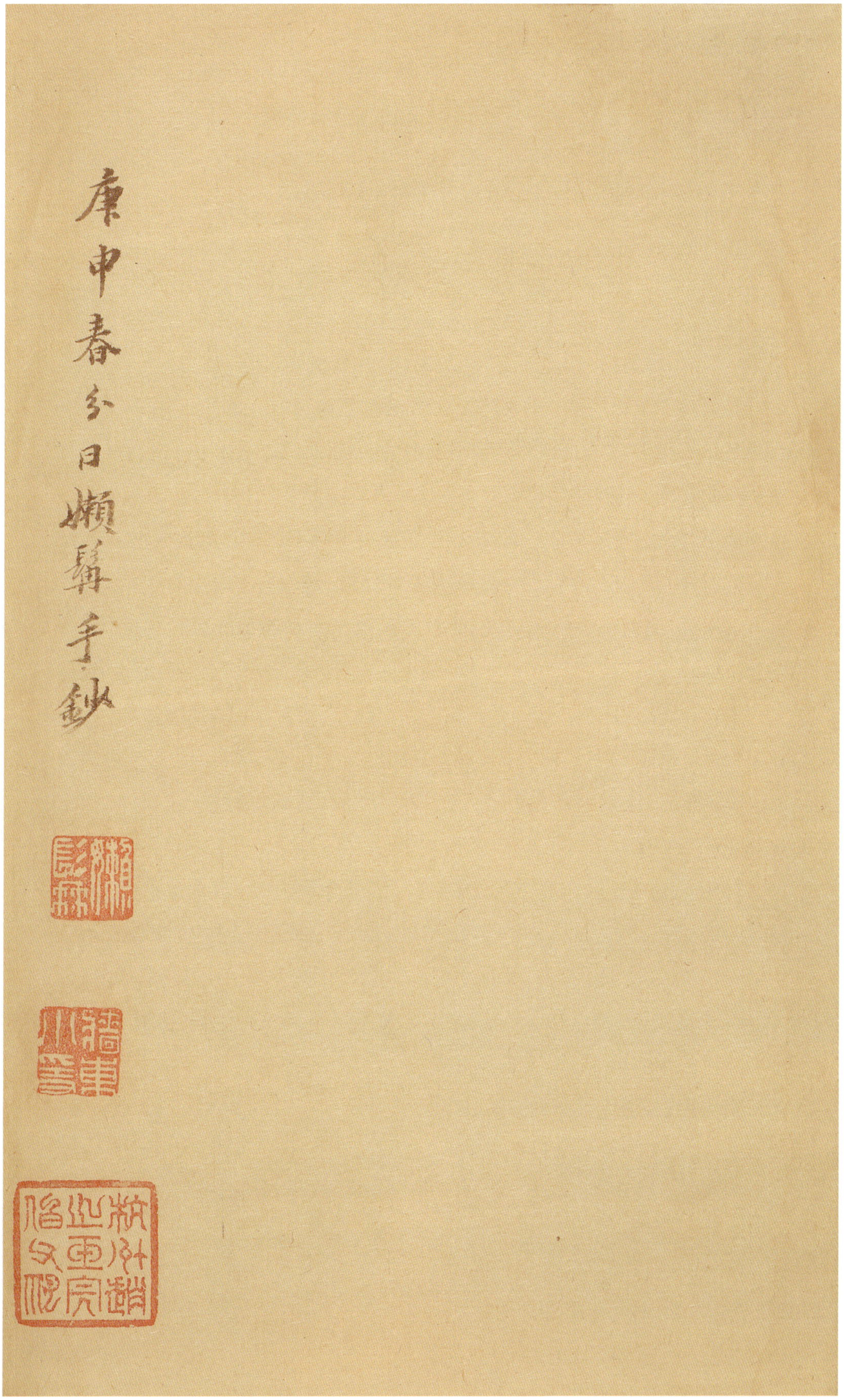
庚申春分日瀨髯手鈔

漁洋山人精華録十卷 清王士禛撰 清林佶編

清康熙三十九年(1700)林佶寫刻本 清翁方綱批 顧麟士跋

二册

書高28.3釐米,寬17.8釐米。框高18.5釐米,寬14.8釐米。半葉十一行二十一字,小字雙行,字數不等,上下黑口,左右雙邊。

此書爲王士禛詩集,由其門人林佶編輯手書付梓。此本原刻後印,與上海圖書館所藏翁方綱批跋本版同。彼本翁跋言其"在濟南時曾諾新城學官之請作此録序,小楷書依式刊就,交新城學官入此矣。今見此新印本無之,蓋外間不知者,或疑拙序内似有不甚滿意於録者歟?"此本正文前有雕印的翁方綱序,正是上圖翁跋中提及濟南時所寫。書内有多處墨筆批校,據顧氏跋,爲"覃溪先生手批"。翁氏曾多次批校王士禛詩集,此本爲其中不多見者。

王士禛(1634—1711),字子真,一字貽上,號阮亭,又號漁洋山人,人稱王漁洋。乾隆賜名士禎,謚文簡。清新城(今山東桓臺)人,常自稱濟南人。博學好古,能鑒别書、畫、鼎彝之屬,精金石篆刻,詩爲一代宗匠,與朱彝尊並稱"南朱北王"。

林佶(1660—?),字吉人,號鹿原,别號紫薇内史,清福建侯官(今屬福州閩侯)人。康熙五十一年(1712)特賜進士,補官内閣中書。文師汪琬,詩師陳廷敬、王士禛。工書,尤精小楷。好寫書,手寫上板王士禛《精華録》、《古夫于亭稿》、陳廷敬《午亭文編》、汪琬《堯峰文鈔》被譽爲"林佶四寫"。有《樸學齋詩稿》《樸學齋文稿》。

翁方綱,參見《石洲詩話》。

漁洋山人精華錄卷一　　門人侯官林佶編

古體詩

對酒

對酒歌慨慷自我屬有生共得睹太平皇帝陛下惟樂康宮府治丞相無私人諸諫官彈射姦慝咸有直聲自中丞刺史良二千石各各有廉名日南交趾皆我郡縣蠻夷君長以時稽首殿庭屬國具爲令文蜀生翠來王京幸太學三老而五更遂賜民爵一級存問長老遣都吏循行大酺十日除宮刑美人曼壽百室豐盈

慕容垂歌 三解

慕容初入鄴已有虎狼志前驅丁零部後面鮮卑騎

覃溪先生手批漁洋精華録向藏歸安故中丞
家楊福堂爲余和會得之時在甲寅五月十又八日
距之廿桒至之殉歲一周矣余未亞舊病又作燈下
記之百感交集已　西津

玄牘紀一卷　明盛時泰撰

清魏氏績語堂抄本　清魏錫曾校並跋
一册

書高23.9釐米，寬16.6釐米。半葉十一行二十一字，小字雙行，字數同，白口，四周單邊。

此書品題古今碑刻名帖，所紀碑板於金陵六朝諸蹟爲多。其書未曾刊刻，《四庫全書總目》收入存目中。現存數種清抄本。同治五年（1866），魏錫曾得一清抄，名題"蒼潤軒碑跋紀"，先借八千卷樓丁氏藏本校，又借周星詒瑞瓜堂藏本校。此清抄《碑跋紀》及周氏舊藏《玄牘紀》今藏國家圖書館。魏氏再請友人抄得二本，並詳加校勘，此爲其一。版心下題"魏氏績語堂鈔"，序端下題有"錫曾校録"。

盛時泰（1529—1578），字仲交，號雲浦，晚號大城山樵，明金陵（今江蘇南京）人。博學多才，文氣横溢，然屢試不第，以諸生貢太學。工書，行書學米、蘇，可謂絶妙，小楷學倪瓚，隸字更優。尤善水墨，爲吴派名畫家。爲古文詩，下筆輒數千言。多藏書，文徵明爲其題"蒼潤軒"。

魏錫曾（？—1881），字稼孫，清仁和（今屬浙江杭州）人。嗜金石拓本，亦富藏書，藏書處爲績語堂、非見齋。有《績語堂碑録》《績語堂金石跋》《非見齋藏金石書目》。

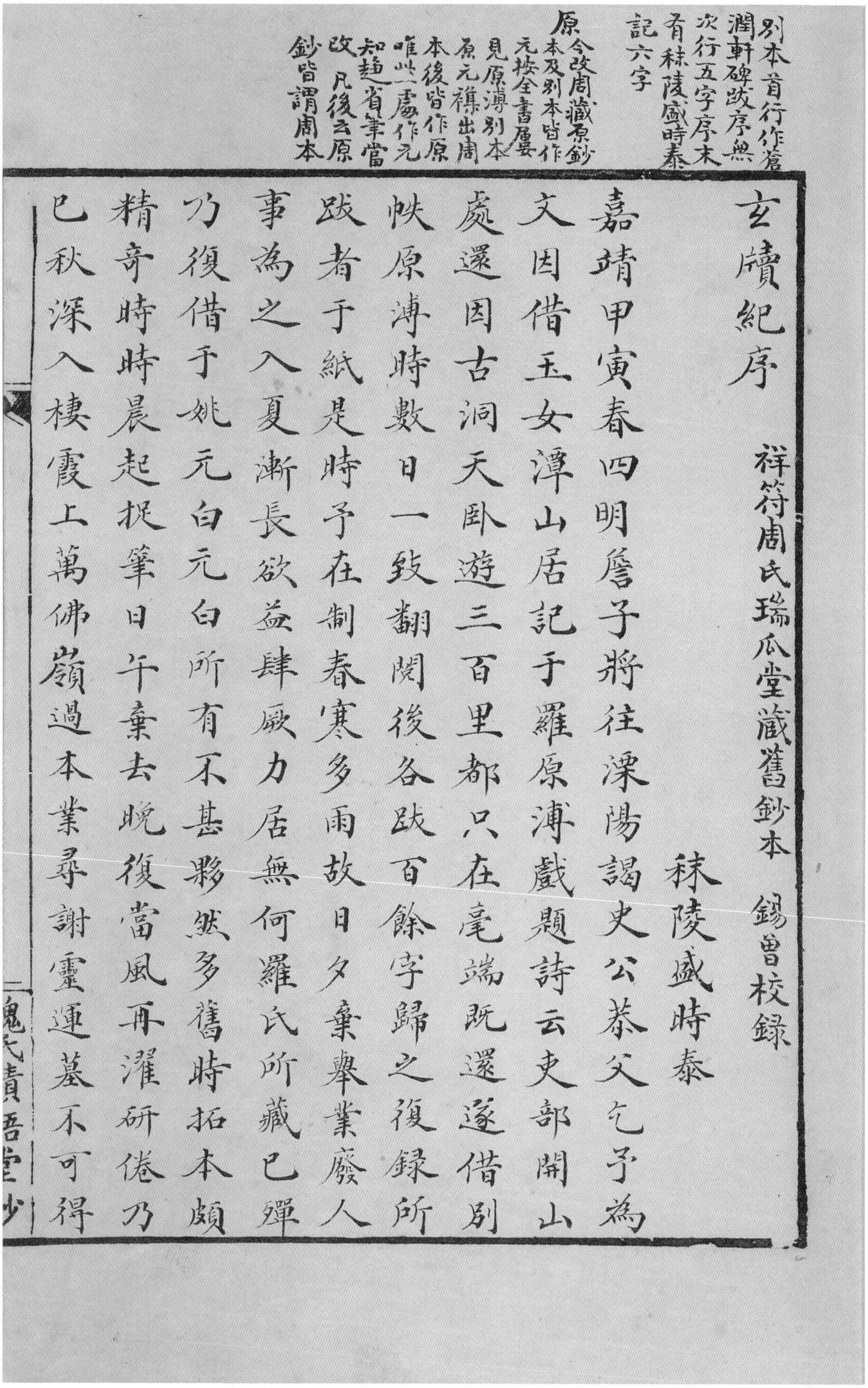
別本首行作蒼潤軒碑跋序無次行五字序末有秣陵盛時泰記六字

原 今改周藏原鈔本及別本皆作元按全書屢見原溥別本原元雜出周本後皆作原唯此一處作元知趙省筆當改 凡後云原鈔皆謂周本

玄牘紀序　祥符周氏瑞瓜堂藏舊鈔本　錫曾校録

秣陵盛時泰

嘉靖甲寅春四明詹子將往溧陽謁史公恭父乞予為文因借玉女潭山居記于羅原溥戲題詩云吏部開山處還因古洞天卧遊三百里都只在毫端既還遂借別帙原溥時數日一致翻閱後各跋百餘字歸之復録所跋者于紙是時予在制春寒多雨故日夕棄舉業廢人事為之入夏漸長欲益肆厥力居無何羅氏所藏已彈乃復借于姚元白元白所有不甚夥然多舊時拓本頗精奇時時晨起捉筆日午棄去晚復當風再濯研倦乃已秋深入棲霞上萬佛嶺過本業尋謝靈運墓不可得

魏氏績語堂鈔

別本首行作蒼潤軒碑跋紀次行作明秣陵盛時泰著

別本周穆王一行前別有周字一行漢至元同按碑題上已著代重標自贅

原鈔此下別起一紙前標玄牘紀秣陵盛時泰兩行魏晉以下同今從別本刪併聯寫

玄牘紀

秣陵盛時泰

周穆王篆書吉日癸巳

三代刻自峋嶁紫霄外惟此碑乃穆王書無疑宋學士重刻於浦陽山房二種余求之未獲今乃於元白中林堂見之真令人泠然如在壇山岩邊也嘉靖甲寅六月二十八日借歸留蒼潤軒逾旬敬題之以還

漢急就帖

書學自二篆八分外惟急就為草書之始臨池之士不可不厭觀焉近代宋仲溫祝希哲皆能之然二公微傷於纖此外固未見卓然者矣吾鄉印岡先生藏金石遺

景定建康志五十卷　宋馬光祖修　宋周應合纂

清乾隆抄本　清彭元瑞校並跋　清錢大昕校

十九册　缺三卷（十九至二十一）

書高27.5釐米，寬17.2釐米。半葉九行二十字，小字雙行，字數同。

此書爲現存第一部官修南京府志，汲取了《［乾道］建康志》《［慶元］建康續志》兩部宋代所修方志的精華，並增入慶元至景定六十多年間史事。援據該洽，條理詳明，凡所考辨，俱見典核，堪稱南宋名志中的珍品。該書在明代流傳幾絶。此本乾隆時抄，又經彭元瑞、錢大昕校，爲現存較早的版本。

彭元瑞（1731—1803），字掌仍，一字輯五，號芸楣，清江西南昌人。乾隆二十二年（1757）進士，歷任禮、工、户、兵、吏五部尚書，及續三通館、四庫全書館、清會典館總裁。博學多識，精於古代器物、書畫的鑒定。藏書頗豐，且所藏之書皆手校手跋。

錢大昕（1728—1804），字曉徵，號辛楣，又號竹汀，清嘉定（今屬上海）人。乾隆十九年（1754）進士，累官少詹事，督學廣東。歷主鍾山、婁東、紫陽書院，專心講學和著述，於經史文義、音韻訓詁、典章制度、氏族地理、金石、曆法，無不精研。

景定建康志序

郡有志即成周職方氏之所掌豈徒辨其山林川澤都鄙之名物而已天時驗於歲月災祥之書地利明於形勢險要之設人文著於衣冠禮樂風俗之藏(臧)否忠孝節義表人材也版籍登秏孜民力也甲兵堅瑕討軍實也政教修廢察吏治也古今是非得失之迹埀勸鑒也夫如是肰(然)後有補於世郡皆肰(然)況

陪都乎昔忠定李公嘗言天下形勝關中爲上建康次之自楚秦以來皆言王氣所在句踐城之六朝都之隋

景定建康志 一

景定建康志卷之一

大宋中興建康留都録

臣光祖恭惟

本朝以仁立國

聖聖相承用綿

億萬世無疆之休普天之下莫非治迹攷之建康

為尤著粤自

藝祖皇帝應天順人

肇造區夏江南底定不戮一人迺即南唐故府為

此書譌脱殊甚以薛史冊府元龜文獻通考通鑑諸書校之差得其半壬寅冬錢辛楣過我携之以去後以所藏惠定宇原校本對勘其兩通者簽商歸一然後善可讀當更鈔為善本癸卯小春還朝京口塗次舟對金山書

芸楣

夢粱録二十卷　宋吴自牧撰

清吴氏拜經樓抄本　清吴騫校補　清劉履芬校跋並録明都穆、清錢曾、清張鳳池跋　曹元忠跋　二册

書高28.3釐米，寬18.5釐米。半葉十行二十二字，小字雙行，字數同。

此爲記載南宋時期都城臨安市井風貌之書。此本目録題"夢粱録"，正文卷端及版心題"夢梁録"，"粱"誤作"梁"，係乾嘉間拜經樓抄本，經吴騫校補，後又經劉履芬以善本再校，並過録其他版本之名家題跋，備記版刻源流。丹鉛雜陳，雖蠅頭小楷，一絲不苟，體現古人藏書也爲讀書的理念。顧麟士曾請曹元忠共賞此本，曹氏題記卷端，不勝感慨。劉履芬舊藏。入選第五批《國家珍貴古籍名録》。

吴自牧，南宋錢塘人。生平無考。

吴騫，參見《巾箱集》。

曹元忠，參見《乖崖張公語録》。

夢粱録目録

卷之一

正月

立春

元宵

車駕詣景靈宮孟饗

二月

八日祠山聖誕

三月望

卷之二

夢梁録卷之一

正月

正月朔日謂之元旦俗呼為新年一歲節序此為之首官放公私僦屋錢三日士夫皆交相賀細民男女亦皆鮮衣服往来拜節街坊以食物動使冠梳領抹叚疋花朵玩具等物沿門歌叫關撲不論貧富游玩琳宮梵宇竟日不絶家家飲宴笑語喧譁此杭城風俗疇昔侈靡之習至今不改也

元旦大朝會

元旦侵晨禁中景陽鐘罷主上精虔炷天香為蒼生祈百

夢粱録卷之十二

西湖

杭城之西有湖曰西湖舊名錢塘湖週圍三十餘里自古迨今號為絶景唐(朝)白樂天守杭時(再)築堤捍湖宋慶曆(歴)閒晝闔豪民僧寺規古(占)之地以廣西湖(面)元祐時蘇東坡守杭奏陳於上謂西湖如人之眉目豈宜廢之遂撥賜度牒易錢米募民開湖以濬唐(朝)之舊紹興閒輦轂駐蹕衣冠紛集民物阜蕃尤非昔比郡臣湯鵬舉申明西湖條劃(畫)事宜於朝增置開湖軍兵差委官吏管領任責蓋造寨屋舟隻專一撩湖無致湮塞修湖六井陰竇水口增置斗門水閘量度

夢粱録　卷十二　一

紛〻蓋講得字真不俗記問淵源甚廣耳但最畏小說人蓋小說者能講一朝一代故事頃刻間捏合与起令隨令相似者占一事也商謎者先用鼓兒賀之然後聚人猜詩謎字謎戾謎社謎本是隱語有道謎來客念思司語識謎又名打毬走智正猜若來客謎下套商者以物類相似者譏之又名對智貼套貼套思索橫下許傍人猜問因商者喝問包頭調爽假作難猜以走其智杭之猜謎者且言之一二如有歸和尚及馬定齋記問博洽名傳久矣

同治戊辰四月從坊間借得琴川張氏照曠閣刊本對校一過　此本十七卷首頁補字是海昌吳槎客先生手筆即其所藏書也江山劉履芬記于吳趋寓樓

静齋至正直記四卷　元孔克齊撰

清抄本　清鮑廷博校跋並過録明歸有光跋
四册

書高23.9釐米，寬14.5釐米。半葉十行二十五字。

此書又名《至正直記》《静齋類稿》，爲作者元末避兵四明時所作，其中記載了許多元代社會的掌故、典章，還論及書畫、戲劇、文物收藏和有關詩詞本事等，多爲作者所見所聞。明歸有光曾得一本，訂正舛譌並撰跋，以備雕版問世。現存世只有數種清抄本及同治元年（1862）刻《粤雅堂叢書》本。此本經汪文柏、鮑廷博遞藏，鮑氏以朱筆校跋，並過録歸氏跋。

孔克齊，字肅夫，號行素，又號静齋、闕里外史，元末曲阜人，孔子五十五世孫，寓居溧陽。至正八年（1348）選充曲阜林廟司樂，後由黄岡書院山長升路學教授。十八年（1358）授翰林國學院編修。

汪文柏（1662—1722），字季青，號柯庭，清浙江桐鄉人。康熙時曾官北城兵馬司正指揮、行人司行人。工詩、畫，家有古香樓，收藏書、畫甚富。

鮑廷博（1728—1814），字以文，號渌飲，清歙縣人，定居桐鄉。廣搜古籍，築室庋藏，取《大戴禮記》“學然後知不足”之義，命其“知不足齋”。四庫館開，其進呈書數量之多、版本之精，居私人之前列，得乾隆獎賜《古今圖書集成》等書。又據所藏善本刊刻《知不足齋叢書》，並親自讎校。

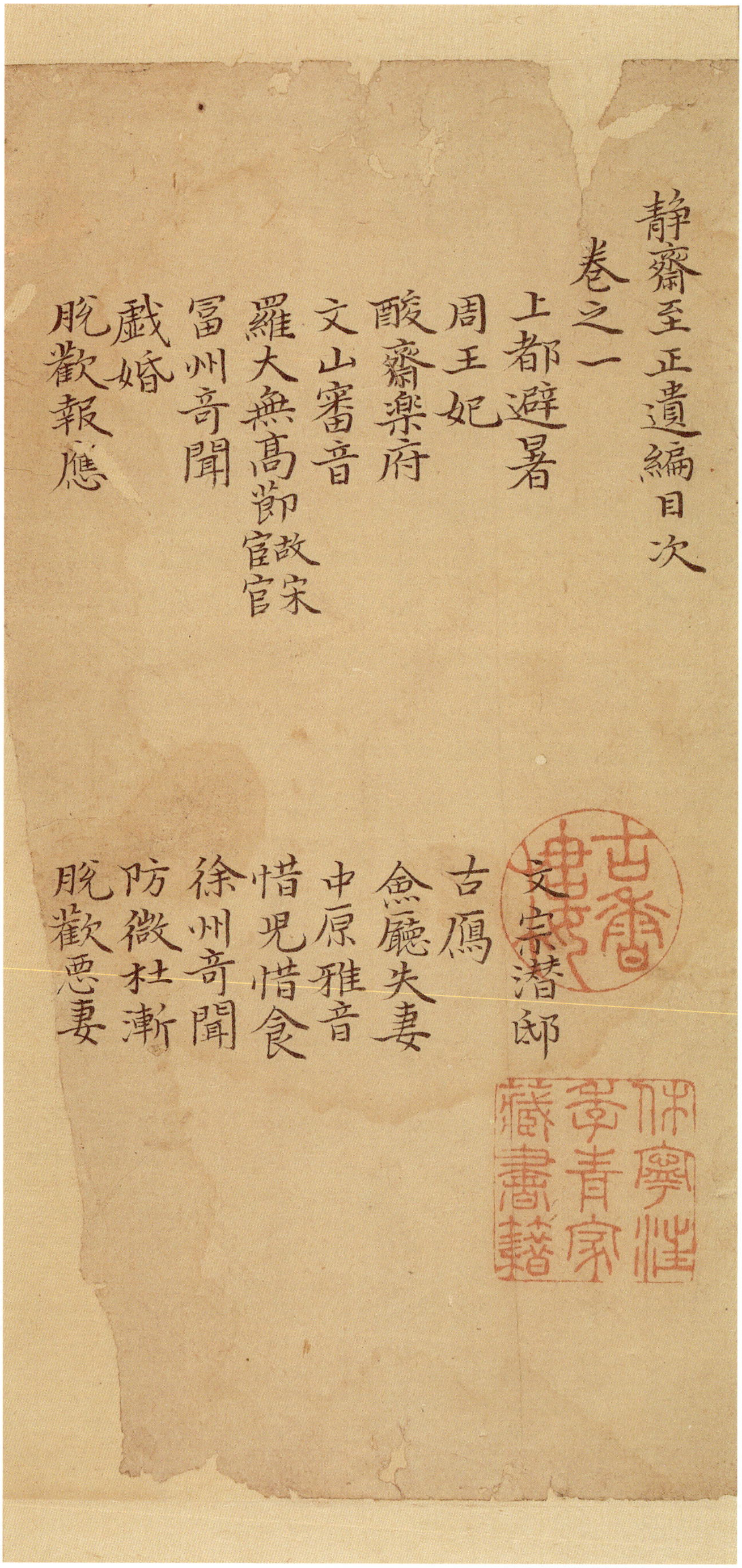

静齋至正遺編目次

卷之一

上都避暑

周王妃

酸齋樂府

文山審音

羅大無高節故宋宦官

冨州奇聞

戲婚

脱歡報應

文宗潛邸

古鴈

僉廳失妻

中原雅音

惜兒惜食

徐州奇聞

防微杜漸

脱歡悪妻

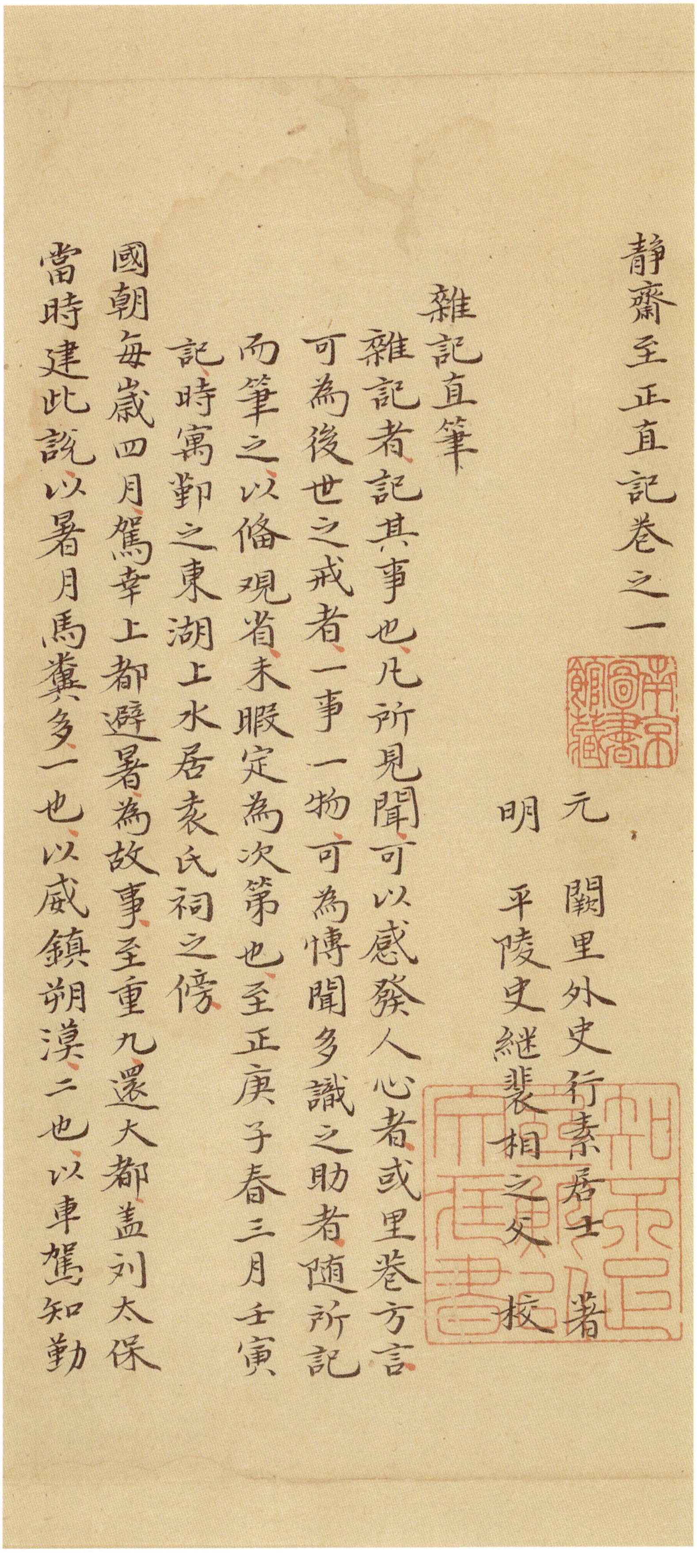
靜齋至正直記卷之一

元　闕里外史行素居士　著

明　平陵史繼裴相之父　校

雜記直筆

雜記者記其事也凡所見聞可以感發人心者或里巷方言可為後世之戒者一事一物可為傳聞多識之助者隨所記而筆之以備觀省未暇定為次第也至正庚子春三月壬寅記時寓鄞之東湖上水居袁氏祠之傍

國朝每歲四月駕幸上都避暑為故事至重九還大都蓋刘太保當時建此說以暑月馬糞多一也以威鎮朔漠二也以車駕知勤

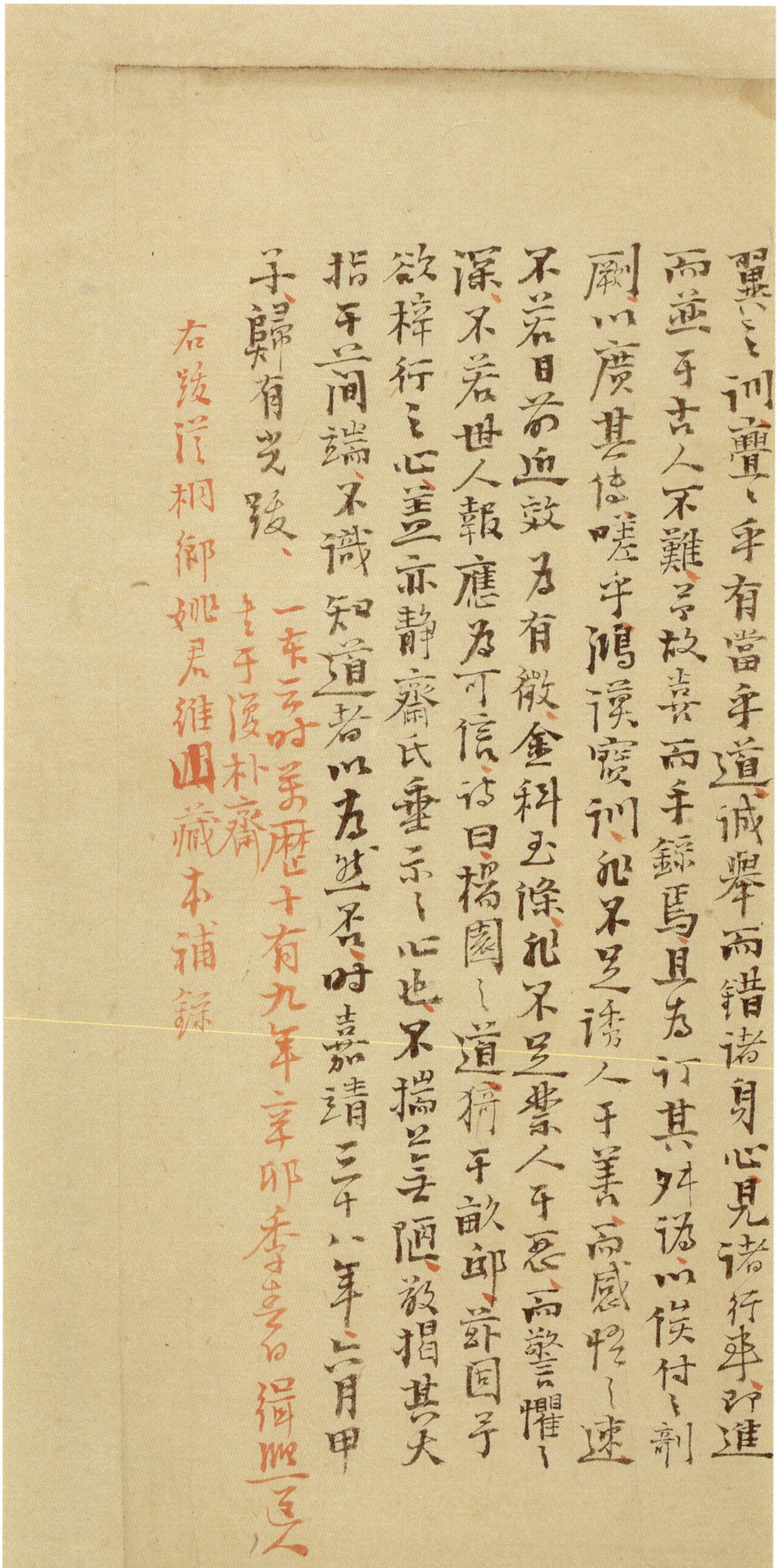

翼翼之訓亹亹乎有當乎道誡舉而錯諸身心見諸行事可進
而並乎古人不難矣故喜而手錄焉且為訂其外誤以俟付之剞
劂以廣其傳嗟乎鴻謨寶訓非不足誘人于善而感悟之速
不若目前血效為有徵金科玉條非不足禁人于惡而警懼之
深不若世人報應為可信詩曰樀園之道猶乎畝郎蘇因子
欲梓行之心蓋亦靜齋氏垂示之心也不揣其陋敢揭其大
指于簡端不識知道者以為然否時嘉靖三十八年六月甲
子歸有光跋

一本云時萬曆十有九年辛卯季春吉日繙經道人

壬子復朴齋

右跋從桐鄉姚君維山藏本補錄

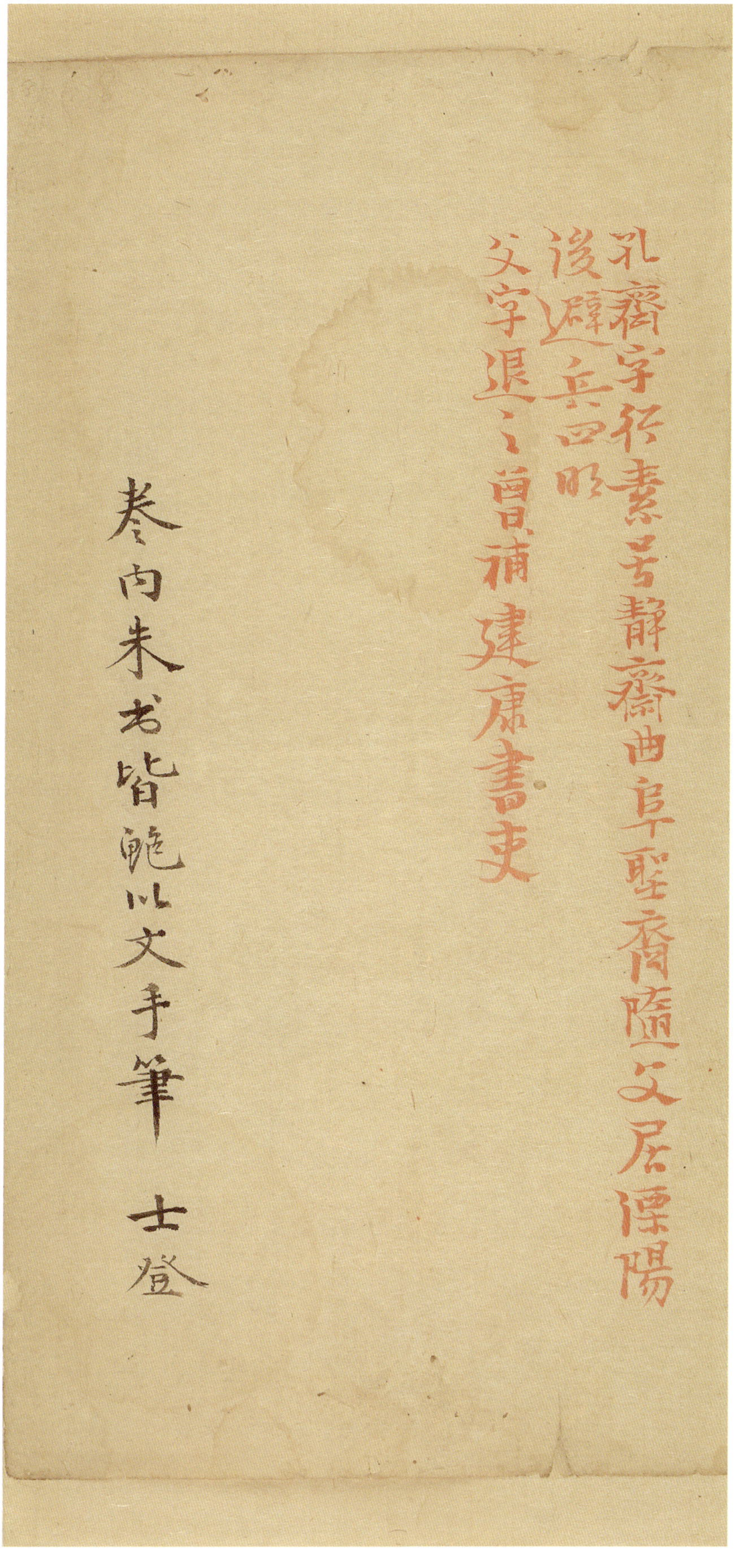
孔齋字從素號靜齋曲阜聖裔隨父居溧陽
後避兵四明
父字退之曾補建康書吏

卷內朱書皆鮑以文手筆　士登

石湖志略一卷　明盧襄撰

清抄本　清吴志忠校並跋　清顧廣圻、清沈樹鏞題記

一册

書高25.4釐米，寬16.3釐米。半葉十一行二十字，小字雙行，字數同。

石湖爲蘇州名勝，盧氏世居於此。盧襄所撰《志略》，記述了蘇州石湖之山川、古蹟與人文。此清抄本，道光八年（1828）時吴志忠得之，又以蘇州藏書家吴翌鳳手抄本校訂。歷顧廣圻、沈樹鏞遞藏，流傳有緒。

盧襄（1481—1531），字師陳，明嘉靖間吴縣人。官至兵部郎中。又著有《石湖文略》。

吴志忠，字有堂，號妙道人，清長洲人。富藏書，從黄丕烈、顧廣圻游，長於目録、校勘之學。輯有《璜川吴氏經學叢書》。

顧廣圻（1770—1839），字千里，號澗蘋、思適居士，清元和（今屬江蘇蘇州）人。精校勘與目録學。親校之本，無不精善，備受後世學人推崇。著有《思適齋文集》。

沈樹鏞，參見《爾雅古注鈔》

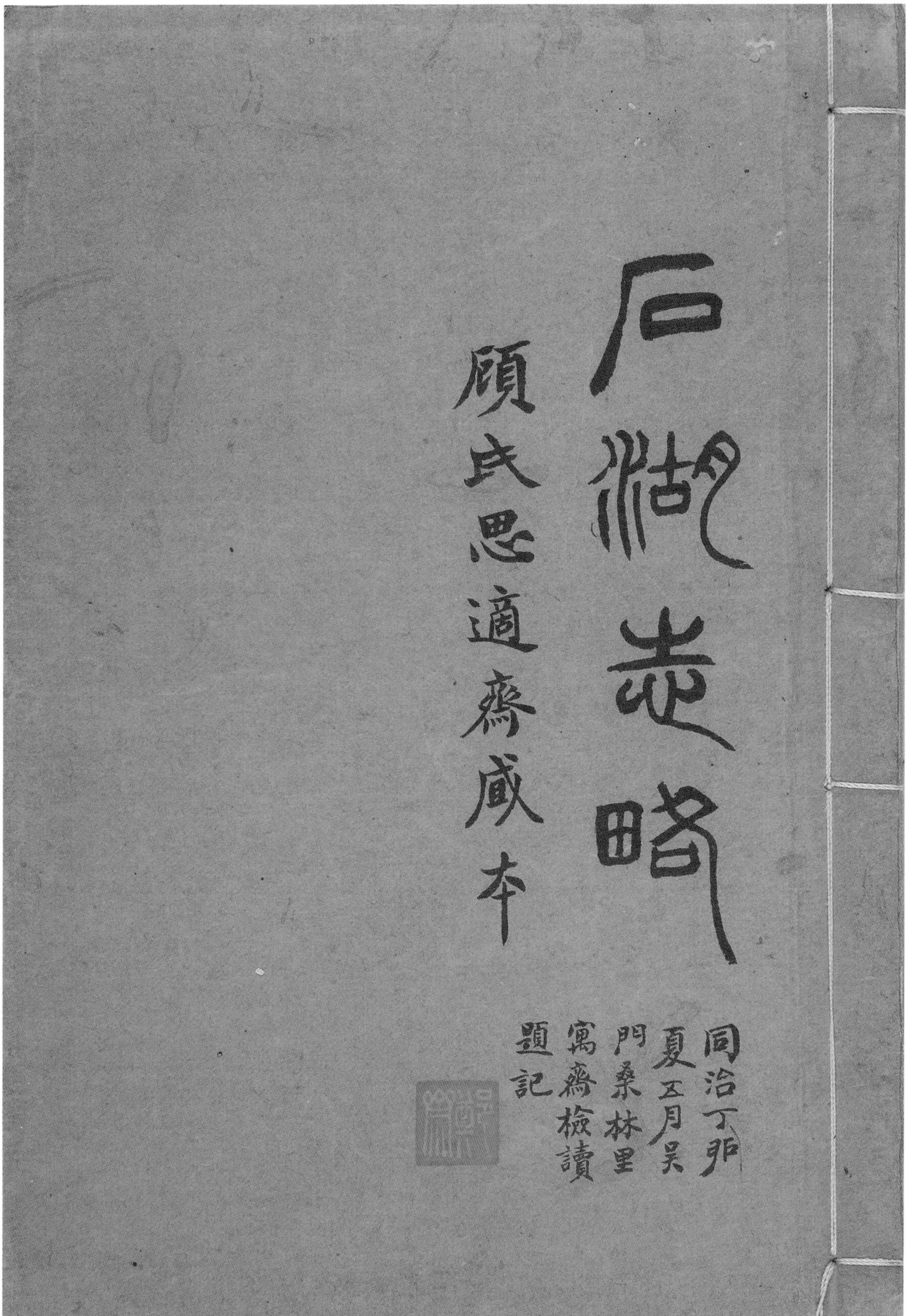
石湖志略
顧氏思適齋臧本
同治丁卯夏五月吴門桑林里寓齋檢讀題記

戊子冬日得此於吳有堂思適居士記
時年二十三

石湖志畧叙

翰林國史編修文林郎前進士江陰張袞

予友職方氏盧君師陳志石湖成以示袞曰志昔有也辭蕪寡要流綴溢牘厭覩病矣予茲薙為凡湖之有悉為論以釐之其仍為者懼失實也可不可須若質諸袞辭不能役比予受命服試事江西俘来徵言益急予乃閲編嘆曰志哉殆史之别乎凡其發凡立例攟幽辨殊考哲章庸法而有寃典而不誣貞而不泥卓乎莫之尚矣雖然盧君之作之也得無慨於其後乎湖之靈粤自文穆公居此湖名滋賁淪湮數百餘祀君之伯氏學憲公乃堂於湖之上堂成而湖益奇君復討而志之志成而堂毁以奥則吳多山水輸

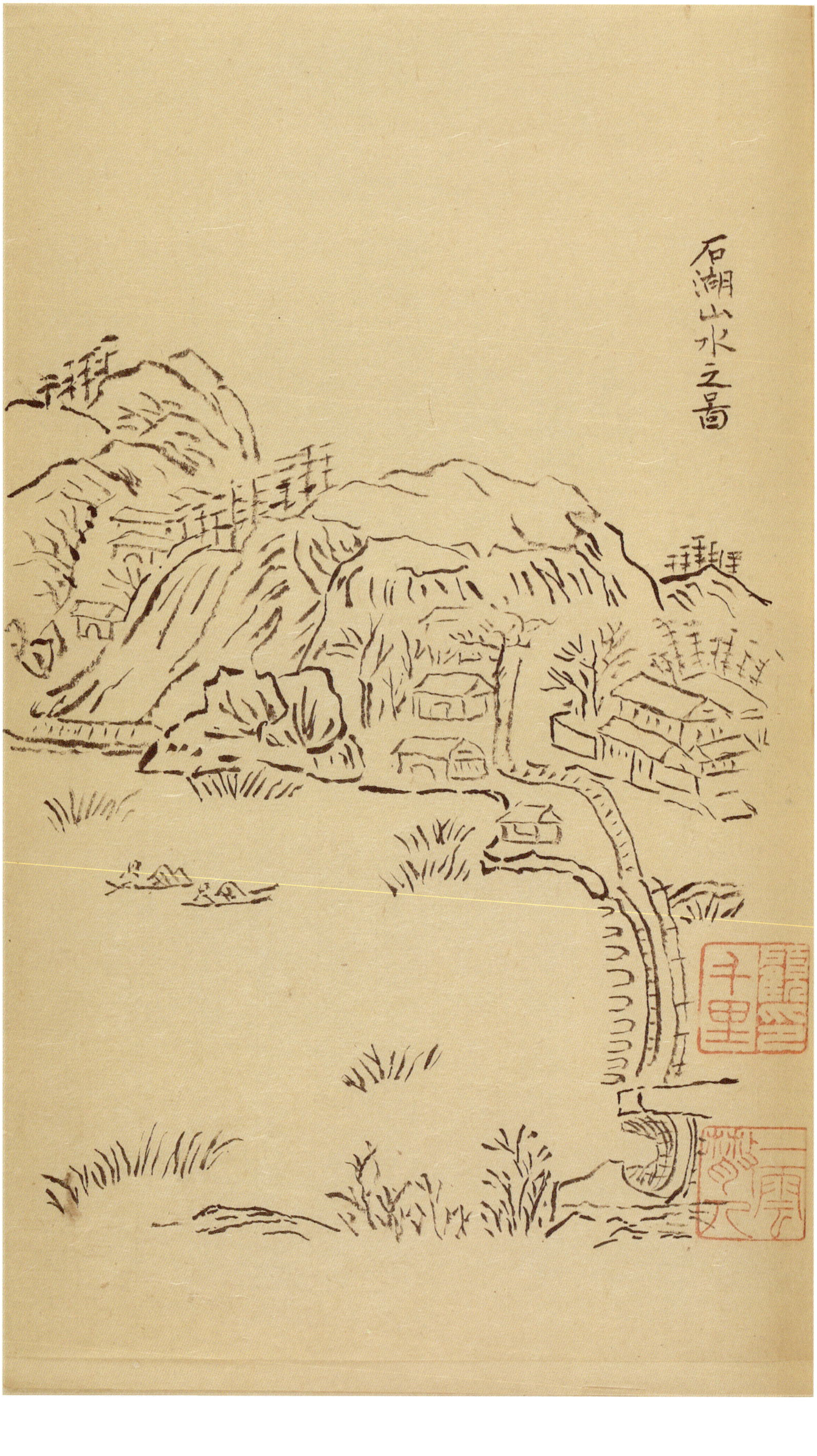
石湖山水之啚

石湖志畧

兵部職方郎中前進士盧襄師陳父輯

本志第一

吴澤國也五湖之外以湖名者猶多石湖其一也志以湖名法當首列作本志

湖在郡城西南十二里横山之下一壑廣僅數里深不盈仞春秋時范蠡所從入五湖者其水東北自婁江注胥門塘折西而南西北自震澤注胥口以及跨塘折東而南至此並皆滙爲其宣洩也復下震澤達於吴淞婁江以入於海湖西面爲山山下及東南北三面多良田沃壤夏秋湖風作時波濤澎湃洶湧勢

嘉慶庚辰之前四載忠購隙地盈畝值顧黃門之墓旁
將以為歸骸計也至是歲而妻楊氏歿因塋焉道光甲申
先慈見背將及期家嚴壽藏昔營於紫石山之麓擇吉啓
壙將安先慈柩而水盈於穴遂弃而卜兆於石湖之墓啟封域
而主焉忠夫婦祔其左忠妾祔其右自是而春秋墓祭往來石湖之
上始識其一二勝迹見市中敝簏有石湖志畧得携以歸
今戊子初秋又從賈友假到吳枚庵先生手抄本校讀一
遍其跋語中述黃氏讀未見書齋有舊刻本惜未見也書
此志感并記可焉　道光八年八月初四日妙道人忠識

石筍山房文集六卷詩集四卷　清胡天游撰

清嘉慶三年（1798）刻本　清趙之謙、清沈樹鏞跋
三册（毛裝）

書高29.5釐米，寬18.7釐米。框高18釐米，寬14.2釐米。半葉十一行二十二字，小字雙行，字數同，上下黑口，左右雙邊。

此書爲清代文學家胡天游詩文集。有趙之謙、沈樹鏞跋，述此書流傳收藏的舊事。

胡天游（1696—1758），一名騤，字雲持，又字稚威，一度改姓方，清山陰（今屬浙江紹興）人。副榜貢生。乾隆元年（1736），尚書任蘭枝薦舉鴻博，次年補試，鼻衄大作，投卷出。時四方文士雲集京師，每置酒高會，分題命賦，天游輒出數千言，沉博絶麗，見者咸驚服。性耿介，公卿欲招致一見，不可得。再舉經學，又因病報罷。客山西，卒。以駢文著名，亦能詩。《清史稿》有傳。

趙之謙（1829—1884），初字益甫，號冷君，後改字撝叔，號悲庵、梅庵、無悶等，清會稽（今屬浙江紹興）人。官至江西鄱陽、奉新知縣。工詩文，擅書法，精於篆刻。藏書秘册甚多。家有藏書樓二金蝶堂、仰視千七百二十九鶴齋。

沈樹鏞，參見《爾雅古注鈔》。

方天游傳

方天游者本姓胡一名騤字稚威浙江山陰人也少好奇任氣有異才于書無所不窺

今上卽位

詔天下舉博學鴻儒天游以鄉副貢來應

詔主舉主任尚書蘭枝家時四方文士雲集每稠人廣座天游輒出數千言落紙如飛文成奥博見者嗟服一日赫然名振京師同舉者皆得顯官而天游以病不能試罷天游于文工四六偶儷得唐燕許二公之遺詩亦雄健有氣其古文自言學韓愈澀險處時似唐劉蛻元元明善非其至也然自喜特甚時桐城方苞爲古文有重名天游力詆

石笥山房文集卷一

山陰胡天游雲持著

賦

玉芝賦

神漢元封中齊甘泉宮恭默思道萬方攸同仁化沛沛精與帝通俄焉芳飈扇乎庭金光流于楹炫爛煥郁蔚勃離陸芝房生焉突兀歊歔九莖連陛三秀羅沃洵乎嘉徵乃召方朔朔對唯唯稽首致辭願霽威色臣請賦之惟夫神草爲瑞兮苞天地之淳精含五行之鴻秀兮稟龍淵之璇英既一敷而百穗亦殊品而異名故有樊桐威喜列其號銀麟玉象標其稱閬野大霍别其產文山林屋岐其形炇

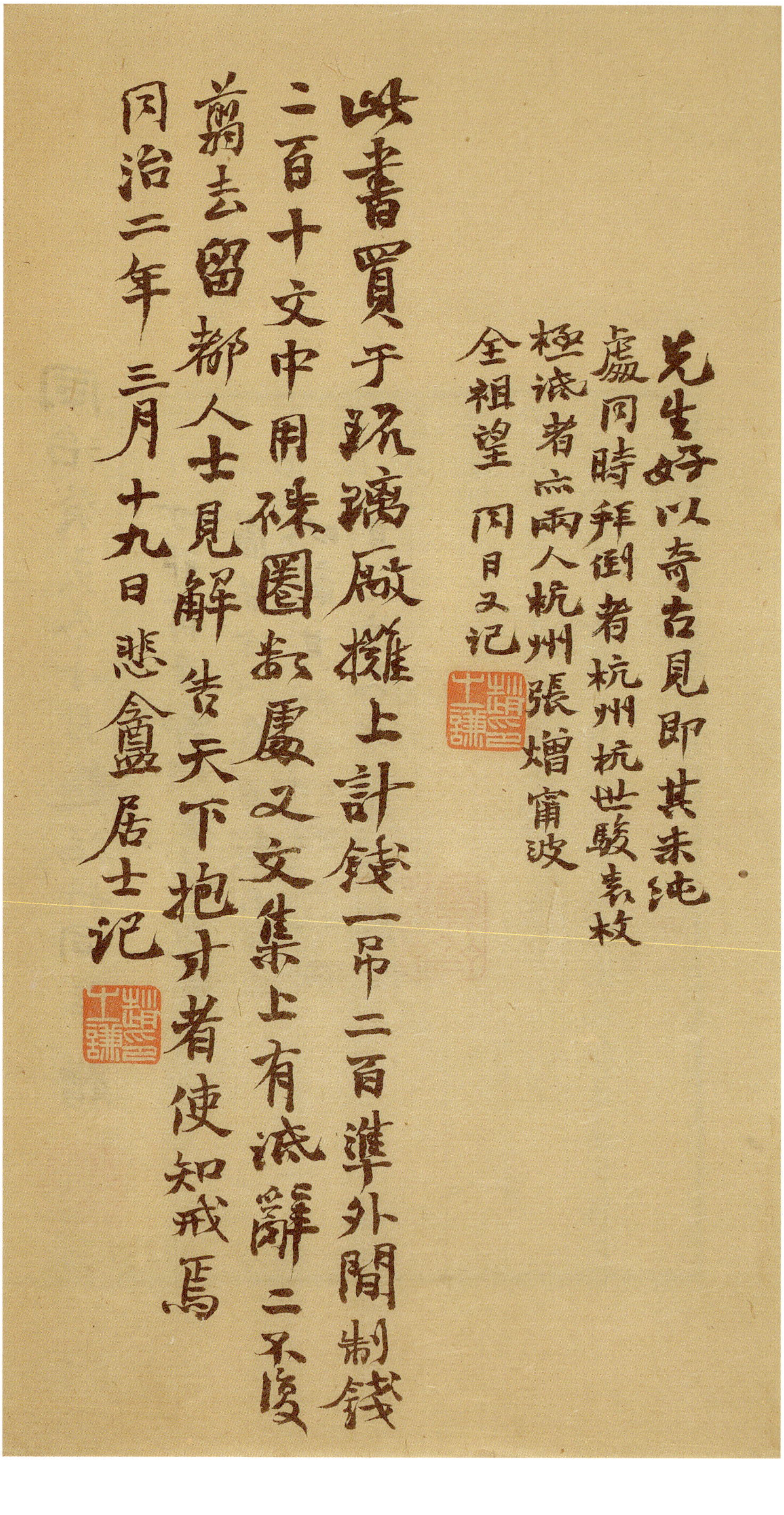

先生好以奇古見即其宋纯
虛同時拜倒者杭州杭世駿袁枚
極流者亦兩人杭州張熷甯波
全祖望 同日又記

此書買于琉璃廠攤上計錢一吊二百準外間制錢
二百十文中用硃圈數處又文集上有流辭二不復
翦去留都人士見解告天下抱才者使知戒焉
同治二年三月十九日悲盦居士記

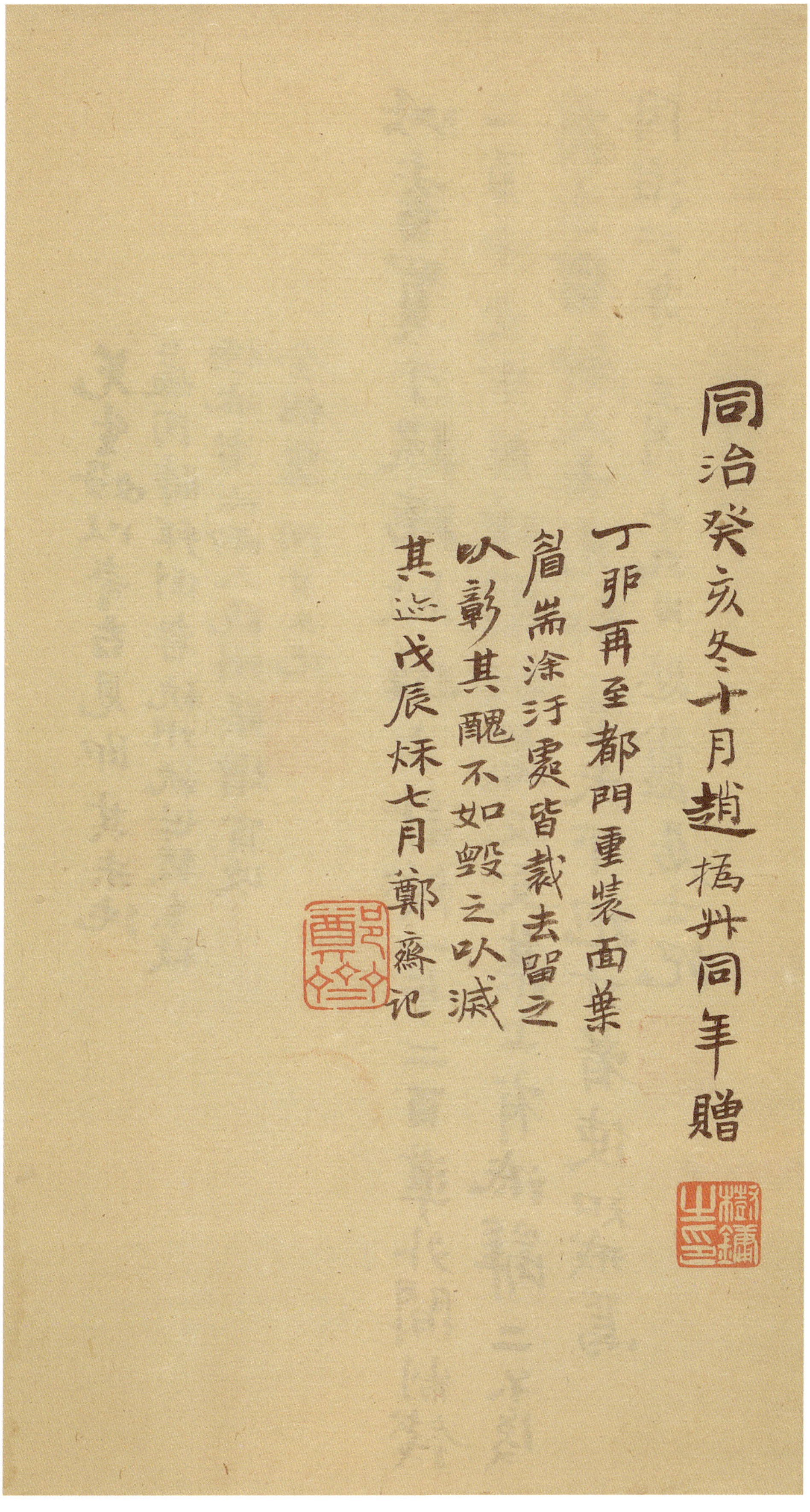
同治癸亥冬十月趙撝叔同年贈
丁卯再至都門重裝面葉
眉耑涂汙處皆裁去留之
以彰其醜不如毀之以滅
其迹戊辰秌七月鄭齋記

烈皇小識二卷　清文秉撰

清嘉慶四年（1799）周文鼎抄本　清周文鼎跋

六册

書高27.4釐米，寬17.3釐米。半葉九行二十字。

此書記崇禎一朝史實，編年體，對明末党争及遼東戰局、李自成起義等記述尤詳。周文鼎抄本，今僅存數種，均爲史志類書籍。此本末有周文鼎跋文一篇，稱其抄書雖暮年仍孜孜不倦，以此勉勵兒孫。

文秉（1609—1669），字蓀符，明末清初長洲人，明大學士文震孟之子。明亡後，自號“竹塢遺民”，隱居山林，潛心著述，終身不仕清朝。又著有《先朝遺事》《先揆志始》等。

周文鼎，字約耕，清乾隆嘉慶間常熟人。著有《刻楮吟》等。

烈皇小識　卷上

烈皇帝為　光宗第五子　孝純劉太后所出而撫育於　李莊妃天啓二年九月　册封信王七年二月出就外邸成婚　册妃周后　熹廟病危魏忠賢遣腹奄涂文輔王朝輔迎　上入宮　上時自危甚袖食物以入不敢食宮中物是夜秉燭獨坐見一奄移劍過取之留几上許給以賞憫巡邏者欲犒以酒食問左右何從取給左右對宜取之光祿因傳　令旨徧犒之歡聲如雷　周后在外監國

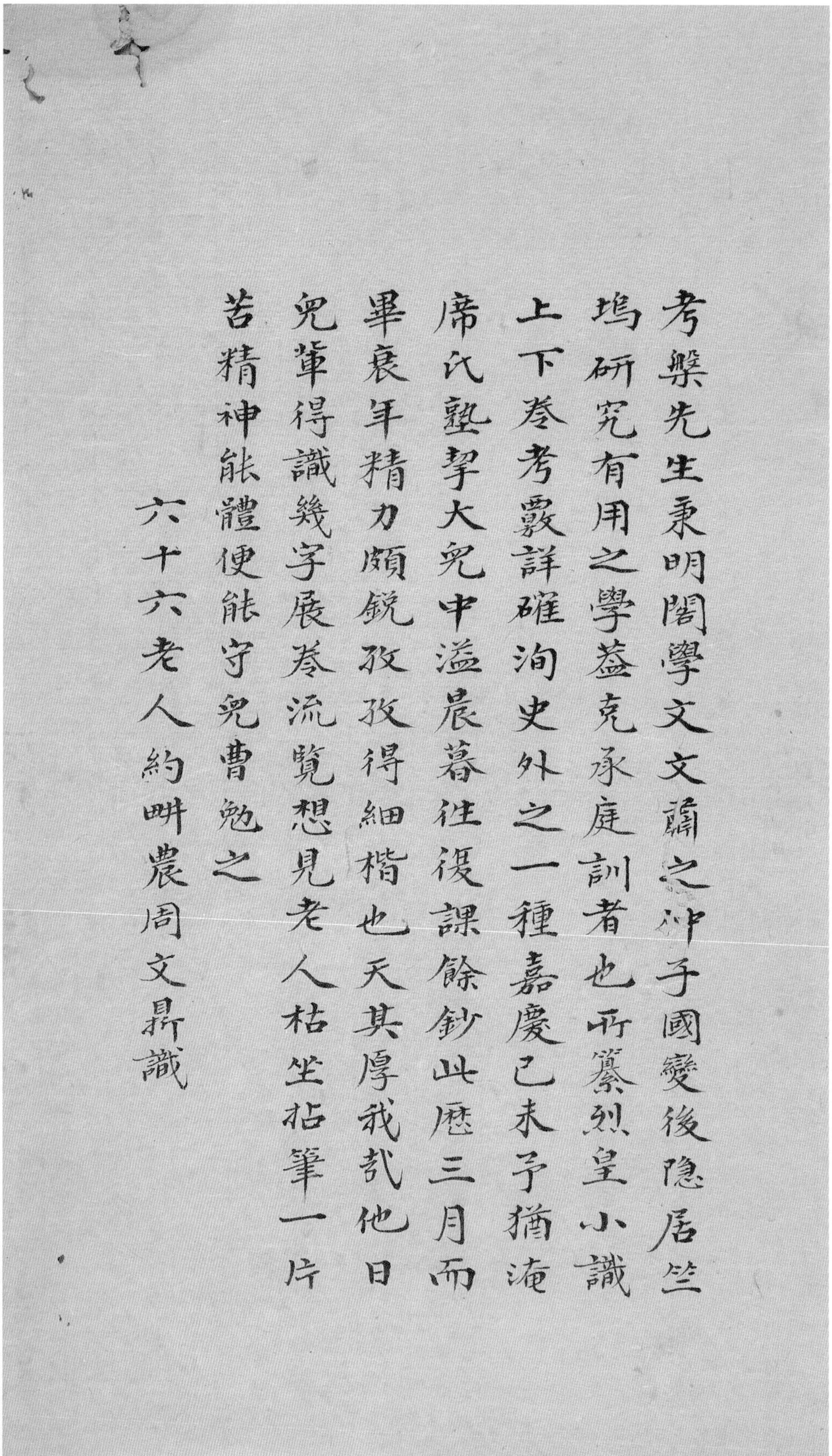

考槃先生秉明閣學文文蔚之冲子國變後隱居竺塢研究有用之學益克承庭訓者也所纂烈皇小識上下卷考覈詳確洵史外之一種嘉慶己未予猶淹席氏塾挈大兒中溢晨暮往復課餘鈔此歷三月而畢衰年精力頗鋭孜孜得細楷也天其厚我訖他日兒輩得識幾字展卷流覽想見老人枯坐枯筆一片苦精神能體便能守兒曹勉之

六十六老人約畊農周文鼎識

列子冲虛至德真經釋文二卷　唐殷敬順撰　宋陳景元補遺

清嘉慶五年（1800）顧廣圻家抄本　清顧廣圻跋
一册

書高30.1釐米，寬18.5釐米。半葉九行十七字，小字雙行，字數同。

《列子冲虛至德真經》，又稱《列子》，道教主要經典之一。通常釋文附於正文之下，此爲釋文單行，作者將文中字詞摘出，在其下注釋並標音切。據書末顧廣圻跋此本爲嘉慶五年（1800）自《道藏》録出。

顧廣圻，參見《石湖志略》。

列子冲虛至德眞經釋文卷上

唐當塗縣丞殷敬順撰

碧虛子陳景元補遺

列子新書目録姓列名禦寇或名圄寇先莊子故莊子稱之天寶初奉旨冊爲冲虛眞人其書改題曰冲虛眞經名冠八篇之首此是劉向取二十篇除合而成都名新書焉大宋景德四年勑加至德二字號曰冲虛至德眞經護左都水使者臣向姓劉名向字子正漢楚元王交玄孫校定此書也校音敎謹歟音與經中與字多如此作臣參七南切劉向管子新書目録云臣參書四十一篇校讎音酬校謂兩本相對覆校也讎謂如仇讎報也除復扶又切以盡

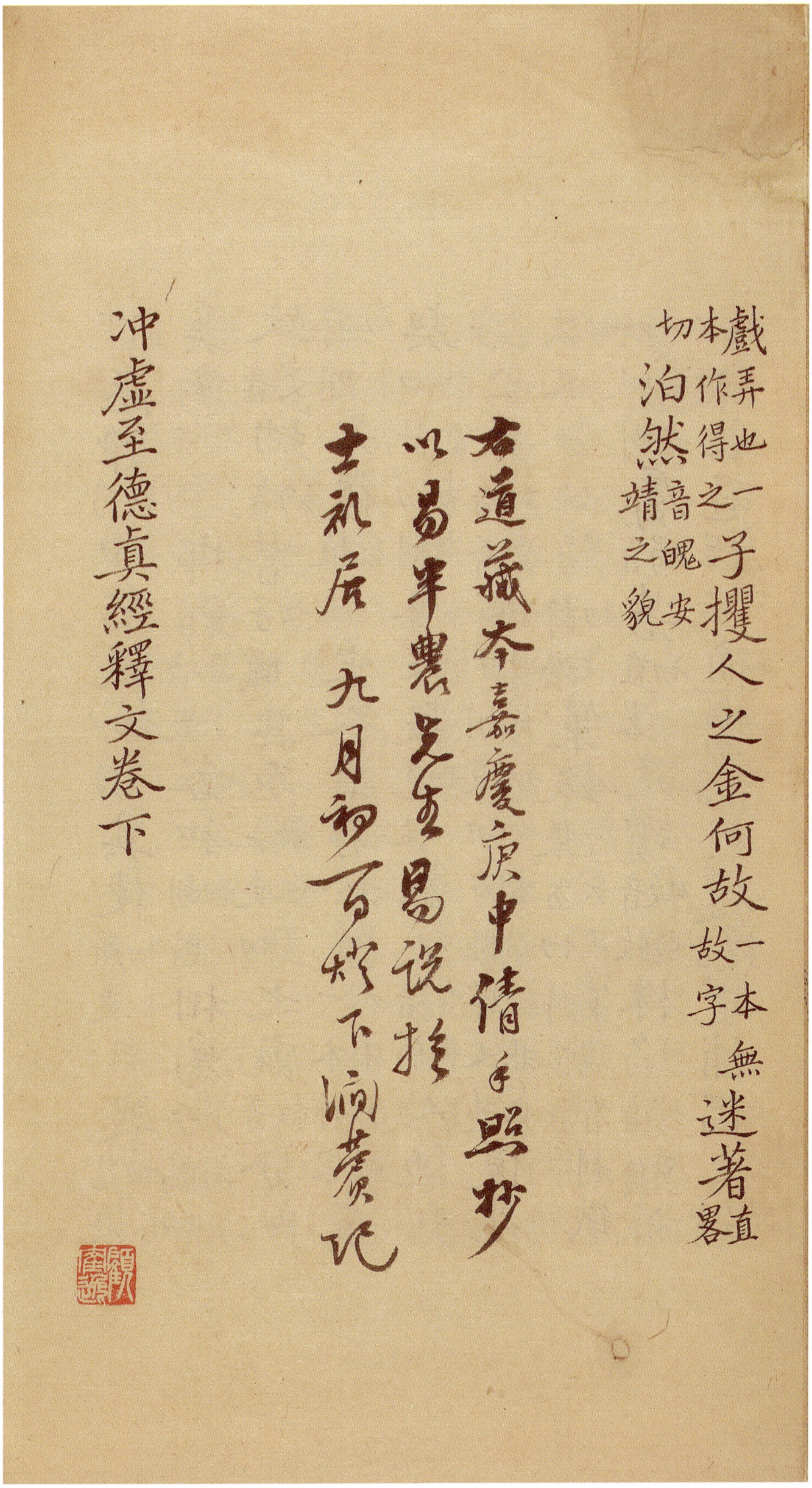
戲弄也一本作得之子攫人之金何故一本故字無迷著直畧切泊然音魄安靖之貌

右道藏本嘉慶庚申借手照抄
以易半農先生易說挍
士禮居　九月初旬燈下澗薲記

冲虛至德真經釋文卷下

國初事蹟一卷　明劉辰撰

清嘉慶十六年（1811）陳氏向山閣抄本　清陳鱣跋
一册

書高24.8釐米，寬15.5釐米。半葉七行二十六字。

此書述明太祖洪武間事蹟。劉辰曾任朱元璋（時稱吴王）手下典簽，所見舊事皆真确。永樂初參修《太祖實録》，《四庫全書總目》言此"蓋即修《實録》時所進事略草本"，而其文質直，無所隱諱，明代史乘多采用之。是書明代曾刊行，流傳較少，亦有明抄本傳世。此本係清藏書家陳鱣偶從書肆見有藏家欲重新裝幀，亟借出請人抄録而成，並手自校勘。

陳鱣，參見《字苑類編》。

國初事蹟

北京刑部左侍郎臣劉辰令將

太祖高皇帝國初事蹟開寫

進呈

一

太祖自和州渡江至采石太平儒士陶安首先來見

太祖問曰有何道以教之安曰即今群雄並起不過子女玉帛

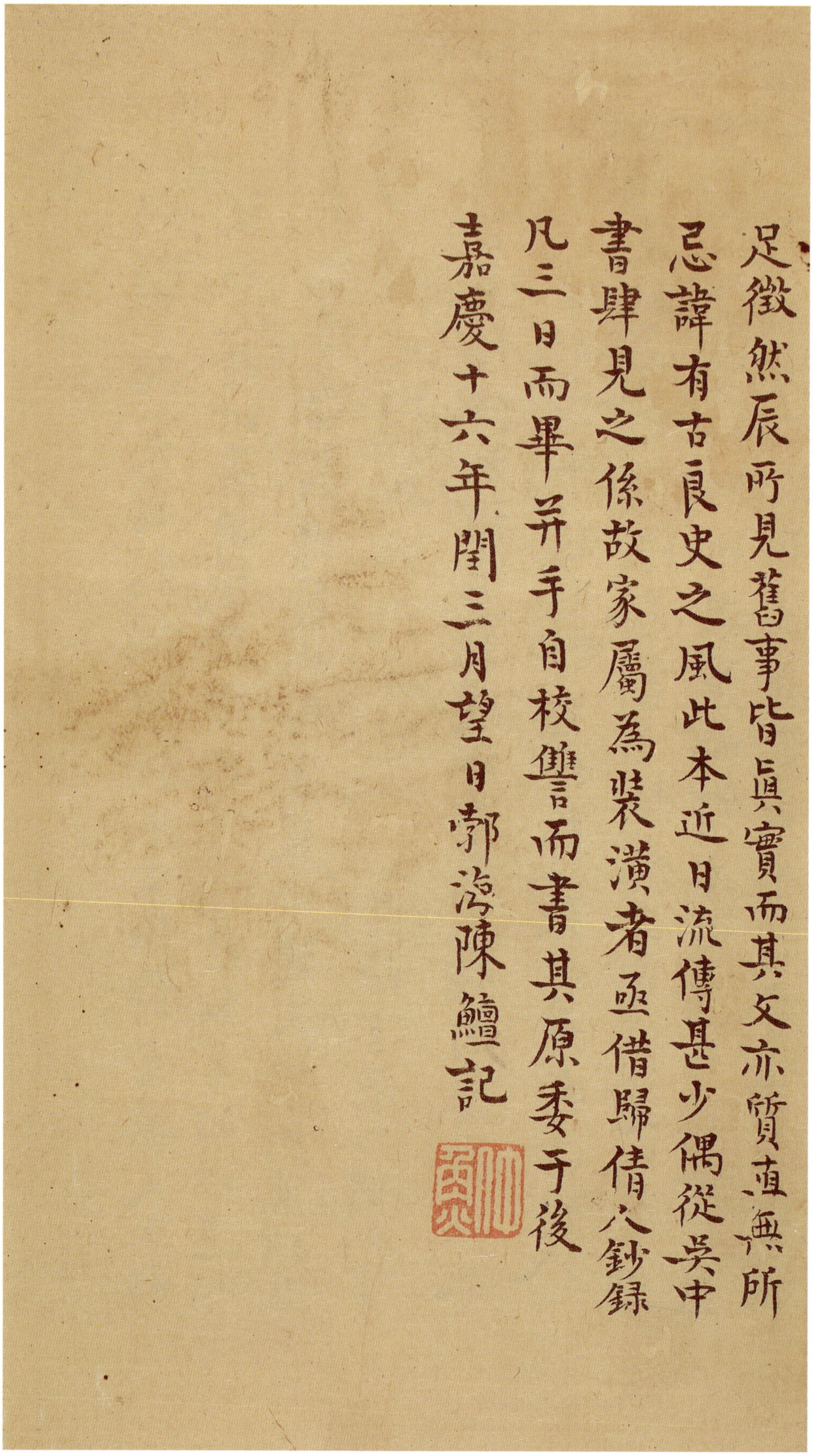

足徵然辰所見舊事皆眞實而其文亦質直無所
忌諱有古良史之風此本近日流傳甚少偶從吳中
書肆見之係故家屬爲裝潢者亟借歸倩人鈔録
凡三日而畢并手自校讐而書其原委于後
嘉慶十六年閏三月望日鄞陳鱣記

醉翁談録八卷 宋金盈之撰

清同治八年（1869）劉履芬抄本 清莫友芝跋

一册

書高23.6釐米，寬16.3釐米。半葉十行二十字，小字雙行，字數同。

此書爲宋人筆記小説，未見早期刊本，明清以抄本流傳，較爲稀見。此爲劉履芬手録，後贈予莫友芝。首有莫友芝跋文述及版本源委。

金盈之，兩宋間人，曾官從政郎、衡州録事參軍。

莫友芝（1811—1871），字子偲，號郘亭，清獨山（今貴州獨山）人。曾入曾國藩幕府，任金陵書局總編校。富藏書，精目録版本學、金石學。藏書處名“影山草堂”。著有《郘亭知見傳本書目》。

醉翁談録目録

卷之一

醉翁談録卷之一

從政郎新衡州録事叅軍金盈之撰

名公佳製

史丞相上梁文　嘉定乙巳勑賜府第

奮身許國端如柱石之孽天崇德報功可使樓臺之無地不有間生之瑰傑莫成脇大之殊勳方乾坤之氣嵡爾清夷宜國家之典舉於希闊叅唯其官相門動望聖世儒宗尚父素無二心新傳衣鉢阿衡咸有一德感會風雲挺孤忠於巇嶮之間平巨姦於盤錯之日祖宗基業三百載反寧而安南北生靈億萬人

阮文達公撫浙時進呈遺書金錄事醉翁談錄
是其一種揅外集提要所述才五卷相傳文達
裁去後三卷蓋如直齋書錄斥舍人教坊記猥
褻之意今全鈔所錄固不廢也己巳仲春江山
泖生氏以手錄八卷相示漫識郘亭眲叟

霞暉淵映

明清刻本

湖千頃生芳草韻
光瀲灩晴偏好韻
芙蓉不照紅顛倒韻
東坡道韻
波
李霜崖
此調止此一詞
無別首可校
凭闌人
太平樂府注越調按唐書禮
樂志越調即黃鍾之商聲也

此亦六言絕句
其平仄不拘

晴偏好

柘枝引 單調二十四字 四句三平韻 樂府詩集 無名氏

將軍奉命即須行 韻 塞外領強兵 韻 聞道烽煙動 句 腰間寶劍匣中鳴 韻

按宋史樂志小兒舞隊有柘枝又沈括筆談柘枝舊曲遍數極多今已不傳存此以誌其槩

塞姑見樂府詩集蓋唐時邊塞閨人之詞也

塞姑 單調二十四字 四句三仄韻 樂府詩集 無名氏

昨日盧梅塞口 韻 整見諸人鎮守 韻 都護三年不歸 句 折盡江邊楊柳 韻

[洪武]蘇州府志五十卷圖一卷　明盧熊纂修

明洪武十二年(1379)刻本　傅增湘跋　汪孟舒跋並録清宋賓王等校、清黄廷鑑跋、顧麟士題記
二十册

書高28釐米,寬19.2釐米。框高24.8釐米,寬16.6釐米。半葉十三行二十三字,小字雙行,字數同,上下黑口,四周雙邊。

蘇州府建置於明初,此志爲歷史上第一部《蘇州府志》。洪武原刊雕版古樸,雅近元刻,至民國間已流傳稀少。傅增湘曾購得一部,爲康乾間校勘家宋賓王校補、乾隆時狀元石韞玉舊藏。當時過雲樓主人顧鶴逸以其爲本郡名志,有意收之,傅氏未能割愛。後傅氏又爲顧鶴逸購得一部,即此本,並應顧氏請求將舊藏本校補過録。尚未着手,顧氏去世,傅增湘思有愧於友,請汪孟舒將此本歸返顧家,又借舊藏與汪氏,以履前約。卷端有傅氏手跋述及此事,爲書林一段佳話。汪氏將傅氏舊藏本首頁摹寫,以硃筆過録宋賓王等校補,再以藍筆過録鐵琴銅劍樓藏本之黄廷鑑跋。此書已爲稀見之本,又集古今名家校訂,甚爲寶貴。

盧熊(1331—1380),字公武,元末明初崑山人。曾從學於著名學者楊維楨。任吴縣教諭,官至兖州知州。

汪孟舒,字希董。清末民國時著名琴家、書畫家及收藏家。

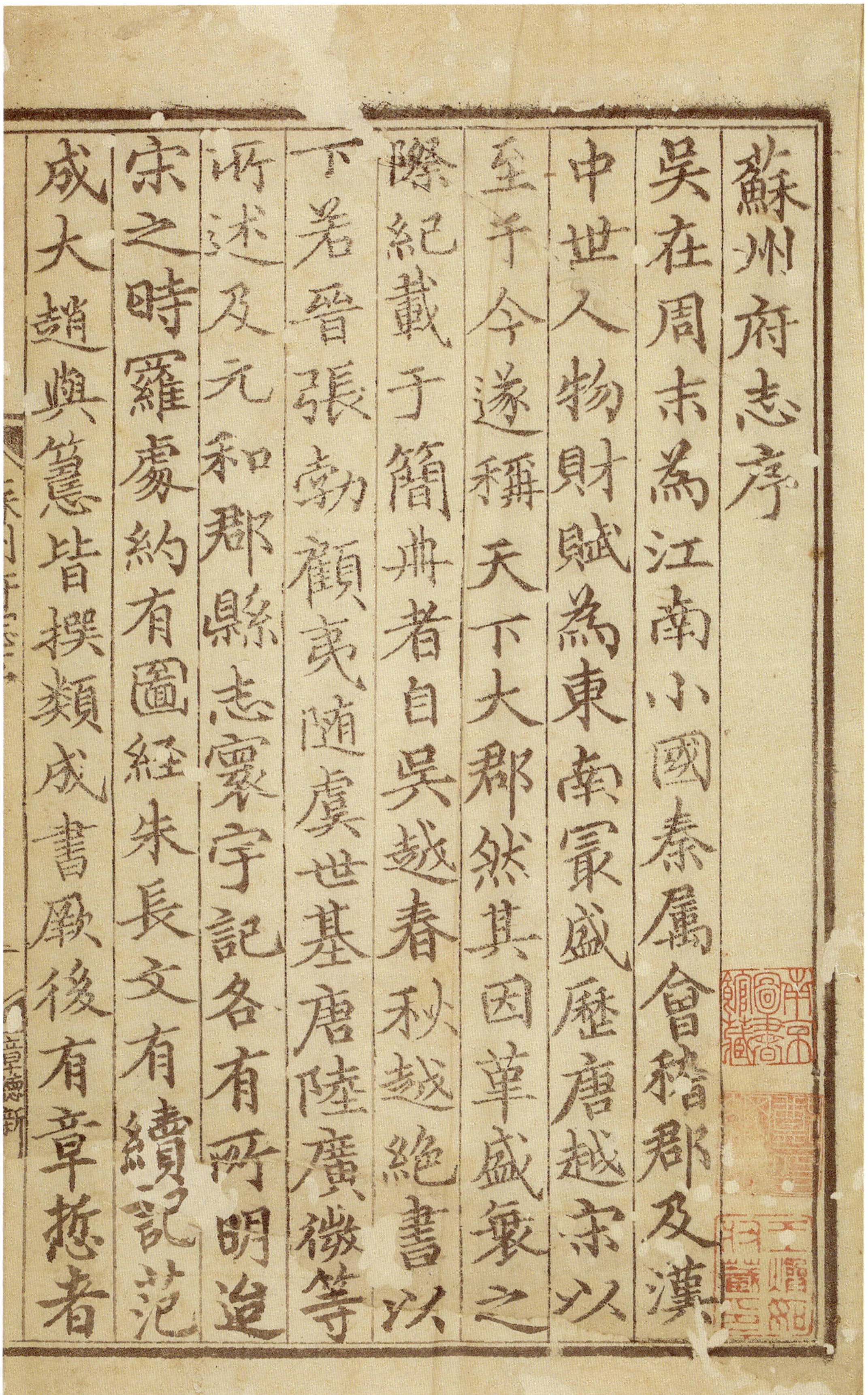

蘇州府志序
吴在周末爲江南小國秦屬會稽郡及漢
中世人物財賦爲東南冣盛歷唐越宋以
至于今遂稱天下大郡然其因革盛衰之
際紀載于簡册者自吴越春秋越絶書以
下若晉張勃顧夷隨虞世基唐陸廣微等
所述及元和郡縣志寰宇記各有所明迨
宋之時羅處約有圖經朱長文有續記范
成大趙與簒皆撰類成書厥後有章愻者

於前歲遽歸道山宿諾未償愧負良友適從汪君孟舒還吳之便仍檢原書歸之其家并志其始末於卷尚後之覽者可見吾兩人嗜古之情與老頻年往復之故且留此一段因緣為書林異時之佳話延陵挂劍或有愧於前賢相如返璧幸能完於故物生死交誼攄筆愴然

甲戌六月望藏園居士傅增湘識

沅叔癖好古籍鑒別精審插架之富有兩宋精刻百餘種且半屬孤本至元明秘冊及名賢手鈔猶不與焉真堪伯仲聊城楊氏海虞瞿氏其他海內藏書家難與比擬爰寫茲圖以志嚮往聞有盧熊蘇州府志徵闕佚處為石琢堂先生手寫補完之本在鄴架非上駟在吾則洵於郡國文獻重以鄉賢手痕故援王儀之畫楊東里相迓故事沅叔於意云何

顧西津妹丈題雙鑑樓圖　汪希董謹錄

壬子春余游吴門於鳴琴室楊馥堂手收得洪武
本蘇州府志喜其版刻古樸雅近元刊初未以為珍也
翌日　顧君鶴逸見訪披觀再四愛不釋手欲以他書
相易余婉謝焉且語之曰他時若再見此本當為君
收之君笑曰公何言之易耶此書各家著録多屬傳鈔
若明初刊本祇海虞瞿氏吳興陸氏有之并此鼎峙成
三且此帙為石琢堂殿撰脩府志時所閱於吾郡尤有雅
故君為此言慰我得毋類於畫餅充飢耶相与一笑而罷
洎癸丑春余入都閱肆於翰文齋忽覯此帙欣喜過望
急馳函告君以百金議成其秋即載以相付君旋以書
抵余欲以新收易余舊藏余自藏本為宋賓王校補

蘇州府志卷第一

郡人盧熊輯

沿革

蘇州府望吳郡治吳長洲二縣

古揚州之域周吳子國也初周太王之子泰伯仲雍避少弟季歷奔荆蠻自號句吳今無錫東梅里屬常州立為吳泰伯五世至周章是時周武王克殷因而封之自泰伯至壽夢十九世吳始益大稱王諸樊南徙吳又四世為闔閭始築城都之今府城是也周元王三年為王夫差之二十二年越滅吳其地入越後一百三十九年為周顯王三十五年楚王六年伐越殺王無彊盡取故吳地東至浙江考烈王徙封國相春申君黃歇於吳遂城吳故墟以為都邑已上詳見吳國世家始皇二十四年滅楚二十五年將軍王翦定江南降百粵

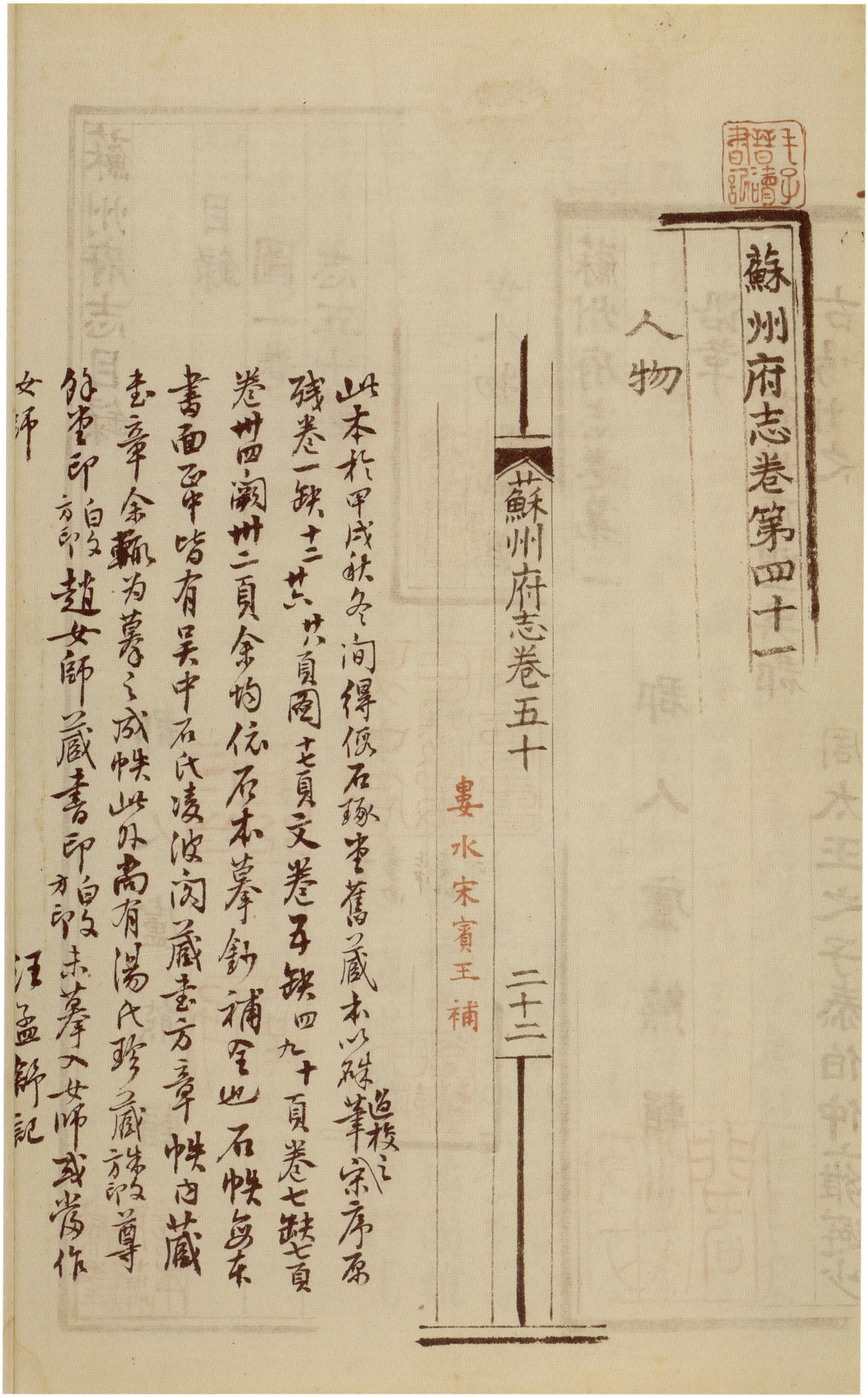
蘇州府志卷第四十一
人物
蘇州府志卷五十
二十二
婁水宋賓王補

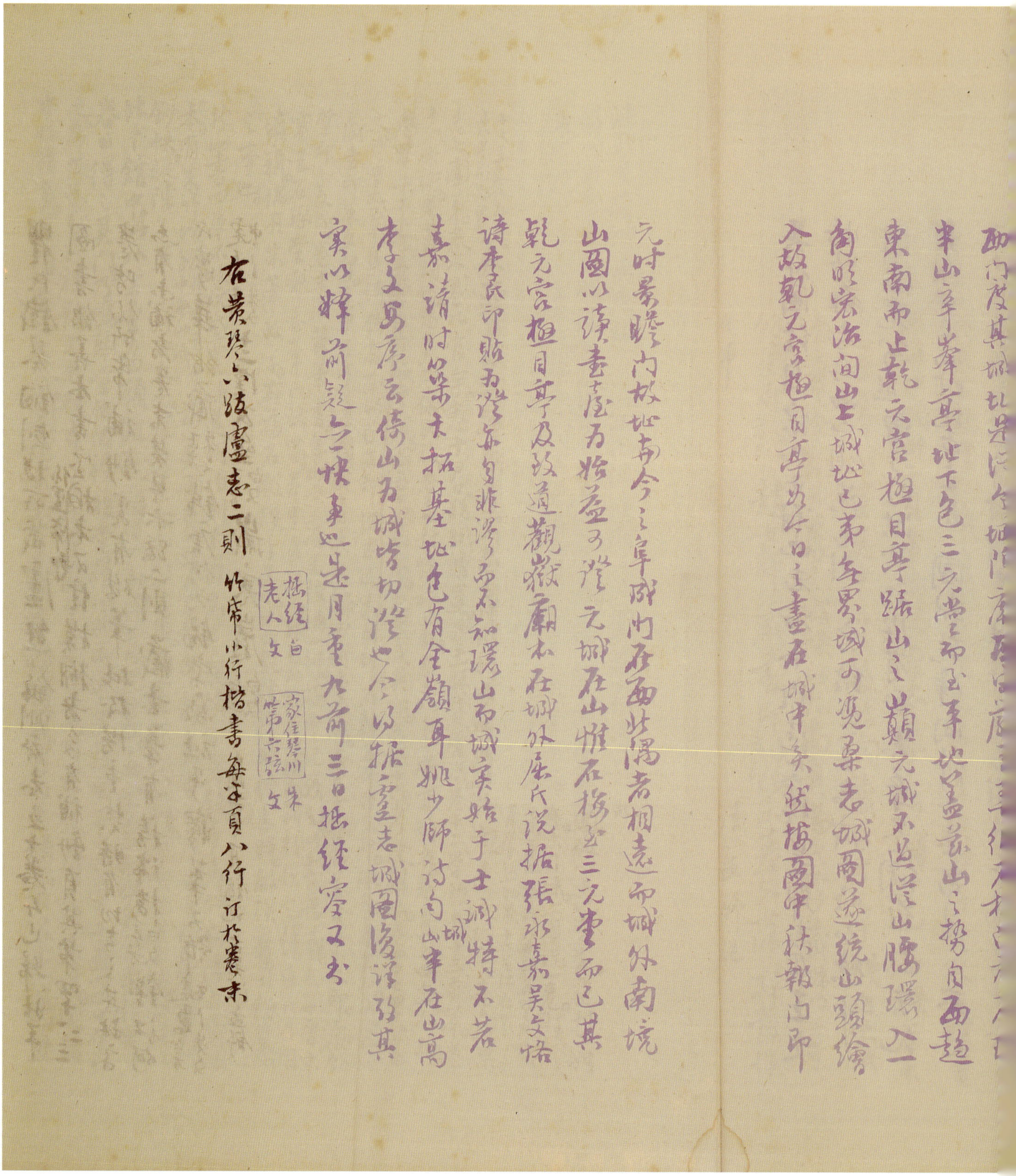

半山亭峯亭址下包三元觀之御玉華山之勢自西趨
東南而上乾元宮極目亭踞山之巔元城不過沿山腰環入一
角明宏治間山上城址已弟為界城而遂梁志城圖遂繞山頭繪
入故乾元宮極目亭皆在今日之畫在城中矣然按圖中秋穀山即
元時景勝內故址亦今之阜城門在西北隅者相遠而城外南境
山圖以諸畫基為勝蓋乃證元城在山腰在梅至三元觀而止其
乾元宮極目亭及致道觀嶽廟本在城外康氏說據張承嘉吳文恪
詩李氏印照為證亦自非謬而不知環山為城實始于士誠特不若
嘉靖時所築未括基址包有全嶺耳姚少師詩句山半在城山高
李文正序云倚山為城皆切證也今以據虞志城圖後詳證其
實以釋前疑無快事也是月重九前三日抱經室又書

抱經老人 白文

家住琴川第六弦 朱文

右黄琴六跋虞志二則 竹紙 小行楷書 每半頁八行 訂於虞志末

吴郡图经自宋已上溯地志者今惟范文穆吴郡志及王文
恪姑苏志存而已顾范志刊于宋绍定王志成于明正德中
惟卢熊所纂当于明洪武初撰有府志五十卷网罗散失纪
载翔实当时绝重其书　国朝乾隆间修府志尚见之厥后
三十年　诏修四库时馆中已佚故于明初惟收无锡县一志
盖尔时藏书家已罕著录矣缘范志经元邑毛氏重刻而是书
自明初录版至今时几五百年宜其传本之垂绝也其书自宋
端平以后迄洪武历百三十年朝经再易其间所纪疆域之沿革
农田水利之利害兴夫宦师人物之废置盛衰非有是书则宋元
之际纪载中绝故欲致三吴典记者較范志为尤重宋文献序称吴
中地记向无完文此书损益旧典以述为一郡成书非溢美也此
本钱唐何上舍元锡得之浙中以归稽瑞楼陈氏后归恬裕斋
今秋　子雍明经出以属题余为详其源委著其存佚见此本
为佚而幸存之书允为镇库重宝异日郡志重修征吴中文献
者舍是编将奚以橐笔从事哉　道光庚子秋九月朔七十
九叟黄廷鉴谨跋

黄印廷鉴（白文）　琴六（朱文）

余昔撰三志补记中有元时城致系友人屈倬甫轶借刻以环
山为城断自明嘉靖间筑城始余向亦窃疑之今读卢志
而知其说之果非也据志中常熟州城图西有秋报景暨二
门由景暨而迤山而北至虞山门界尽青折城内城隍庙

神僧傳九卷 明成祖朱棣輯

明永樂十五年（1417）内府刻本

九册

書高28釐米，寬17.7釐米。框高23.2釐米，寬15.3釐米。半葉十二行二十一字，上下黑口，四周雙邊。

此書記載東漢至元代二百零八位高僧的神異故事。卷首有明成祖朱棣御製神僧傳序。此爲明初内府刻本，手寫字體，端莊秀麗。

神僧傳卷第一

摩騰

釋摩騰。本中天竺人也。美風儀。解大小乘經。常以遊化為任。往天竺附庸小國講金光明經。會敵國侵境。騰惟曰。經云。能說此法。為地神所護。使所居安樂。今鋒鏑方始。曾是為益乎。乃誓以忘身。躬往和勸。遂致二國交歡。由是顯譽。逮漢永平中。明帝夜夢金人飛空而至。乃大集群臣以占所夢。通人傅毅奏曰。臣聞西域有神。其名曰佛。陛下所夢。将必是乎。帝以為然。即遣郎中蔡愔博士弟子秦景等。往天竺尋訪佛法。愔等於彼遇見摩騰。要還漢地。騰誓志弘通。不憚疲苦。冒涉流沙。至於雒邑。明帝甚加賞接。於城西門外立精舍以處之。漢地有沙

周易參同契發揮三卷釋疑一卷　元俞琰述

明宣德三年(1428)朱文斌刻本

三册

書高26.5釐米, 寬16釐米。框高20.8釐米, 寬13.7釐米。半葉十行二十字, 上下黑口, 四周雙邊。

《周易參同契》爲道教經籍, 全書托易象而論丹道, 被稱爲丹經之祖。俞琰釋本爲該書主要注釋書籍。此爲宣德時信徒捐資所刻, 是早期刻本之一, 端楷寫刻, 較爲稀見。史開基舊藏。

俞琰, 字玉吾, 號全陽子、林屋山人等, 宋末元初吴郡人。隱居不仕, 一生潛心易學, 又著有《周易集説》《易外别傳》等。

史開基, 參見《乖崖張公語録》。

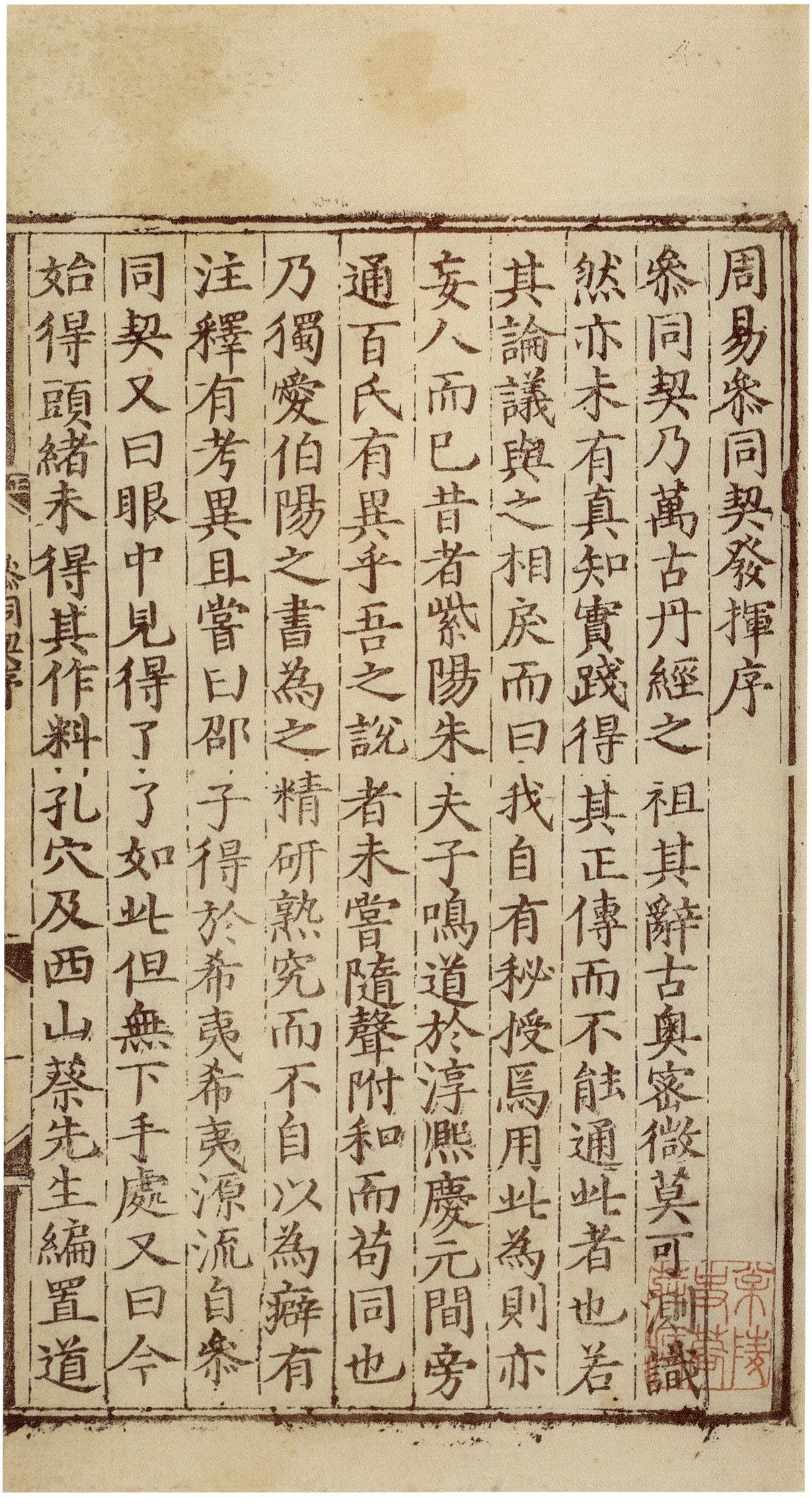

周易參同契發揮序

參同契乃萬古丹經之祖其辭古奥審微莫可測識然亦未有真知實踐得其正傳而不能通此者也若其論議與之相戾而曰我自有秘授焉用此為則亦妄人而已昔者紫陽朱夫子鳴道於淳熈慶元間旁通百氏有異乎吾之説者未嘗隨聲附和而苟同也乃獨愛伯陽之書為之精研熟究而不自以為癖有注釋有考異且嘗曰邵子得於希夷希夷源流自參同契又曰眼中見得了了如此但無下手處又曰今始得頭緒未得其作料孔穴及西山蔡先生編置道

周易參同契發揮

林屋山人全陽子俞琰述

上篇

乾坤者易之門戶衆卦之父母

闔戶謂之坤闢戶謂之乾一闔一闢謂之變往來
不窮謂之通此乾坤所以為易之門戶也乾生三
男坤生三女男女構精萬物化生此乾坤所以為
衆卦之父母也夫人之一身法天象地與天地同
一陰陽也人知此身與天地同一陰陽則可與論
還丹之道矣

宛陵先生文集六十卷拾遺一卷 宋梅堯臣撰 附録一卷

明正統四年（1439）袁旭刻本

十六册

書高27.5釐米，寬17.9釐米。框高19.3釐米，寬14.7釐米。半葉十行十九字，小字雙行，字數不等，上下黑口，四周雙邊。

此爲梅堯臣詩文集，明寧國知府袁旭校刻，屬現存早期翻刻本，今已稀見。曾爲明代藏書家葉氏菉竹堂、毛氏汲古閣收藏。

梅堯臣（1002—1060），字聖俞，世稱宛陵先生。宋宣城（今屬安徽）人。皇祐三年（1051）進士，工詩。與蘇舜欽齊名，並稱蘇梅，開創北宋一代詩風。

葉盛（1420—1474），字與中，號蛻庵，自號白泉，又號涇東道人、淀東老漁，明昆山人。曾巡撫兩廣、宣府鎮，官至吏部左侍郎。愛藏書、抄書，建菉竹堂以貯之。編有《菉竹堂書目》，著《菉竹堂稿》《兩廣奏草》等。

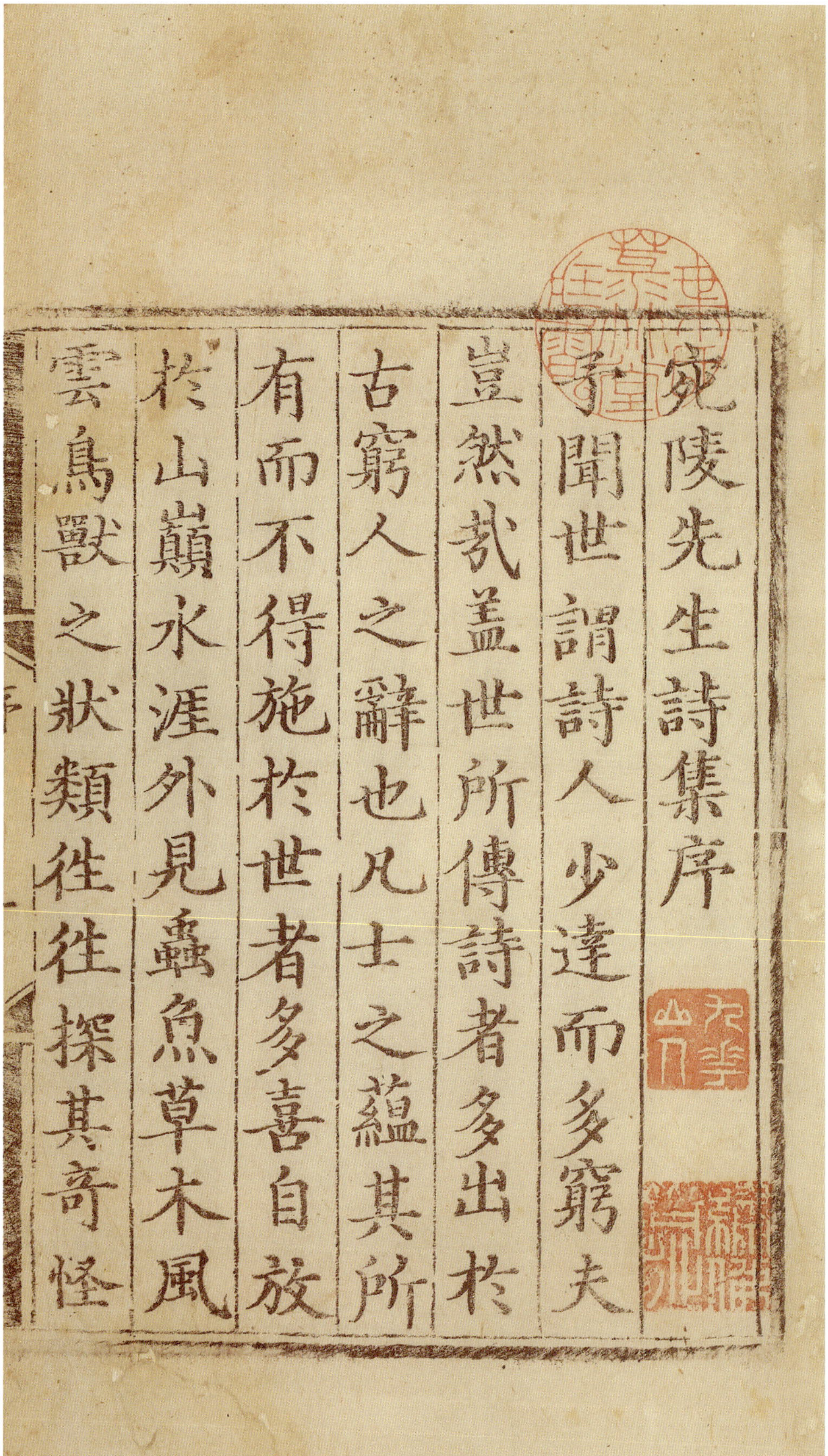

宛陵先生詩集序
予聞世謂詩人少達而多窮夫
豈然哉蓋世所傳詩者多出於
古窮人之辭也凡士之蘊其所
有而不得施於世者多喜自放
於山巔水涯外見蟲魚草木風
雲鳥獸之狀類往往探其奇怪

宛陵先生文集卷第一

和謝希深會聖宮

三后威靈遠層甍棟宇興衣冠漢原廟歌舞魏西陵日月融光盛山河王氣增叢楹琢文石連網絡朱繩碧瓦寒鋪玉重欄瑩鏤冰粹儀神霧擁法衮繡龍升星斗羅容衛軒墀侍股肱宸蹤耀璇牓瑞羽集觚稜閟殿深珠箔雕垣界綺縢笙從緱嶺咽雲傍帝鄉凝龜組恭來蒞貂璫肅奉承欲知歸厚意孝德自烝烝

右丞李相公自洛移鎮河陽

龍門子凝道記三卷 明宋濂撰

明成化十七年(1481)徐禮刻本

一册

書高27.5釐米,寬16.8釐米。框高20.5釐米,寬14.3釐米。半葉十二行二十一字,上下黑口,四周雙邊。

此書爲宋濂於元至正十六年(1356)入浙江金華小龍門山時所著,全書二十四篇,其中符四篇、樞八篇、微十二篇,以道家子書形式,托古言事,彰顯其志。此明成化十七年(1481)徐禮刻本爲稀見本,曾藏盧文弨抱經堂。

宋濂(1310—1381),字景濂,號潛溪、玄真子,元末明初金華人。累官至翰林學士承旨,知制誥。曾被明太祖譽爲"開國文臣之首",學者稱太史公,與劉基、高啓並列爲明初詩文三大家。有《宋學士全集》。

盧文弨(1717—1796),字紹弓,號抱經,清仁和人。乾隆十七年(1752)進士,官至湖南學政。精校勘學,富藏書。

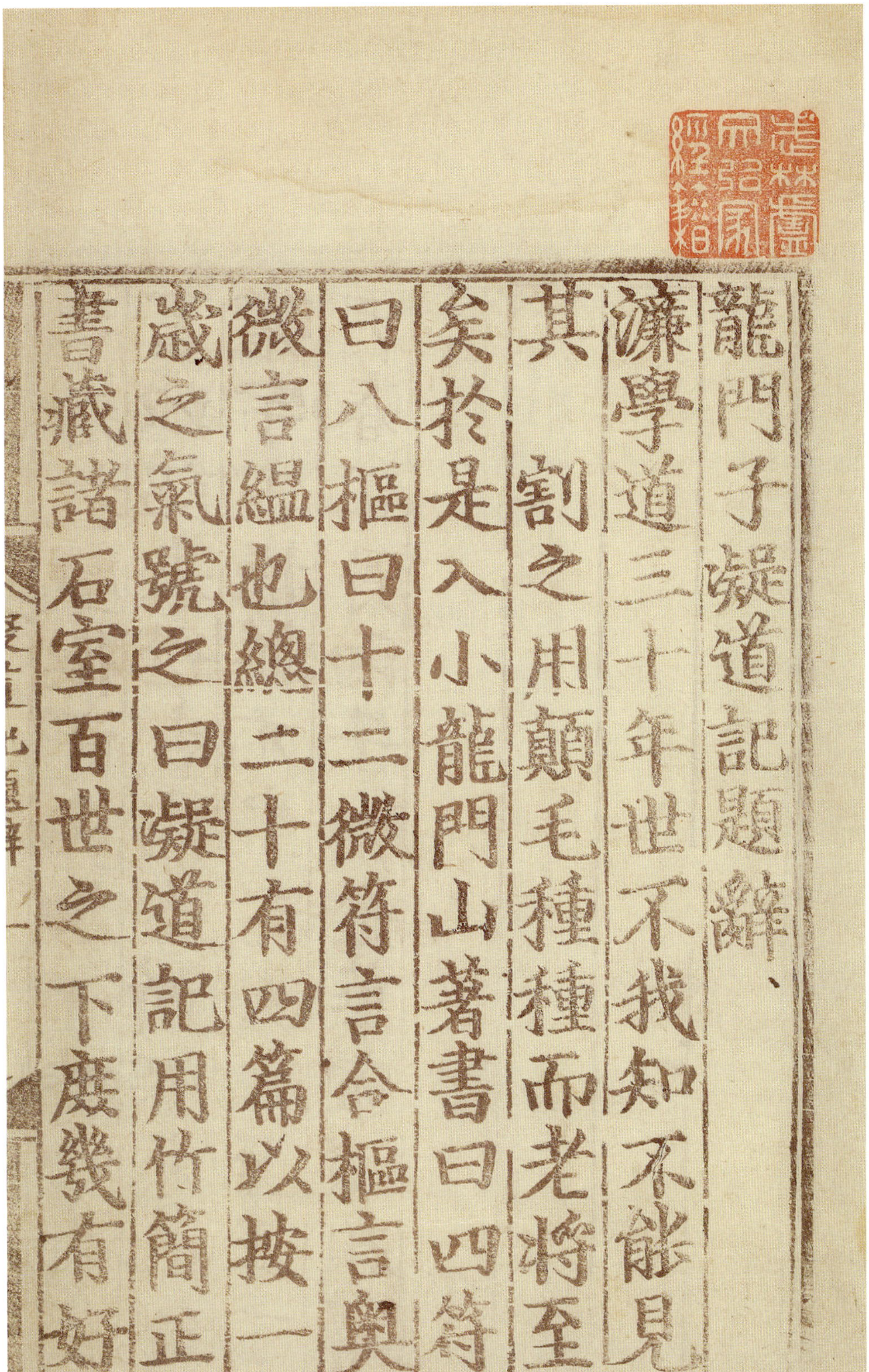

龍門子凝道記題辭
濂學道三十年世不我知不能見
其割之用顛毛種種而老將至
矣於是入小龍門山著書曰四符
曰八樞曰十二微符言合樞言與
微言緼也總二十有四篇以按一
歲之氣號之曰凝道記用竹簡正
書藏諸石室百世之下庶幾有好

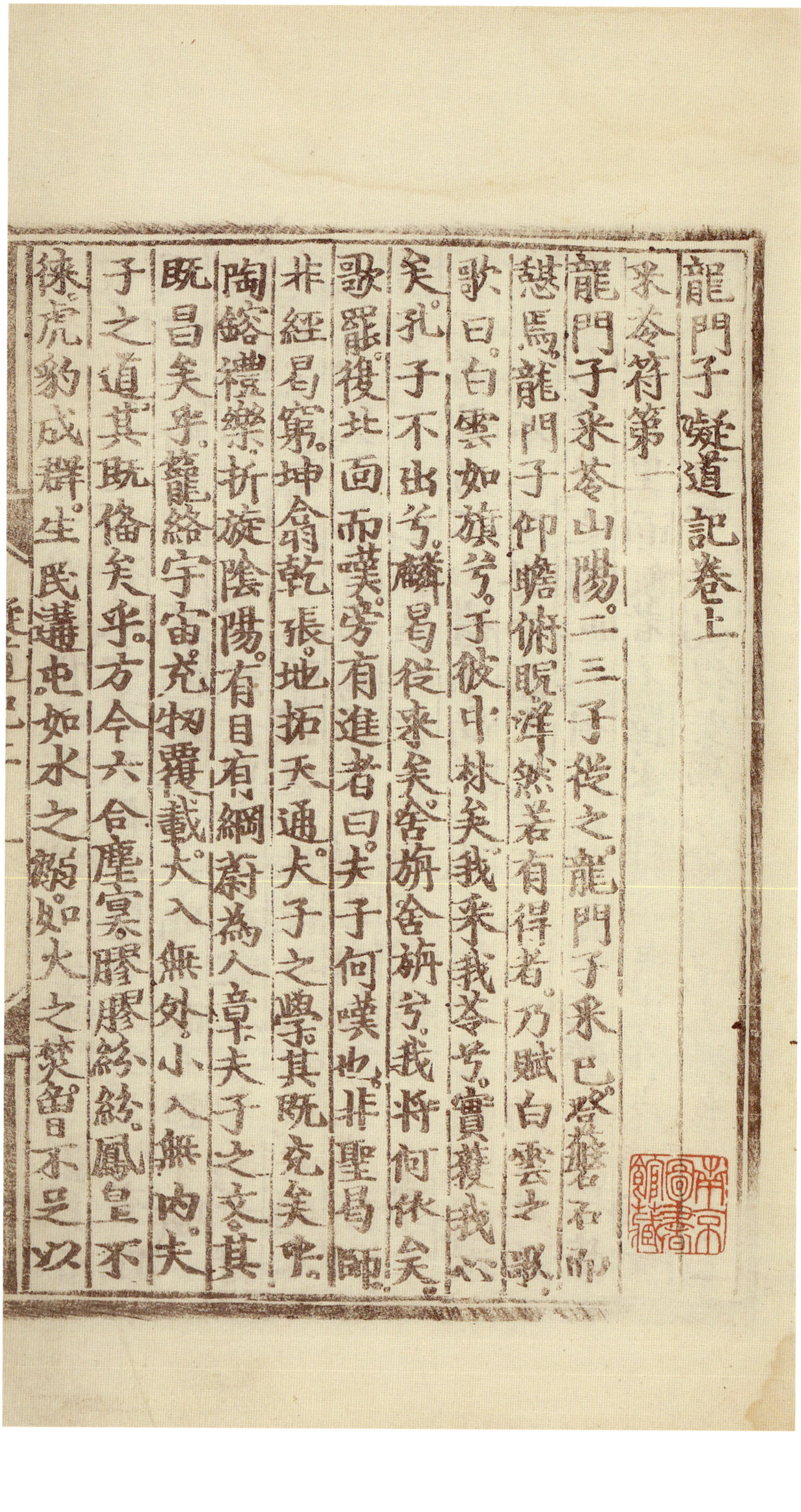

龍門子凝道記卷上

采苓符第一

龍門子采苓山陽。二三子從之。龍門子采已。登巖石而憩焉。龍門子仰瞻俯眂。洋然若有得者。乃賦白雲之歌。歌曰。白雲如旗兮。子彼中林矣。我采我苓兮。實獲我心矣。孔子不出兮。麟曷從來矣。舍旃舍旃兮。我將何依矣。歌罷。復北面而嘆。弟子有進者曰。夫子何嘆也。非聖曷師。非經曷宗。坤翕乾張。地拆天通。夫子之學。其既充矣乎。陶鎔禮樂。折旋陰陽。有目有綱。蔚為人章。夫子之文。其既昌矣乎。籠絡宇宙。充物覆載。大入無外。小入無内。夫子之道。其既備矣乎。方今六合塵冥。膠膠紛紛。鳳皇不徠。虎豹成群。生民盡也。如水之溺。如火之焚。留日不足以

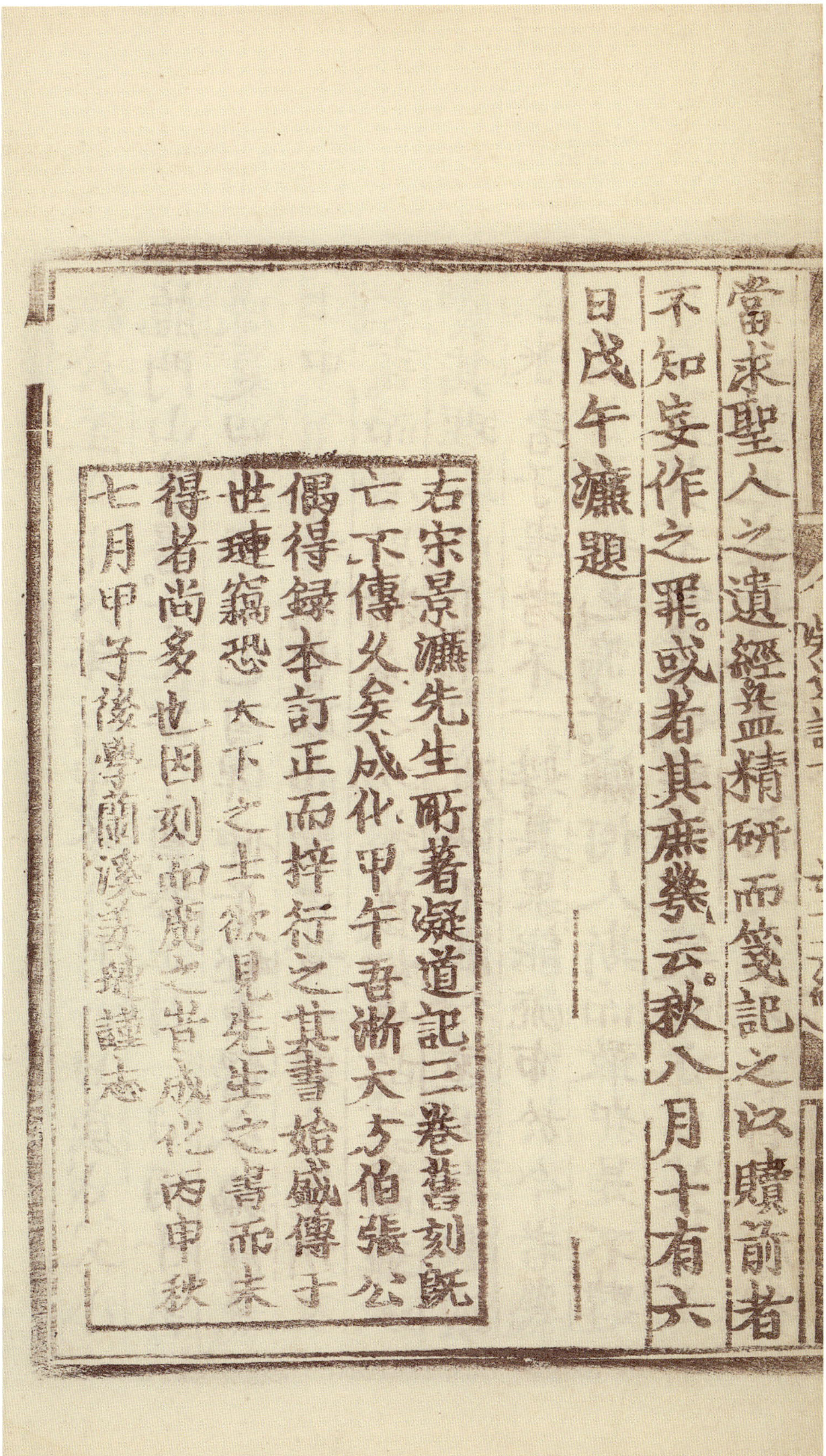

當求聖人之遺經益精研而箋記之以贖前者不知妄作之罪。或者其庶幾云。秋八月十有六日戊午濂題

右宋景濂先生所著凝道記三卷舊刻既亡不傳久矣成化甲午吾浙大方伯張公偶得録本訂正而梓行之其書始盛傳于世璉竊恐天下之士欲見先生之書而未得者尚多也因刻而廣之旹成化丙申秋七月甲子後學蘭溪姜璉謹志

為有人起其景慕之心而繼其志則先生之道傳
諸千載而無所愧云
成化辛丑六月吉旦知樂至縣事
鄉生龍泉徐禮重刊

楊文懿公文集三十卷　明楊守陳撰　明楊守阯輯

明弘治十二年（1499）楊茂仁刻本　清黄丕烈跋
十二册

書高26.5釐米，寬16.8釐米。框高19.5釐米，寬13.6釐米。半葉十二行二十二字，小字雙行，字數同，上下黑口，四周雙邊。

此書爲楊守陳文集。此本爲楊氏家刻本，經吴翌鳳、黄丕烈、汪士鐘、汪憲奎等名家遞藏。鈐“吴翌鳳家藏文苑”“枚庵流覽所及”“汪士鐘藏”“平江汪憲奎秋浦印記”“顧麟士”等印。末有黄丕烈題跋。入選第五批《國家珍貴古籍名録》。

楊守陳（1425—1489），字維新，號鏡川，一作晉庵，明浙江鄞縣（今屬寧波）人。景泰二年（1451）進士，官至吏部右侍郎，卒謚文懿。楊氏一門，守陳爲長，弟守阯，從弟守隨、守隅，侄茂元均爲進士出身，系出同門，故有“一門五進士”之謂。

吴翌鳳，參見《古歡堂經籍舉要》。

黄丕烈，參見《古歡堂經籍舉要》。

汪士鐘，參見《吴中舊事》。

汪憲奎，字秋浦，清末吴縣人。擅長傷寒之學，曾注釋徐大椿《傷寒論類方》，成《傷寒論類方增注》一書，於張仲景用方遣藥理論多所闡發。

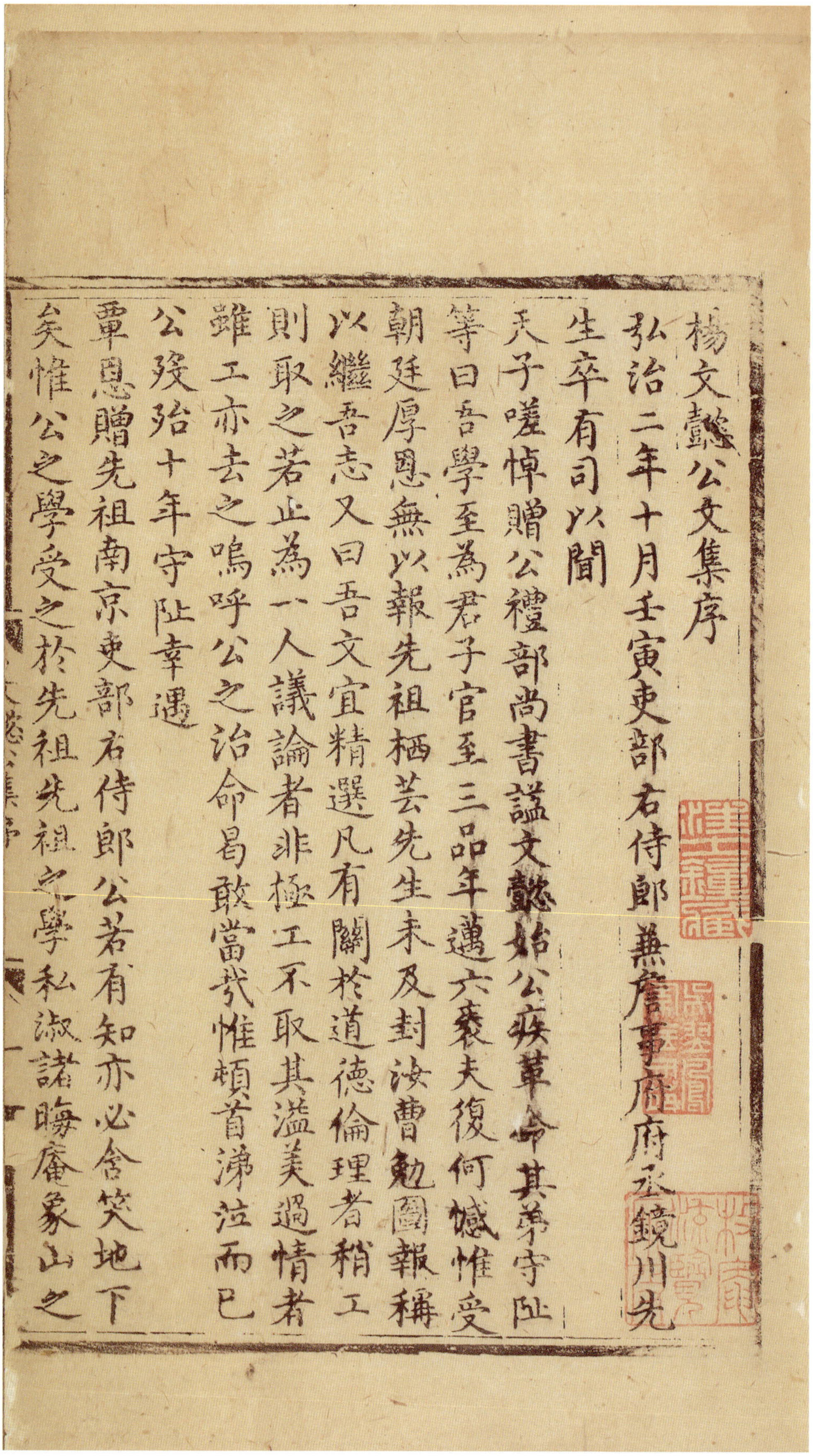

楊文懿公文集序

弘治二年十月壬寅吏部右侍郎兼詹事府府丞鏡川先生卒有司以聞

天子嗟悼贈公禮部尚書諡文懿始公疾革命其弟守阯等曰吾學至爲君子官至三品年踰六袠夫復何憾惟受

朝廷厚恩無以報先祖栖芸先生未及封汝曹勉圖報稱以繼吾志又曰吾文宜精選凡有關於道德倫理者稍工則取之若止爲一人議論者非極工不取其溢美過情者雖工亦去之嗚呼公之治命曷敢當哉惟頓首涕泣而已

公歿殆十年守阯幸遇

覃恩贈先祖南京吏部右侍郎公若有知亦必含笑地下矣惟公之學受之於先祖先祖之學私淑諸晦菴象山之

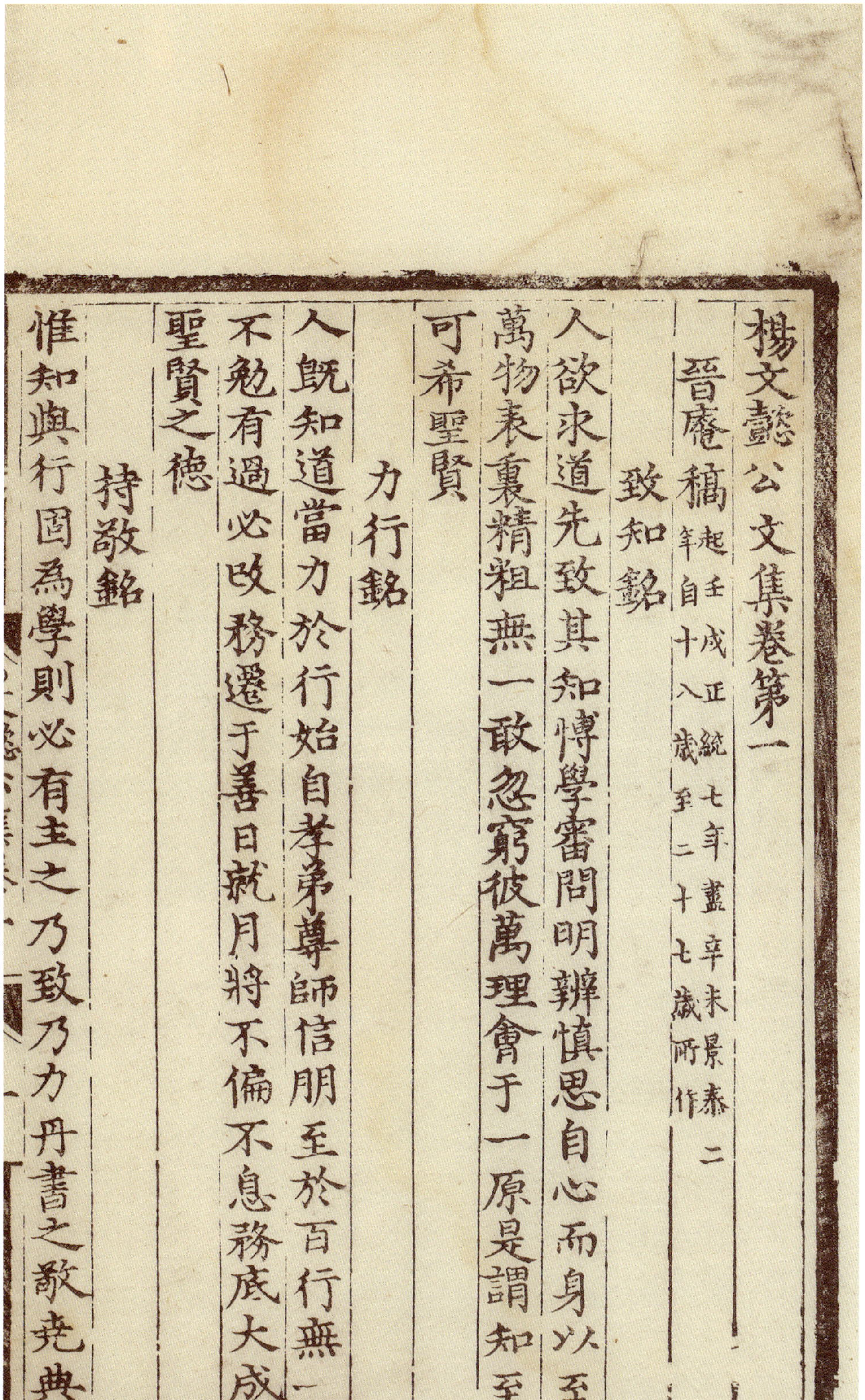
楊文懿公文集卷第一

晉菴稿起壬戌正統七年盡辛未景泰二年自十八歲至二十七歲所作

致知銘

人欲求道先致其知博學審問明辨慎思自心而身以至萬物表裏精粗無一敢忽窮彼萬理會于一原是謂知至可希聖賢

力行銘

人既知道當力於行始自孝弟尊師信朋至於百行無一不勉有過必改務遷于善日就月將不偏不息務底大成聖賢之德

持敬銘

惟知與行固為學則必有主之乃致乃力丹書之敬堯典

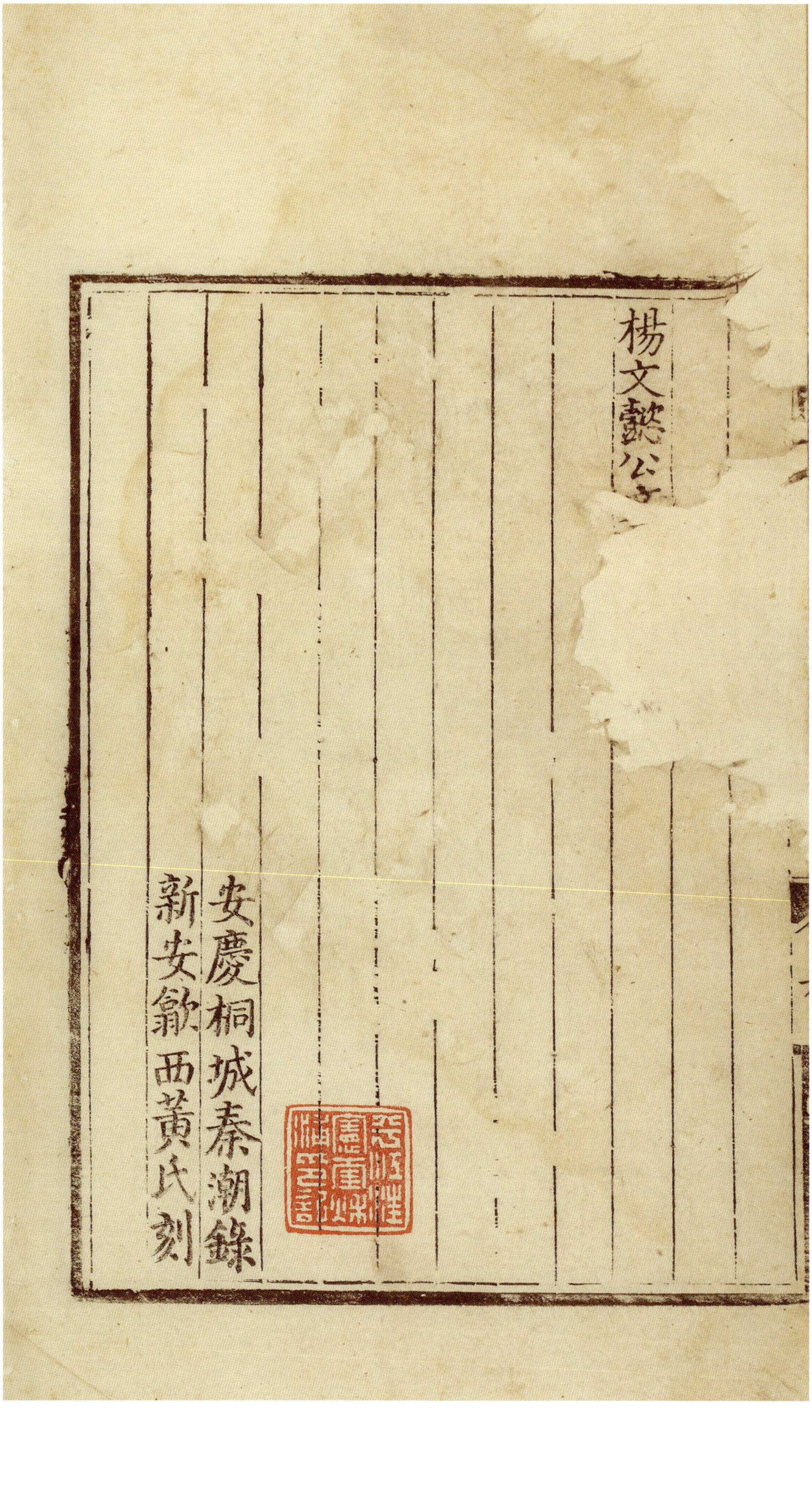
楊文懿公

安慶桐城秦潮錄

新安歙西黃氏刻

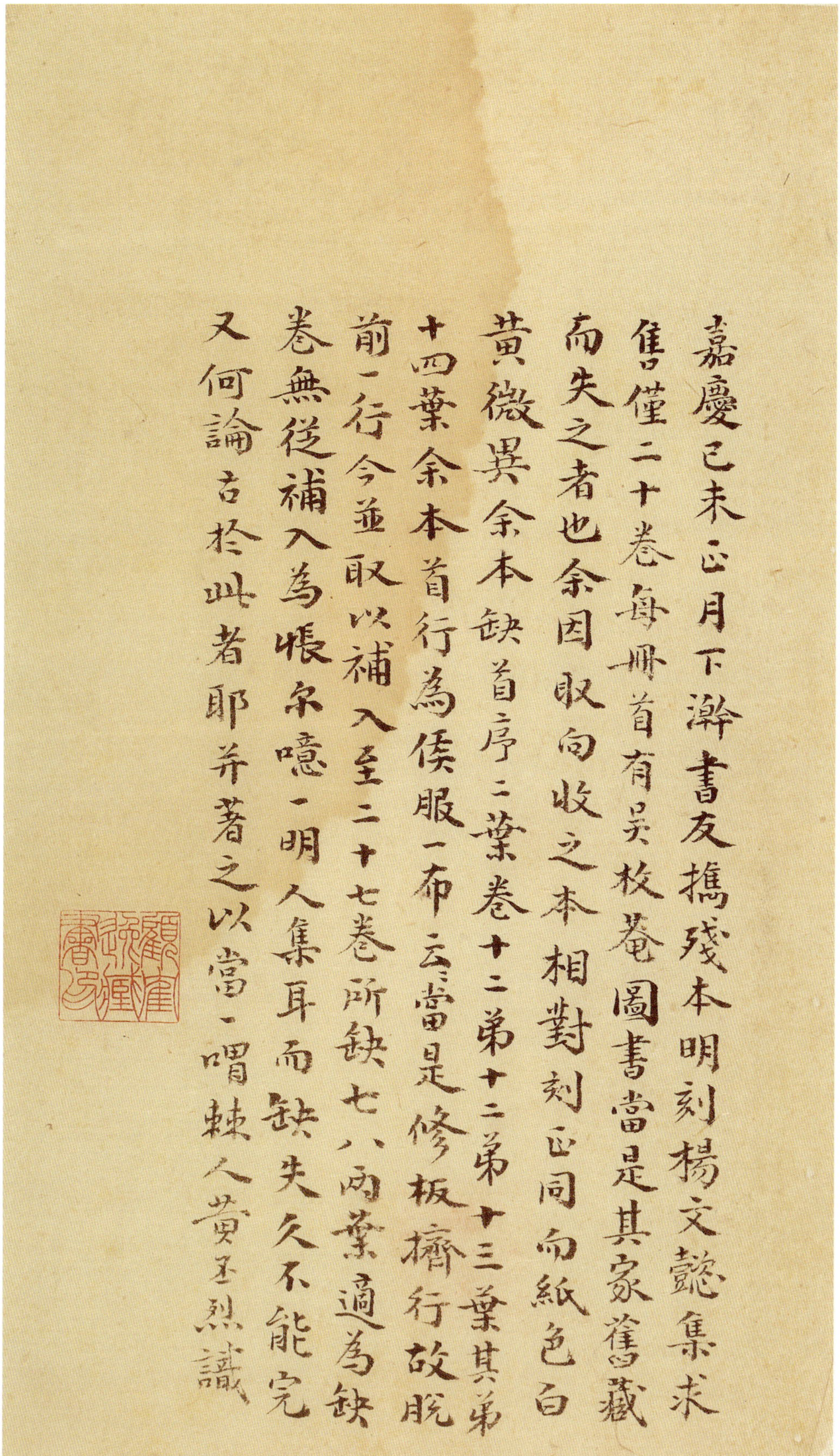
嘉慶己未正月下澣書友攜殘本明刻楊文懿集求售僅二十卷每冊首有吳枚菴圖書當是其家舊藏而失之者也余因取向收之本相對刻正同而紙色白黃微異余本缺首序二葉卷十二第十二第十三葉其第十四葉余本首行爲倭服一布云云當是修板擠行故脫前一行今並取以補入至二十七卷所缺七八兩葉適爲缺卷無從補入爲悵然噫一明人集耳而缺失久不能完又何論古於此者耶并著之以當一喟棘人黃丕烈識

劉向新序十卷　漢劉向撰

明正德五年（1510）楚府正心書院刻本

四册

書高24.1釐米，寬17.4釐米。框高20.2釐米，寬15.6釐米。半葉十一行十八字，上下黑口，四周雙邊。

此書由劉向采集漢代以前史傳中的歷史故事，分類編纂而成。原書三十卷，至宋代時僅存十卷，曾鞏將殘存之文加以編輯，形成了通行的十卷本。明代藩府中，蜀府、晉府、楚府、弋陽王府皆曾翻刻過此書。此本爲楚府正心書院刻本，校刊精良。

劉向（約前77—前6），字子政，西漢彭城（今屬江蘇徐州）人。官至中壘校尉。漢成帝時校閲整理典籍，撰成《别録》，爲我國最早的分類目録。

前漢劉向傳贊曰直諒多聞古之益友盖借孔子之言以爲子政足以當之也今觀所著說苑新序上述唐虞三代以及秦漢之事其言充敏贍博謂之多聞不亦宜乎身歿向之平生忠於漢室盡言不諱至於黜逐未始屈撓其直與諒於是又可見矣此班氏之書所以爲古今之所信尚而非人之所能跂及者也予府舊刻說

故臣既惜其不可見者而校其可見者特詳焉

亦足以知臣之志者豈好辯哉蓋臣　不得已

也編校書籍臣曾鞏上

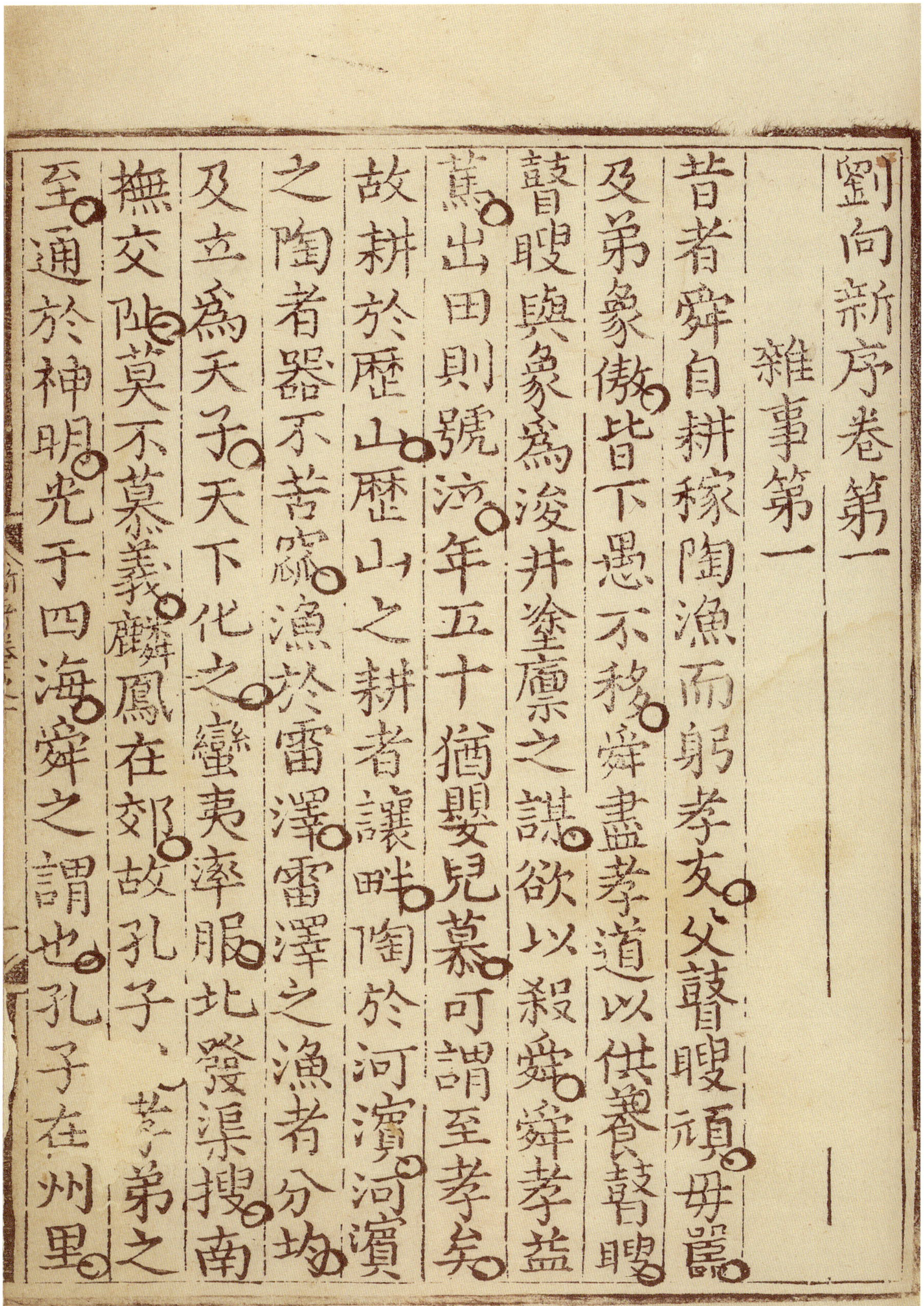

劉向新序卷第一

雜事第一

昔者舜自耕稼陶漁而躬孝友父瞽瞍頑母嚚
及弟象傲皆下愚不移舜盡孝道以供養瞽瞍
瞽瞍與象爲浚井塗廩之謀欲以殺舜舜孝益
篤出田則號泣年五十猶嬰兒慕可謂至孝矣
故耕於歷山歷山之耕者讓畔陶於河濱河濱
之陶者器不苦窳漁於雷澤雷澤之漁者分均
及立爲天子天下化之蠻夷率服北發渠搜南
撫交阯莫不慕義麟鳳在郊故孔子曰孝弟之
至通於神明光于四海舜之謂也孔子在州里

白沙子八卷　明陳獻章撰

明嘉靖十二年（1533）卞崃刻本

八册

書高27.9釐米，寬18.1釐米。框高19.1釐米，寬14.2釐米。半葉九行十八字，小字雙行，字數同，白口，左右雙邊。

此書爲陳獻章詩文集。陳集選本多，此爲高簡選輯，囑學生卞崃刻，較爲稀見，亦爲陳集早期刻本。

陳獻章（1428—1500），字公甫，號石齋，新會（今屬廣東江門）人。明代理學嶺南學派創始人。一生隱居白沙里，講學著述，人稱白沙先生。

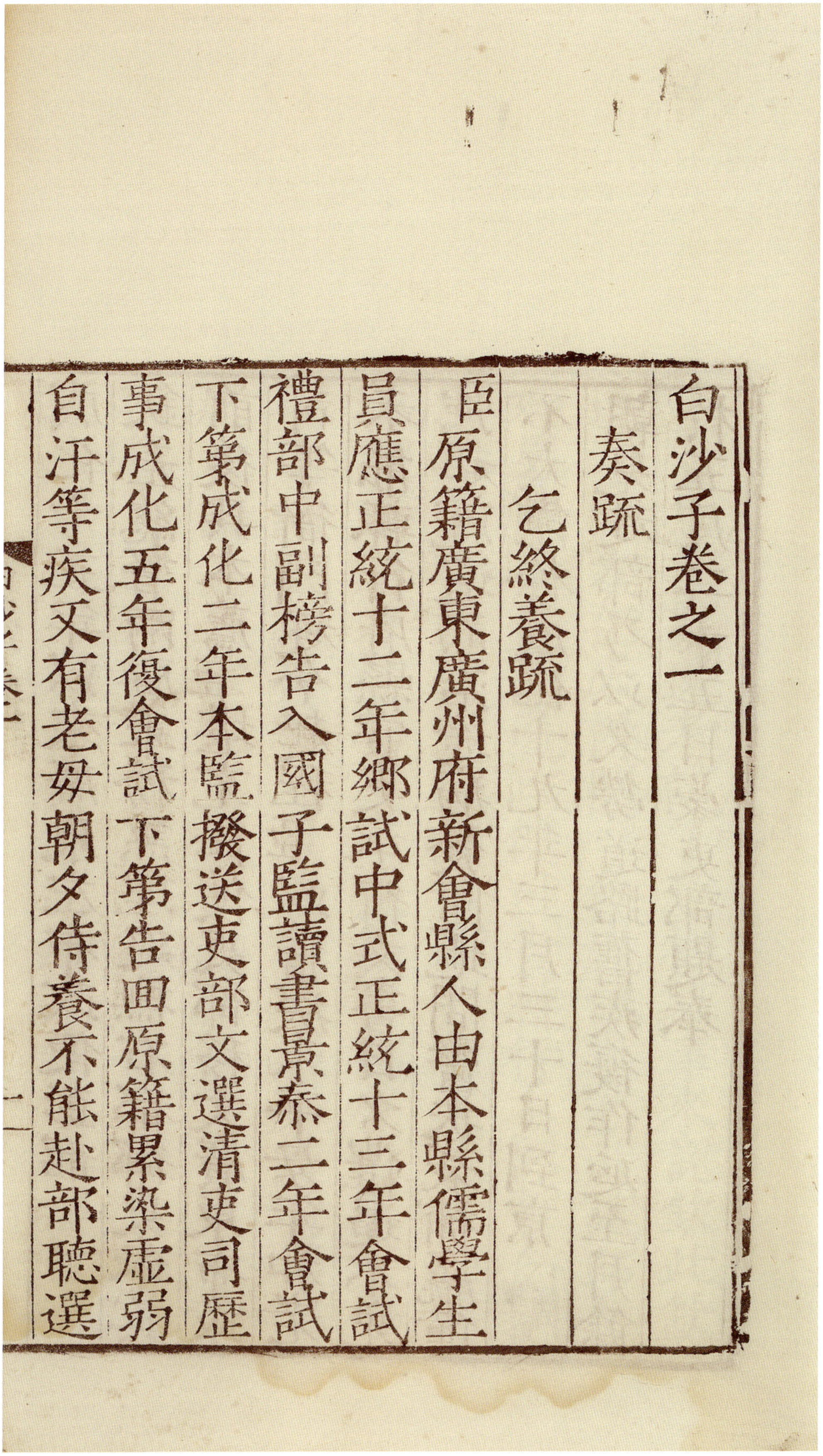
白沙子卷之一

奏疏

乞終養疏

臣原籍廣東廣州府新會縣人由本縣儒學生
員應正統十二年鄉試中式正統十三年會試
禮部中副榜告入國子監讀書景泰二年會試
下第成化二年本監撥送吏部文選清吏司歷
事成化五年復會試下第告回原籍累染虛弱
自汗等疾又有老母朝夕侍養不能赴部聽選

濟美録四卷 明鄭燭輯

明嘉靖十四年（1535）鄭氏家塾刻本

一册

書高26.8釐米，寬17.3釐米。框高18.6釐米，寬13.1釐米。半葉十行二十字，白口，四周單邊。

元初，歙縣村民鄭安舍身爲民請命，解元將屠城之厄，卒後，鄉立祠祭祀，子鄭千齡、孫鄭玉俱有盛名。此書爲鄭氏族中後人鄭燭從國史、郡志諸傳，以及制誥、公牒、志狀中搜録三位先賢文字彙輯而成，取《左傳》“世濟其美，不隕其名”之意，題名爲“濟美録”。此本爲初刻，且未見翻刻。

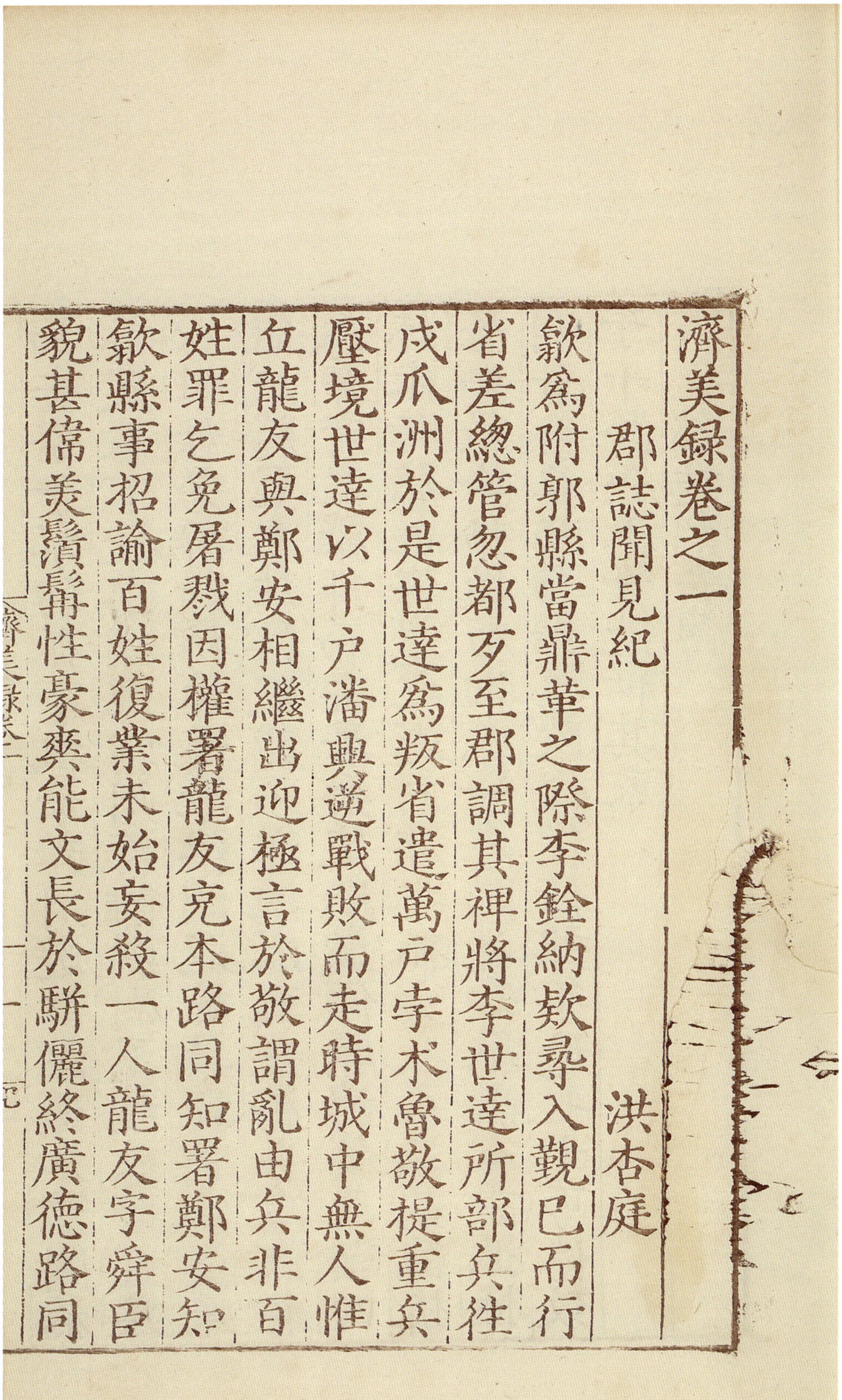
濟美録卷之一

郡誌聞見紀　洪杏庭

歙爲附郭縣當鼎革之際李銓納款尋入覲巳而行省差總管忽都歹至郡調其裨將李世達所部兵往戍瓜洲於是世達爲叛省遣萬户孛朮魯敬提重兵壓境世達以千户潘興逆戰敗而走時城中無人惟立龍友與鄭安相繼出迎極言於敬謂亂由兵非百姓罪乞免屠戮因權署龍友充本路同知署鄭安知歙縣事招諭百姓復業未始妄殺一人龍友字舜臣貌甚偉美鬚髯性豪爽能文長於駢儷終廣德路同

濟美録卷一

邊華泉集八卷　明邊貢撰　明劉天民輯

明嘉靖十七年（1538）司馬魯瞻刻本

四册

書高27釐米，寬16.4釐米。框高17.2釐米，寬14.1釐米。半葉十一行二十字，小字雙行，行二十二字，白口，左右雙邊。

邊貢去世後，嘉靖十四年（1535），親家劉天民開始編纂其詩集，第二年，李開先亦着手選輯《邊華泉詩集》。李氏先完成，嘉靖十七年（1538）托蘇祐刻于山西太原。劉氏書成，由濟南知府司馬魯瞻鋟梓以行，即此刻本。入選第五批《國家珍貴古籍名録》。

邊貢（1476—1532），字庭實，號華泉子，明歷城（今屬山東濟南）人。弘治九年（1496）進士，官至南京户部尚書。工詩，與李夢陽、何景明、徐禎卿並稱“弘正四傑”。

劉天民，字希尹，號幽山，明歷城人。正德九年（1514）進士，累官至按察司副使。撰有《幽山集》。

司馬魯瞻（1492—？），名泰，字魯瞻，一字西虹，晚號龍廣山人。明江寧（今屬江蘇南京）人。嘉靖二年（1523）進士，官至濟南知府。藏書極富，致仕歸，建有藏書樓懷洛閣，以編撰著述終其生。

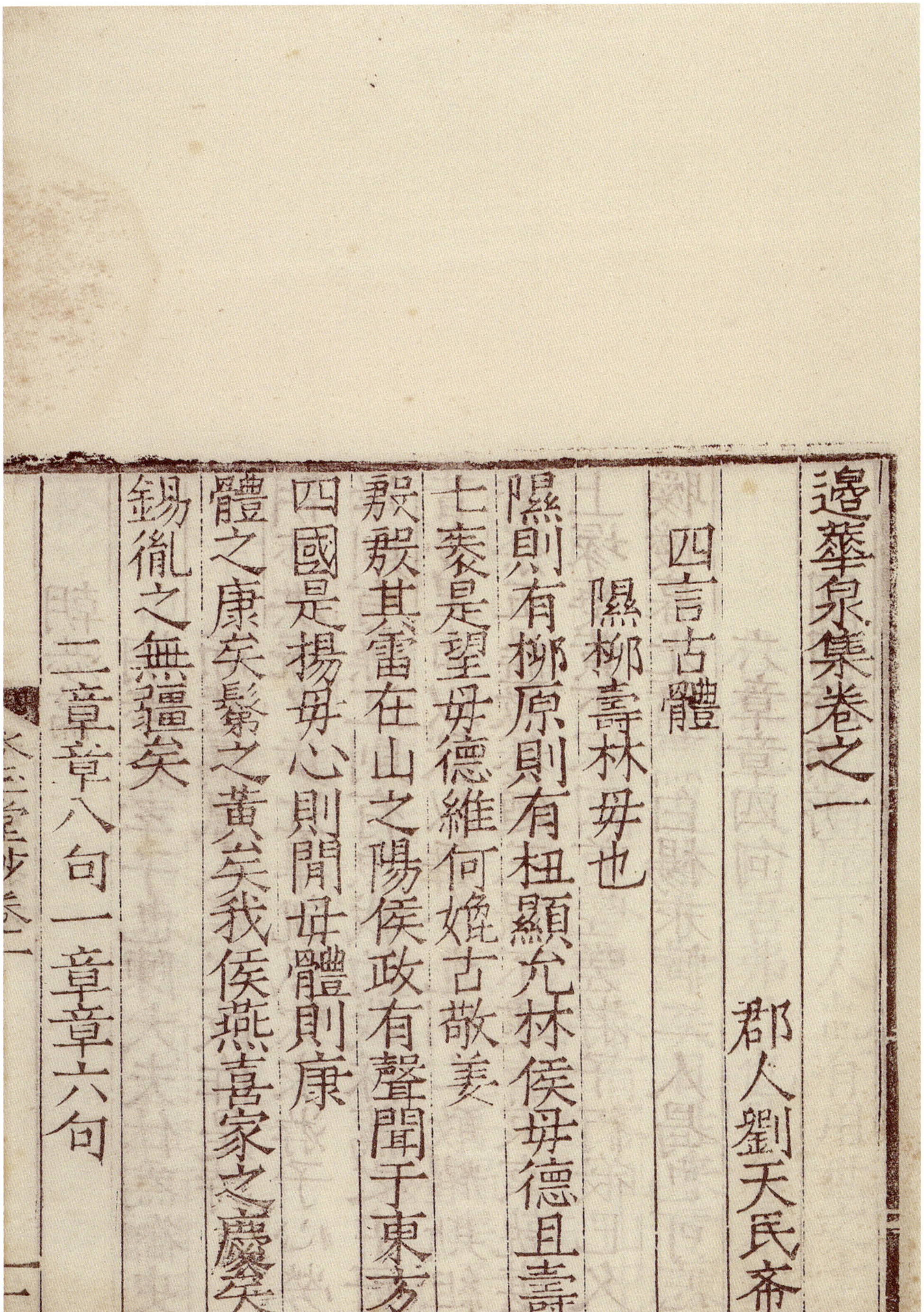

邉華泉集卷之一

郡人劉天民希尹彙次

四言古體

隰栁壽林毋也

隰則有栁原則有杻顯允林侯毋德且壽毋壽維何七袠是望毋德維何媲古敬姜

殷殷其雷在山之陽侯政有聲聞于東方匪維東方四國是揚毋心則閒毋體則康體之康矣鬒之黃矣我侯燕喜家之慶矣於百斯年錫胤之無疆矣

二章章八句一章章六句

泉下雪林山頭高築墳花煙漠漠愁青春請看阡畔

行啼者半是當年懷惠人

門人閻在邦達夫校勘

儼山外集四十卷　明陸深撰

明嘉靖二十四年（1545）陸楫刻本

四册

書高28.2釐米，寬17.7釐米。框高18.8釐米，寬13.6釐米。半葉十行二十字，小字雙行，字數同，白口，左右雙邊。

此書一名《陸文裕公外集》，由陸深子陸楫彙輯其二十四種雜文筆記，編校而成，述及經史考異、官場典故、收藏記游等等，涉獵極爲廣博。《四庫全書總目》稱"核其大致，則足資考證者多，在明人説部之中，猶爲佳本"。此本爲初刻，清代汰其中《南巡日録》《大駕北還録》《淮封日記》《南遷日記》《科場條貫》《平北録》六種，存三十四卷，收入《四庫全書》。

陸深（1477—1544），字子淵，號儼山，明松江人。弘治十八年（1505）進士，累官至詹事府詹事，兼翰林院學士。工詩文，擅書法，著述宏富，又有《儼山文集》《江東藏書目録》等。《明史》有傳。

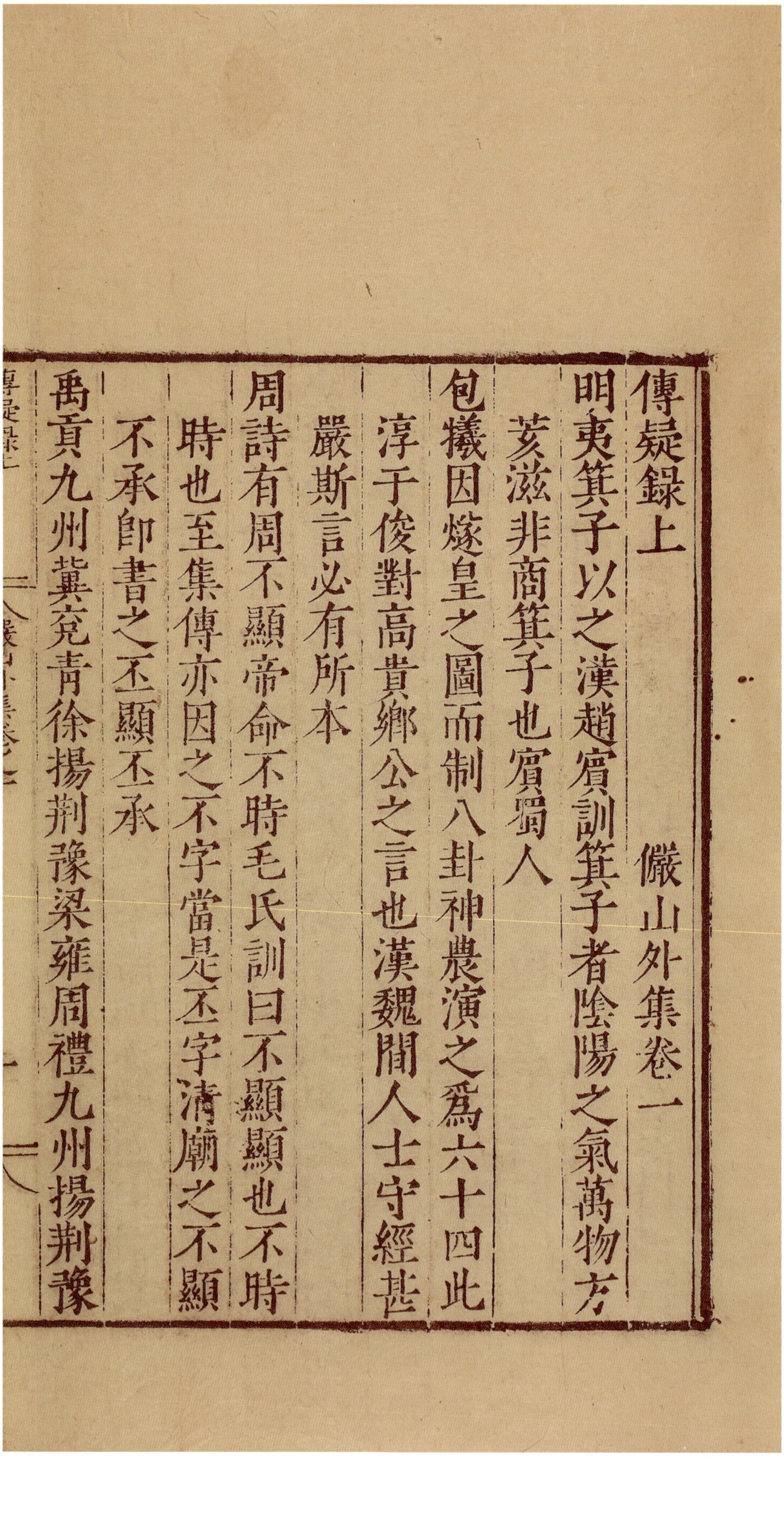

傳疑録上　　儼山外集卷一

明夷箕子以之漢趙賓訓箕子者陰陽之氣萬物方荄滋非商箕子也賓蜀人

包犧因燧皇之圖而制八卦神農演之爲六十四此淳于俊對高貴鄉公之言也漢魏閒人士守經甚嚴斯言必有所本

周詩有周不顯帝命不時毛氏訓曰不顯顯也不時時也至集傳亦因之不字當是丕字清廟之不顯不承卽書之丕顯丕承

禹貢九州冀兖青徐揚荆豫梁雍周禮九州揚荆豫

傳疑録上

震澤先生集三十六卷 明王鏊撰

明嘉靖刻本

六册

書高26釐米，寬16.3釐米。框高17.5釐米，寬14.5釐米。半葉十一行二十字，白口，左右雙邊。

是書一名《王文恪公集》，傳本甚多，此嘉靖間刻本爲早期傳本，雕工秀雅，較爲珍貴，入選第五批《國家珍貴古籍名録》。

王鏊（1450—1524），字濟之，號守溪，晚號拙叟，學者稱震澤先生，明吴縣人。成化十一年（1475）進士，官至户部尚書、文淵閣大學士。又纂有《姑蘇志》。

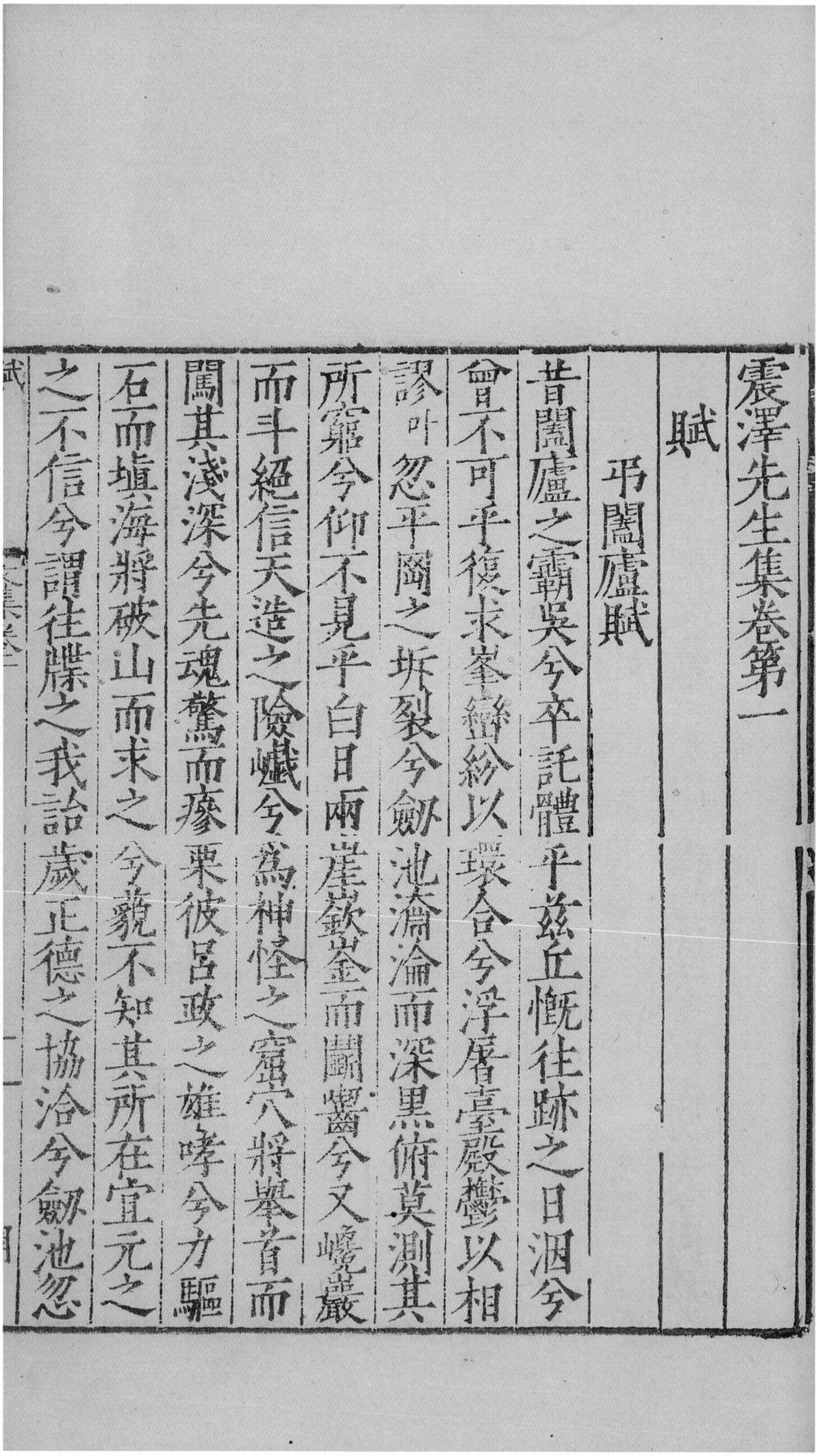

震澤先生集卷第一

賦

弔闔廬賦

昔闔廬之霸吳兮卒託體乎茲丘慨往跡之日湎兮會不可乎復求峯巒紛以環合兮浮層臺殿鬱以相謬叶忽平岡之坼裂兮劍池濤淪而深黑俯莫測其所窮兮仰不見乎白日兩崖嶔崟而鬪齧兮又巉巖而斗絕信天造之險巇兮為神怪之窟穴將舉首而闖其淺深兮先魂驚而瘮栗彼呂政之雄哮兮力驅石而填海將破山而求之兮藐不知其所在宜元之之不信兮謂往牒之我詒歲正德之協洽兮劍池忽

賦

震澤先生集卷第三十二

頌賛

御賜禁方頌 弘治間賜

今上皇帝讀永樂大典命録其禁方賜御藥房諸臣工臣寵得其二焉臣鏊間獲見之因拜手稽首而獻

頌曰

維天惠民維辟奉天極天所覆孰非我身昔在文皇永清海内爰定大典以熙帝載廣蒐兼收如山如海於皇我皇萬幾既勤重瞳攸矚乃惻于仁粵若神農逮于軒岐先皇之志我維行之帝曰來寵錫爾禁方寵拜稽首邦家之光皇仁

張太常奏疏二卷文集二卷　明張翀撰

明隆慶六年（1572）張正道東明刻本　屈彊跋

二册

書高28.2釐米，寬15.8釐米。框高19.7釐米，寬13釐米。半葉十行十九字，白口，四周雙邊。

張翀文集隆慶三年（1569）初刻於江西豐城，張公自命《來衮小草》，其中奏疏、詩文各半。再刻於其孫（一説玄孫）張正道任大名府東明知縣時，更以張公追贈官名命之，以謝隆恩，即此本所刻。《來衮小草》及《千頃堂書目》《明史》著録之“張翀張太常文集二十卷”，今未見藏。黄仁生著《日本現藏稀見元明文集考證與提要》，收録中國大陸已經亡佚，而日本有藏的元明著作，此書爲其中之一。今本顧氏過雲樓舊藏留存海内，殊爲珍貴。曾經徐堅、金檀遞藏。

張翀，字習之，明潼川（今屬四川三臺）人。正德六年（1511）進士，選庶吉士，歷官刑部給事中、户科給事中、禮科給事中。嘉靖時，以争興獻大禮，受杖於廷，謫戍瞿塘衛。居十餘年，以東宫册立恩赦還，不及召用而卒，追贈太常寺少卿。《明史》有傳。

徐堅（約1712—1798），字孝先，號友竹、鄧尉山人等，清吴縣人。工丹青，嗜六書，精篆刻，詩學盛唐。其室名有“懷新館”“啖飯齋”“畫山樓”。著有《西京職官印録》《友竹詩鈔》等。

金檀，參見《中吴紀聞》。

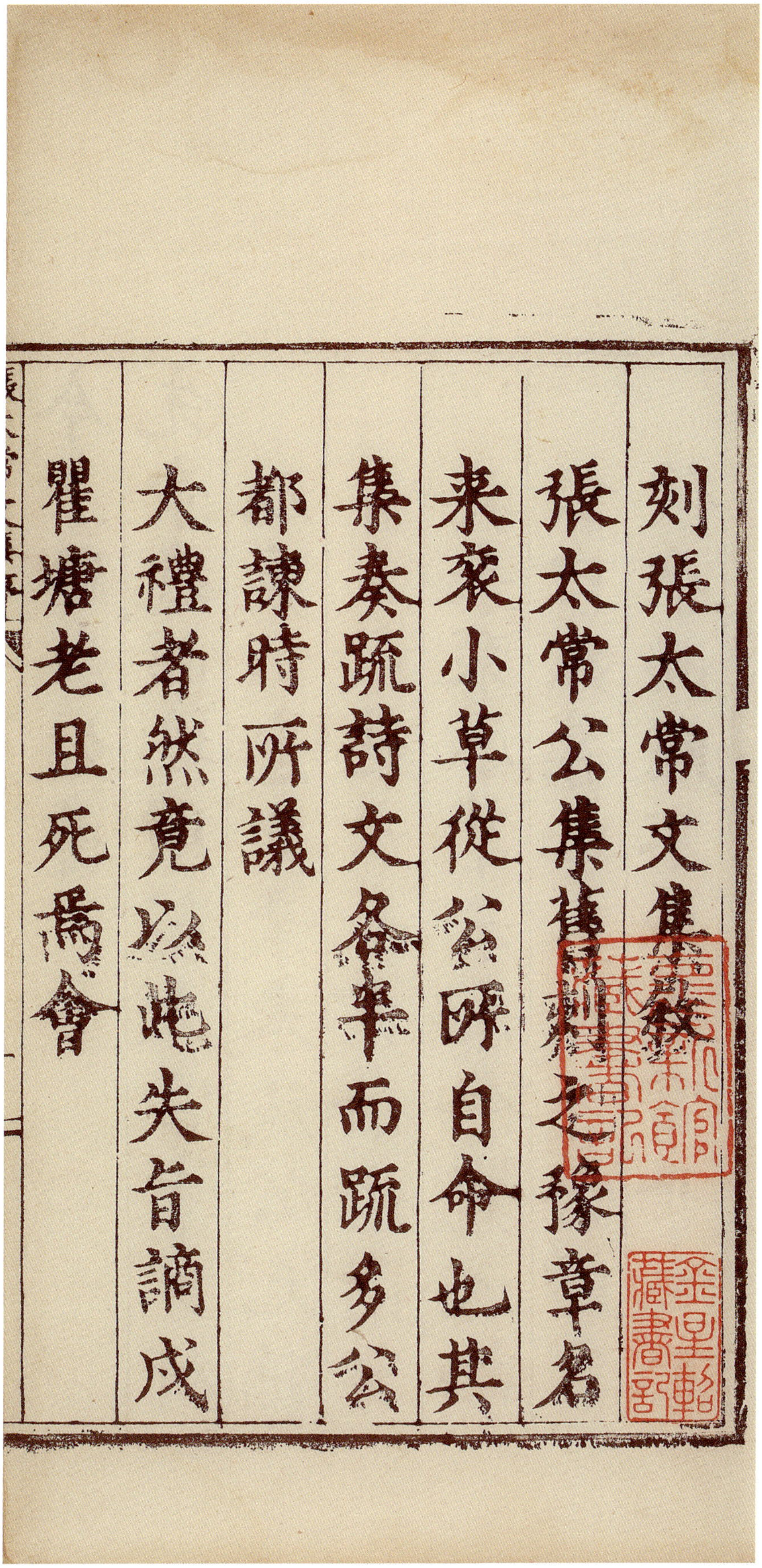

刻張太常文集叙
張太常公集舊刻於豫章名
来裒小草從公所自命也其
集奏疏詩文各半而疏多公
都諫時所議
大禮者然竟以此失旨謫戍
瞿塘老且死焉會

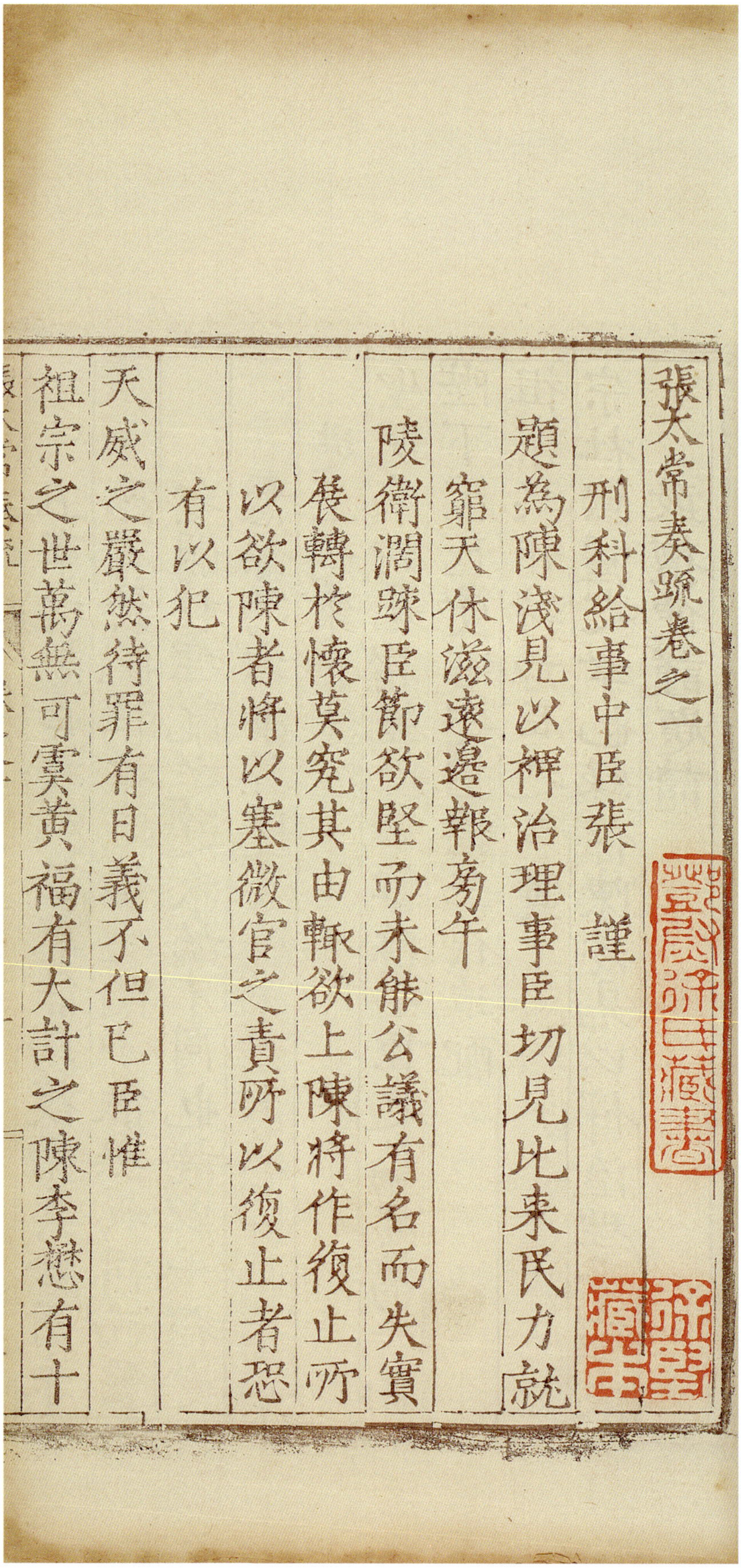
張太常奏疏卷之一
刑科給事中臣張　謹
題為陳淺見以裨治理事臣切見比來民力就
窮天休滋遠邊報旁午
陵衛凋瘵臣節欲堅而未能公議有名而失實
展轉於懷莫究其由輒欲上陳將作復止所
以欲陳者將以塞微官之責所以復止者恐
有以犯
天威之嚴然待罪有日義不但已臣惟
祖宗之世萬無可虞黃福有大計之陳李懋有十

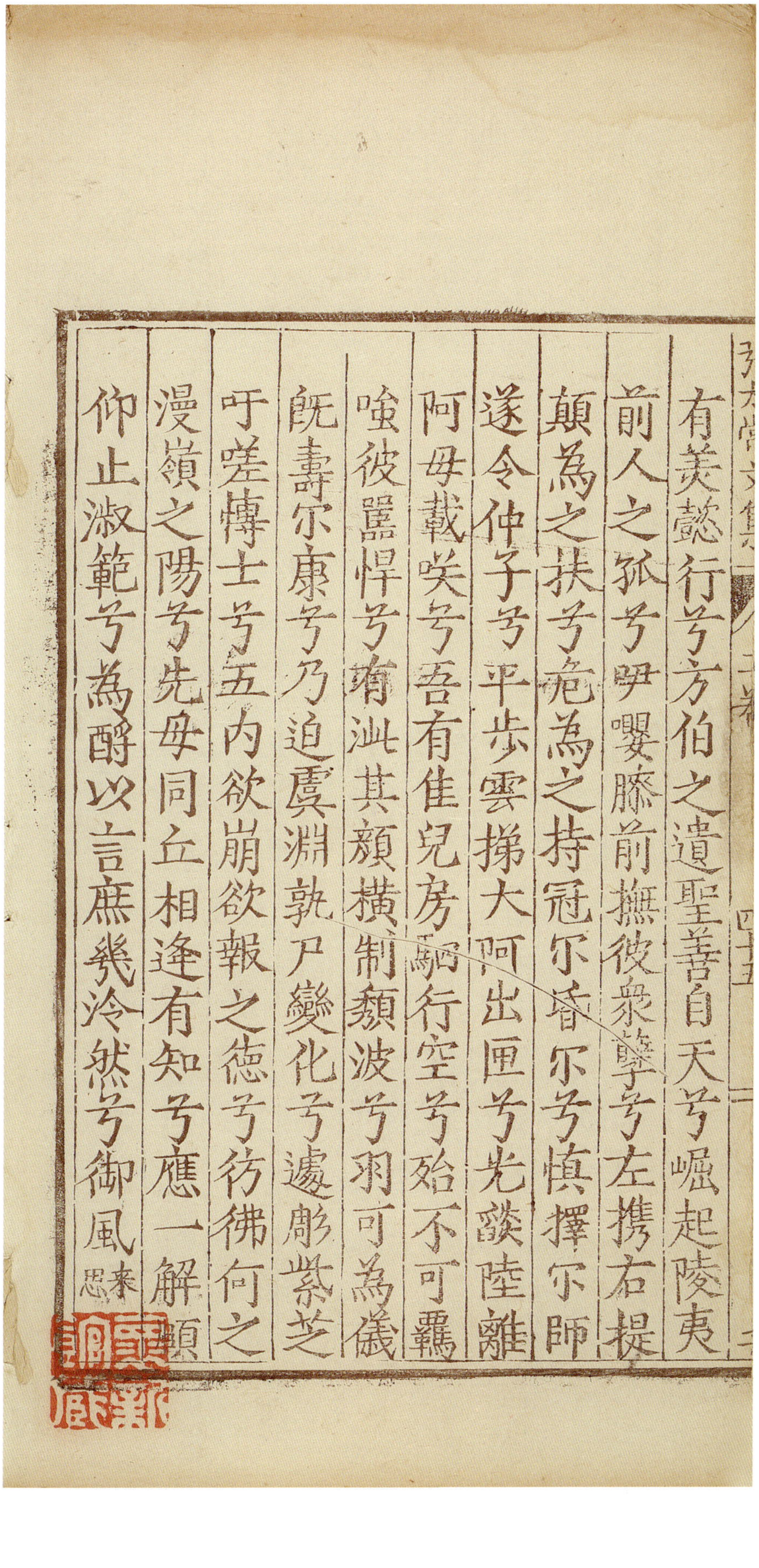
有美懿行兮方伯之遺聖善自天兮崛起陵夷
前人之孤兮毋嬰膝前撫彼衆孽兮左携右提
顛為之扶兮危為之持冠尔昏尔兮慎擇尔師
遂令仲子兮平步雲梯大阿出匣兮光燄陸離
阿母載咲兮吾有佳兒房駟行空兮殆不可羈
嗟彼嚚悍兮脅泚其顏横制頹波兮羽可為儀
既壽尔康兮乃迫虞淵孰尸變化兮遽彫紫芝
吁嗟博士兮五内欲崩欲報之德兮彷彿何之
漫嶺之陽兮先母同丘相逢有知兮應一解頤
仰止淑範兮為爵以言庶幾泠然兮御風來思

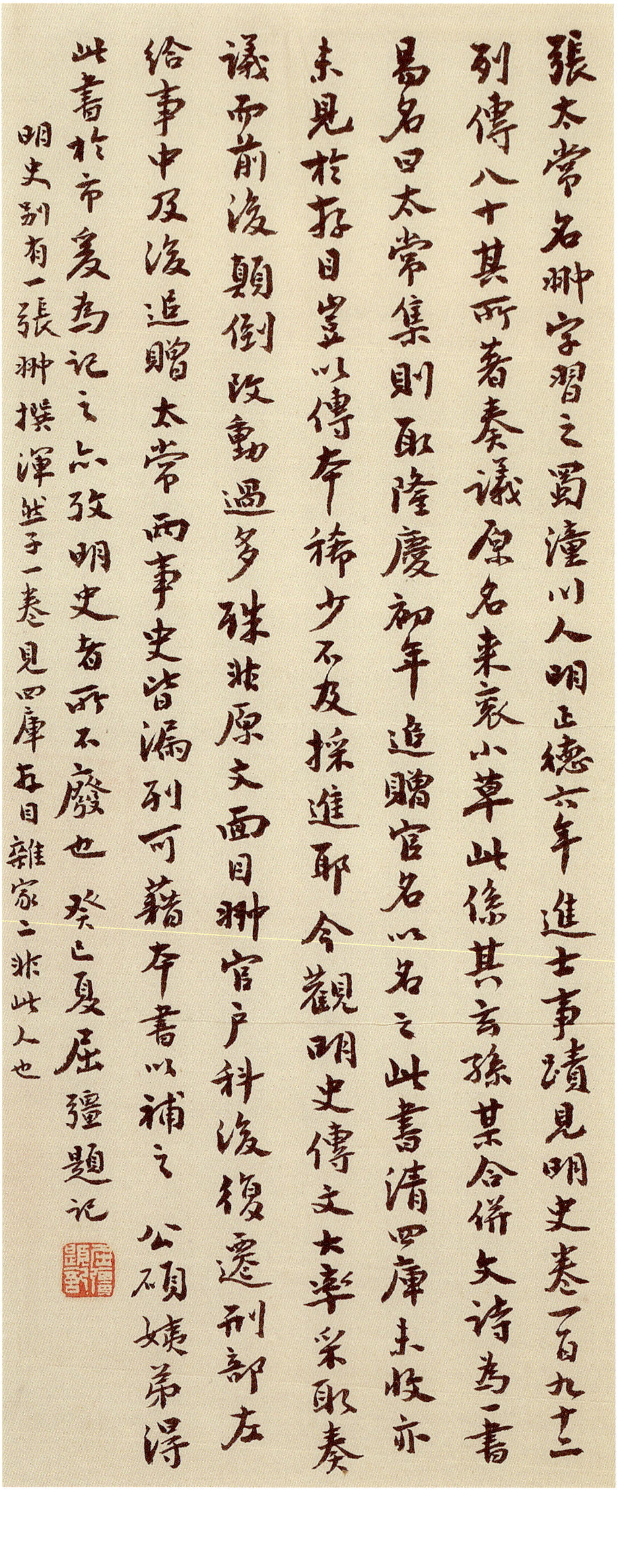
張太常名翀字習之蜀潼川人明正德六年進士事蹟見明史卷一百九十二列傳八十其所著奏議原名來哀小草此係其玄孫某合併文詩為一書易名曰太常集則取隆慶初年追贈官名以名之此書清四庫未收亦未見於存目豈以傳本稀少不及採進耶今觀明史傳文大率采取奏議而前後顛倒改動過多殊非原文面目翀官戶科後復遷刑部左給事中及後追贈太常兩事史皆漏列可藉本書以補之　公碩姨弟得此書於市屬為記之亦攷明史者所不廢也　癸巳夏屈彊題記

明史別有一張翀撰渾然子一卷見四庫存目雜家二非此人也

中谿先生存稿十卷　明李元陽著　明杜應奎校編

明萬曆十四年（1585）南京書林刻本
四册

書高26.9釐米，寬15.9釐米。框高22釐米，寬14.8釐米。半葉九行二十字，白口，四周雙邊。

此書爲李元陽詩文集。李元陽集最初有萬曆八年（1580）編《中谿家傳彙稿》通行，此集爲其友羅汝成之門人杜應奎校編，與《彙稿》多有不同，且未見各家著録，爲稀見本。

李元陽（1497—1580），字仁甫，號中谿，白族，明太和（今屬雲南大理）人。嘉靖五年（1526）進士，官至監察御史，後隱居。精性理之學，有滇中"理學巨儒"之稱。又纂有《雲南通志》《大理府志》。

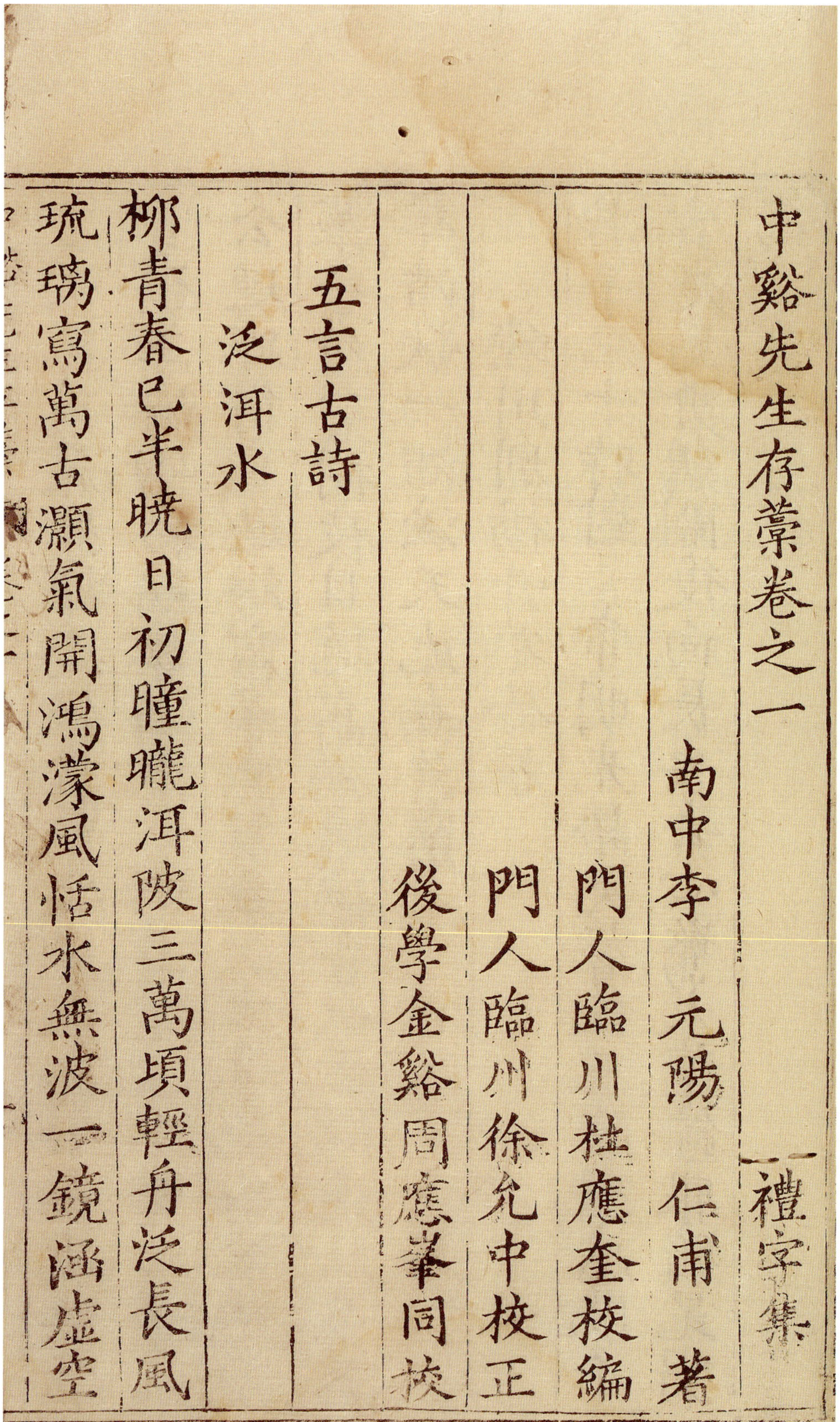

中谿先生存藁卷之一　禮字集

南中李　元陽　仁甫　著

門人臨川杜應奎校編

門人臨川徐允中校正

後學金谿周應峯同校

五言古詩

泛洱水

柳青春已半曉日初曈曨洱陂三萬頃輕舟泛長風琉璃寫萬古灝氣開鴻濛風恬水無波一鏡涵虛空

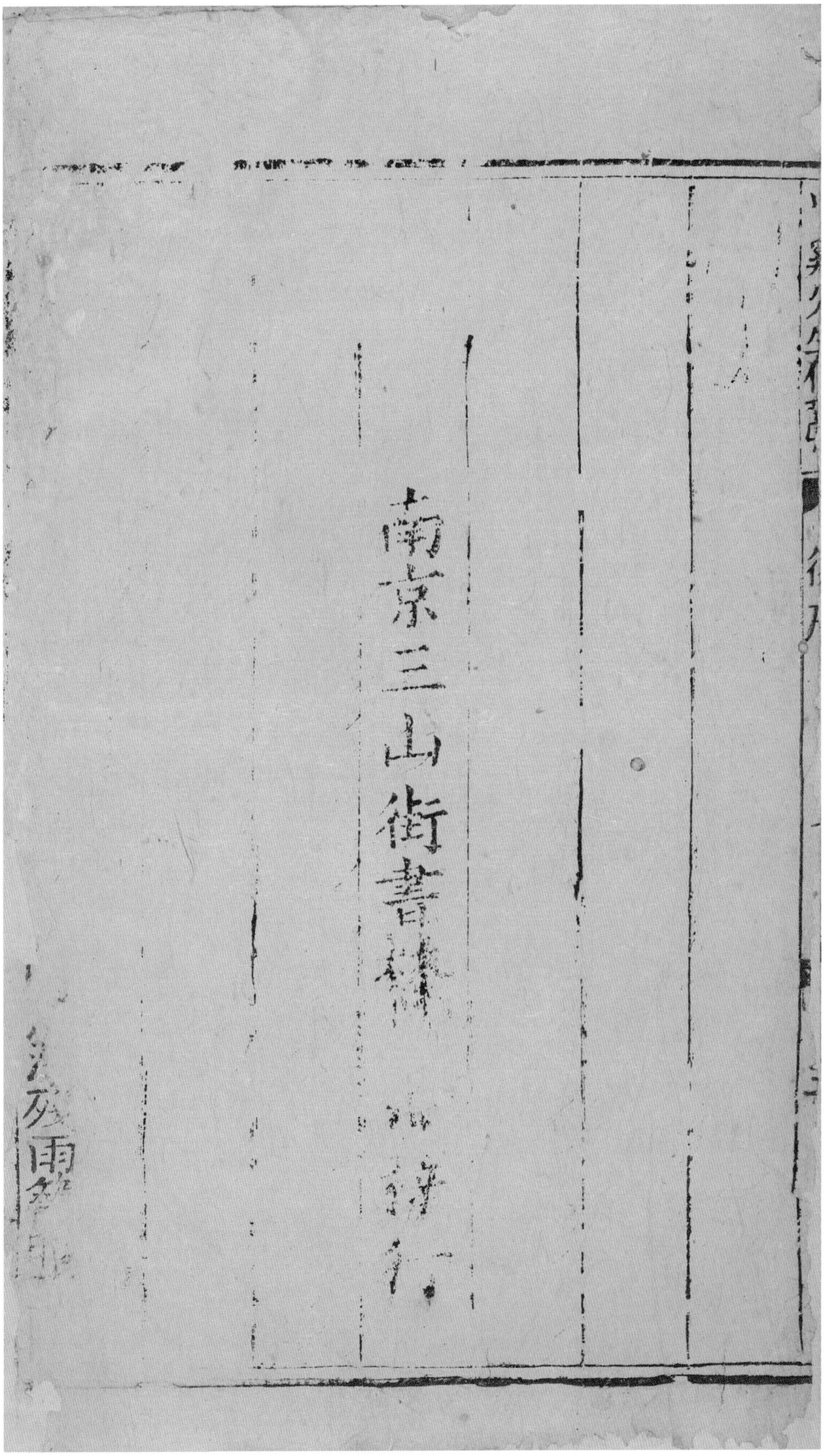
南京三山街書林

摭古遺文二卷 明李登輯

明萬曆二十二年（1594）姚履旋等刻本　清王撰校並跋　清石貞年跋

二册

書高25釐米，寬17.1釐米。框高19.6釐米，寬15.1釐米。半葉八行字數不等，小字雙行，字數不等，白口，四周單邊。

此書集古鐘鼎文字，按韻分編，雖不注出處，但去取有則，可備一家之説。書中硃筆爲順治二年（1645）王撰手校並跋。此爲初刻本。

李登，字士龍，一字如真，明上元（今屬江蘇南京）人。嘉靖四十四年（1565）拔貢，歷官崇仁教諭、新野知縣。善書法，真、行、草、鐘鼎、小篆俱精，尤善鍾鼎文。著名刻書家十竹齋主人胡正言爲其門人。

王撰（1619—1696），字端士，一字芝廛，清太倉人，清初畫家王時敏次子。順治十二年（1655）進士，康熙中薦鴻博，不就。工詩，與黄與堅等並稱“婁東十子”。

摭古遺文敘

士好古者嘗掩卷而思歎往者之不及顧古人之精蘊寄諸後無可追蹟者往往散在六籍而或格於風會之流或復爾雅之所不及若夫由執之游識古人之心之蘊者殆莫近乎書顧古書之遺未嘗一日廢於後無而後無未嘗一日用

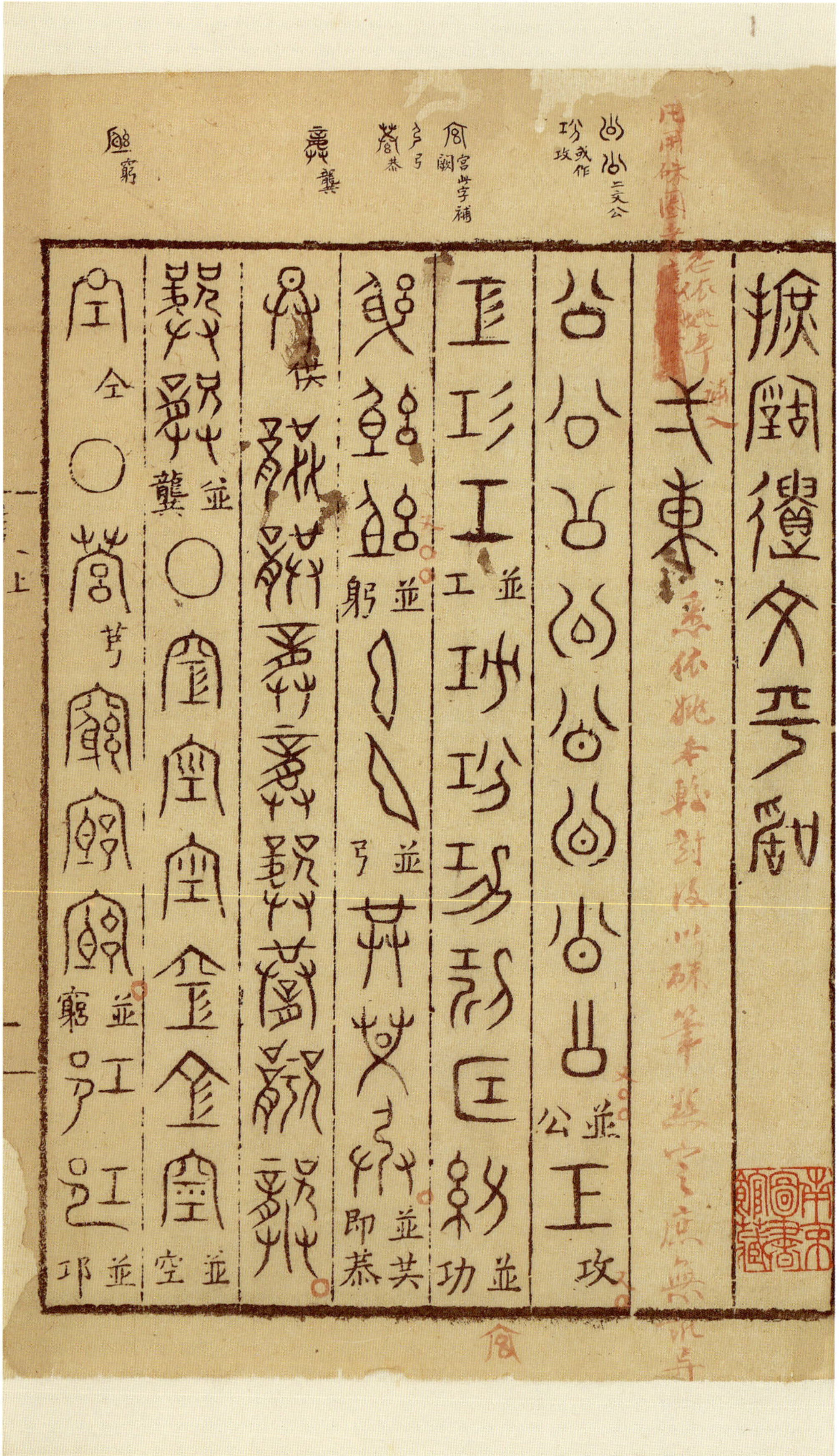

集古印範十卷 明潘雲杰編輯

明萬曆三十五年（1607）刻鈐印本

九册 缺一卷（七）

書高26.7釐米，寬16.5釐米。框高16.7釐米，寬12.6釐米。

潘雲杰輯所藏古玉銅章，又聘著名篆刻家蘇宣、楊當時補其未備，以青田石摹刻，以硃砂手鈐，印成此譜並附釋文及璽印樣式、材質。以原印鈐蓋成譜始於明中期顧從德《集古印譜》，之前大都爲木刻雕版流傳，潘氏請名家摹勒於石，既補古印之全，又尽量保留古印之韻，可謂兩全其美。潘氏還與陸鑨一起用這批印章輯成《秦漢印範》六卷。兩者序文内容相同，凡例及所收印章多寡有别，版式亦不同。此十卷本傳世極爲稀少。

潘雲杰，字源常，明河南滎陽人，寓居雲間（今上海）。附貢生，曾任萬全都司主事。善書法，精於篆、隸，尤喜古印章。

蘇宣（1553—？），字爾宣，又字嘯民，號泗水，明安徽歙縣人。其學篆刻，得於文彭親授，後游於顧從德、項元汴等處，縱覽秦漢璽印，盡得其法，與文彭、何震齊名，有鼎足而三之稱，董其昌、陳繼儒、袁中道等人用印，皆出其手。有《蘇氏印略》傳世。

楊當時，字漢卿，號海客，明鄞縣人，能篆書兼工鐫印，爲時所稱。

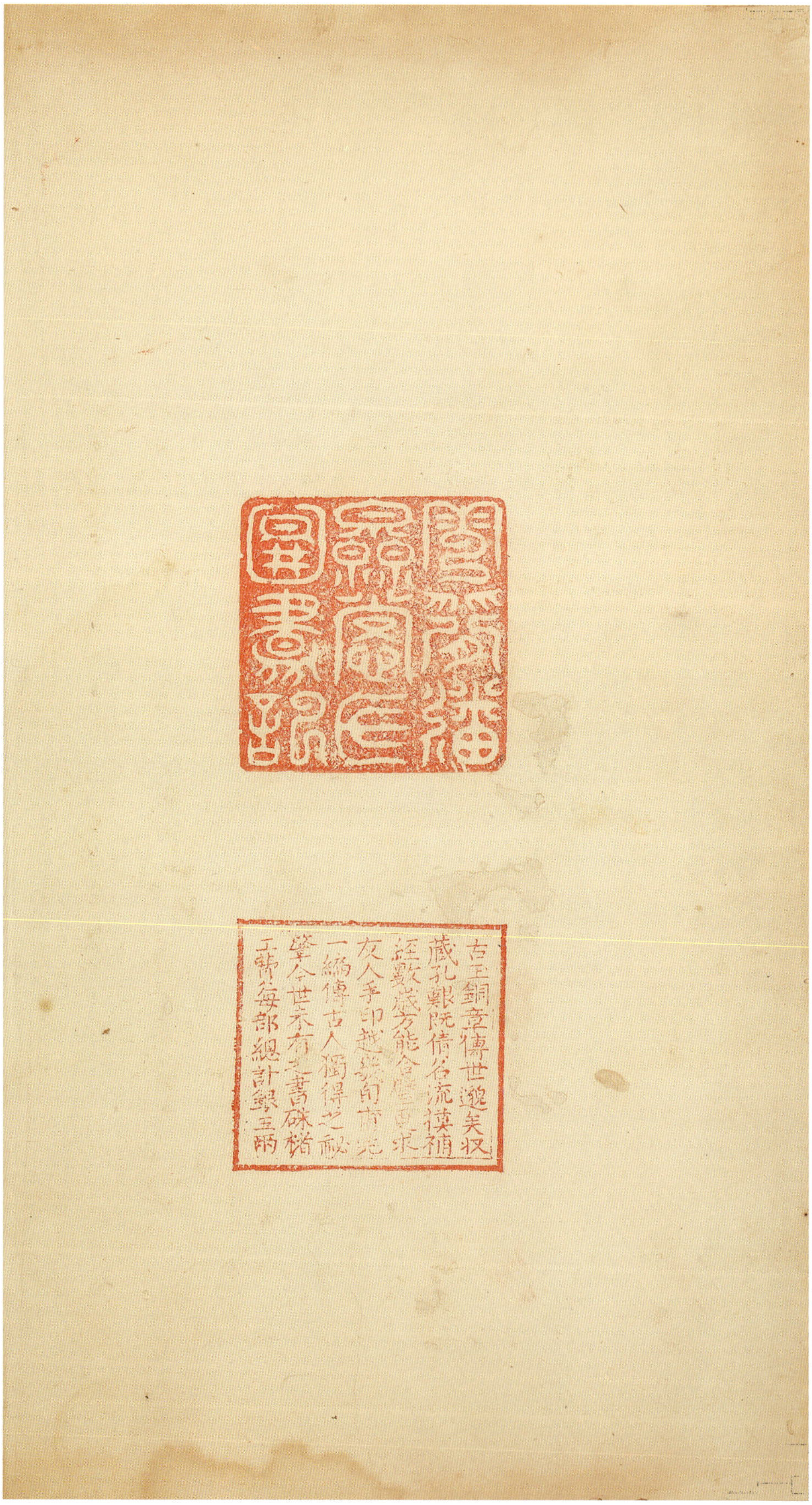
古玉銅章傳世邈矣收
藏孔艱既倩名流摹補
經數歲方能合璧不求
友人手印越
一編傳古人獨得之祕
肇今世未有之書硃楮
工費每部總計銀五兩

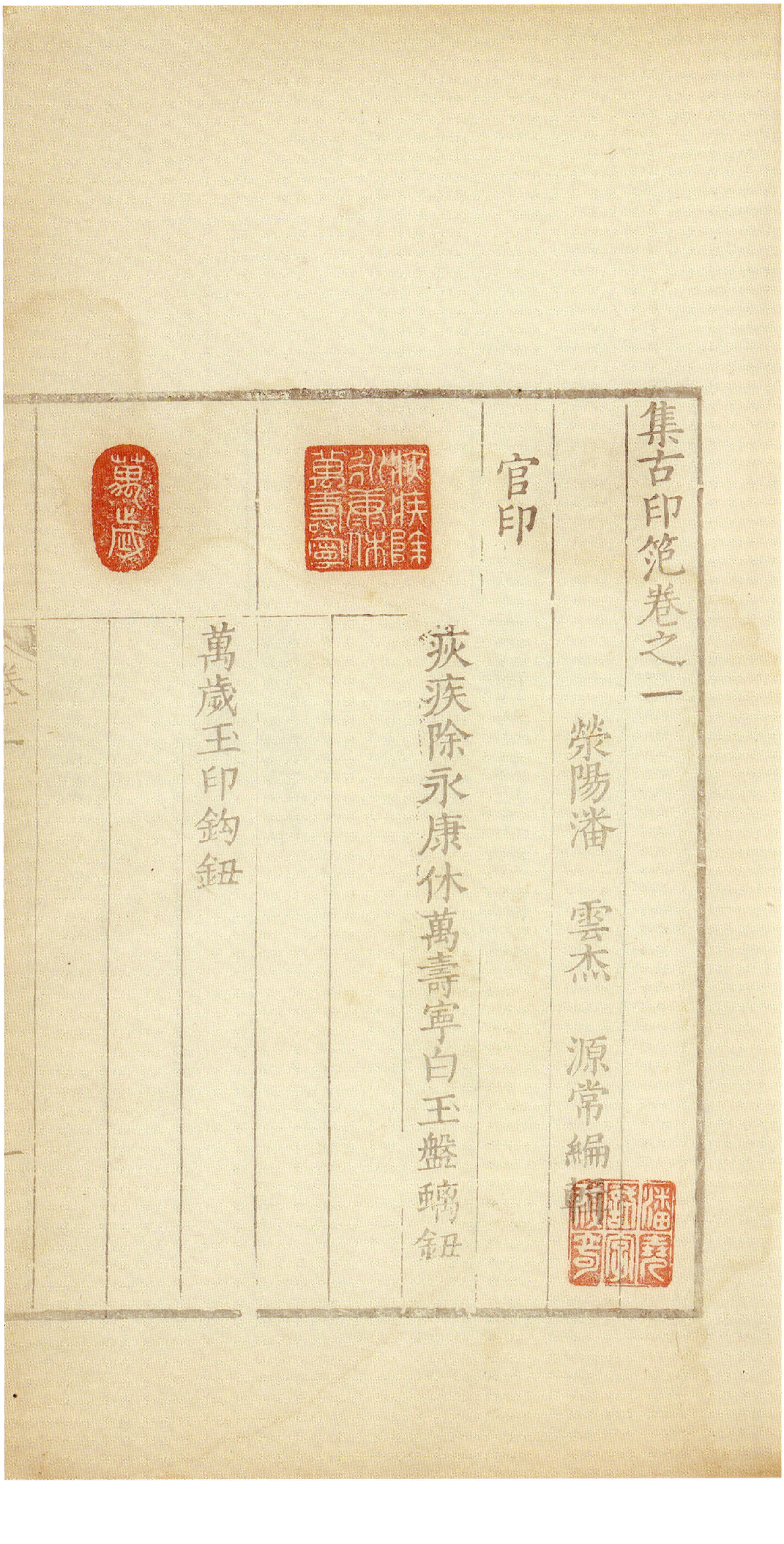

集古印范卷之一

滎陽潘　雲杰　源常編輯

官印

疢疾除永康休萬壽寧白玉盤螭鈕

萬歲王印鈎鈕

貽安堂稿八卷 明伍袁萃撰

明萬曆三十八年（1610）刻本
四册

書高26.2釐米，寬15.9釐米。框高20.8釐米，寬12.3釐米。半葉八行二十字，小字雙行，字數同，白口，四周單邊。

此書爲伍袁萃文集。分翼史、存是、議事、論學等八个部分，所述多朝野故實及時政論説。此爲伍袁萃文集的早期編刻本，極爲稀見。金檀舊藏。

伍袁萃，字聖起，號寧方，明吴縣人，萬曆八年（1580）進士，官至廣東海北道按察司副使。又著有《林居漫録》等。

金檀，參見《中吴紀聞》。

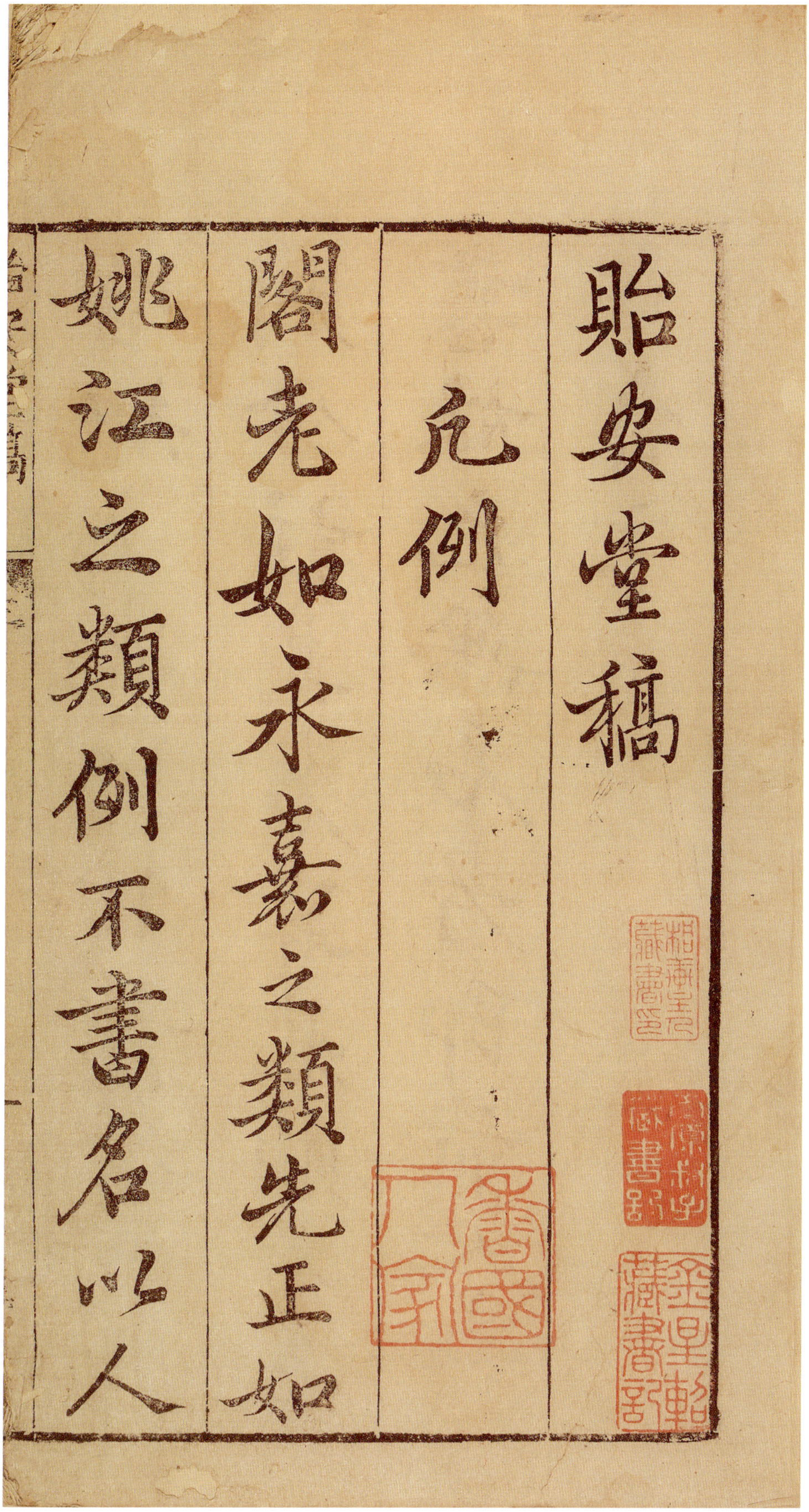
貽安堂稿

凡例

閣老如永嘉之類先正如

姚江之類例不書名以人

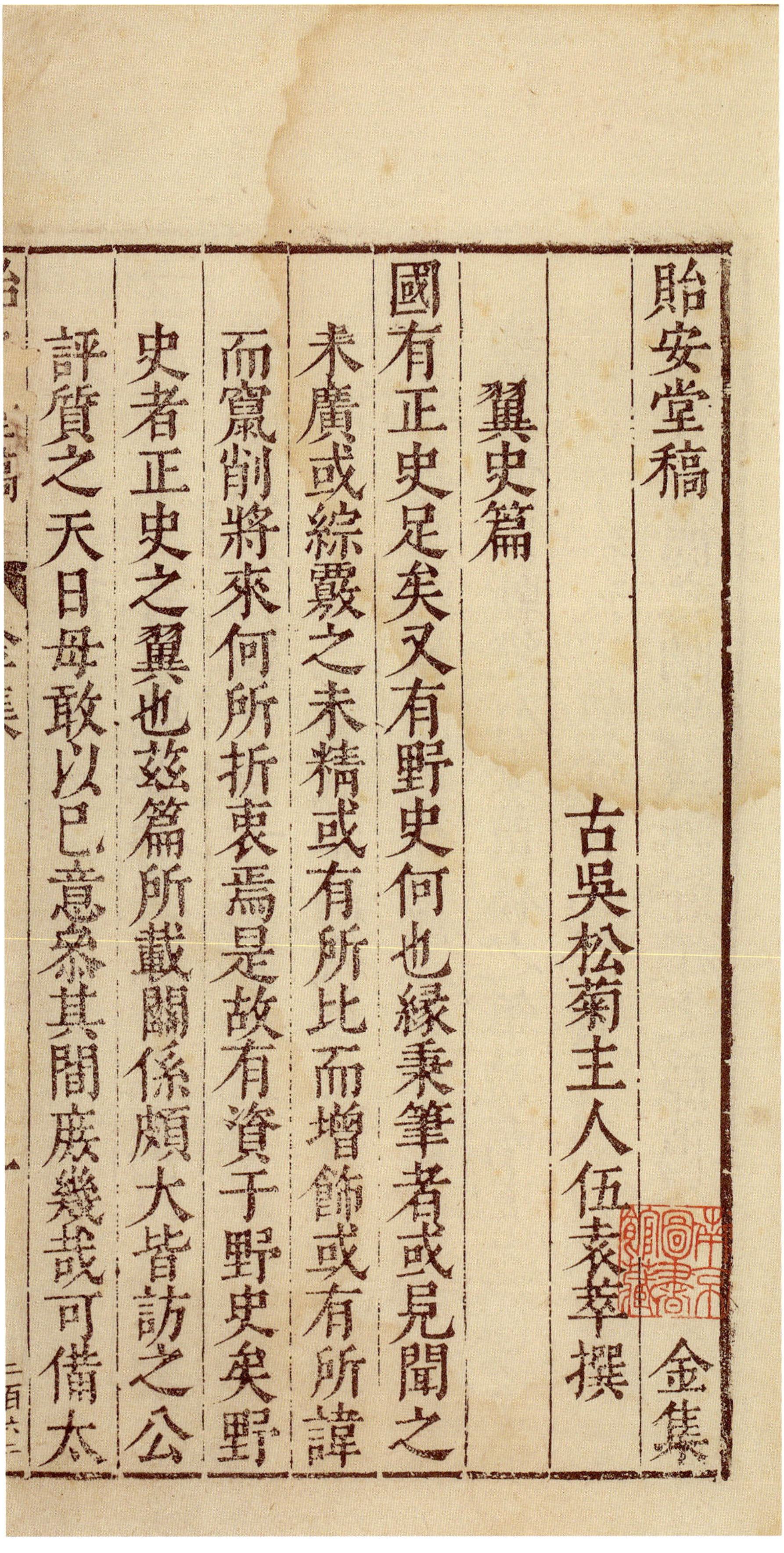

貽安堂稿　金集

古吳松菊主人伍袁萃撰

翼史篇

國有正史足矣又有野史何也緣秉筆者或見聞之未廣或綜覈之未精或有所比而增飾或有所諱而竄削將來何所折衷焉是故有資于野史矣野史者正史之翼也兹篇所載關係頗大皆訪之公評質之天日毋敢以己意參其間庶幾哉可備太

京口三山志選補二十卷首四卷附録四卷　明霍鎮方修　明陳仁錫校

明萬曆三十九年（1611）清溪堂刻本

二十册

書高25.3釐米，寬15.7釐米。框高21.2釐米，寬13.9釐米。半葉十行二十字，小字雙行，字數同，白口，四周雙邊。

鎮江金山、焦山和北固山三山，皆爲名勝，明正德間張萊曾撰《京口三山志》，此爲其續補。該書流傳稀少，公私書目罕有著録，北京大學圖書館藏殘本二卷，此爲全帙，十分珍貴。

霍鎮方，明光州（今屬河南）人。萬曆二十三年（1595）進士，官鎮江知府。

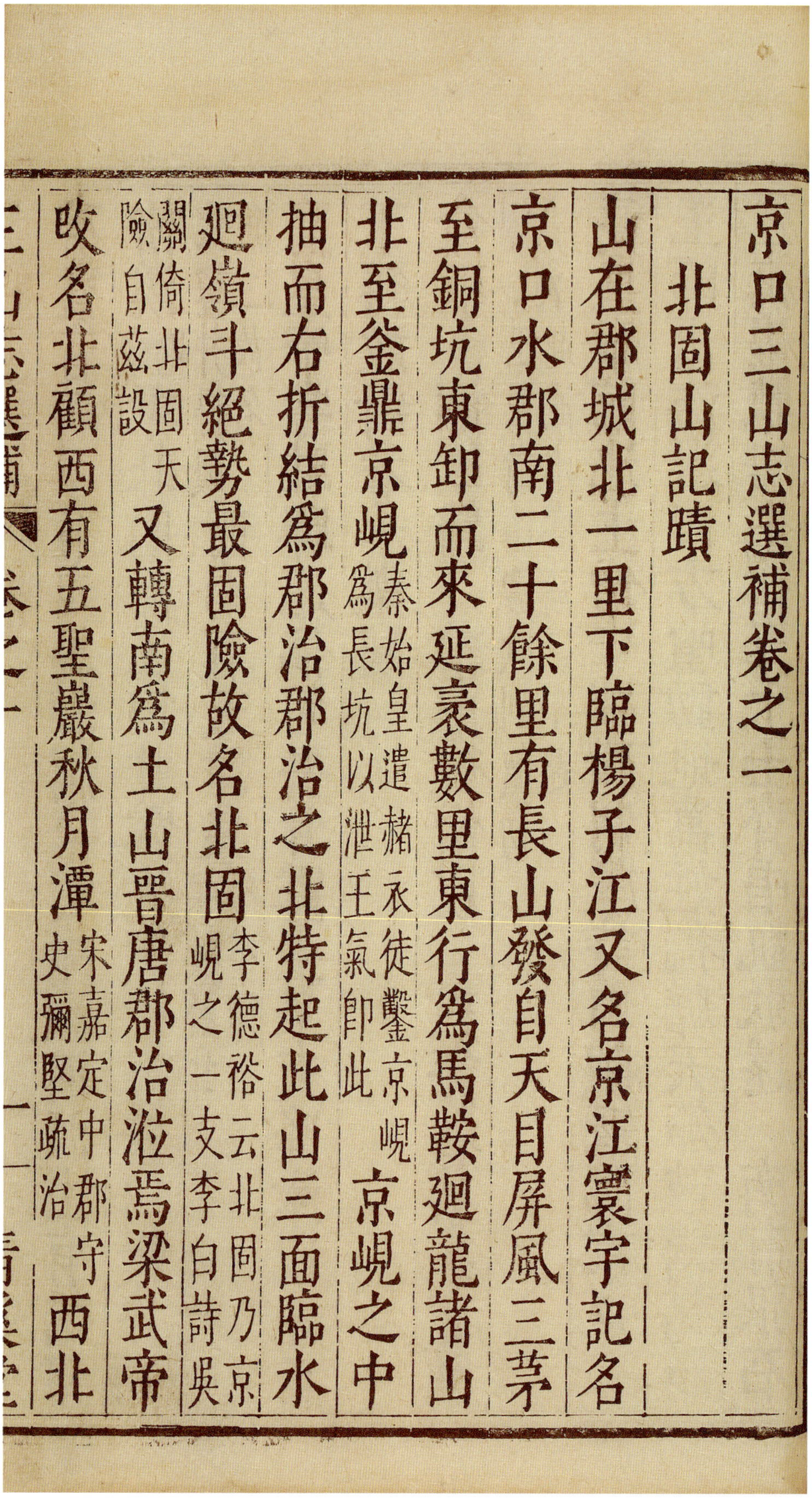

京口三山志選補卷之一

北固山記蹟

山在郡城北一里下臨揚子江又名京江寰宇記名京口水郡南二十餘里有長山發自天目屏風三茅至銅坑東卸而來延袤數里東行爲馬鞍迴龍諸山北至釜鼎京峴秦始皇遣赭衣徒鑿京峴爲長坑以泄王氣即此京峴之中抽而右折結爲郡治郡治之北特起此山三面臨水迴嶺斗絶勢最固險故名北固李德裕云北固乃京峴之一支李白詩吳關倚北固天險自茲設又轉南爲土山晋唐郡治涖焉梁武帝改名北顧西有五聖巖秋月潭宋嘉定中郡守史彌堅疏治西北

三山志選補　卷之一　一　青溪堂

姑蘇名賢小紀二卷　明文震孟撰

明萬曆四十二年（1614）文氏竺塢刻清順治九年（1652）文然重修本　清徐釚批
一册

書高26.9釐米，寬17.6釐米。框高20.5釐米，寬14.7釐米。半葉九行十八字，小字雙行，字數同，白口，左右雙邊。

此書爲明代姑蘇人物傳記。此本爲初刻重修本，天頭多處有清初徐釚朱批，記其讀書心得。今存徐釚批跋本僅數種。

文震孟（1574—1636），字文起，明長洲人。竺塢爲其讀書處，亦是歸葬處。天啓二年（1622）狀元及第，官至禮部侍郎、東閣大學士。書法與其曾祖文徵明齊名，著有《文文肅公日記》等。

徐釚（1636—1708），字電發，號虹亭、鞠莊等，清吴江人。工詞，擅書畫。曾參與纂修《明史》，富藏書，著有《南州草堂集》《詞苑叢談》《菊莊藏書目録》等。

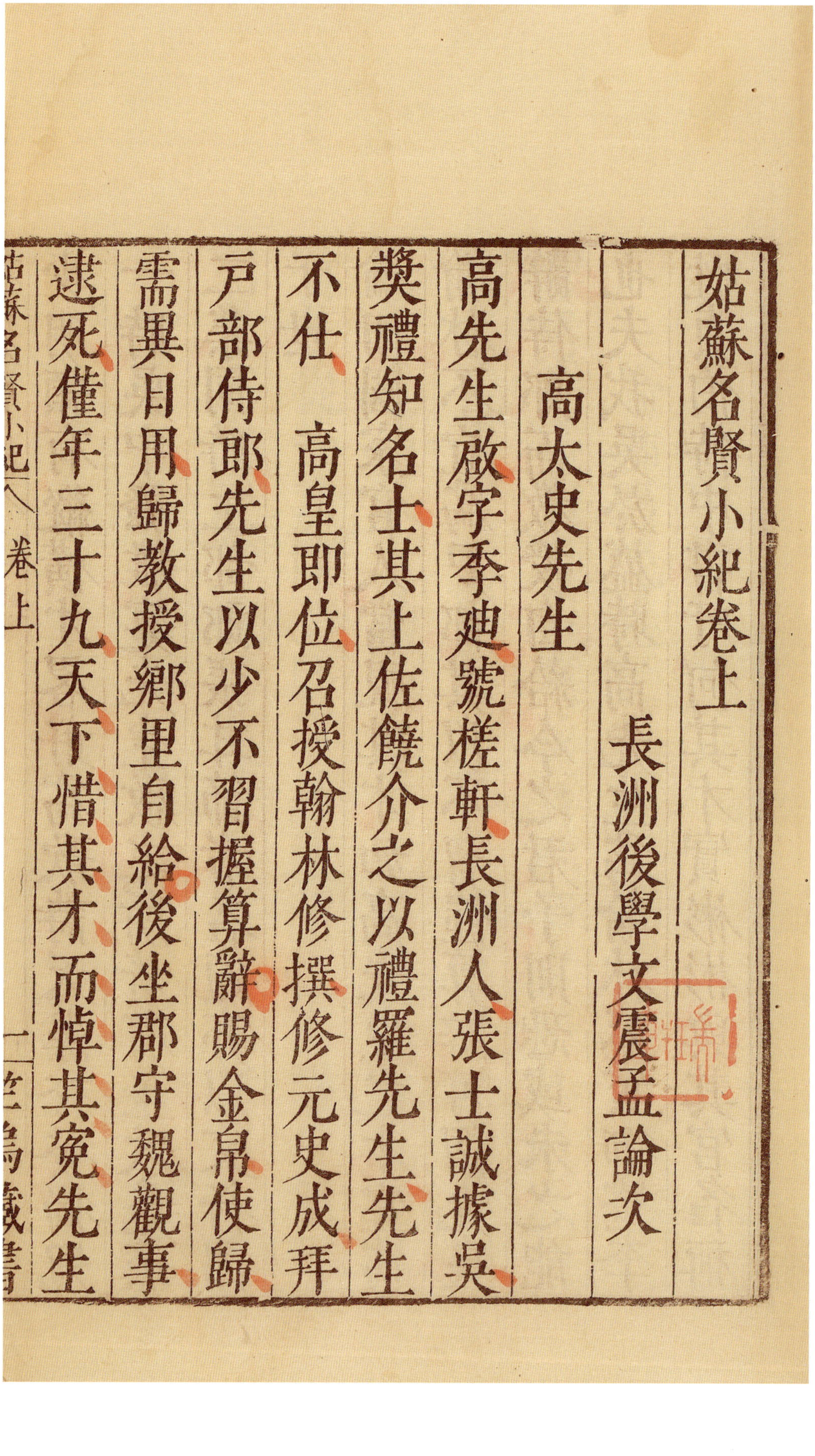
姑蘇名賢小紀卷上

長洲後學文震孟論次

高太史先生

高先生啟字季廸號槎軒長洲人張士誠據吳奬禮知名士其上佐饒介之以禮羅先生先生不仕　高皇即位召授翰林修撰修元史成拜戶部侍郎先生以少不習握算辭賜金帛使歸需興日用歸教授鄉里自給後坐郡守魏觀事逮死僅年三十九天下惜其才而悼其冤先生

姑蘇名賢小紀　卷上　一　竺塢藏書

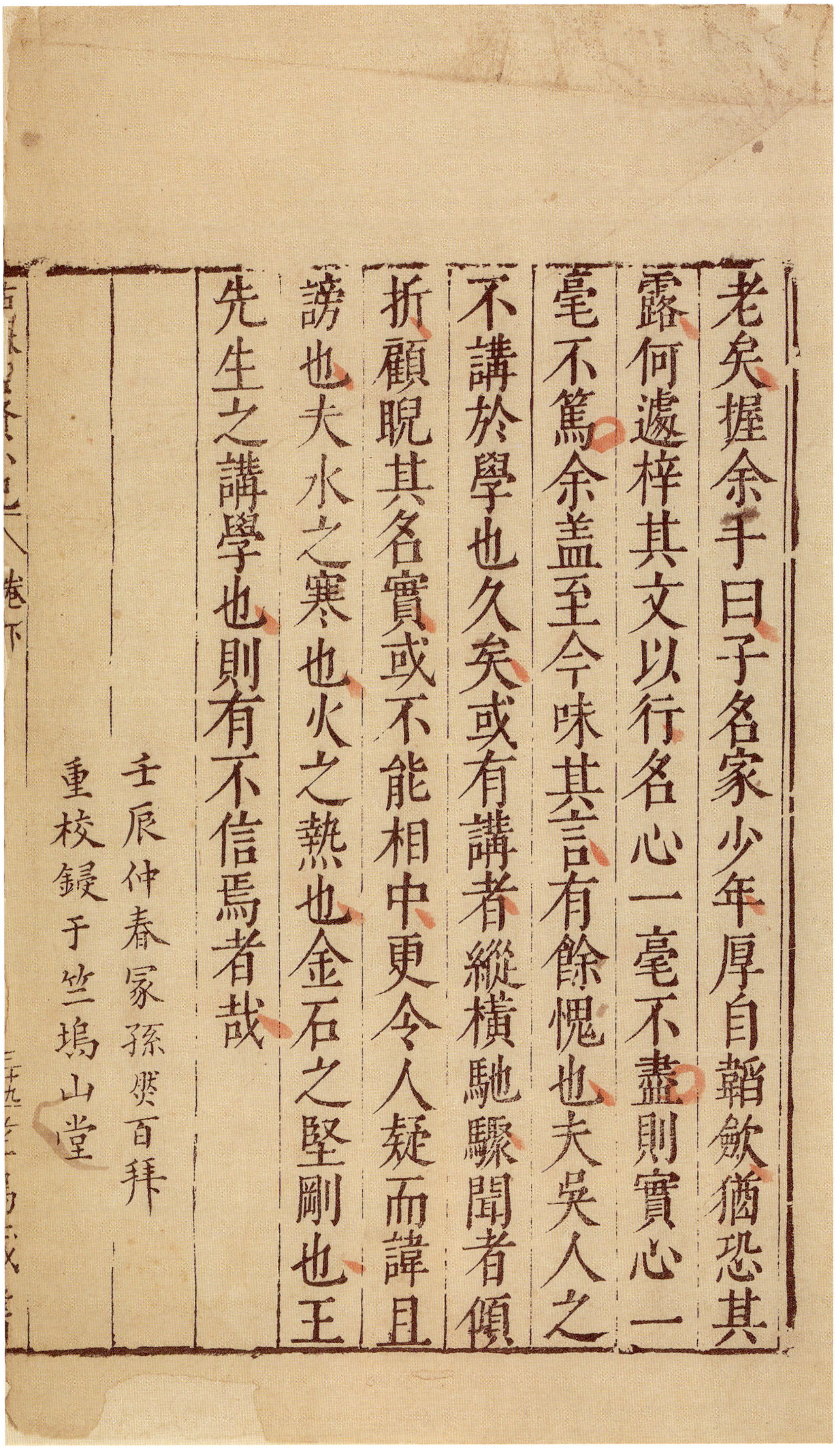

老矣握余手曰子名家少年厚自韜斂猶恐其露何遽梓其文以行名心一毫不盡則實心一毫不篤余盖至今味其言有餘愧也夫吳人之不講於學也久矣或有講者縱橫馳驟聞者傾折顧覗其名實或不能相中更令人疑而諱且謗也夫水之寒也火之熱也金石之堅剛也王先生之講學也則有不信焉者哉

壬辰仲春冢孫燮百拜

重校鋟于竺塢山堂

寶印齋印式二卷　明汪關藏並篆

明萬曆四十二年（1614）汪關鈐印本　明程嘉燧、明唐汝詢題詩　明李流芳、明汪關、清畢瀧跋　一册

書高25.5釐米，寬16.3釐米。框高21釐米，寬14釐米。

此印譜上卷鈐汪關所藏古印,下卷鈐其自刻諸印,首尾有名家題跋。其中程嘉燧、李流芳二人與唐時升、婁堅號稱晚明嘉定四先生，均以詩、書、畫蜚聲海内，爲當時士林翹楚。此書入選第五批《國家珍貴古籍名録》。

汪關，字尹子，原名東陽，字杲叔，後得漢銅印“汪關印”而更名，晚明歙縣人。篆刻名家，其手製印章，爲時人所重。著有《廣印人傳》等。

李流芳（1575—1629），字茂宰，號檀園，晚號慎娱居士，明歙縣人，寓居嘉定。有《吴中十景圖》《檀園集》。

程嘉燧（1565—1643），字孟陽，號松圓、偈庵，明休寧人，寓居嘉定。有《爲方季康寫山水圖》《浪淘集》。

唐汝詢（1565—1659），字仲言，自號酉陽山人，明末清初華亭（今屬上海）人。五歲而瞽，後聞父兄讀書輒不忘，父兄因以講授文義，即能解悟，遂盡取古人書，誦之使聽，久之能詩文。著《編蓬集》《唐詩解》等，爲一代名流。

畢瀧，字澗飛，號竹癡，清鎮洋（今屬江蘇太倉）人，著名學者畢沅弟。嗜書畫，喜收藏名賢書畫，遇翰墨精粹，不惜重價購藏，故多宋、元、明人珍品。

寶印齋印式一卷

歙汪關尹子父藏

漢印　官印印式

率義侯印
銅印馬鈕

別部司馬
銅印鼻鈕

部曲將印
銅印鼻鈕

强弩都尉章
銅印鼻鈕

部曲將印
銅印鼻鈕

軍曲候印
銅印鼻鈕

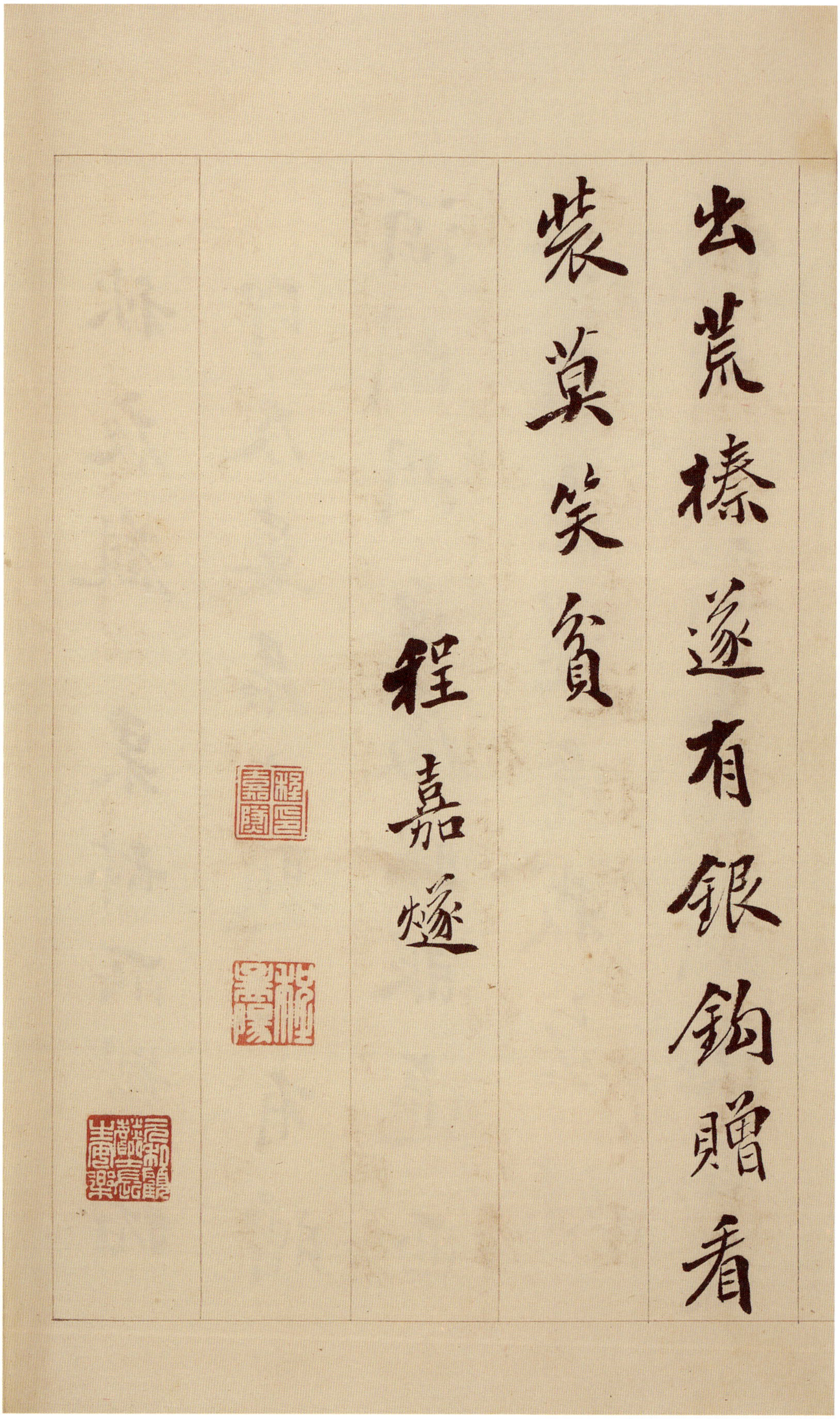
出荒榛遂有銀鉤贈看
裝莫笑貧
程嘉燧

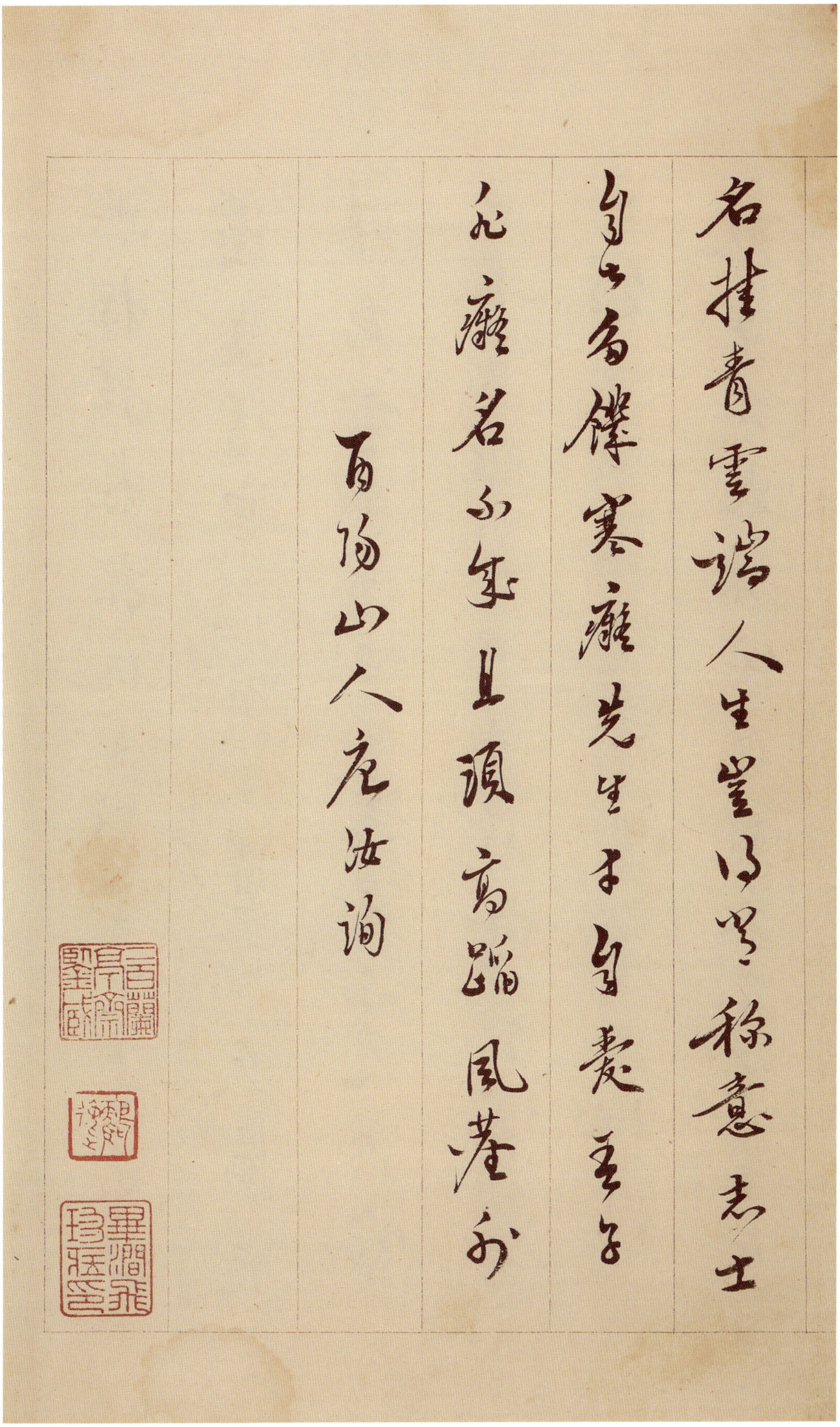
名挂青雲謂人生豈得稱意志士
自古豪傑寒癡先生手自表至今
况癡若不朽且頂高蹈風塵外
百陽山人龐汝詢

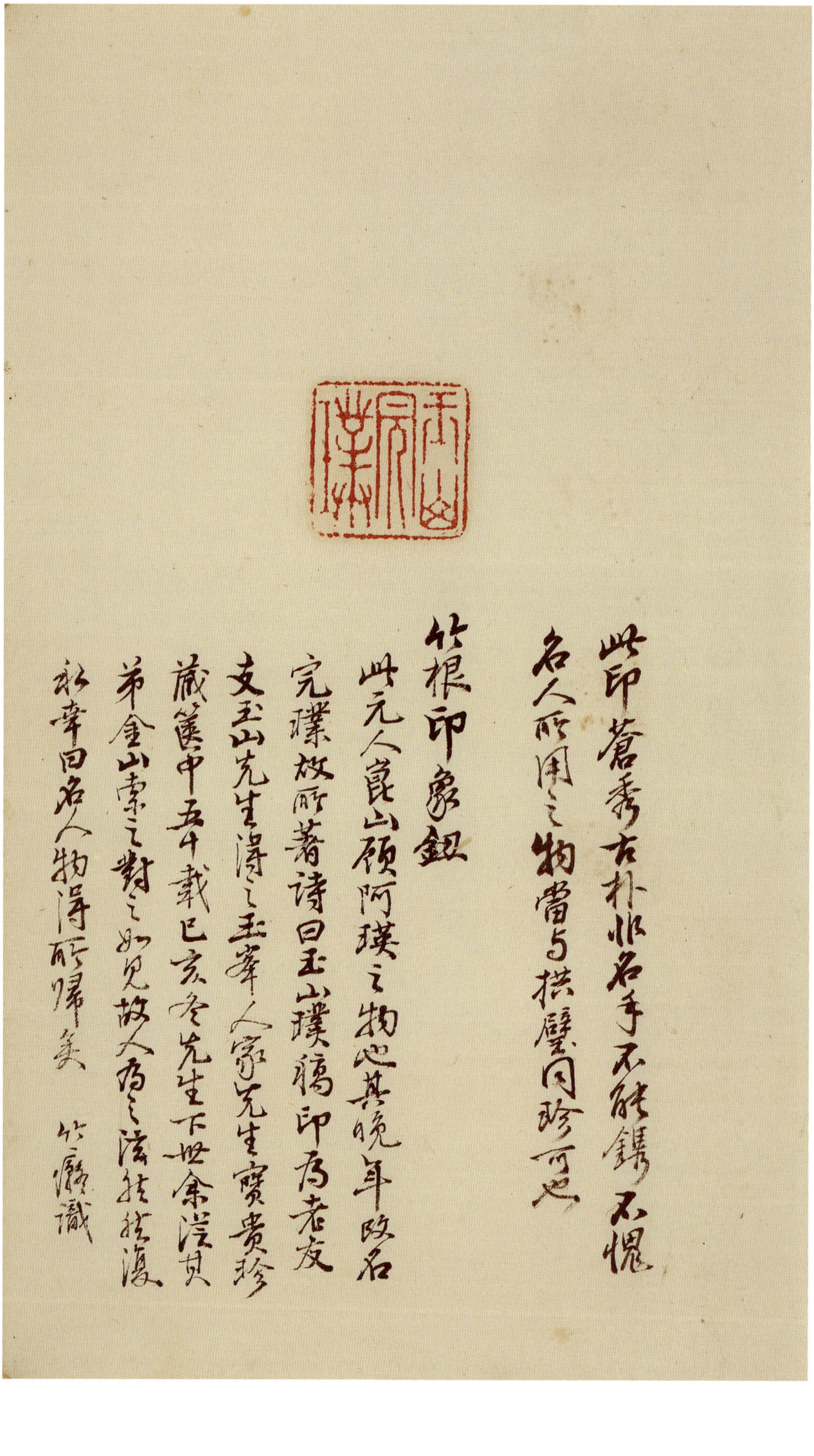
此印蒼秀古朴非名手不能鐫不愧名人所用之物當与拱璧同珍可也

竹根印象鈕

此元人崑山顧阿瑛之物也其晚年改名元璞故所著詩曰玉山璞稿印爲老友支玉山先生得之玉峯人家先生寶貴珍藏篋中五十載已亥冬先生下世余從其弟金山索之對之如見故人爲之泫然復私幸曰名人物得所歸矣　竹癡識

元曲選十集一百卷 明臧懋循編 論曲一卷元曲論一卷

明萬曆刻本

三十九册 缺三卷（甲集上三至五）

書高25.1釐米，寬16.5釐米。框高20.7釐米，寬13.4釐米。半葉九行二十字，小字雙行，字數同，白口，左右雙邊。

此書收入元人雜劇一百種，名家名作悉被網羅，又經作者整理修訂，科白俱全，最便閱讀，爲明清兩代收劇最多，流傳最廣的元人雜劇選本。此本每齣之前有版刻插圖二幅，雕刻綫條細緻流暢，人物形象生動有趣。

臧懋循（1550—1620），字晉叔，號顧渚山人，明長興（今屬浙江湖州）人。萬曆八年（1580）進士，官南京國子監博士。精研戲曲，兼長詩文。有詩文集《負苞堂稿》。

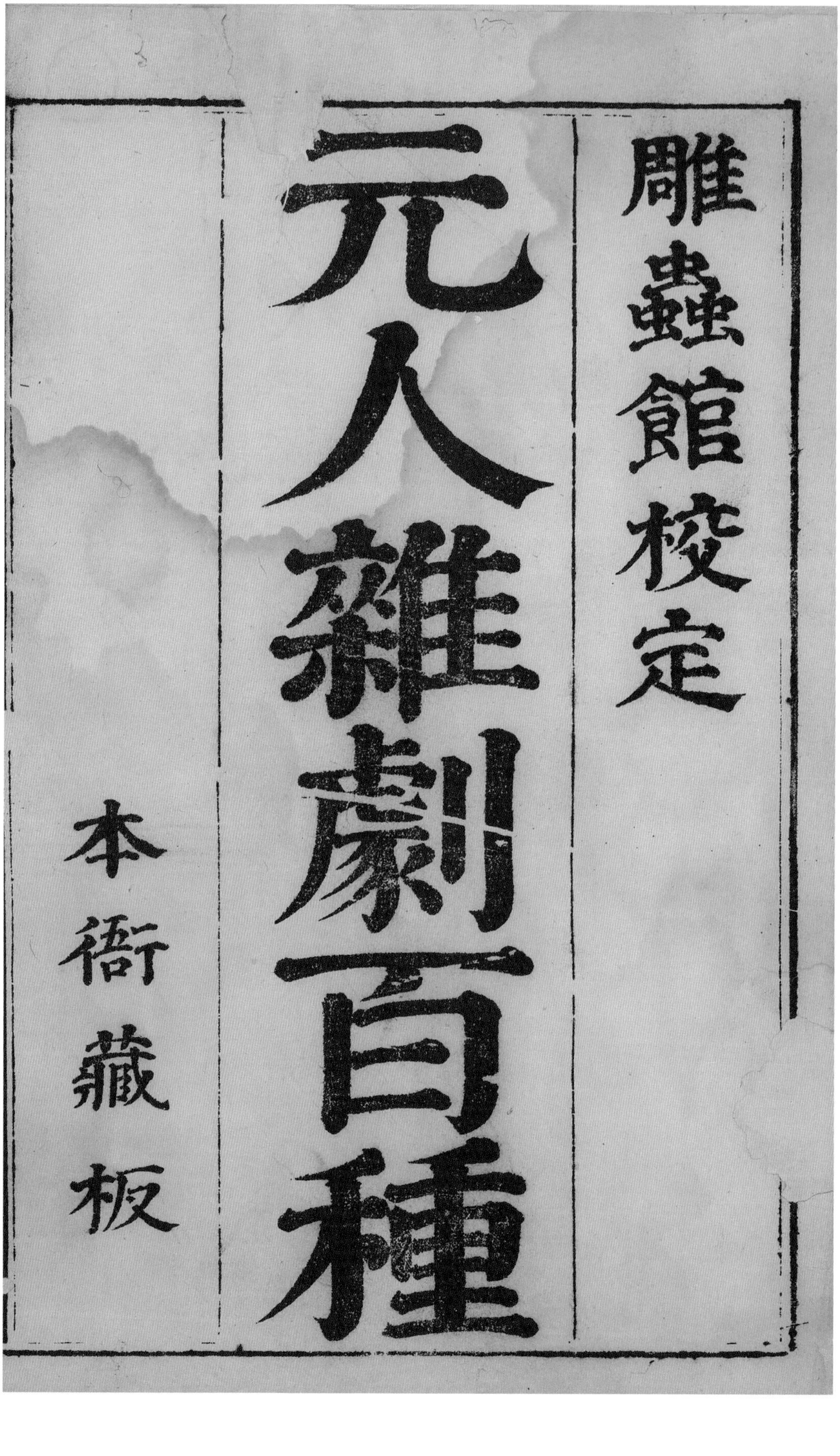
雕蟲館校定

元人雜劇百種

本衙藏板

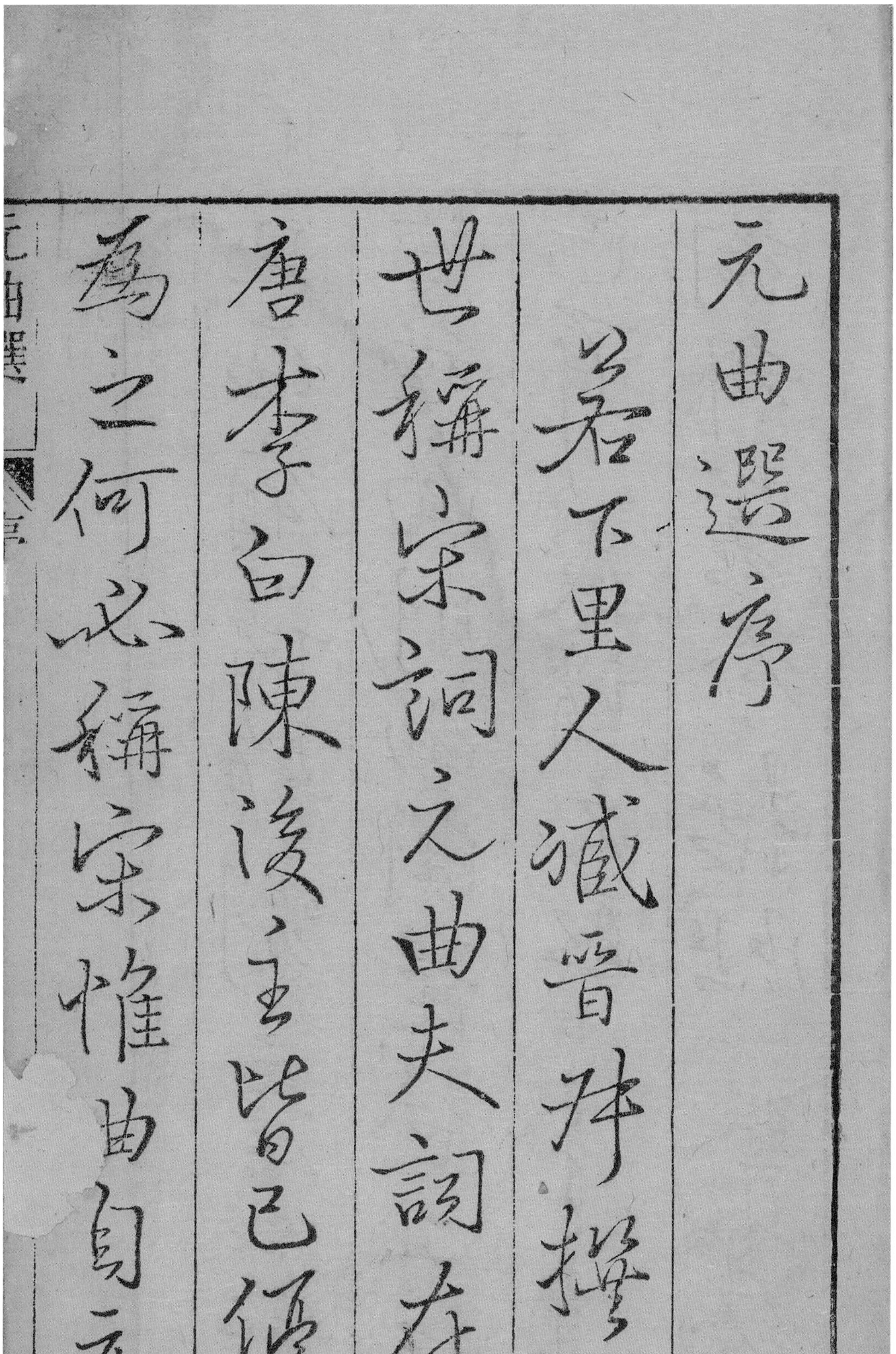
元曲選序

若下里人臧晉叔撰

世稱宋詞元曲夫詞在

唐李白陳後主皆已優

爲之何必稱宋惟曲自元

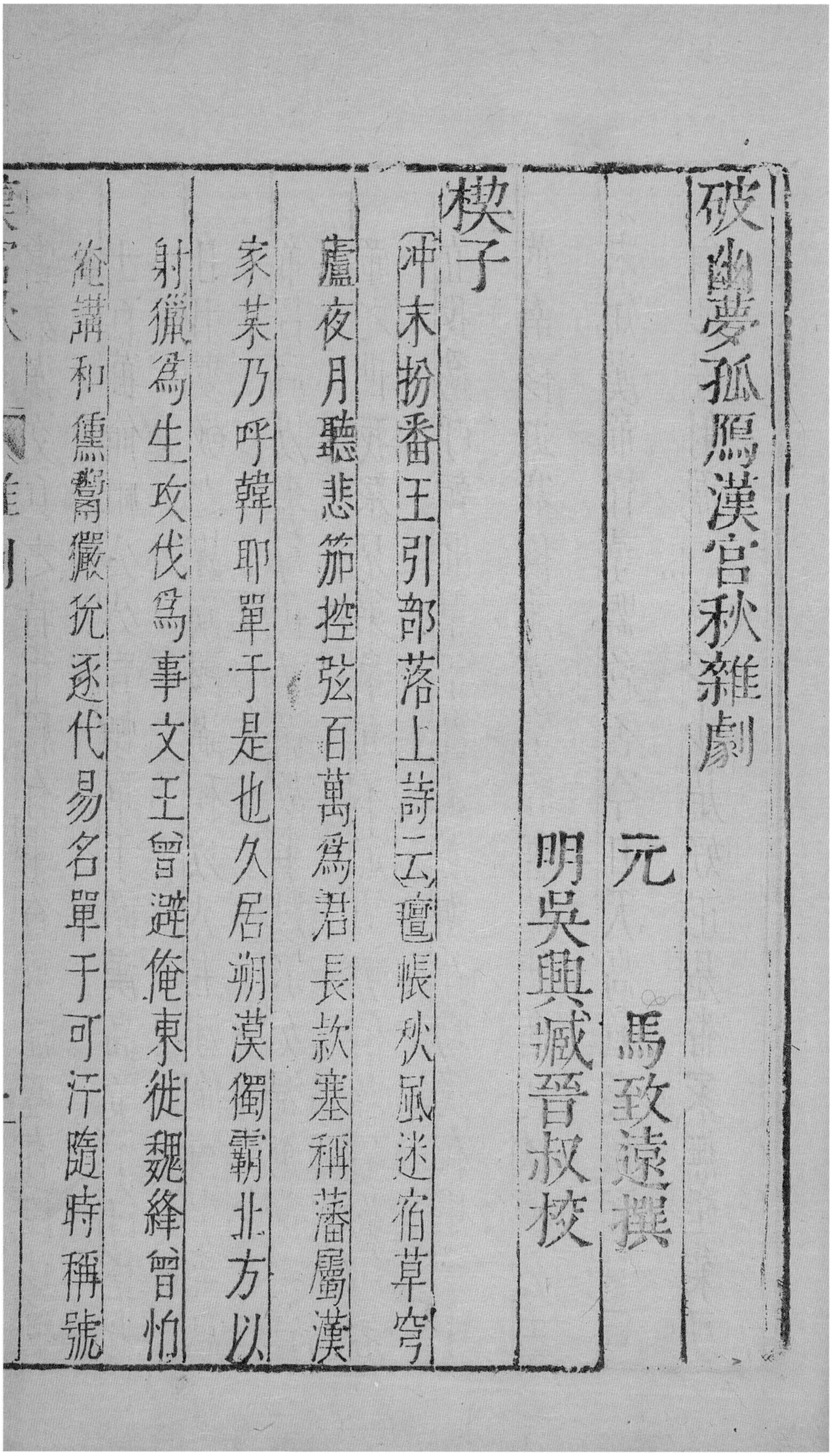

破幽夢孤鴈漢宮秋雜劇

元　馬致遠撰

明吳興臧晉叔校

楔子

冲末扮番王引部落上詩云氊帳秋風迷宿草穹廬夜月聽悲笳控弦百萬爲君長款塞稱藩屬漢家某乃呼韓耶單于是也久居朔漠獨霸北方以射獵爲生攻伐爲事文王曾避俺東徙魏絳曾怕俺講和獯鬻玁狁逐代易名單于可汗隨時稱號

破幽夢孤鴈漢宮秋
倣趙千里筆

牧齋初學集一百十卷目録二卷　清錢謙益撰

明崇禎十六年（1643）瞿式耜刻本

二十四册

書高26.6釐米，寬17.1釐米。框高21.2釐米，寬14.6釐米。半葉十行十八字，小字雙行，字數同，白口，四周單邊。

此書爲錢謙益入清以前的詩文結集，乾隆間被列爲禁書，因之湮没二百年。此本爲明崇禎十六年（1643）門人瞿式耜所編刻，是錢氏文集初次彙編及初刻本，校勘精良。

錢謙益，參見《牧齋詩鈔》。

瞿式耜（1590—1650），字起田，一字伯略，號稼軒，明末清初常熟人。早年拜錢謙益爲師，萬曆四十四年（1616）進士，歷任江西永豐知縣、户部給事中等。南明弘光二年（1645）任廣西巡撫。隆武二年（1646）擁立桂王，任文淵閣大學士兼吏、兵二部尚書，留守桂林。永曆四年（1650）清軍圍攻桂林，被執殉難。乾隆四十一年（1776）追謚忠宣。詩文甚富。

牧齋先生初學集序

歲癸未冬海虞瞿稼軒刻其師牧齋先生初學集一百卷既成先是先生再寓書於余寄示近所著芻言及高陽行狀屬余序其文甚切而余方退讓未遑蓋先生身雖退處其文章為海內所推服崇尚翕然如泰山北斗雖雞林蛋户有能知愛之者顧欲俾鄉里窮僻衰耋之夫噭然弁其首有不譁而笑其妄且誕乎此余之所為不敢也古人有言文章千古事得失寸心知先生之文惟先生自知之又曰人之相知貴相知

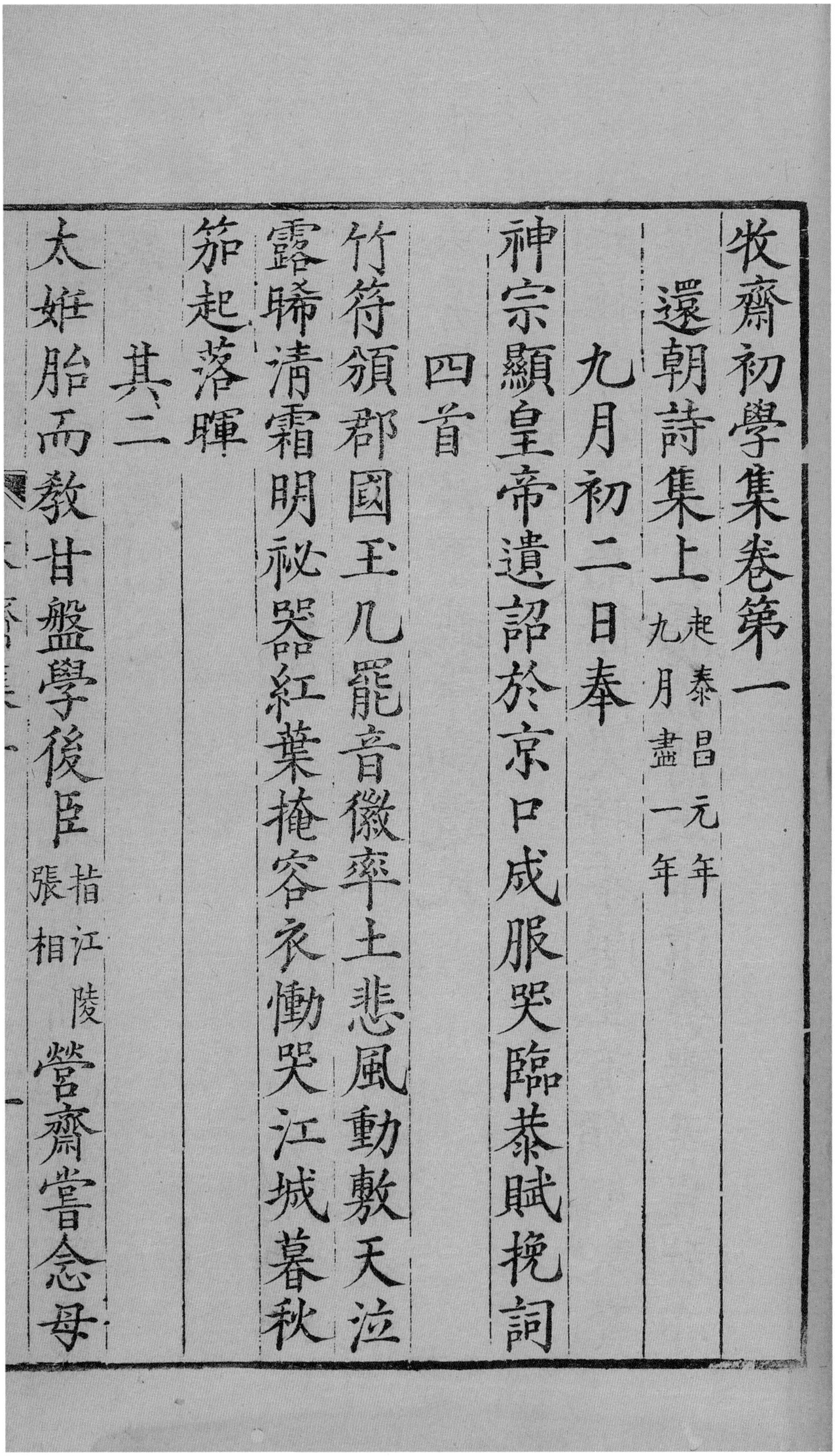
牧齋初學集卷第一

還朝詩集上起泰昌元年九月盡一年

九月初二日奉

神宗顯皇帝遺詔於京口成服哭臨恭賦挽詞

四首

竹符頒郡國王几罷音徽率土悲風動敷天泣

露晞清霜明祕器紅葉掩容衣慟哭江城暮秋

笳起落暉

其二

太姙胎而教甘盤學後臣指江陵張相營齋嘗念母

董解元西廂四卷 明湯顯祖評

明刻朱墨套印本

四册

書高26.8釐米，寬18釐米。框高21.6釐米，寬14.8釐米。半葉八行十八字，小字雙行，字數同，白口，左右雙邊。

此書又名《西廂記諸宫調》《董西厢》，爲金人董解元所作長篇講唱文學，故事源於唐代元稹傳奇小説《鶯鶯傳》，代表宋金時期講唱文學的最高水平。此本天頭及正文行格間以朱色套印湯顯祖評點，字迹疏朗，套色準確，爲晚明套色印本之上品。

湯顯祖（1550—1616），字義仍，號海若，明臨川人。萬曆十一年（1583）進士，曾任禮部主事。工戲曲，與關漢卿、王實甫齊名。室名“玉茗堂”，代表劇作《牡丹亭》《邯鄲記》《南柯記》《紫釵記》，合稱《玉茗堂四夢》。

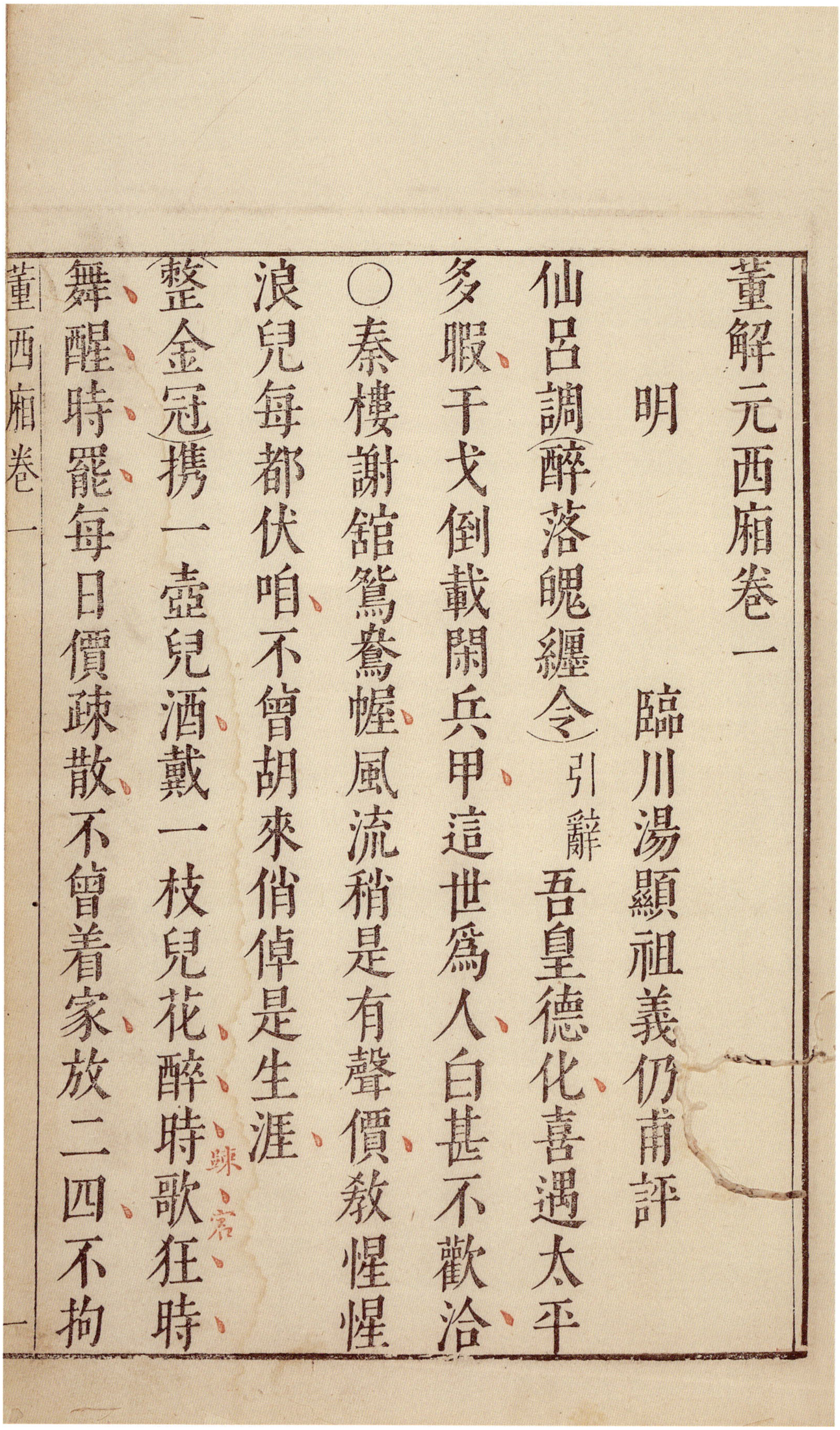

董解元西廂卷一

明　　臨川湯顯祖義仍甫評

仙呂調（醉落魄纏令）引辭　吾皇德化喜遇太平多暇干戈倒載閑兵甲這世爲人白甚不歡洽○秦樓謝館鴛鴦幄風流稍是有聲價教惺惺浪兒每都伏咱不曾胡來俏倬是生涯（整金冠）携一壺兒酒戴一枝兒花醉時歌狂時舞醒時罷每日價疎散不曾着家放二四不拘

董西廂卷一　一

風雅遺音二卷　宋林正大撰

明刻本

二册

書高25.3釐米，寬17.3釐米。框高21.1釐米，寬14.7釐米。半葉九行十八字，小字雙行，字數不等，白口，四周單邊。

此書仿蘇軾隱括《歸去來辭》之例，取前人詩文，隱括其意，製爲雜曲，每首之前仍全載本文。隱括乃宋人爲詞學另開一徑之獨創。林正大乃宋代創作隱括作品數量最多的人。書中以十五個詞調，隱括了六朝、唐宋時，李、杜、蘇等十八位作者的三十九篇詩文。《四庫全書總目》收入存目，所録汪如藻家藏本之卷末有徐釚跋云："《風雅遺音》上下卷，南宋刊本，泰興季滄葦家藏書。"本書鈐有季振宜及其父季寓庸藏書印數枚，疑即徐跋所指之"南宋刊本"。現存諸本唯明刻本最早，本館另藏一明刻本，兩本字體風格近似而不同版，或源自同一底本。

林正大，字敬之，號隨庵，南宋永嘉（今屬浙江温州）人。開禧中爲嚴州學官。

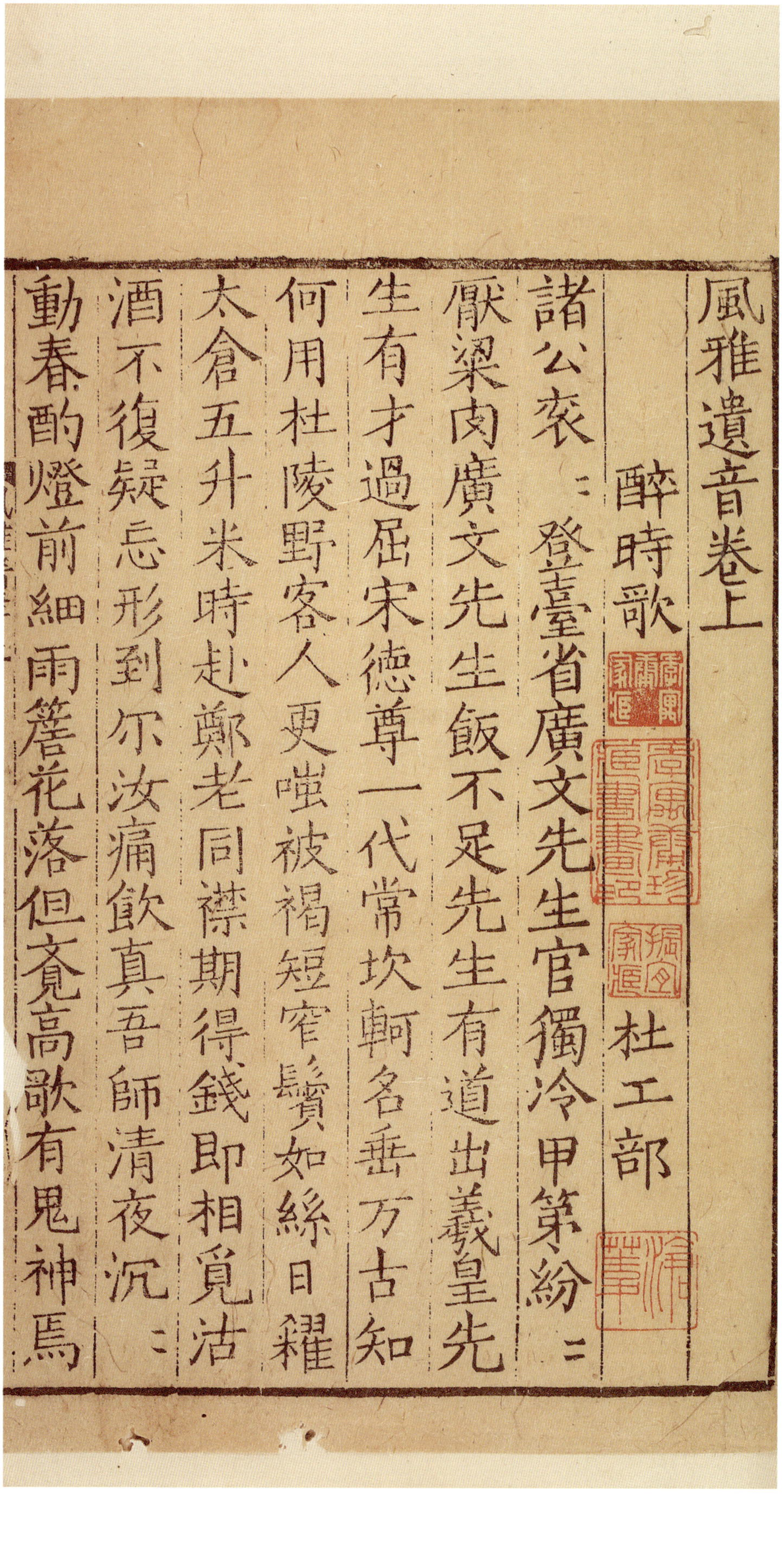
風雅遺音卷上

醉時歌　杜工部

諸公衮〻登臺省廣文先生官獨冷甲第紛〻
厭粱肉廣文先生飯不足先生有道出羲皇先
生有才過屈宋德尊一代常坎軻名垂万古知
何用杜陵野客人更嗤被褐短窄鬢如絲日糴
太倉五升米時赴鄭老同襟期得錢即相覓沽
酒不復疑忘形到尒汝痛飲真吾師清夜沉〻
動春酌燈前細雨簷花落但覺高歌有鬼神焉

一笠庵彙編清忠譜傳奇二卷 清李玉撰

清初刻本

二册

書高22.7釐米，寬17.1釐米。框高17.9釐米，寬13.3釐米。半葉九行十八字，小字雙行，字數同，白口，四周單邊。

此書爲戲劇作品，主要講述明末東林黨人周順昌反抗宦官魏忠賢殘暴專權的故事。劇中描繪了市民積極參與抗爭的場面，真實反映當時歷史，爲此前戲曲中所未有，在清代舞臺上有着重要的地位。此本刻印於清初，較爲罕見。

李玉，字玄玉，號蘇門嘯侶、一笠庵主人，明末清初吴縣人。崇禎末中鄉試副榜，明亡後絶意仕進，專力於傳奇、曲譜。戲劇作品見諸著録有四十二種，《清忠譜》爲其代表作。

序

先朝有國二百八十餘年

其間被寺人禍者凡三王

振劉瑾專恣於前魏忠賢

擅竊於後馴致流毒天下

而國家遂亡然據瑾之專

一笠菴彙編清忠譜傳奇卷上

蘇門嘯侶李　玉元玉甫著

畢　魏萬後

同里　葉時章雉斐全編

朱　㿥素臣

譜概

滿江紅璫燄燒天。正亘古忠良灰劫。看幾許驕驄嘶斷。杜鵑啼血。一點忠魂天日慘。五人義氣風雷掣。遡從前詞曲。少全篇。歌聲咽。思往事。心

清忠譜　卷上　一

黄山志定本七卷首一卷　清閔麟嗣纂次

清康熙十八年（1679）刻二十五年（1686）增修本

十册

書高26釐米，寬17釐米。框高19.5釐米，寬13.9釐米。半葉九行二十一字，小字雙行，字數同，白口，四周雙邊。

此書廣搜歷代黄山舊志，删繁去蕪，增所未備，修飾潤色以成，故稱“定本”。其體例精當，搜羅宏富，爲存世流傳最廣、影響最大的一部黄山志書。卷首山圖由其友人、江都名畫家蕭晨臨摹，旌德湯能臣、上元柏青芝鐫刻，爲清代版畫精品。此本曾經汪文柏、潘志萬等清代名家遞藏。

閔麟嗣（1628—1704），字賓連，號檝庵，清安徽歙縣人。喜游歷吟詠，每至一地，均有紀游詩。

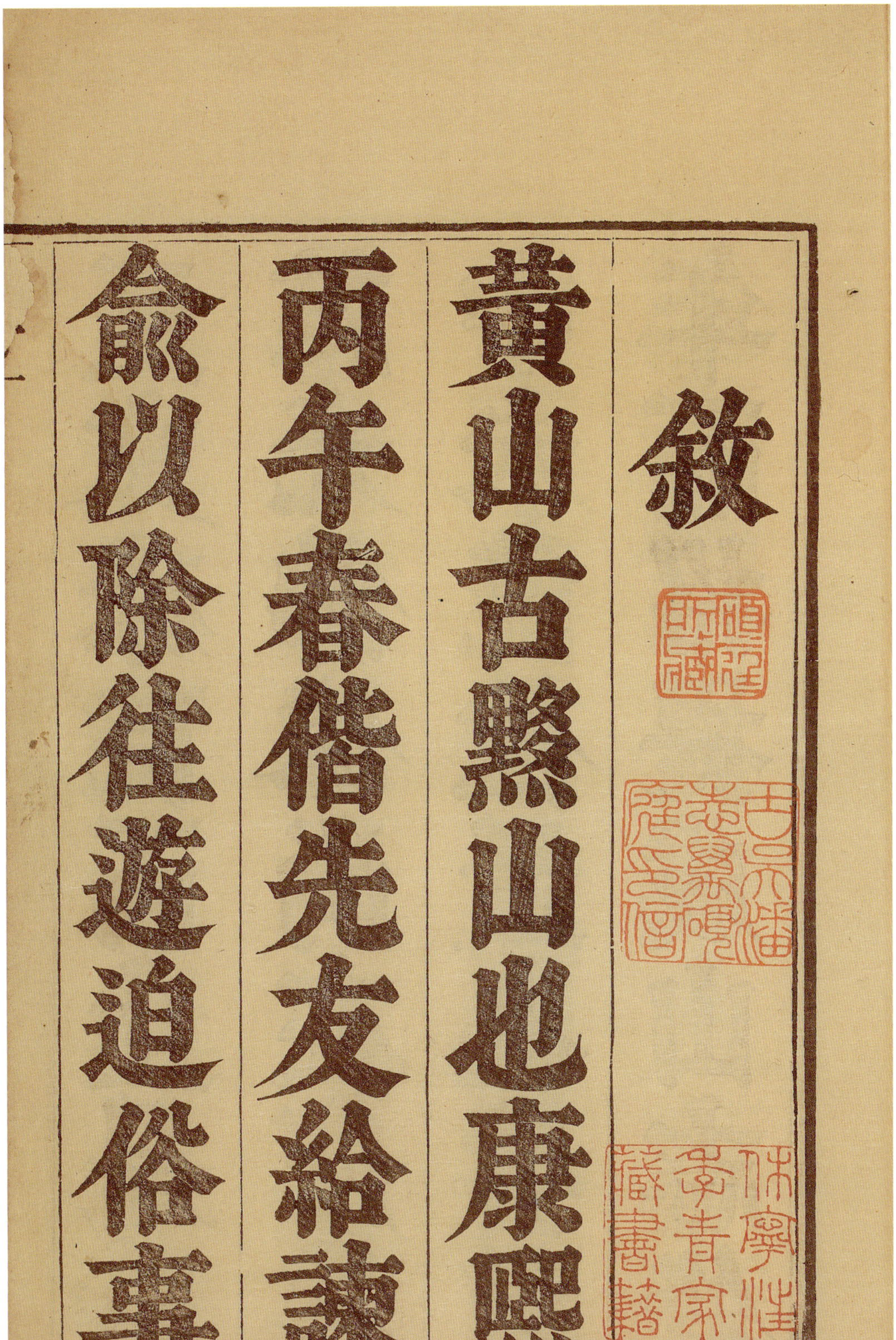

敘

黄山古黟山也康熙

丙午春偕先友給諫

僉以除往遊迫俗事

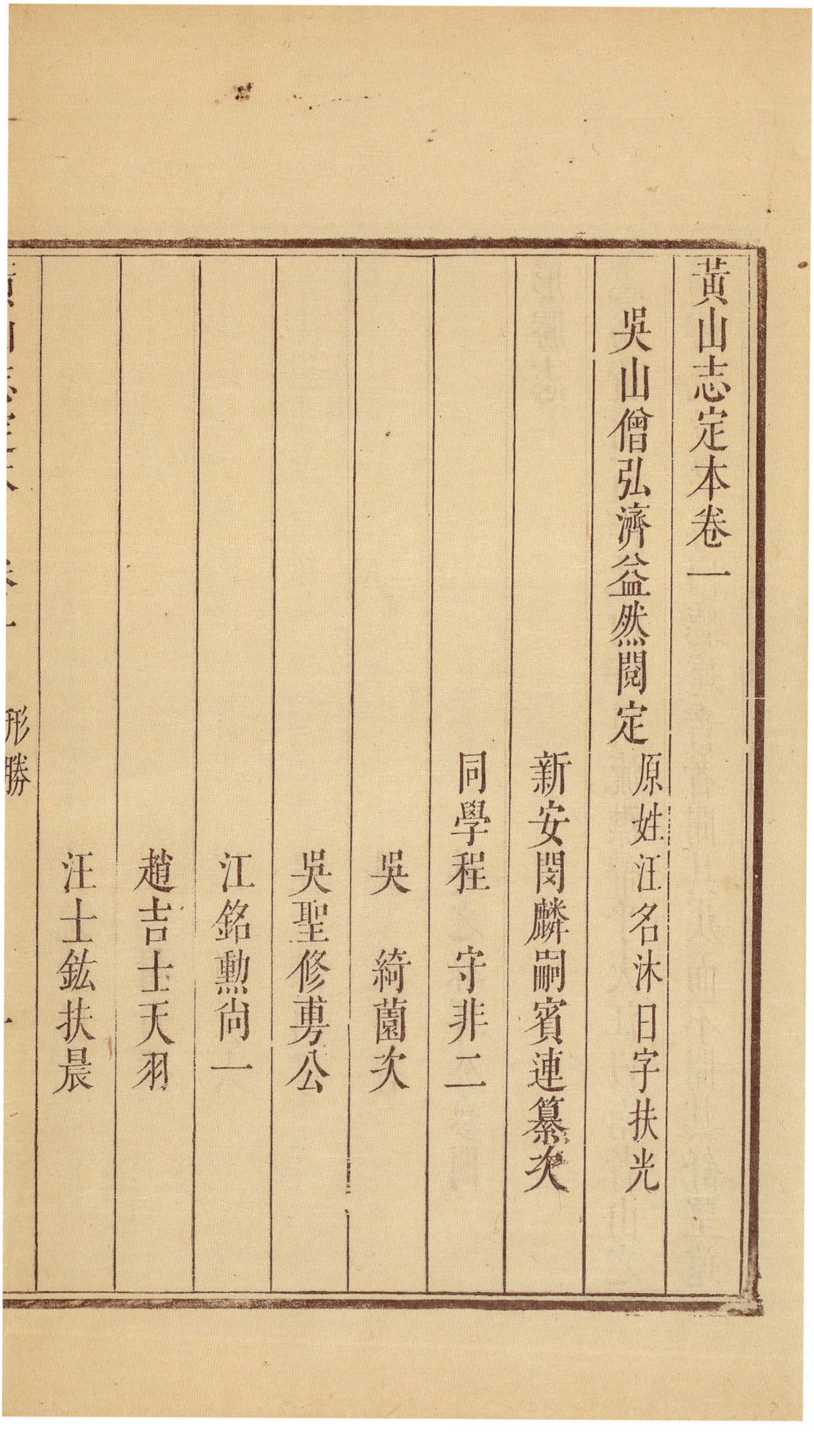
黃山志定本卷一
吳山僧弘濟益然閱定　原姓汪名沐日字扶光
新安閔麟嗣賓連纂次
同學程　守非二
吳　綺薗次
吳聖修勇公
江銘勲尚一
趙吉士天羽
汪士鋐扶晨
形勝

式古堂書畫彙考六十卷首二卷目録四卷 清卞永譽纂輯

清康熙二十一年（1682）自刻本

五十二册

書高27釐米，寬16.1釐米。框高21.3釐米，寬14.2釐米。半葉十行二十二字，小字雙行，字數同，下黑口，四周單邊。

此書將前人著録書畫以及自己所藏所見者彙輯而成，分《書考》《畫考》二部分。所録上自魏晉，下迄元明，以年代爲序，分門別類，標明年代、尺寸、質地，敘述作品内容、題跋印記、流傳經過，再加以評論，《四庫提要》評其“登載既繁，引證又富，足資談藝家檢閱者，無過是編”。此本仿宋代版刻風格，字用歐體，秀雅端莊，閲之賞心悦目。吴雲舊藏。

卞永譽（1645—1712），字令之，號仙客，清鑲紅旗漢軍人，世居奉天蓋平（今遼寧蓋州）。官至刑部侍郎。自幼嗜古人書畫，從學名家，爲清初頗具影響的書畫鑒藏家之一。又著有《式古堂集》。

吴雲，參見《吴中舊事》。

序

世之湛聲伎麴蘗蒱博之娛者曼
鬋列前粉黛羅後文竿之舞揚荷
激楚之音更進而迭代華燈蘭膏窮
夕繼旭或竹肉既倦賓朋雜還象博
犀比分曹並進彼視天下舉無足[illegible]

式古堂書畫彙考

書考綱

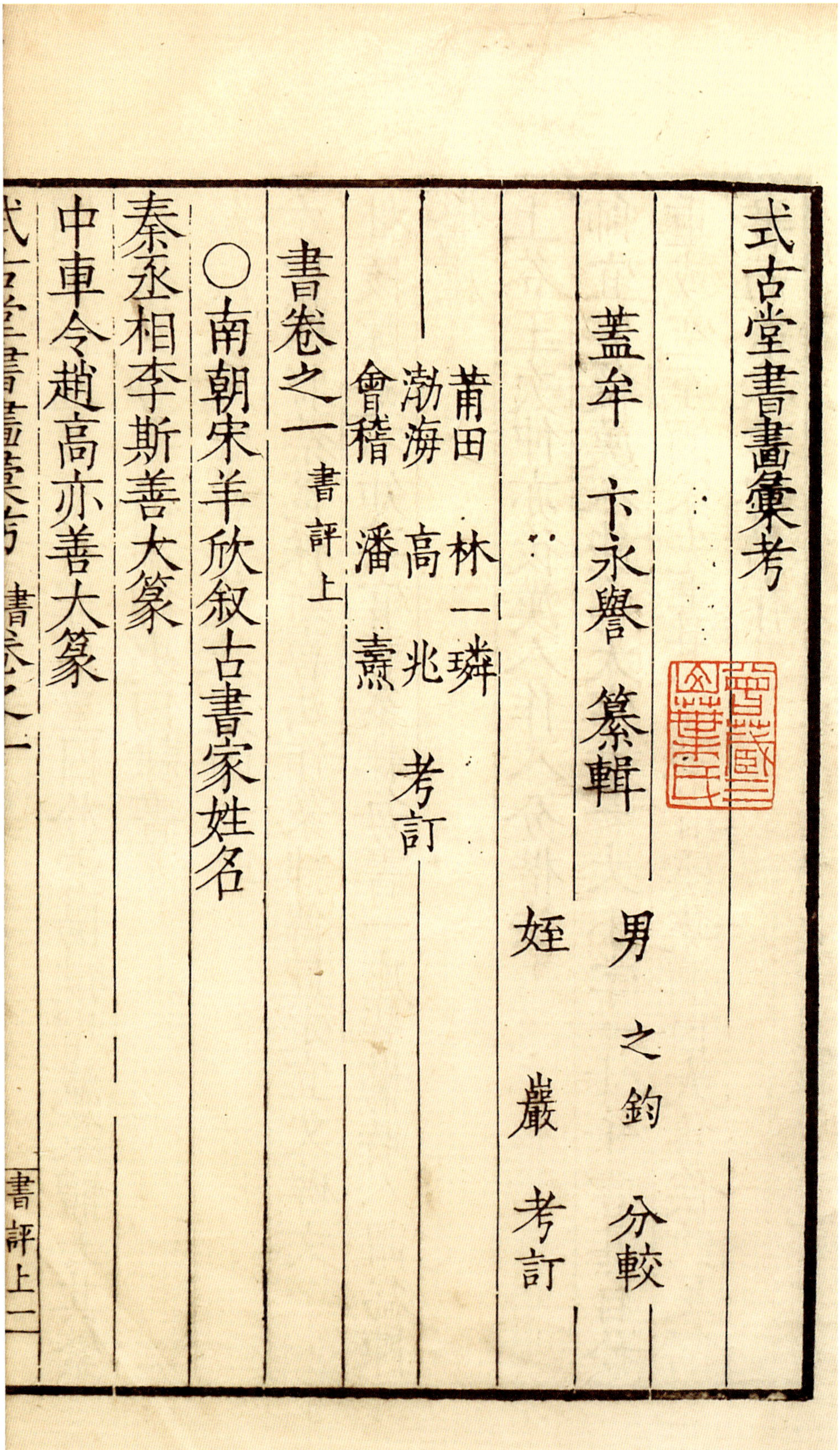
式古堂書畫彙考
蓋牟 卞永譽 纂輯　男 之鈞 分較
姪 巖 考訂
莆田 林一璘
渤海 高兆 考訂
會稽 潘 燾
書卷之一 書評上
○南朝宋羊欣叙古書家姓名
秦丞相李斯善大篆
中車令趙高亦善大篆
式古堂書畫彙考 書卷之一
書評上 一

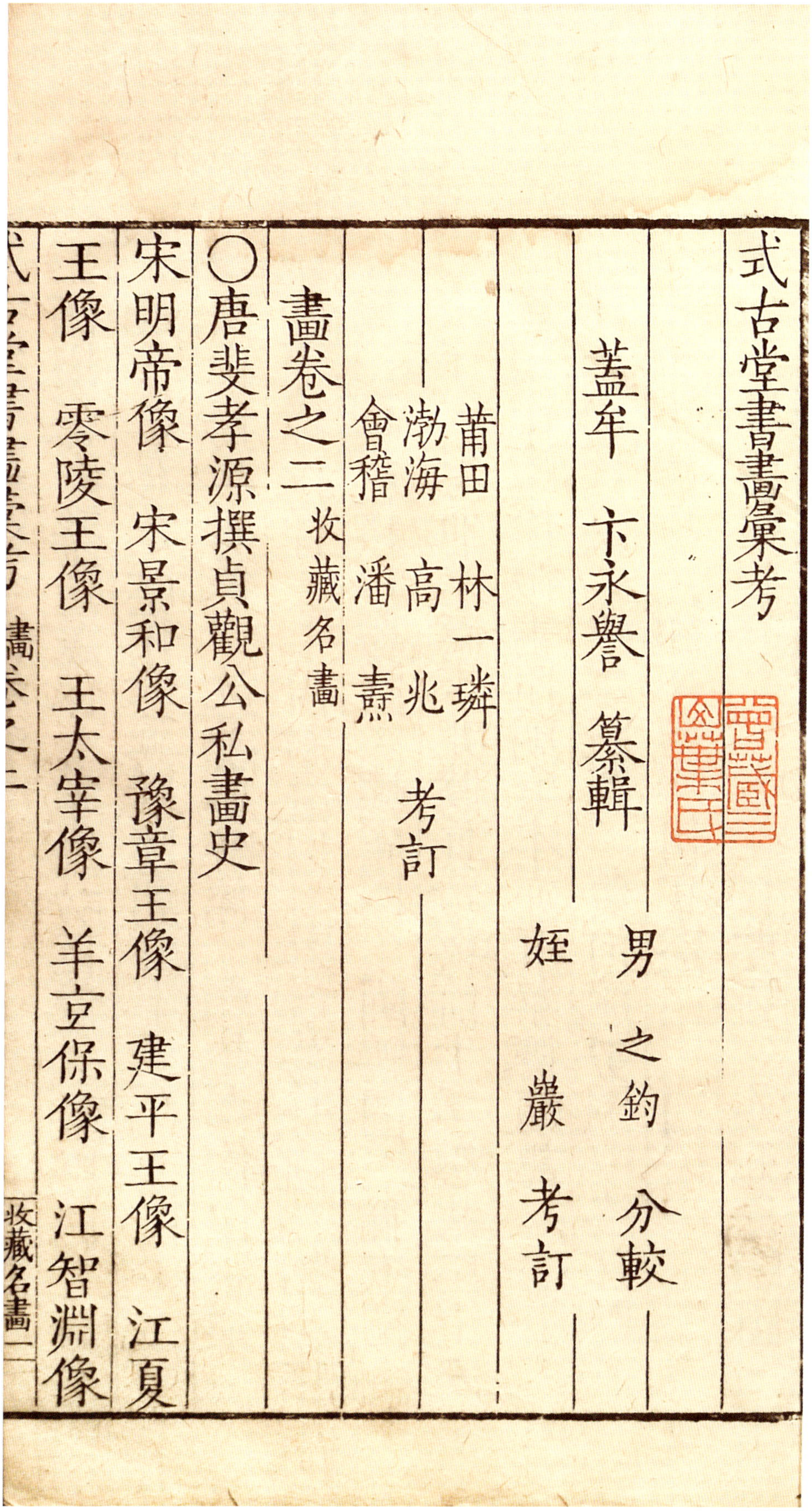

式古堂書畫彙考

蓋牟 卞永譽 纂輯

男 之鈞 分較

姪 之巖 考訂

莆田 林一璘

渤海 高兆 考訂

會稽 潘燾

畫卷之二 收藏名畫

○唐裴孝源撰貞觀公私畫史

宋明帝像 宋景和像 豫章王像 建平王像 江夏

王像 零陵王像 王太宰像 羊亘保像 江智淵像

式古堂書畫彙考 畫卷之二 收藏名畫 二

曝書亭集八十卷附録一卷 清朱彝尊撰 笛漁小稿十卷 清朱昆田撰

清康熙五十三年(1714)曹寅、朱稻孫刻本
十四册

書高28釐米,寬17.8釐米。框高19.5釐米,寬13.4釐米。半葉十二行二十三字,小字雙行,字數不等,白口,左右雙邊。

此書爲朱彝尊詩文集,由朱彝尊親自删定,凡賦一卷、詩二十二卷、詞七卷、文五十卷。後附《笛漁小稿》係其子朱昆田詩集。此書於康熙四十八年(1709)七月交曹寅刊刻,未幾,朱氏去世,過三年,曹寅下世,被迫停刊,後由昆田之子稻孫完成,歷時六年。此本爲朱氏詩文集最初編刻本,鐫刻精美。

朱彝尊,參見《補漢兵志》。

朱昆田(1652—1699),字文盎,號西峻,朱彝尊子。工詩詞,人稱“小朱十”(朱彝尊行十),指其詩才可與父媲美。

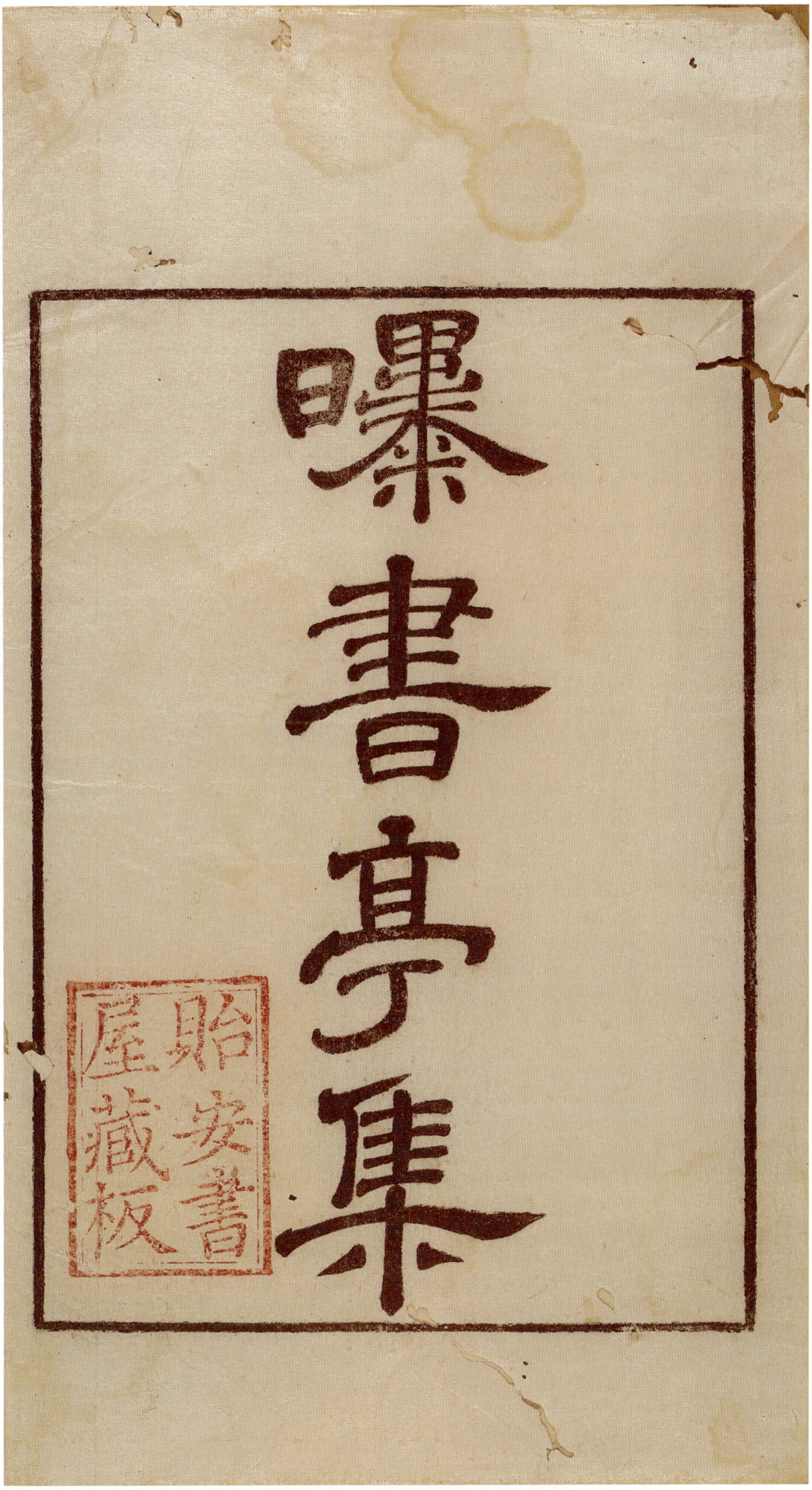
曝書亭集

貽安書屋藏板

曝書亭集卷第一

秀水 朱彝尊 錫鬯

賦

謁孔林賦

粤以屠維作噩之年我來自東至於仙源斯時也壇杏花繁庭檜甲坼元和之犧象畢陳闕里之榛蕪盡闢既釋菜於廟堂旋探書於屋壁乃有百石卒史導我周行牽車魯城之北緤馬洙水之陽即大庭之遺庫循端木之故場驕孫祔兮居前聖子藏兮在左自黃玉之封緘閟幽宮而密鎖隕長鯨兮不驚懾祖龍兮遠禍除荊棘之叢生罕翔禽之飛墮雨露既濡遲景東隅整衣裳之肅肅正顏色之愉愉展謁方終誕尋往蹟超白兔之深溝撫青羊之卧石爰有草也蓍著其名守

詞譜四十卷 清王奕清等纂修

清康熙五十四年（1715）内府刻朱墨套印本

四十册

書高28.1釐米，寬16.7釐米。框高19.6釐米，寬12.4釐米。半葉八行二十一字，小字雙行，字數同，白口，四周雙邊。

此書爲王奕清等奉康熙之命在萬樹所編《詞律》的基礎上，糾正錯漏並予以增定而成，共得八百餘調，二千餘體。全書編排以詞調字數多寡爲次，每調皆考訂源流，又用朱色圈點於旁標明平仄、叶韻、句讀，成爲當時倚聲填詞的官定準則。此本爲内府所刻，以灑金粉紅蠟箋封面，開化紙套色印刷，迄今潔白如新，色澤鮮明。

王奕清（1665—1737），字幼芬，號拙園，清太倉人。康熙三十年（1691）進士，累官詹事兼翰林院侍讀學士。又著有《曲譜》。

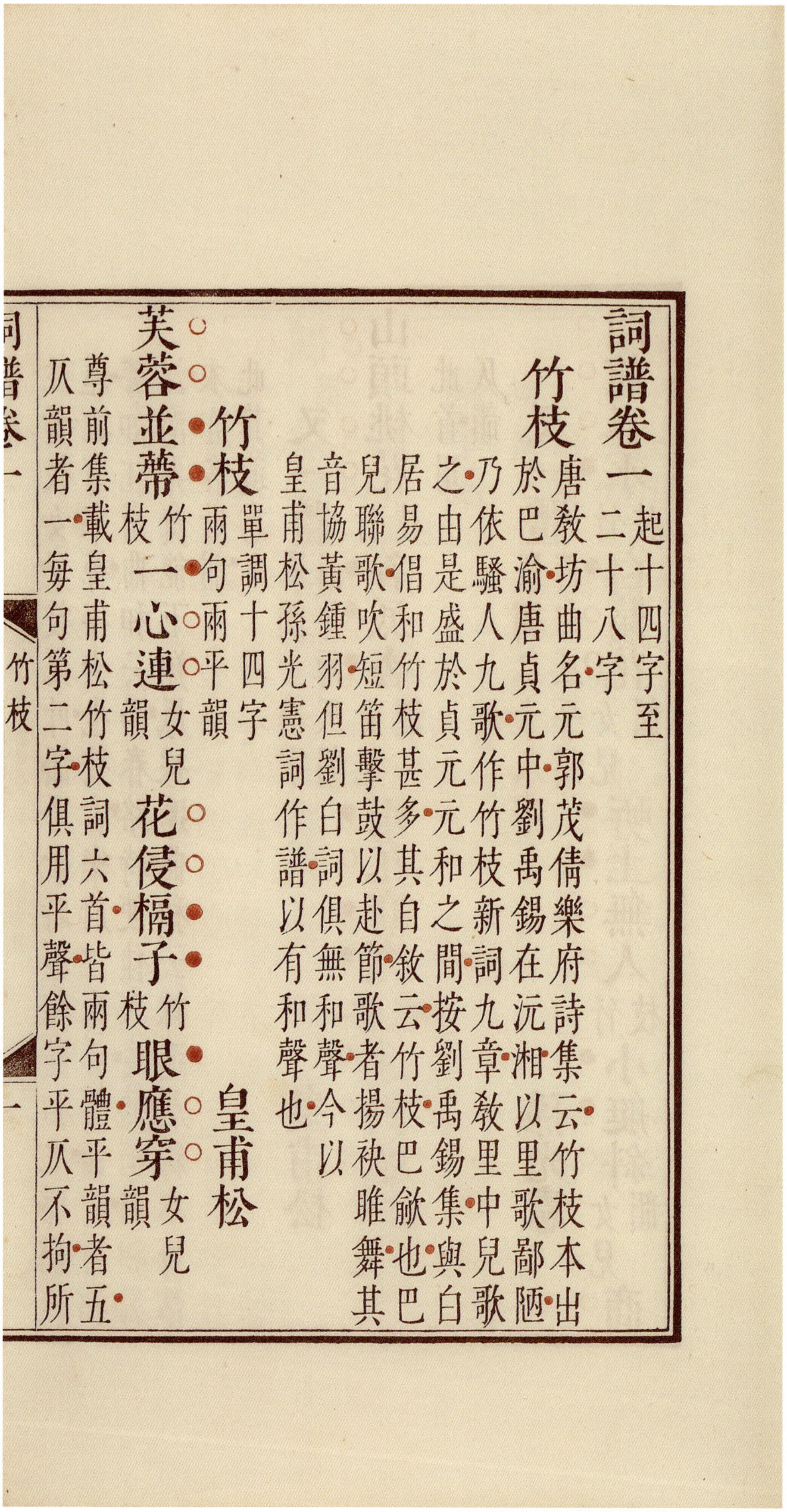

詞譜卷一 起十四字至二十八字

竹枝 唐教坊曲名元郭茂倩樂府詩集云竹枝本出於巴渝唐貞元中劉禹錫在沅湘以里歌鄙陋乃依騷人九歌作竹枝新詞九章教里中兒歌之由是盛於貞元元和之間按劉禹錫集與白居易倡和竹枝甚多其自敘云竹枝巴歈也巴兒聯歌吹短笛擊鼓以赴節歌者揚袂睢舞其音協黃鍾羽但劉白詞俱無和聲今以皇甫松孫光憲詞作譜以有和聲也

竹枝 單調十四字兩句兩平韻　皇甫松

芙蓉並蔕竹枝一心連女兒韻　花侵槅子竹枝眼應穿女兒韻

尊前集載皇甫松竹枝詞六首皆兩句體平韻者五仄韻者一每句第二字俱用平聲餘字平仄不拘所

詞譜卷一　竹枝　一

青溪遺稿二十八卷　清程正揆撰

清康熙五十四年（1715）程大畢、程光珠刻本

五册

書高25.1釐米，寬15.8釐米。框高18釐米，寬14釐米。半葉九行十九字，小字雙行，字數同，上下黑口，左右雙邊。

此書爲程正揆詩文集，爲其卒後，其子程大皐等輯。凡詩十六卷、文十一卷、附奇夢録一卷，集中頗多題畫、論畫之作。初有康熙三十二年（1693）吴璵刻本，至康熙五十四年（1715），舊刻已漫漶不清，故再由其子程大畢、孫程光珠等重刊而成。著名收藏家王世襄在《自珍集》中曾記："是書寫刻精印，今不僅初刻不可得，此本（指重刊本）亦極罕見。"

程正揆（1604—1676），初名正葵，字端伯，號鞠陵，别號清溪道人，明末清初孝感人。崇禎四年（1631）進士。入清後更名正揆，卜居江寧，官至工部右侍郎。工詩文，擅書畫，少從董其昌游，筆墨簡遠，有《江山卧游圖》傳世。

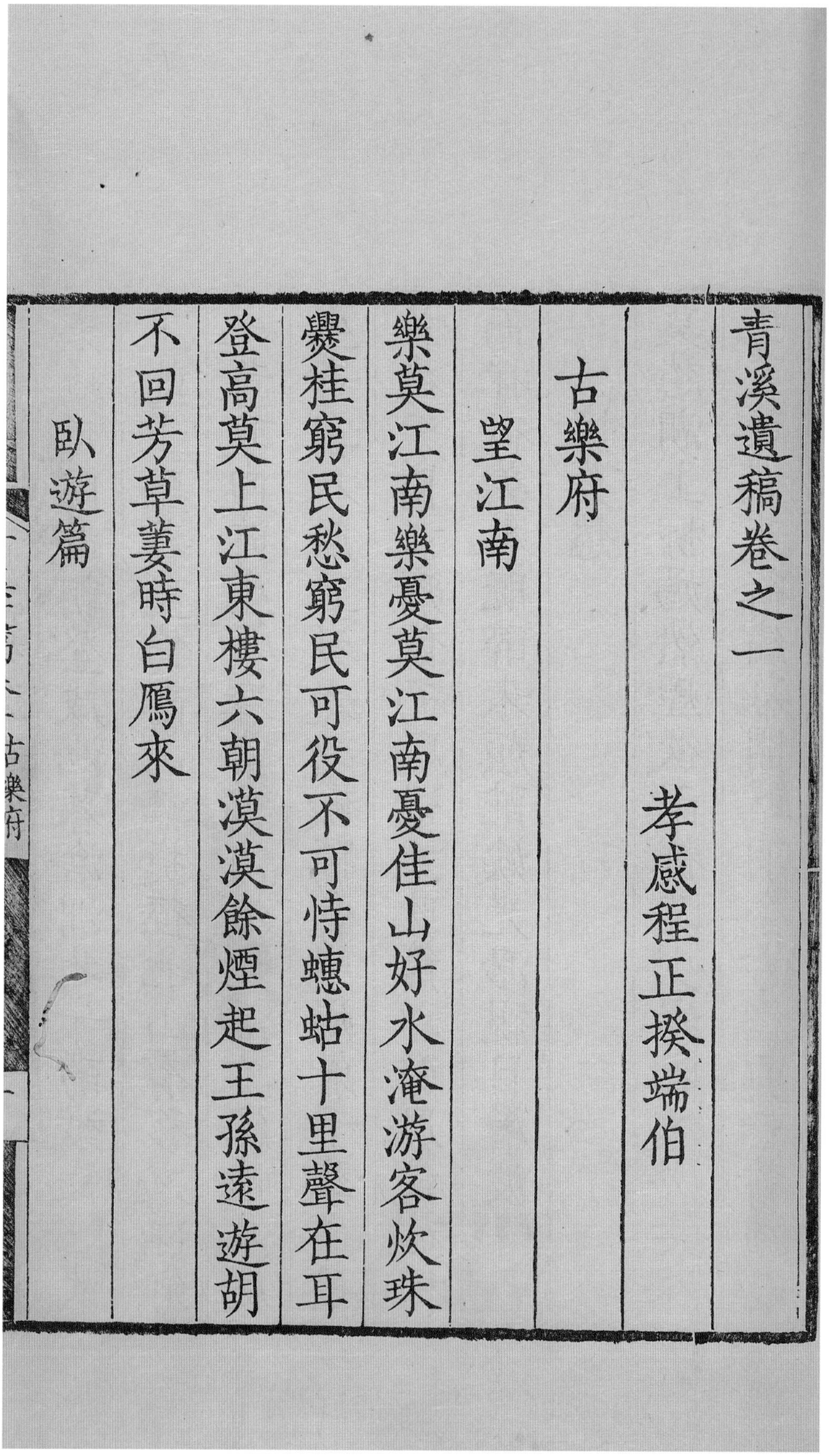

青溪遺稿卷之一

孝感程正揆端伯

古樂府

望江南

樂莫江南樂憂莫江南憂佳山好水淹游客炊珠爨桂窮民愁窮民可役不可恃蟪蛄十里聲在耳登高莫上江東樓六朝漠漠餘煙起王孫遠遊胡不回芳草萋時白鴈來

臥遊篇

四照亭詩鈔四卷　清何煜撰

清雍正刻本
二册

書高26.1釐米，寬17釐米。框高17釐米，寬13.2釐米。半葉十行十九字，小字雙行，行三十八字，上下黑口，左右雙邊。

此書爲何煜詩集，首尾刻有尤侗、潘耒、朱彝尊、張大受、汪士鋐等名家序跋，其中汪氏於雍正元年（1723）作序，不久即辭世。《販書偶記續編》卷十四著録有一卷本，康熙四十一年刊。今南開大學藏有康熙四十一年（1702）刻本，二卷；國家圖書館藏清刻本，二卷。此本四卷，刻印精妙，未見著録。

何煜，字章漢，號未軒，清初長洲人。康熙四十五年（1706）進士，官至南陽知府。學文於陶元淳、何焯。其詩清遠蕭散，直追古人。

四照亭詩鈔卷一

長洲　何煜　章漢

讀南史四首

鍾山形龍蟠王氣詎天授大業本艱難聲色敢邇否永定溯永初宴安固不狃絲竹寂後庭鐘簴懸朝右納諫殊寵出子女班引轂樂推謳歌歸舊物藏耒耨貽謀賴至德望爾世相守奈何一再傳甦此田舍陋雜伎充後堂裸姬逐苑囿淫靡開亂源戒之在哲后

朝爲賣菜傭暮擬乘軒鶴麾幢行辟人心計甚獸

陸宣公墓枯柏重青詩一卷 清陸錦編輯

清乾隆刻本

一册

書高23.2釐米，寬14.8釐米。框高15.1釐米，寬11.2釐米。半葉十行十八字，小字雙行，字數同，上下黑口，左右雙邊。

乾隆二十四年（1759），蘇州齊門外唐代陸贄墓枯柏重青，其裔孫陸錦以此爲祥瑞之兆，勒石以志其事，並廣邀名人學者及親朋故舊吟詩頌之，結集刊行。本書正楷精刻，流傳絶少，頗爲珍貴。

陸錦，字素絲，號甦叟，清長洲人，陸贄第三十世孫。雍正七年（1729）任保寧知府。

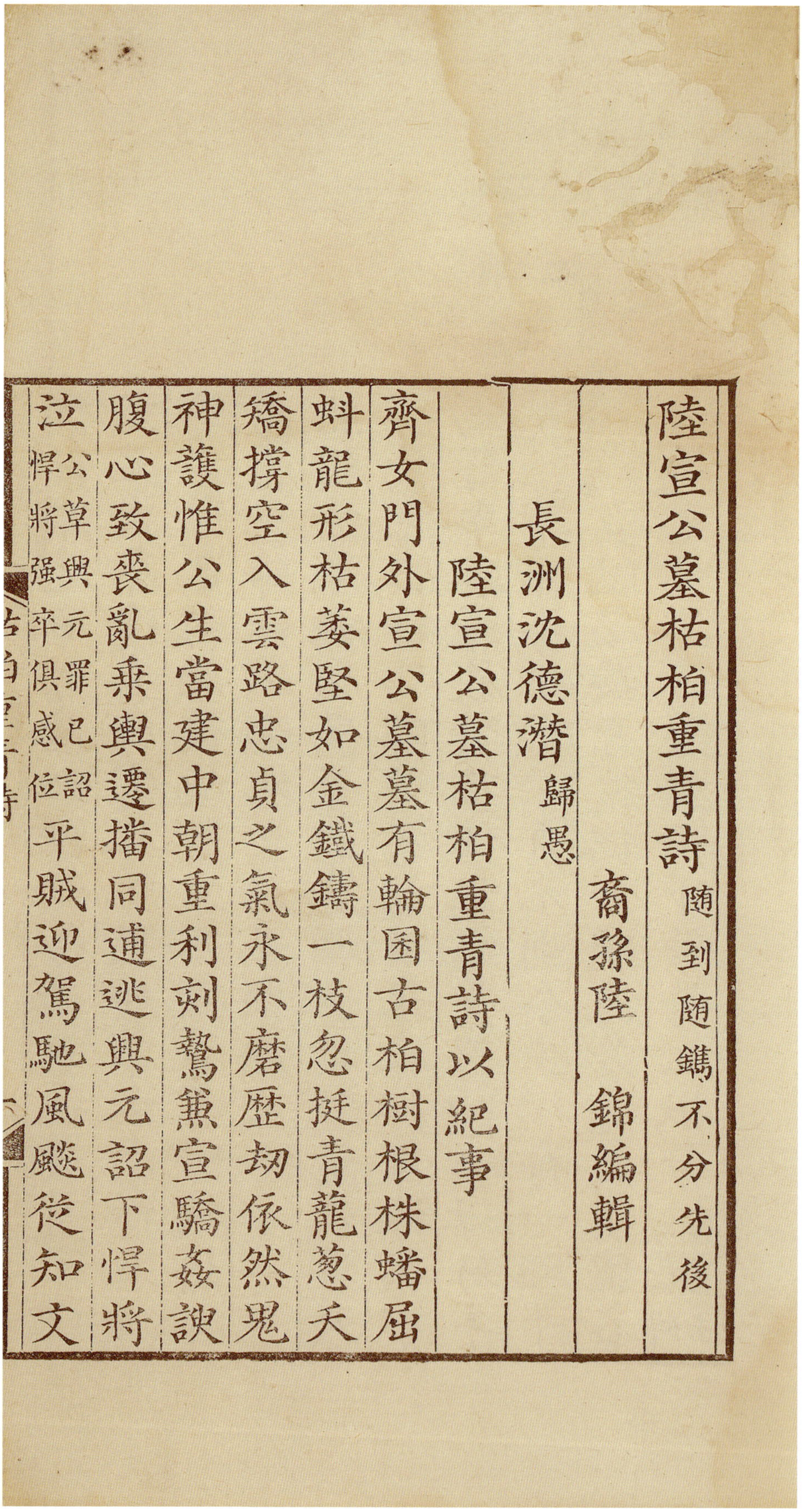

陸宣公墓枯柏重青詩 随到随鐫不分先後

裔孫陸　錦編輯

長洲沈德潛 歸愚

陸宣公墓枯柏重青詩以紀事

齊女門外宣公墓墓有輪囷古柏樹根株蟠屈蚪龍形枯萎堅如金鐵鑄一枝忽挺青龍葱夭矯撑空入雲路忠貞之氣永不磨歷刼依然鬼神護惟公生當建中朝重利剋鷙兼宣驕姦諛腹心致喪亂乘輿遷播同逋逃興元詔下悍將泣公草興元罪已詔悍將强卒俱感位平賊迎駕馳風飇從知文

樸廬遺稿　清王愫撰

清乾隆三十二年（1767）愛日堂刻本
一册

書高23.2釐米，寬14.8釐米。框高15.1釐米，寬11.2釐米。半葉十行十九字，小字雙行，字數同，白口，左右雙邊。

此書爲王愫詩文集，包括樸廬詩稿一卷、林屋詩餘一卷、題畫詩鈔一卷及畫論正則一卷。前有内閣學士黄叔琳，禮部尚書、書畫家董邦達等名宦作序及題贈，後附其妻毛秀惠《毛孺人詩》一卷，皆由當時名士沈德潛選定後刊印。此本初刻，字體秀逸，至民國間始有傳本，原本較爲稀見。

王愫（1699—1767），字存素，號林屋，清太倉人，僑居蘇州。工詩文，善山水，與王昱、王玖、王宸有“小四王”之稱。其妻毛秀惠，太倉詩人毛健（一名張毛健）之女，亦工詩擅畫。夫婦和諧，幽居之樂，爲時所稱。

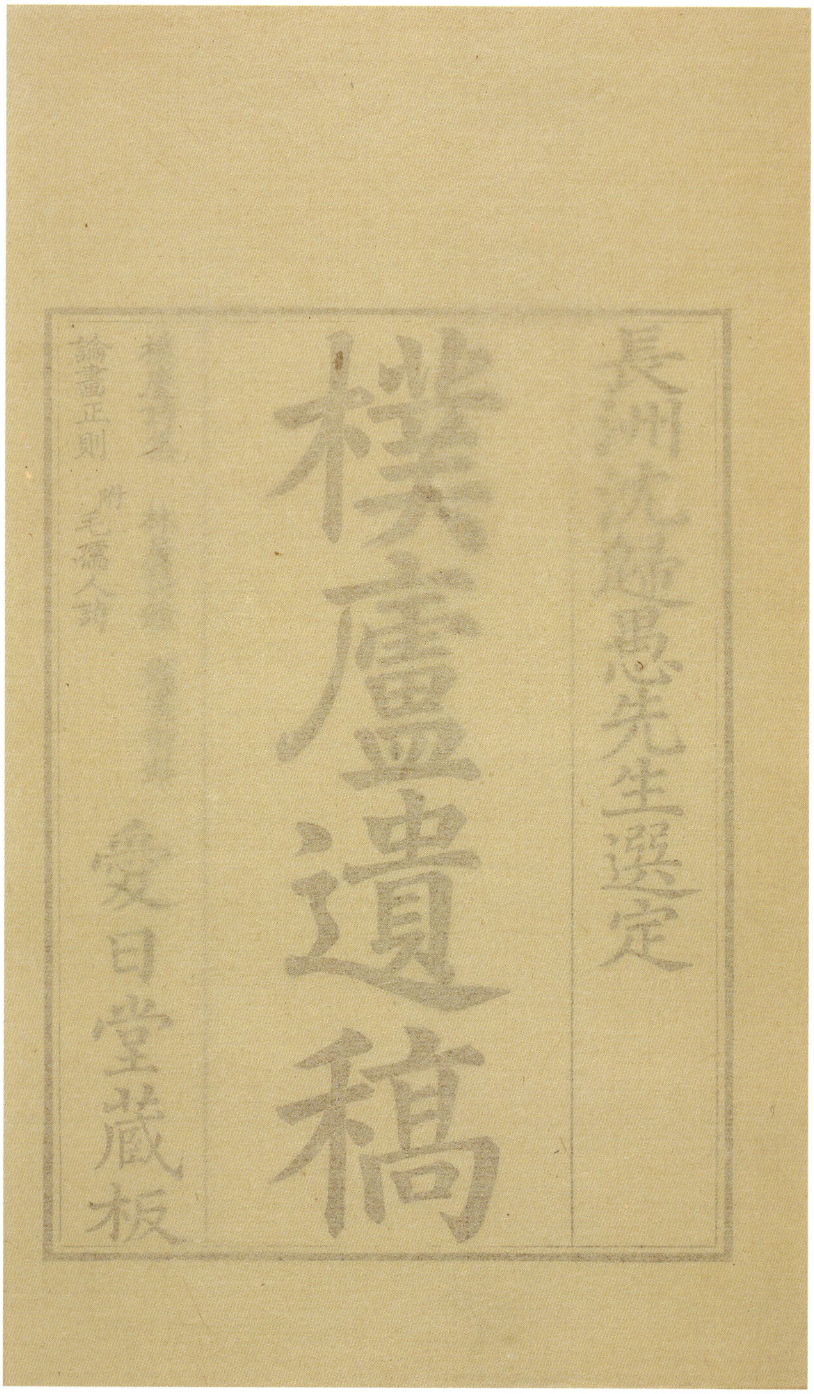
長洲沈𨿅愚先生選定
樸廬遺稿
論書正則
愛日堂藏板

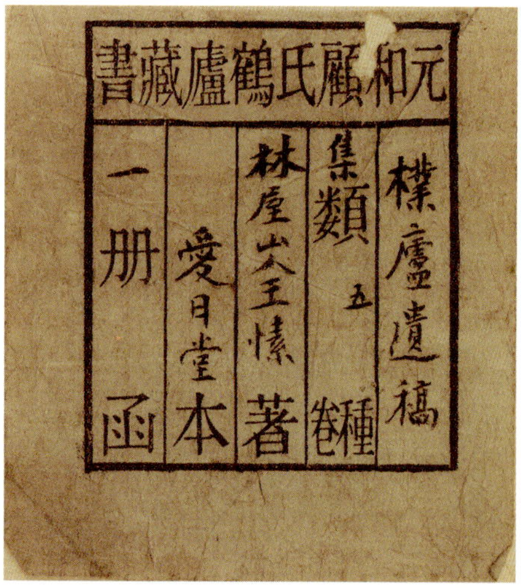
元和顧氏鶴廬藏書
樸廬遺稿
集類 五 卷種
林屋山王愫著
愛日堂本
一册 函

樸廬詩稿

太倉王愫存素

紀夢篇

萬古闔闢皆夢境也百年酬酢皆夢緣也夭壽窮通皆夢幻也嘯歌吟詠皆夢囈也方其夢也不知其夢也覺而後知其夢也予將有大覺然後知此之大夢也因作紀夢篇

披圖慕古人古人不可作凝神入玄微徑絕阻縋鑿清宵飛遠夢飄渺歷巖壑鬱鬱羅長松冉冉吐

查浦輯聞二卷　清查嗣瑮輯

清乾隆刻本

一册

書高27.6釐米，寬17.4釐米。框高19釐米，寬12.5釐米。半葉十行二十一字，小字雙行，字數同，白口，左右雙邊。

此書雜抄諸家之言而成，以增見聞、備參考，偶有所發明，不過數條而已。此爲清乾隆刻本，流傳較少。封面墨題“看雲書屋藏”，又鈐有“張棟”朱印，爲乾隆間吴江畫家張棟所藏。

查嗣瑮（1652—1733），字德尹，號查浦，清海寧人。康熙三十九年（1700）進士，官至翰林院侍講。工詩，與兄查慎行齊名，時人比作宋代“二蘇”。後因受其弟查嗣庭文字獄案牽連，謫遣關西，卒於戍所。另有《查浦詩鈔》等集。

張棟（？—1778），字鴻勳，又字玉川，號看雲山人，清吴江人。工詩文，畫筆私淑王原祁。曾受聘纂《南巡盛典》，著有《看雲吟稿》。

看雲書屋藏
浦輯聞
上卷

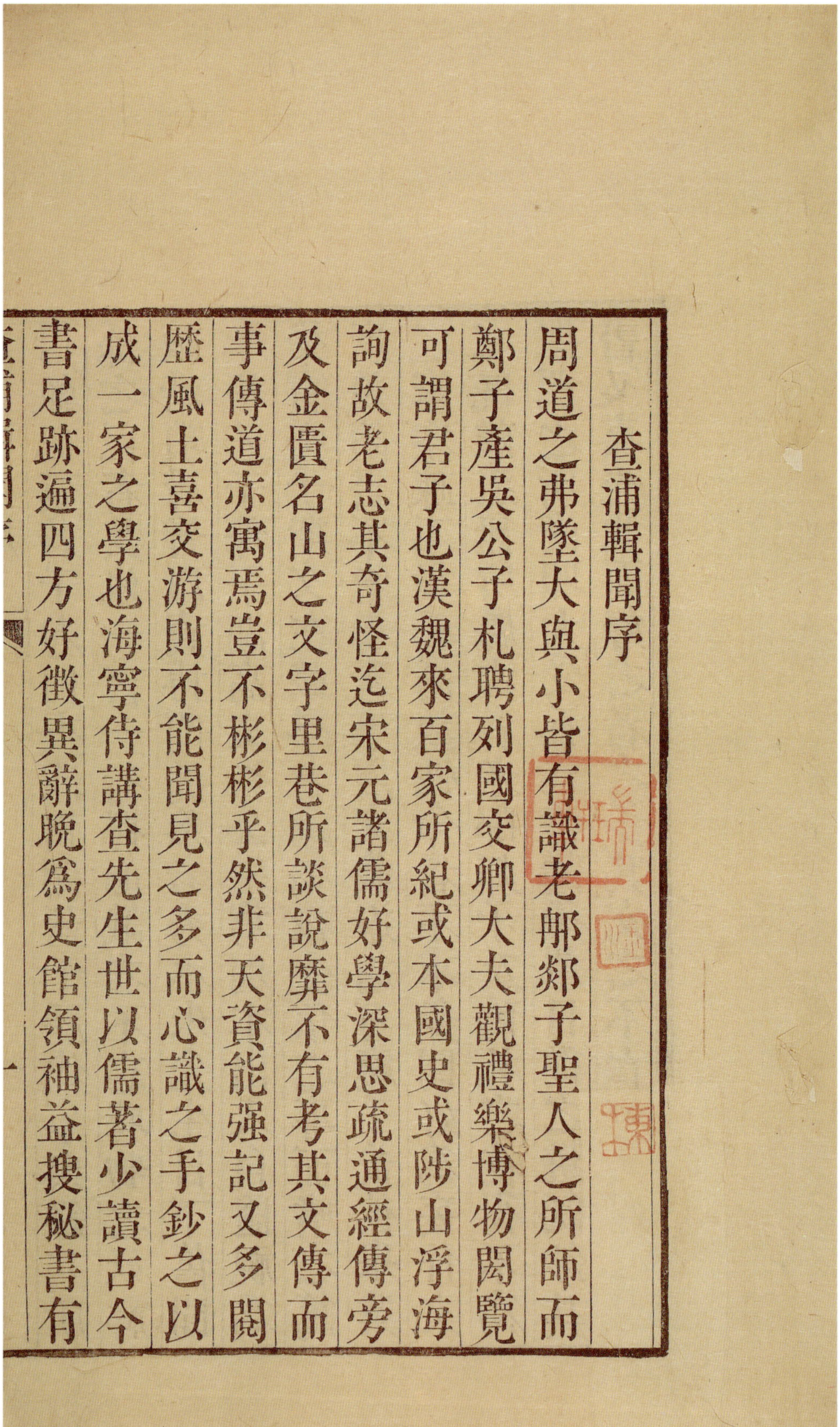

查浦輯聞序

周道之弗墜大與小皆有識老耼郯子聖人之所師而鄭子產吳公子札聘列國交卿大夫觀禮樂博物閎覽可謂君子也漢魏來百家所紀或本國史或陟山浮海詢故老志其奇怪迄宋元諸儒好學深思疏通經傳旁及金匱名山之文字里巷所談說靡不有考其文傳而事傳道亦寓焉豈不彬彬乎然非天資能强記又多閱歷風土喜交游則不能聞見之多而心識之手鈔之以成一家之學也海寧侍講查先生世以儒著少讀古今書足跡遍四方好徵異辭晚爲史館領袖益搜秘書有

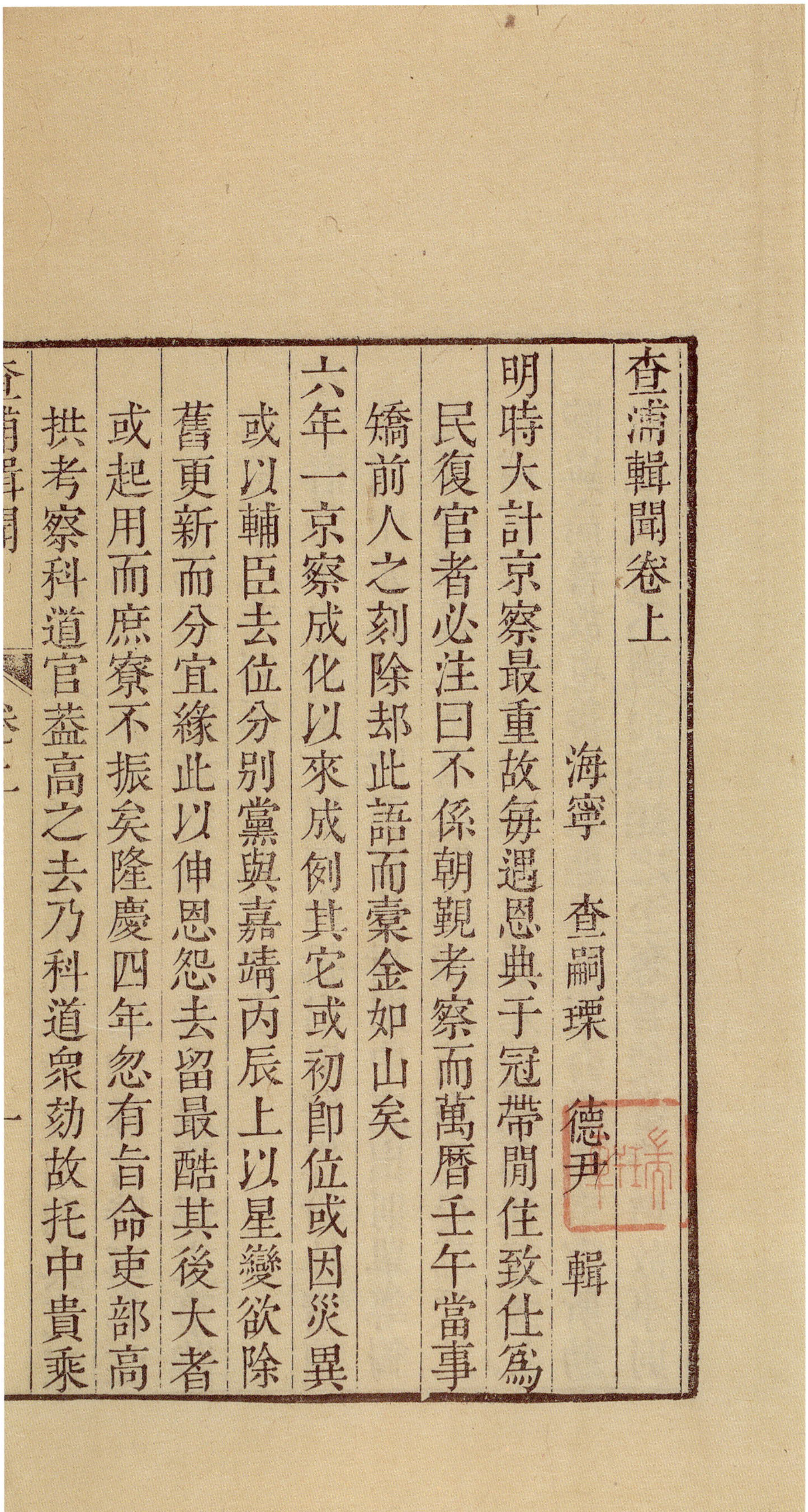

查浦輯聞卷上

海寧　查嗣瑮　德尹　輯

明時大計京察最重故每遇恩典于冠帶閒住致仕爲民復官者必注曰不係朝覲考察而萬曆壬午當事矯前人之刻除却此語而橐金如山矣

六年一京察成化以來成例其它或初即位或因災異或以輔臣去位分別黨與嘉靖丙辰上以星變欲除舊更新而分宜緣此以伸恩怨去留最酷其後大者或起用而庶寮不振矣隆慶四年忽有旨命吏部高拱考察科道官蓋高之去乃科道衆劾故托中貴乘

查浦輯聞　卷上　一

板橋集 清鄭燮撰

清乾隆刻本
四册

書高27.6釐米，寬17.4釐米。框高19釐米，寬12.5釐米。

此書爲鄭板橋詩文集，分詩鈔、詞鈔、道情、題畫、家書五種。此本多由鄭板橋親自手書上板，以其自創字體，揮灑於書頁之中，頗具藝術價值。古代書畫家手書文集上板本不多見，又由其門人司徒文膏雕版，於版刻史中獨居一席之地。

鄭燮（1693—1765），字克柔，號理庵、板橋居士、板橋道人，清興化（今屬江蘇泰州）人。乾隆元年（1736）進士，官至山東濰縣知縣。工詩，擅書畫，自創“六分半書”，别具一格，畫以竹、蘭見長，“揚州八怪”之一。

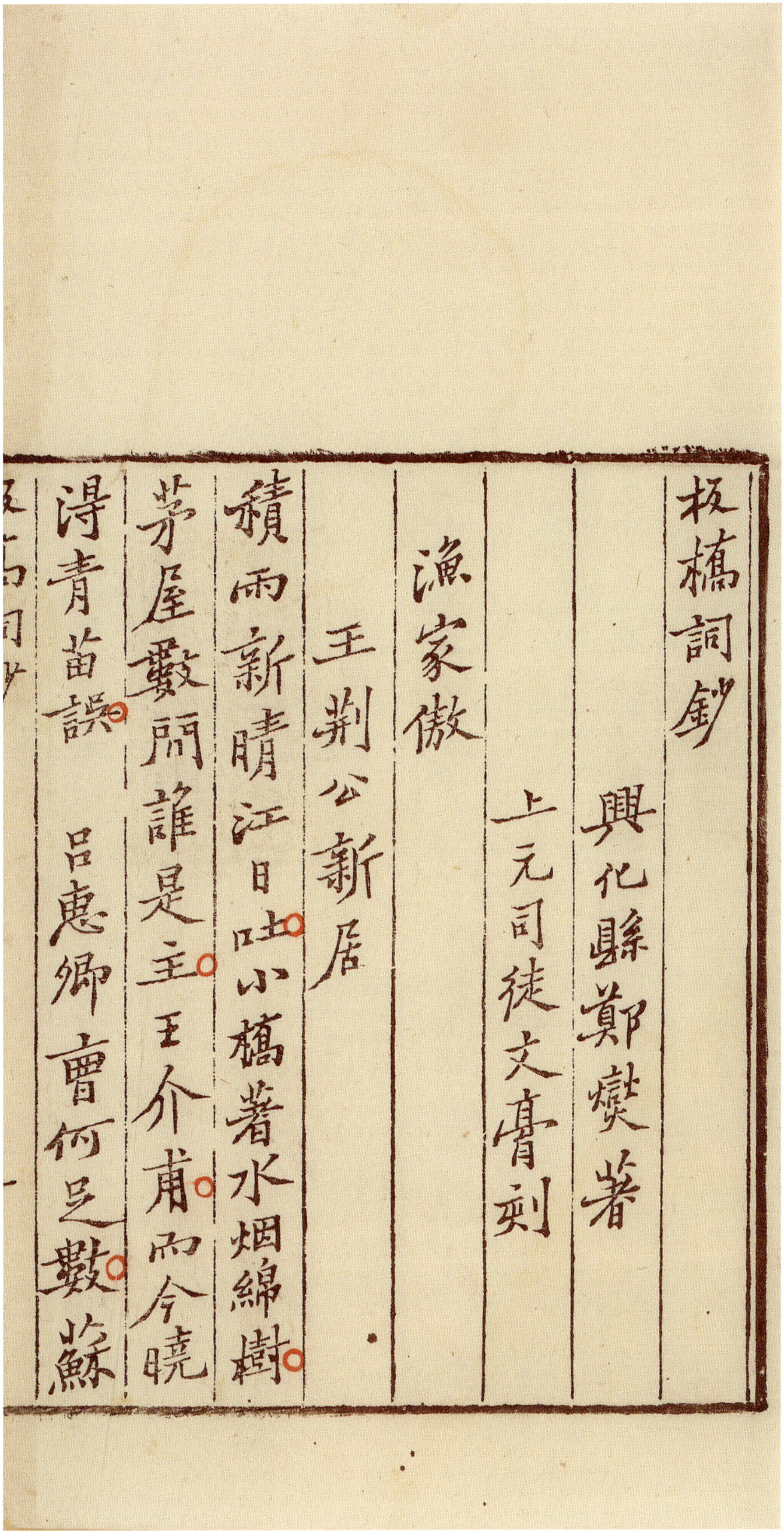

板橋詞鈔

興化縣鄭燮著

上元司徒文膏刻

漁家傲

王荆公新居

積雨新晴江日吐。小橋著水烟綿樹。茅屋數間誰是主。王介甫。而今曉得青苗誤。呂惠卿曾何足數。蘇

板橋詞鈔　一